Kirstin Derenthal

Innovationsorientierung von Unternehmen

D1663127

GABLER RESEARCH

Kundenmanagement & Electronic Commerce

Herausgegeben von
Professor Dr. Manfred Krafft
Universität Münster

Neue, interaktive Medien und die damit einhergehenden Möglichkeiten, einzelne Kundenbeziehungen datengestützt optimal zu gestalten, verändern die wissenschaftliche und unternehmerische Landschaft nachhaltig. Mit dieser Schriftenreihe wird ein Forum für innovative und anspruchsvolle Beiträge geschaffen, die sich mit Fragen des Customer Relationship Management, des Direktmarketing, des Electronic Commerce, der marktorientierten Unternehmensführung und des Vertriebsmanagements auseinandersetzen.

Kirstin Derenthal

Innovationsorientierung von Unternehmen

Messung, Determinanten
und Erfolgswirkungen

Mit einem Geleitwort von Prof. Dr. Manfred Krafft

GABLER

RESEARCH

Bibliografische Information der Deutschen Nationalbibliothek
Die Deutsche Nationalbibliothek verzeichnet diese Publikation in der
Deutschen Nationalbibliografie; detaillierte bibliografische Daten sind im Internet über
<http://dnb.d-nb.de> abrufbar.

Dissertation Westfälische Wilhelms-Universität Münster, 2009

D 6

1. Auflage 2009

Alle Rechte vorbehalten
© Gabler | GWV Fachverlage GmbH, Wiesbaden 2009

Lektorat: Claudia Jeske | Stefanie Loyal

Gabler ist Teil der Fachverlagsgruppe Springer Science+Business Media.
www.gabler.de

Umschlaggestaltung: KünkelLopka Medienentwicklung, Heidelberg
Gedruckt auf säurefreiem und chlorfrei gebleichtem Papier
Printed in Germany

ISBN 978-3-8349-1832-1

Geleitwort

Es ist in der volks- wie betriebswirtschaftlichen Literatur unstrittig, dass Wohlstand und Wachstum in der Gesellschaft wie in einzelnen Unternehmen sehr nachhaltig von der Innovationskraft abhängen. So gilt die Anzahl internationaler Patente als verlässlicher Indikator der Zukunftsfähigkeit von Volkswirtschaften, und als zentrale Kennziffer der Nachhaltigkeit des Unternehmenserfolgs wird in der Betriebswirtschaftslehre die Innovationsquote angesehen, also der Anteil der mit innovativen Produkten erzielten Umsätze. Neben tangiblen und intangiblen Ressourcen kommt dabei der Innovationsorientierung von Unternehmen eine potenziell große Bedeutung als Treiber des Innovations- und Markterfolgs zu. Innovationsorientierung ist ähnlich wie Marktorientierung als Ausprägung der Unternehmenskultur anzusehen, und bildet demnach geteilte Werte, Normen und Ziele von Führungskräften sowie Mitarbeitern eines Unternehmens ab.

Vor dem Hintergrund der Bedeutung von Innovationsorientierung von Gesellschaften im Allgemeinen und von Unternehmen im Speziellen wäre zu vermuten, dass es eine Fülle von theoretisch-konzeptionellen, analytischen oder empirischen Beiträgen in der einschlägigen Literatur gibt. Ein Blick in Fachzeitschriften zeigt allerdings schnell, dass Studien mit einem spezifischen Fokus auf die Messung, Determinanten und Erfolgswirkungen von Innovationsorientierung im akademischen Bereich Mangelware darstellen. Es existieren zwar einige wenige Untersuchungen, in denen Innovationsorientierung als Einstellungsgröße in reflektiver Form gemessen wurde. Aufgrund der inhärenten Eigenschaften dieses Konstrukts erscheint es aber adäquat, eine formative Messung dieses Konstrukts zugrunde zu legen. Ein formativer Messansatz bietet zudem im Sinne einer anwendungsorientierten Forschung den Vorteil, dass daraus direkte Implikationen für das Management zur systematischen, verbesserten Gestaltung der Innovationsorientierung von Unternehmen abgeleitet werden können.

Vor diesem Hintergrund hat sich Kirstin Derenthal in ihrer Dissertationsschrift das Ziel gesetzt, einen wissenschaftlichen Erkenntnisbeitrag in Bezug auf die Messung, Determinanten und Erfolgswirkungen der Innovationsorientierung von Unternehmen zu leisten. Konkret widmet sich die Autorin in der vorliegenden Arbeit vier zentralen Fragestellungen:

1. Wie ist Innovationsorientierung formativ zu messen?
2. Welche Determinanten beeinflussen die Innovationsorientierung?
3. Welche direkten und indirekten (mediierten) Erfolgswirkungen gehen von einer höheren Innovationsorientierung aus?
4. Inwieweit moderieren ausgewählte Faktoren den Zusammenhang von Innovationsorientierung und Innovationserfolg?

Der Beitrag der Dissertationsschrift von Kirstin Derenthal für die Marketingforschung ist in der Entwicklung eines umfassenden Beziehungsgefüges zur Erklärung der Einflüsse auf und der Erfolgswirkungen von Innovationsorientierung sowie in der Überprüfung dieses Bezugsrahmens auf Basis einer großzahligen empirischen Studie zu sehen. Für die unternehmerische Praxis liefert die Arbeit Hinweise zur verbesserten Gestaltung der Innovationsorientierung von Unternehmen, zur Identifikation zentraler Stellhebel dieses Phänomens und zu moderierenden Erfolgsfaktoren der Innovationsorientierung.

Ich würde mich sehr freuen, wenn die Arbeit von Frau Derenthal in Forschung und Praxis eine große Verbreitung findet.

Prof. Dr. Manfred Krafft

Vorwort

Zu Beginn möchte ich allen, die zum Gelingen meiner Doktorarbeit beigetragen haben, herzlich danken. Mein Dank gilt an erster Stelle meinem Doktorvater Prof. Dr. Manfred Krafft, der mich bereits während meines Studiums für das Marketing begeistert hat und wertvolle Impulse für diese Arbeit gab. In allen Phasen der Entstehung meiner Dissertation hat mich Prof. Krafft substanziell unterstützt und sorgfältig betreut. Bedanken möchte ich mich auch bei Prof. Dr. Theresia Theurl für ihre Bereitschaft, das Zweitgutachten zu übernehmen. Mit ihren konstruktiven Hinweisen hat sie ebenfalls zur Verbesserung dieser Arbeit beigetragen.

Meinen ehemaligen Kolleginnen und Kollegen vom Institut für Marketing danke ich für zahlreiche kritische Diskussionen und für die vielen schönen beruflichen und privaten Aktivitäten. Mein Dank gilt dabei insbesondere Oliver, der durch hilfreiche und wertvolle Anregungen zur Qualität dieser Arbeit beigetragen hat. Florian danke ich für seine umfangreiche Hilfe bei den Experteninterviews und der Datenerhebung. Herzlich bedanken möchte ich mich auch bei den studentischen Hilfskräften, die mich durch ihre engagierte Arbeit bei der Erstellung dieser Arbeit unterstützt haben.

Weiterhin danke ich Ann-Kristin für ihre interessierte und motivierende Anteilnahme an meiner Dissertation, für die zahlreichen netten Gespräche während der Kaffee- bzw. Teepausen am Institut und vor allem für ihre langjährige Freundschaft. Bei ihr und bei meinen Freundinnen Christin und May-Bi möchte ich mich zudem für die schönen Wochenenden in Münster, Bremen und Düsseldorf bedanken. Mein Dank gilt auch meinen Freundinnen Irina und Rana, die mich durch nette Telefonate von meiner Arbeit abgelenkt haben.

Zu großem Dank bin ich meiner Familie verpflichtet. Besonders hervorheben möchte ich meine Eltern, die mich stets uneingeschränkt unterstützt und gefördert haben. Durch ihren Rückhalt haben sie in erheblichem Maße zum Gelingen meiner Promotion beigetragen. Meine Geschwister Birgitta und Ulrich haben mich nicht nur durch ihr positives Vorbild, sondern auch durch ihr stetiges Interesse an meinen Fortschritten motiviert. Zudem waren sie durch die Übernahme von Korrekturarbeiten und die Lösung von technischen Problemen aktiv an dieser Arbeit beteiligt.

Mein besonderer Dank gilt meinem Freund Tim, der mich während der Erstellung meiner Dissertationsschrift jederzeit liebevoll und bedingungslos unterstützt hat. Ihm danke ich nicht nur für die hilfreichen fachlichen Ratschläge und die Korrektur meines Manuskripts, sondern auch für eine wunderschöne gemeinsame Zeit. In Liebe und Dankbarkeit widme ich Tim und meinen Eltern diese Arbeit.

Kirstin Derenthal

Inhaltsverzeichnis

Abbildungsverzeichnis

Tabellenverzeichnis

Abkürzungsverzeichnis

AGFI   Adjusted-Goodness-of-Fit-Index

B2B   Business-to-Business

B2C   Business-to-Consumer

DEV   durchschnittlich erfasste Varianz

F&E   Forschung und Entwicklung

GFI   Goodness-of-Fit-Index

KMO   Kaiser-Meyer-Olkin

LISREL   Linear Structural Relations System

M&A   Mergers and Acquisitions

MIMIC   Multiple Indicators and Multiple Causes

MSA   Measure of Sampling Adequacy

MW   Mittelwert

NFI   Normed-Fit-Index

NPD   New Product Development

n. s.   nicht signifikant

PIMS   Profit Impact of Market Strategy

PLS   Partial-Least-Squares

RMR   Root-Mean-Residual

VIF   Variance Inflation Factor

Symbolverzeichnis

E_{ji} Quadratsumme der Prognosefehler des i-ten Indikators des j-ten endogenen Messmodells

f^2 Effektgröße

i Laufindex

j Laufindex

n Umfang der Stichprobe

O_{ji} Quadratsumme aus der Differenz von geschätztem Wert und Mittelwert der verbleibenden Daten des i-ten Indikators des j-ten endogenen Messmodells

Q_j^2 Stone-Geisser-Testkriterium des j-ten endogenen Messmodells

r Korrelationskoeffizient

R_{exkl}^2 Bestimmtheitsmaß des endogenen Konstrukts exklusive der betrachteten latenten Variable

R_i^2 Bestimmtheitsmaß der i-ten unabhängigen Variable

R_{inkl}^2 Bestimmtheitsmaß des endogenen Konstrukts inklusive der betrachteten latenten Variable

T_i Toleranz der i-ten unabhängigen Variable

x Indikatorausprägung der latenten Variable im exogenen Messmodell

y Indikatorausprägung der latenten Variable im endogenen Messmodell

α Cronbachs Alpha

β Pfadkoeffizient im Strukturmodell ausgehend von endogenen Konstrukten

B	Parametermatrizen der direkten Beziehungen der latenten endogenen Variablen untereinander
γ	Pfadkoeffizient im Strukturmodell ausgehend von exogenen Konstrukten
Γ	Parametermatrizen der direkten Beziehungen der latenten exogenen und endogenen Variablen
δ_x	Messfehler des Indikators im exogenen reflektiven Messmodell
δ_η	Messfehler der latenten Variable im endogenen formativen Messmodell
δ_ξ	Messfehler der latenten Variable im exogenen formativen Messmodell
ϵ_y	Messfehler des Indikators im endogenen reflektiven Messmodell
ζ	Residualvariable der latenten endogenen Variablen
η	Konstruktwert der endogenen latenten Variable
λ_x	Ladungskoeffizient im exogenen reflektiven Messmodell
λ_y	Ladungskoeffizient im endogenen reflektiven Messmodell
ξ	Konstruktwert der exogenen latenten Variable
π_η	Gewichtungskoeffizient im endogenen formativen Messmodell
π_ξ	Gewichtungskoeffizient im exogenen formativen Messmodell

1 Einleitung

1.1 Problemstellung

Im internationalen Wettbewerb können sich Unternehmen erfolgreich behaupten, indem sie entweder günstiger sind als ihre Wettbewerber oder ihre Leistungen objektiv bzw. subjektiv besser sind als die entsprechenden Leistungen von Wettbewerbern.[1] Insbesondere in den Industrieländern Westeuropas führte die marktbeherrschende Stellung der Unternehmen zu Wohlstand, der sich nicht zuletzt in hohen Löhnen und einer damit verbundenen hohen remanenten Kostenstruktur niederschlägt. Aus diesem Grund sind die Unternehmen Westeuropas zur Erhaltung ihrer Wettbewerbsfähigkeit gezwungen, ihre Produkte und Leistungen in der Wahrnehmung der Kunden qualitativ besser herzustellen als ihre Konkurrenten in Billiglohnländern. Der Erfolg eines Unternehmens hängt dabei maßgeblich von der kontinuierlichen Generierung erfolgreicher Innovationen ab.[2] Deshalb startete bspw. Henkel Anfang 2006 eine über drei Jahre angelegte interne Innovationskampagne und strebte für das Jahr 2008 an, den mit neuen Produkten erzielten Umsatzanteil von 25 auf 30 % zu steigern.[3] Der Umsatzanteil neuer Produkte liegt in Branchen wie der Telekommunikation oder Informationstechnologie sogar z. T. bei über 60 %.[4] Darüber hinaus bestätigt der seit einigen Jahren von A. T. Kearney und der Wirtschaftswoche durchgeführte Wettbewerb „Best Innovator", dass Innovationen in der Praxis eine wichtige Rolle einnehmen.[5] Dabei werden Unternehmen ausgezeichnet, die sich durch nachhaltiges Innovationsmanagement hervorheben. Im Rahmen dieses Wettbewerbs weisen weitere Zahlen auf die Bedeutsamkeit neuer Produkte für den Unternehmenserfolg hin: Einer Analyse unter den Wettbewerbsteilnehmern zufolge zeichnen sich die fünf erfolgreichsten Unternehmen des Wettbewerbs durch einen überdurchschnittlich hohen mit neuen Produkten geplanten Umsatzanteil aus. In der Automobilzulieferindustrie erzielen innovative Unternehmen mit 5,8 % eine doppelt so hohe Umsatzrendite wie ihre weniger innovativen Wettbe-

---

[1] Vgl. hier und im Folgenden Krafft (2007), S. 1.
[2] Vgl. z. B. Auh/Menguc (2005), S. 249; Ernst (2001), S. 1-3; Hultink et al. (1998), S. 281; Krieger (2005), S. 258; Langerak/Hultink/Robben (2004), S. 88; Vorhies/Morgan (2005), S. 89.
[3] Vgl. Henkel KGaA (2008), S. 14 und S. 34. Dabei werden Produkte, die in den letzten fünf Jahren am Markt eingeführt wurden, als neu bezeichnet.
[4] So lag der Umsatzanteil der Neuprodukte (jünger als fünf Jahre) bei der Siemens AG bereits im Jahr 2000 sogar bei 70 %. Vgl. Nieschlag/Dichtl/Hörschgen (2002), S. 693.
[5] Vgl. hier und im Folgenden Katzensteiner/Leendertse (2003).

werber, die nur eine Umsatzrendite von 2,7 % aufweisen.[6]

Die Notwendigkeit von Innovationen lässt sich auf exogene Ursachen zurückführen, die in engem Zusammenhang mit dem Verhalten von Kunden und Wettbewerbern sowie technologischen Entwicklungen stehen. Von Seiten der Nachfrager sehen sich Unternehmen zunehmend mit sich schnell ändernden Kundenbedürfnissen[7], sinkenden Loyalitätsquoten[8] und einer Tendenz zum sogenannten Variety Seeking[9] konfrontiert. Weiterhin müssen sich Unternehmen aus Ländern mit hohem Lohnniveau, wie z. B. Deutschland, im Zuge der Globalisierung durch die Entwicklung und Vermarktung von Innovationen im internationalen Wettbewerb behaupten.[10] Zudem herrscht in den meisten Branchen bereits eine Marktsättigung vor, die mit einem zunehmenden Preiswettbewerb einhergeht.[11] Um diesem Preiswettbewerb zu entgehen, sind Unternehmen gezwungen, sich über neue Produkte zu differenzieren. Darüber hinaus führen auch sehr schnelle technologische Veränderungen[12] und verkürzte Produktlebenszyklen[13] dazu, dass Innovationen eine entscheidende Rolle spielen, um am Markt erfolgreich zu bleiben und sowohl ein lang anhaltendes Wachstum eines Unternehmens zu ermöglichen als auch dessen Fortbestand zu sichern.[14]

Vor diesem Hintergrund erklärt sich, dass Unternehmen, insbesondere aus der Konsumgüterbranche, kontinuierlich sehr viele Innovationen am Markt einführen. Gleichwohl scheitert eine Vielzahl von Innovationsprojekten. So erreichen über 60 % aller Neuproduktentwicklungen nicht die Marktreife.[15] Von den am Markt eingeführten Produkten sind wiederum durchschnittlich 40 % nicht erfolgreich, wobei diese Zahl in der Konsumgüterbranche tendenziell höher ausfällt als im Bereich der Industriegüter.[16] Wissenschaftler und Vertreter der Unternehmenspraxis versuchen daher, Gründe für

---

[6]   Vgl. Krieger (2005), S. 148 f.
[7]   Vgl. Han/Kim/Srivastava (1998), S. 35; Hult/Hurley/Knight (2004), S. 432.
[8]   Vgl. Keaveney (1995), S. 71.
[9]   Variety Seeking bezeichnet den Wunsch eines Konsumenten nach Abwechslung beim Kauf von Produkten. Vgl. Simonson (1990), S. 151.
[10]   Vgl. Atuahene-Gima/Ko (2001), S. 54; Hurley/Hult (1998), S. 42.
[11]   Vgl. Meffert (1999), S. 210.
[12]   Vgl. Calantone/Garcia/Dröge (2003), S. 91 f.
[13]   Vgl. Urban/Hauser (1993), S. 8.
[14]   Vgl. Hurley/Hult (1998), S. 42; Kivimäki et al. (2000), S. 33; Siguaw/Simpson/Enz (2006), S. 556.
[15]   Vgl. Christensen/Raynor (2003), S. 73.
[16]   Vgl. Christensen/Raynor (2003), S. 73; Griffin (1997), S. 431 f.

diese hohen Misserfolgsquoten zu identifizieren und daraus Handlungsempfehlungen für ein erfolgreiches Innovationsmanagement abzuleiten.[17] Obwohl zahlreiche Untersuchungen über Erfolgsfaktoren von Innovationen in der wissenschaftlichen Literatur vorhanden sind,[18] vernachlässigen viele davon den Aspekt, dass ein kontinuierlicher Innovationserfolg maßgeblich durch eine stark ausgeprägte Innovationsorientierung des gesamten Unternehmens gewährleistet werden kann.[19] Innovationsorientierung, die wie Marktorientierung oder Kostenorientierung eine Dimension der Unternehmenskultur darstellt, kann somit potenziell zur Erzielung von Wettbewerbsvorteilen auf Märkten und zur langfristigen Sicherung des Wachstums der Unternehmung beitragen.[20]

In Hinblick auf die Innovationsorientierung von Unternehmen sind insbesondere drei Fragestellungen für die Marketingforschung und -praxis bedeutsam. Erstens stellen sich Unternehmen häufig die Frage, wie sie innovativer sein können als ihre relevanten Wettbewerber. Aus diesem Grund ist die Messung von Innovationsorientierung von hohem Interesse für Forschung und Praxis: „The highest priority for future research must be the development of a standard measure of innovation orientation […].“[21] Zweitens ist es für Unternehmen relevant, welche Faktoren einen Einfluss auf die Innovationsorientierung ausüben. Durch die Erforschung und Priorisierung der Determinanten von Innovationsorientierung können Handlungsempfehlungen für Unternehmen im Hinblick auf die Steigerung ihrer Innovationsorientierung abgeleitet werden. Drittens gilt es zu bestimmen, welche Erfolgswirkungen von einer ausgeprägten Innovationsorientierung ausgehen. Schließlich ist das Anstreben einer hohen Innovationsorientierung nur sinnvoll und strategisch bedeutsam, wenn sich dadurch positive Wirkungen auf den Innovations- und Unternehmenserfolg erzielen lassen. SIGUAW,

---

[17] Vgl. Ernst (2002), S. 1.

[18] Vgl. Ernst (2002), S. 1-40 für einen Literaturüberblick zu Studien, in denen Determinanten des Innovationserfolgs untersucht werden.

[19] Vgl. Siguaw/Simpson/Enz (2006), S. 556 f.

[20] Folgende Beiträge belegen u. a. einen positiven Zusammenhang zwischen Innovationsorientierung und Unternehmenserfolg: Calantone/Cavusgil/Zhao (2002), S. 522; Chandler/Keller/Lyon (2000), S. 60; Han/Kim/Srivastava (1998), S. 40; Hult/Hurley/Knight (2004), S. 436; Hurley/Hult (1998), S. 51; Olson/Slater/Hult (2005), S. 58; Tajeddini/Trueman/Larsen (2006), S. 544; Vásquez/Santos/Álvarez (2001), S. 84; Zhou et al. (2005), S. 1056. Die Begriffe Innovations-, Markt- und Kostenorientierung werden im nachfolgenden Kapitel 2 ausführlich erläutert. Unter Dimensionen werden in der vorliegenden Arbeit statistisch weitestgehend unabhängige Faktoren verstanden, mit deren Hilfe ein inhaltlicher Sachverhalt beschrieben wird.

[21] Siguaw/Simpson/Enz (2006), S. 570.

SIMPSON und ENZ heben die Bedeutung einer zukünftigen Untersuchung der Determinanten und Erfolgswirkungen von Innovationsorientierung aus Sicht der Forschung wie folgt hervor: „Other fruitful areas of research include a comparison of strong innovation-oriented firms to weak innovation-oriented firms [...]."[22] In Bezug auf die drei genannten Fragestellungen lassen sich jeweils erhebliche Forschungslücken in der wissenschaftlichen Literatur identifizieren, die im Folgenden näher erläutert werden.

Aufgrund eines fehlenden Konsenses hinsichtlich der Begriffsdefinition und der theoretisch-konzeptionellen Verankerung von Innovationsorientierung finden sich in der wissenschaftlichen Literatur unterschiedliche Ansätze zur **Messung der Innovationsorientierung** von Unternehmen.[23] Zudem besteht Uneinigkeit dahingehend, welche Facetten der Innovationsorientierung empirisch zu erfassen sind.[24] Generell wurde bislang vernachlässigt, die Spezifikationsart des Konstrukts[25] Innovationsorientierung – also die formative oder reflektive Struktur des Messmodells – zu analysieren.[26] So wird das Konstrukt in den meisten Studien reflektiv operationalisiert, ohne die Eignung dieses Messansatzes inhaltlich zu begründen.[27] Eine formative Messung von Innovationsorientierung ermöglicht es jedoch, die einzelnen Facetten des Konstrukts und somit potenzielle Ansatzpunkte für praktisches Handeln zu identifizieren.[28]

Eine Überprüfung der Literatur hinsichtlich der **Determinanten von Innovationsorientierung** zeigt, dass hierzu nur eine begrenzte Anzahl an Studien vorliegt und somit relativ wenig über die Erfolgsfaktoren einer Innovationsorientierung bekannt ist.[29] Insbesondere bleibt offen, welche Determinanten die Innovationsorientierung am

---

[22] Siguaw/Simpson/Enz (2006), S. 571.
[23] Ein Überblick über die verschiedenen Ansätze zur Messung von Innovationsorientierung wird in Abschnitt 2.4.1 gegeben.
[24] Vgl. Siguaw/Simpson/Enz (2006), S. 556. Unter Facetten werden in dieser Arbeit inhaltlich semantische Bereiche eines bestimmten Sachverhalts verstanden.
[25] Ein latentes Konstrukt ist ein Sachverhalt, der nicht direkt beobachtet und gemessen werden kann. Daraus folgt, dass die Messung mit Hilfe von beobachtbaren Indikatoren durchzuführen ist. Vgl. Homburg/Pflesser (2000b), S. 635 f. sowie Abschnitte 2.4.1 und 4.1.1.
[26] Multidimensionale latente Konstrukte können auf zwei unterschiedliche Arten operationalisiert, d. h. gemessen, werden. Das reflektive Messmodell unterstellt, dass die latente Variable ihre Indikatoren verursacht. Das formative Messmodell basiert hingegen auf der Annahme, dass die Indikatoren die latente Variable verursachen. Für eine nähere Erläuterung der unterschiedlichen Messmodelle vgl. Abschnitt 4.1.1.
[27] Vgl. bspw. Hurley/Hult (1998), S. 49.
[28] Vgl. Albers/Hildebrandt (2006), S. 10; Diller (2006), S. 614.
[29] Vgl. Hult/Hurley/Knight (2004), S. 429.

stärksten beeinflussen.[30] So wurden zwei zentrale Determinanten, nämlich Personalmanagement und Marktorientierung, bisher zwar mehrfach untersucht,[31] aber niemals simultan in einer Studie. Damit bleibt die Frage ungeklärt, welche instrumentellen Maßnahmen im Einzelnen ergriffen werden sollten, wenn einem Unternehmen grundsätzlich mehrere Alternativen zur Förderung von Innovationsorientierung zur Verfügung stehen.

Vor allem die **Erfolgswirkungen von Innovationsorientierung** wurden bislang nicht hinreichend detailliert untersucht. Zwar bestätigen mehrere Studien den positiven Effekt von Innovationsorientierung auf den Unternehmenserfolg,[32] jedoch gibt es bisher kaum Untersuchungen zu der Wirkung von Innovationsorientierung auf den Innovationserfolg:[33] „[...] the influence of an innovation-enhancing culture [...] has, to date, hardly been analyzed for its influence on the success of new products."[34] Insbesondere bleibt die Rolle des Innovationserfolgs als Mediator[35] zwischen Innovationsorientierung und Unternehmenserfolg weitestgehend unerforscht. Auch fehlen empirische Studien darüber, welche Wirkung eine Innovationsorientierung auf das Innovationsmanagement und die damit verbundenen Innovationsprozesse ausübt, und wie dadurch der Innovationserfolg indirekt beeinflusst werden kann.[36]

Zusammenfassend lässt sich festhalten, dass in Hinblick auf die Messung, die Determinanten und die Erfolgswirkungen von Innovationsorientierung nachhaltige Forschungslücken in der wissenschaftlichen Literatur existieren. Erst eine integrierte Betrachtung der Determinanten und Erfolgswirkungen von Innovationsorientierung ermöglicht Aussagen darüber, welche Maßnahmen sich primär zur Erzielung einer hohen Innovationsorientierung eignen und welche direkten und indirekten Erfolgswir-

30 Vgl. Hult/Hurley/Knight (2004), S. 429.
31 Vgl. z. B. Chandler/Keller/Lyon (2000); Han/Kim/Srivastava (1998); Hurley/Hult (1998); Matsuo (2006); Tajeddini/Trueman/Larsen (2006); Vázquez/Santos/Álvarez (2001).
32 Vgl. Calantone/Cavusgil/Zhao (2002); Deshpandé/Farley/Webster (1993); Deshpandé/Farley/Webster (2000); Deshpandé/Farley (2004); Han/Kim/Srivastava (1998); Hult/Ketchen (2001); Hult/Hurley/Knight (2004); Luo/Sivakumar/Liu (2005); Matsuo (2006); Tajeddini/Trueman/Larsen (2006); Theoharakis/Hooley (2008).
33 Der direkte Zusammenhang dieser Konstrukte wurde bisher nur von Narver/Slater/MacLachlan (2004) betrachtet; Calantone/Garcia/Dröge (2003) untersuchen ihn nur indirekt.
34 Ernst (2002), S. 23 f.
35 Nach Baron/Kenny (1986) ist eine Variable ein Mediator, wenn die direkte Beziehung nach Einführung des Mediators entweder verschwindet (vollständige Mediation) oder sich signifikant verringert (partielle Mediation). Vgl. Baron/Kenny (1986), S. 1176.
36 Vgl. Abschnitte 2.4.2 und 2.4.3.

kungen von einer hohen Innovationsorientierung ausgehen. Darüber hinaus ist zu erwarten, dass die Erfolgswirkungen von moderierenden endogenen (wie z. B. Ressourcenausstattung) und exogenen (wie z. B. technologische Dynamik) Faktoren beeinflusst werden.[37] Vor diesem Hintergrund sollen im Folgenden die Ziele und Forschungsfragen der Untersuchung diskutiert werden.

1.2 Ziele und Forschungsfragen der Untersuchung

Motiviert durch die im vorherigen Abschnitt beschriebene Problemstellung erscheint
es aus Sicht der Forschung und Praxis notwendig, einen Erkenntniszuwachs über die
Innovationsorientierung von Unternehmen zu realisieren. Dementsprechend stellt eine
integrative Untersuchung der Innovationsorientierung von Unternehmen das übergeordnete **Untersuchungsziel** dieser Arbeit dar. Die Innovationsorientierung manifestiert sich dabei nicht nur in der Offenheit gegenüber neuen Ideen, sondern auch in einem innovationsorientierten Verhalten der Organisationsmitglieder.[38] Im Einzelnen
wird die Vorgehensweise dieser Untersuchung von vier untergeordneten Teilzielen
geleitet:

- Darstellung der theoretisch-konzeptionellen Grundlagen von Innovationsori-
  entierung und ausführliche Aufarbeitung des Stands der bisherigen Forschung
- Entwicklung und empirische Überprüfung einer neuen formativen Skala[39] zur
  Messung von Innovationsorientierung
- Entwicklung und empirische Überprüfung eines Wirkungsmodells der zentra-
  len Determinanten und Erfolgswirkungen von Innovationsorientierung
- Integration der theoretischen und empirischen Erkenntnisse zur Ableitung
  forschungs- und managementrelevanter Implikationen

Die zentralen Zielsetzungen der vorliegenden Untersuchung verdeutlicht Abbildung 1.

---

[37]   Vgl. Abschnitt 3.4.
[38]   Vgl. Olson/Slater/Hult (2005), S. 52 sowie Abschnitt 2.1.2.
[39]   Die Begriffe Skala und Messmodell werden in dieser Arbeit synonym verwendet. Beide bezie-
        hen sich auf die Operationalisierung eines latenten Konstrukts durch mehrere beobachtbare In-
        dikatoren. Vgl. Abschnitt 4.1.1.

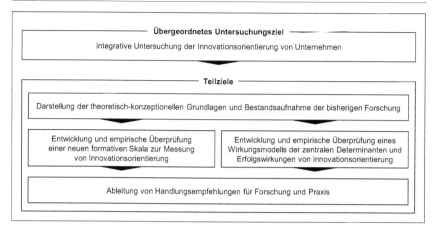

Abbildung 1:   Zentrale Zielsetzungen der Untersuchung
Quelle: Eigene Darstellung.

Die aufgeführten Zielsetzungen spiegeln sich auch in den im Folgenden diskutierten zentralen **Forschungsfragen** der vorliegenden Untersuchung wider:

Die erste Forschungsfrage bezieht sich auf die Messung von Innovationsorientierung. Insbesondere soll untersucht werden, ob bzw. wie Innovationsorientierung formativ operationalisiert werden sollte bzw. kann. Dabei geht es im Speziellen um eine umfassende Konzeptualisierung des Konstrukts und die Identifikation geeigneter Indikatoren. Hierbei ist auch von Interesse, mit welchem Gewicht die einzelnen Indikatoren zur Innovationsorientierung beitragen.

Die zweite Forschungsfrage umfasst die Untersuchung der Determinanten von Innovationsorientierung. Insbesondere werden in diesem Zusammenhang einzelne Variablen aus den Bereichen Personalmanagement und Marktorientierung betrachtet. Dabei soll ermittelt werden, ob und wie stark die Innovationsorientierung eines Unternehmens von diesen Determinanten erklärt und gesteuert werden kann.

Die dritte Forschungsfrage betrifft die Erfolgswirkungen von Innovationsorientierung. Hierbei fokussiert sich die Untersuchung im Besonderen auf die direkten und indirekten Wirkungen von Innovationsorientierung auf den Innovationserfolg. Ob der Effekt hauptsächlich ein direkter oder ein indirekter Effekt über den Mediator „Innovationsprozesse" ist, stellt somit den Gegenstand der dritten Forschungsfrage dar.

Die vierte Forschungsfrage steht im engen Zusammenhang mit der dritten Forschungsfrage. Hierbei geht es darum, die moderierende Wirkung von situativen Faktoren auf die direkte Erfolgswirkung von Innovationsorientierung zu erforschen. Es soll
dabei ermittelt werden, inwiefern endogene und exogene Faktoren zur Erklärung unterschiedlich starker Beziehungen zwischen Innovationsorientierung und -erfolg herangezogen werden können.

Die vier Forschungsfragen der vorliegenden Arbeit sollen nochmals im Überblick
dargestellt werden:

1. Lässt sich Innovationsorientierung formativ messen?
2. Welche Determinanten in einem Unternehmen beeinflussen die Innovationsorientierung und wie ist der Einfluss dieser Determinanten jeweils zu beurteilen?
3. Welche direkten und indirekten Erfolgswirkungen lassen sich durch eine Innovationsorientierung erzielen?
4. Inwiefern können moderierende Faktoren zur Erklärung von unterschiedlich
   starken Beziehungen zwischen Innovationsorientierung und Innovationserfolg
   herangezogen werden?

Aus diesen vier Forschungsfragen kann ein erster allgemeiner Bezugsrahmen[40] zur
Innovationsorientierung von Unternehmen abgeleitet werden, der in Abbildung 2 dargestellt ist.[41] Wie aus der Abbildung ersichtlich wird, liegt der Fokus der Arbeit in der
Messung und Untersuchung der Erfolgswirkungen von Innovationsorientierung. Wie
bereits in der Problemstellung in Abschnitt 1.1 erwähnt, sind in diesen Bereichen substanzielle Forschungslücken vorhanden. Die Untersuchung der Determinanten weist
einen eher explorativen Charakter auf, indem eine größere Anzahl von Konstrukten
aus den Bereichen Personalmanagement und Marktorientierung betrachtet wird. Mit
Hilfe einer simultanen Erforschung dieser Determinanten sollen erste Hinweise auf
deren relative Bedeutung und dadurch Implikationen für die zukünftige Forschung
abgeleitet werden, die dann einen stärker theorietestenden Charakter haben sollte.

---

[40]   Die Begriffe Bezugsrahmen und Wirkungsmodell werden in dieser Arbeit synonym verwendet.
[41]   Die Ziffern in der Abbildung beziehen sich auf die Nummerierung der vier Forschungsfragen.

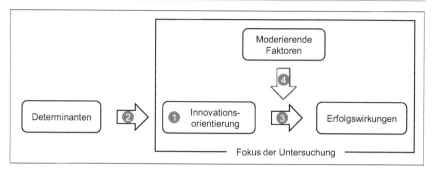

Abbildung 2:   Allgemeiner Bezugsrahmen und Fokus der Untersuchung
Quelle: Eigene Darstellung.

Unter Berücksichtigung der ersten Zielsetzung soll in der Arbeit zunächst eine detaillierte Aufarbeitung der theoretisch-konzeptionellen Grundlagen und bisherigen Forschungsbeiträge zur Innovationsorientierung von Unternehmen stattfinden, um ein prinzipielles Verständnis für die Thematik zu entwickeln. Auf Basis der hieraus abgeleiteten Forschungsdefizite wird ein umfassender Bezugsrahmen zur Innovationsorientierung von Unternehmen, ihren Determinanten und Erfolgswirkungen entwickelt.

Das aufgestellte Hypothesensystem soll anschließend mit Hilfe von Daten aus einer eigenen Erhebung überprüft werden. Eine empirische Untersuchung der oben aufgeführten Forschungsfragen kann hierbei einen substanziellen Erkenntnisbeitrag leisten, wenn sich bisher nicht bekannte oder nur unzureichend analysierte Wirkungsbeziehungen als statistisch signifikant erweisen und sich dadurch theoretisch fundierte Hypothesen stützen lassen.[42] Als statistische Analysemethode wird der Partial-Least-Squares-Ansatz Anwendung finden, da er zum einen die Möglichkeit bietet, die komplexen Wirkungszusammenhänge zu schätzen, und sich zum anderen zur Prognose der Erfolgswirkungen von Innovationsorientierung eignet. Im Verlauf der Arbeit wird auch eine neue formative Skala zur Messung von Innovationsorientierung entwickelt und empirisch validiert.

In Hinblick auf die Praxisrelevanz der Themenstellung sollen die gewonnenen theoretisch-konzeptionellen und empirischen Erkenntnisse schließlich in konkrete Handlungsempfehlungen für die Unternehmenspraxis überführt werden. Dadurch können

---

[42]   Vgl. Hoffmann (2008), S. 7.

ggf. Ansatzpunkte zur Verbesserung der Innovationsorientierung und zur Steigerung ihrer Effektivität in Hinblick auf die Unternehmensziele identifiziert werden. Ausgehend von diesem inhaltlichen Argumentationsstrang soll im folgenden Abschnitt der Aufbau der Arbeit detailliert vorgestellt werden.

1.3 Aufbau der Untersuchung

Die vorliegende Arbeit ist in sechs Kapitel untergliedert. Den Ausgangspunkt bildet dieses einleitende **Kapitel 1**. Durch die dargestellte praxis- und forschungsrelevante Problemstellung wird hier die grundsätzliche Notwendigkeit eines tieferen Verständnisses der Messung, Determinanten und Erfolgswirkungen der Innovationsorientierung von Unternehmen aufgezeigt, und darauf aufbauend werden die inhaltlichen und methodischen Zielsetzungen der Untersuchung abgeleitet.

In **Kapitel 2** werden die Grundlagen der Untersuchung diskutiert. Zunächst werden in Abschnitt 2.1 die grundlegenden Begriffe Innovation und Innovationsorientierung definiert. Anschließend werden in Abschnitt 2.2 die konzeptionellen Grundlagen zur Unternehmenskultur, zum Personalmanagement und zum Innovationsmanagement dargelegt. In Abschnitt 2.3 werden dann mit der Prinzipal-Agenten-Theorie, dem ressourcenbasierten Ansatz und dem situativen Ansatz die theoretischen Bezugspunkte zur Thematik dargestellt. Eine systematische Bestandsaufnahme der relevanten Literatur erfolgt in Abschnitt 2.4. Dabei werden Ansätze zur Messung sowie Studien zu den Determinanten und Erfolgswirkungen von Innovationsorientierung vorgestellt und diskutiert. Auf Basis des Stands der bisherigen Forschung werden die in Abschnitt 1.1 identifizierten Forschungsdefizite detailliert aufgezeigt.

In **Kapitel 3** wird der Bezugsrahmen der Untersuchung konkretisiert. In einem ersten Schritt wird in Abschnitt 3.1 das Konstrukt Innovationsorientierung konzeptualisiert. Danach erfolgen in Abschnitt 3.2 die Konzeptualisierung der Determinanten von Innovationsorientierung und die Ableitung der dazugehörigen Forschungshypothesen. Anschließend werden in Abschnitt 3.3 die relevanten Erfolgskonstrukte konzeptualisiert sowie Forschungshypothesen über direkte und indirekte Erfolgswirkungen von Innovationsorientierung entwickelt. In Abschnitt 3.4 folgt die Konzeptualisierung moderierender Faktoren und die Formulierung von Forschungshypothesen in Bezug auf ihre Wirkung. Die Forschungshypothesen werden – unter Rückgriff auf theoretische Überlegungen, vorhandene Erkenntnisse aus empirischen Studien, Plausibilitätsüberlegungen und eigens durchgeführte Expertengespräche – sehr ausführlich hergeleitet. Schließlich wird in Abschnitt 3.5 in einem letzten Schritt auf Basis der vorherigen Ausführungen ein integratives Modell der Determinanten und Erfolgswirkungen von Innovationsorientierung aufgestellt, das die Darstellung der hypothetischen Wirkungszusammenhänge zum Ziel hat.

Die empirische Untersuchung anhand einer branchenübergreifenden Befragung von Unternehmen steht in den folgenden beiden Kapiteln im Vordergrund. In **Kapitel 4** werden die Grundlagen der empirischen Untersuchung vorgestellt. Zunächst wird in Abschnitt 4.1 die in der Arbeit zu verwendende Methodik ausgewählt, mit der die in Kapitel 3 aufgestellten Hypothesen überprüft werden sollen. Unter Berücksichtigung der methodischen Grundlagen wird in Abschnitt 4.2 die Konzeption der empirischen Untersuchung dargestellt. Die Operationalisierung der verwendeten Konstrukte erfolgt in Abschnitt 4.3. Hierbei wird ein besonderes Augenmerk auf die Entwicklung der formativen Skala zur Messung von Innovationsorientierung gelegt.

In **Kapitel 5** werden die Ergebnisse der empirischen Untersuchung vorgestellt und diskutiert. Abschnitt 5.1 befasst sich mit der Beurteilung der entwickelten Skala und der weiteren betrachteten Messmodelle. In Abschnitt 5.2 erfolgen schließlich die Überprüfung des entwickelten Hypothesensystems auf Basis des Strukturmodells sowie eine Diskussion und Interpretation der empirischen Ergebnisse. Aufgrund der ausführlichen Ableitung der Hypothesen in Kapitel 3 fokussiert sich dieser Teil der Arbeit schwerpunktmäßig auf deren empirische Überprüfung.

Die Arbeit schließt mit **Kapitel 6**, in dem zunächst in Abschnitt 6.1 die zentralen Ergebnisse der Untersuchung im Überblick dargestellt werden. Besondere Bedeutung kommt dabei der in Abschnitt 6.2 folgenden Diskussion von Implikationen zu, die sich für die Marketingforschung und -praxis ergeben. Schließlich werden in Abschnitt 6.3 potenzielle Entwicklungslinien für die zukünftige Forschung aufgezeigt.

Einen zusammenfassenden Überblick über den Aufbau der Arbeit gibt die folgende Abbildung 3.

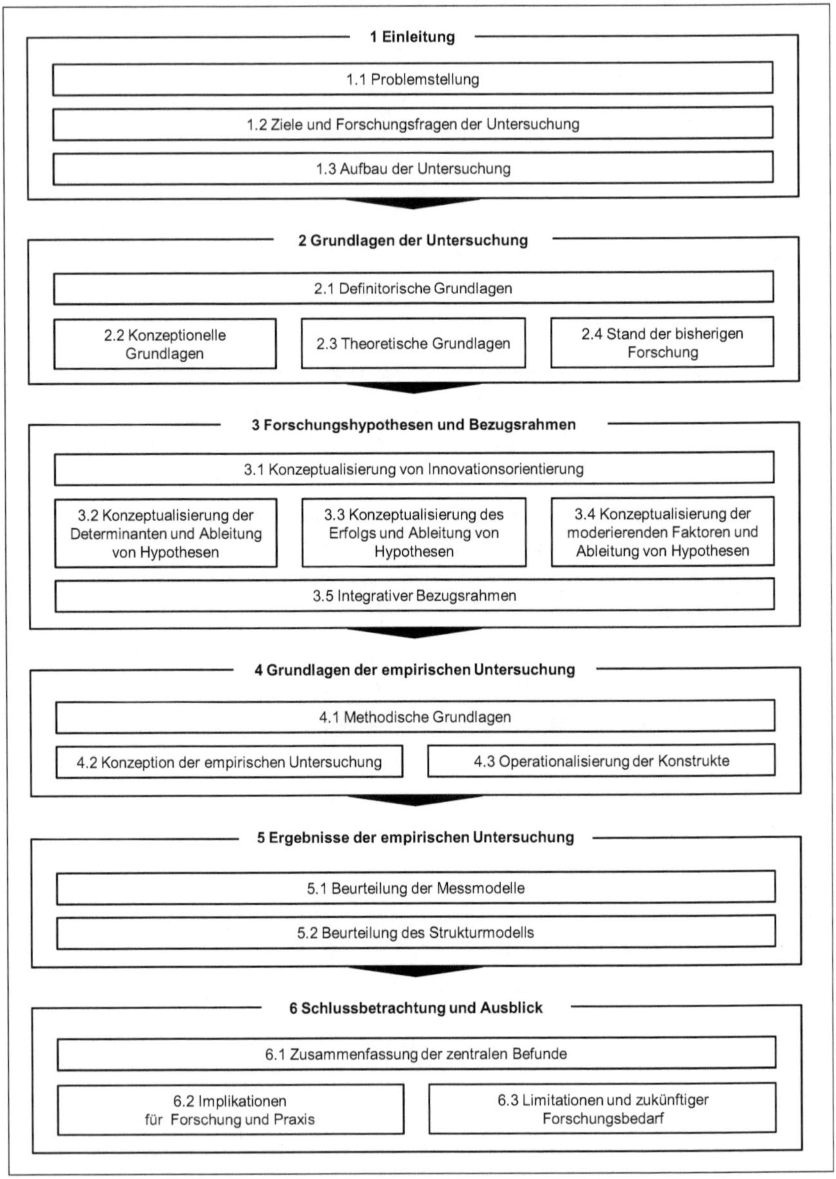

1 Einleitung

1.1 Problemstellung

1.2 Ziele und Forschungsfragen der Untersuchung

1.3 Aufbau der Untersuchung

2 Grundlagen der Untersuchung

2.1 Definitorische Grundlagen

| 2.2 Konzeptionelle Grundlagen | 2.3 Theoretische Grundlagen | 2.4 Stand der bisherigen Forschung |

3 Forschungshypothesen und Bezugsrahmen

3.1 Konzeptualisierung von Innovationsorientierung

| 3.2 Konzeptualisierung der Determinanten und Ableitung von Hypothesen | 3.3 Konzeptualisierung des Erfolgs und Ableitung von Hypothesen | 3.4 Konzeptualisierung der moderierenden Faktoren und Ableitung von Hypothesen |

3.5 Integrativer Bezugsrahmen

4 Grundlagen der empirischen Untersuchung

4.1 Methodische Grundlagen

| 4.2 Konzeption der empirischen Untersuchung | 4.3 Operationalisierung der Konstrukte |

5 Ergebnisse der empirischen Untersuchung

5.1 Beurteilung der Messmodelle

5.2 Beurteilung des Strukturmodells

6 Schlussbetrachtung und Ausblick

6.1 Zusammenfassung der zentralen Befunde

| 6.2 Implikationen für Forschung und Praxis | 6.3 Limitationen und zukünftiger Forschungsbedarf |

Abbildung 3:   Aufbau der Arbeit

Quelle: Eigene Darstellung.

2 Grundlagen der Untersuchung

Die Zielsetzung dieses Kapitels besteht in der Darstellung der für das weitere Verständnis der Arbeit relevanten Grundlagen der Untersuchung. Hierfür erfolgt zunächst eine Diskussion und Abgrenzung der Begriffe Innovation und Innovationsorientierung (Abschnitt 2.1). Im Anschluss daran werden in Abschnitt 2.2 die konzeptionellen Grundlagen zur Unternehmenskultur, zum Personalmanagement und zum Innovationsmanagement erörtert, die einen wichtigen Beitrag für die Positionierung der vorliegenden Arbeit liefern. In Abschnitt 2.3 werden dann die theoretischen Bezugspunkte der Untersuchung aufgezeigt. Hierzu zählen die Prinzipal-Agenten-Theorie, der ressourcenbasierte Ansatz und der situative Ansatz. Die Bestandsaufnahme der bisherigen Forschung zu der Messung, den Determinanten und den Erfolgswirkungen einer Innovationsorientierung erfolgt in Abschnitt 2.4. Innerhalb dieser Forschungsbereiche werden Forschungslücken aufgezeigt, welche die vorliegende Arbeit zu schließen hilft.

2.1 Definitorische Grundlagen

Für die Beantwortung der in Abschnitt 1.2 im Überblick vorgestellten Forschungsfragestellungen der Untersuchung ist ein einheitliches Verständnis der zentralen Begriffe eine wesentliche Voraussetzung. Deshalb werden in diesem Abschnitt Definitionen der zentralen Begriffe Innovation (Abschnitt 2.1.1) und Innovationsorientierung (Abschnitt 2.1.2) erarbeitet. Die Notwendigkeit der Schaffung einer soliden terminologischen Basis ist insbesondere vor dem Hintergrund der geradezu inflationären Verwendung des Begriffs Innovation leicht verständlich.[43]

2.1.1 Innovation

Der Begriff Innovation geht etymologisch auf das lateinische „novus" (neu) und dem daraus abgeleiteten „innovatio" (Neuerung, Neuheit) zurück.[44] Die Einführung des Begriffs Innovation in den Wirtschaftsbereich vollzog SCHUMPETER bereits in den 1930er Jahren. In seiner zentralen Publikation hierzu führt er den Begriff der *schöpferischen Zerstörung* ein, der eine wesentliche Voraussetzung für die Entwicklung der

---

[43] Vgl. Weik (1998).
[44] Vgl. Vahs/Burmester (2005), S. 45.

Volkswirtschaft darstellt.[45] Schöpferisch ist dieser Vorgang insofern, dass kontinuierlich neue Kombinationen von Produktionsfaktoren geschaffen werden müssen, zerstörend wirkt er, da dafür das Bestehende verändert oder eliminiert wird. Innovationen werden somit von SCHUMPETER als Neuerungen der Unternehmen beschrieben, die einen Anlass zum Verlassen des volkswirtschaftlichen Gleichgewichts geben.[46] Seine Überlegungen haben in der Wissenschaft und Praxis breite Anerkennung gefunden, da Produktinnovationen als eine elementare Voraussetzung für einen nachhaltigen Unternehmenserfolg angesehen werden.[47]

Obwohl Innovationen in der wissenschaftlichen Literatur vielfach untersucht wurden, lässt sich in den entsprechenden Beiträgen keine einheitliche Definition des Begriffs Innovation finden. Wie aus der nachfolgenden, chronologisch gehaltenen Tabelle 1 ersichtlich wird, gibt es vielmehr eine Fülle an verschiedenartigen Definitionen, die unterschiedlichste Perspektiven in den Vordergrund stellen.[48]

Autor(en) (Jahr), Seite	Perspektive(n)	Definition von Innovation
Schumpeter (1947), S. 149	Neuheits-perspektive	"[…] the defining characteristic is simply the doing of new things or the doing of things that are already being done in a new way (innovation)."
Thompson (1965), S. 2	Prozess-perspektive	"By innovation is meant the generation, acceptance, and implementation of new ideas, processes, products or services."
Zaltman/Duncan/Holbek (1973), S. 10	Wahrnehmungs-perspektive	„[…] we consider as an innovation any idea, practice, or material artifact perceived to be new by the relevant unit of adoption. The adopting unit can vary from a single individual to a business firm, a city, or a state legislature."
Damanpour/Evan (1984), S. 393	Anpassungs-perspektive	"In this investigation, innovations were considered to be responses to environmental change or means of bringing out change in an organization."
Rickards (1985), S. 28 f.	Perspektive der Zweck-Mittel-Kombination	„[…] innovation […] is the process of matching the problems (needs) of systems with solutions which are new and relevant to those needs, and which can be supplied by the innovating organization (means)."
Pennings/Harianto (1992), S. 358	Entwicklungsper-spektive	"We start from the assumption that organizations have accumulated an extensive range of skills, which give them a competitive advantage over others. Innovations evolve from these skills, so while innovation is a new addition, it is a the same time an outgrowth of previously acquired know-how."

---

[45] Vgl. Schumpeter (1939), S. 87.
[46] Vgl. Schumpeter (1939), S. 100 f. und S. 111 f.
[47] Vgl. Brockhoff (1999), S. 1.
[48] Eine detaillierte Übersicht zur Verwendung des Innovationsbegriffs in der BWL findet sich z. B. bei Weik (1998).

Autor(en) (Jahr), Seite	Perspektive(n)	Definition von Innovation
Fagerberg (2004), S. 4	Kommerzialisie-rungsperspektive	„Invention is the first occurrence of an idea for a new product or process, while innovation is the first attempt to carry it out into practice."
Gemünden/Salomo (2004), S. 505	Prozessperspekti-ve / Perspektive der Zweck-Mittel-Kombination / Kommerzialisie-rungsperspektive	„Innovationen sind das Ergebnis eines kreativen Prozesses von verschiedenen Akteuren aus einer oder mehreren Organisationen, der zu einer qualitativ neuartigen Zweck/Mittel-Kombination führt, die von einer Organisation erstmalig auf dem Markt oder im Betrieb [...] einge-führt wird."

Tabelle 1:   Ausgewählte Definitionen von Innovation

Quelle: Eigene Darstellung in Anlehnung an Hauschildt/Salomo (2007), S. 4-6.

Diese exemplarische Auflistung zeigt, dass es aufgrund der verschiedenen Ansätze leicht zu Missverständnissen und Fehlinterpretationen der Ergebnisse empirischer Studien kommen kann. Es scheint daher sinnvoll, den multidimensionalen Ansatz von HAUSCHILDT und SALOMO zur Klärung des Innovationsbegriffes heranzuziehen, um der Komplexität von Innovationen Rechnung zu tragen.[49] Dieser Ansatz berücksichtigt fünf verschiedene Dimensionen von Innovation, welche die Basis des dieser Arbeit zugrunde liegenden Verständnisses des Begriffs Innovation bilden:

- Inhaltliche Dimension: Was ist neu?
- Intensitätsdimension: Wie neu?
- Subjektive Dimension: Neu für wen?
- Prozessuale Dimension: Wie wird die Neuerung umgesetzt?
- Normative Dimension: Neu gleich erfolgreich?

Die **inhaltliche Dimension** fragt nach dem Gegenstand des Neuen. Hierbei wird üb-licherweise zwischen Produktinnovationen, also am Markt angebotenen Leistungen in Form von physischen Produkten oder Dienstleistungen, und Prozessinnovationen, die ausschließlich innerbetrieblich eingeführt und nicht am Markt verwertet werden, un-terschieden.[50] Während Prozessinnovationen auf die Steigerung der Effizienz ausge-richtet sind, offeriert eine Produktinnovation dem Markt eine Leistung, die es erlaubt, neue Zwecke zu erfüllen oder vorhandene Zwecke mit neuen Mitteln zu erfüllen.[51]

---

[49]   Vgl. hier und im Folgenden Hauschildt/Salomo (2007), S. 3-31.
[50]   Vgl. Gemünden/Ritter/Heydebreck (1996), S. 455; Schmidt/Calantone (1998); Weiber/Koll-mann/Pohl (2006), S. 97.
[51]   Die Unterteilung in Produkt- und Prozessinnovationen lässt sich jedoch nicht immer stringent vollziehen; so bedingt z. B. die Produktinnovation in Industriebetrieben zunehmend auch Pro-

Damit sind Produktinnovationen vorrangig auf die Steigerung der Effektivität ausgerichtet, wobei dieses nicht ausschließt, dass der Nutzer darüber hinaus auch Effizienz-
gewinne realisiert. In dieser Arbeit werden Portfolios von Produktinnovationen betrachtet und damit nur Produkte oder Dienstleistungen, die am Markt angeboten werden.[52] Unternehmensinterne Prozessinnovationen werden folglich von der Analyse
ausgeschlossen.

Die **Intensitätsdimension** betrachtet den Innovationsgrad, der das Ausmaß der Veränderung im Vergleich zum Status Quo misst.[53] In der Literatur existiert eine Vielzahl
von Innovationstypologien, die unterschiedliche Innovationsgrade berücksichtigen.
Einige Autoren differenzieren dichotom zwischen kontinuierlich und diskontinuier-
lich[54] oder inkrementell und radikal[55]. Andere Typologien enthalten mehr als eine Dimension und bilden folglich mindestens eine Matrix, die sich vorwiegend aus einer
Markt- und einer Technologiedimension zusammensetzt.[56] Aus Technologiesicht stellt
bspw. eine neue Generation eines LCD-Fernsehers eher eine inkrementelle Innovation
dar, während die Entwicklung des ersten MP3-Players als radikal einzustufen ist. Um
der Komplexität des Innovationsgrades Rechnung zu tragen, wird dieser in neueren
Ansätzen als ein multidimensionales Konstrukt konzeptualisiert und operationalisiert.[57] Untersuchungsobjekt der vorliegenden Arbeit sind Innovationsportfolios, in
denen normalerweise Innovationsprojekte mit unterschiedlichen Innovationsgraden
enthalten sind. Daher erfolgt bezüglich dieser Dimension keine Beschränkung hinsichtlich bestimmter Innovationsgrade.

---

zessinnovationen. Vgl. Trommsdorff (1991), S. 179.

[52] In der vorliegenden Untersuchung wird im Folgenden nicht nach Produkten und Dienstleistungen differenziert, da das Produktverständnis von Brockhoff (1999) zu Grunde gelegt wird. Der
Autor fasst ein Produkt als Leistungsbündel auf, das sowohl das Kernprodukt als auch produkt-
begleitende Dienstleistungen enthalten kann. Vgl. Brockhoff (1999), S. 13.

[53] Vgl. Hauschildt/Salomo (2007), S. 16.

[54] Vgl. Anderson/Tushman (1990), S. 606-609; Zhou/Yim/Tse (2005), S. 43.

[55] Vgl. Ettlie/Bridges/O'Keefe (1984), S. 682.

[56] Vgl. Chandy/Tellis (1998); Kleinschmidt/Cooper (1991), S. 244; Sorescu/Chandy/Prabhu
(2003); Sorescu/Spanjol (2008), S. 115.

[57] Vgl. Avlonitis/Papastathopoulou/Gounaris (2001); Calantone/Chan/Cui (2006); Danneels/Klein-
schmidt (2001); Garcia/Calantone (2002); Jordan/Segelod (2006); Salomo (2003); Schlaak
(1999). Anhand einer Metaanalyse untersucht Kock (2007) die Vielfalt der bisher in der empirischen Innovationsforschung verwendeten Messansätze zur Bestimmung des Innovationsgrades.
Er identifiziert in seiner Studie fünf Dimensionen, anhand derer das Konstrukt Innovationsgrad
ganzheitlich erfasst wird.

Die **subjektive Dimension** fragt danach, wer die Beurteilung der Innovation vornimmt. Für die Bestimmung, ob es sich im Vergleich zu dem vorangehenden Zustand um eine Innovation handelt, ist die Wahrnehmung des Beurteilenden maßgeblich.[58] Da diese Einschätzung generell subjektiv bleibt, kommt der Frage, wer sie vornimmt, eine hohe Bedeutung zu. Auf einem Kontinuum eines engen und weiten Innovationsbegriffs hinsichtlich der subjektiven Dimension lassen sich die Extrempunkte der individualistischen Perspektive und der Weltneuheit unterscheiden.[59] Für diese Arbeit sind beide Extrempunkte wenig geeignet. Für die Untersuchung der Determinanten und Erfolgswirkungen der Innovationsorientierung eines Unternehmens ist vielmehr entscheidend, ob es sich aus der subjektiven Sicht des Managements und der Mitarbeiter dieses Unternehmens um eine Innovation handelt.[60] Abgegrenzt werden mit dieser unternehmensbezogenen Definition auch die industrieökonomische Perspektive, nach der das als innovativ gilt, was innerhalb einer Branche neu ist,[61] und die Marktperspektive, bei der die Innovation aus Sicht der Kunden betrachtet wird.[62]

Die **prozessuale Dimension** betrachtet die Aktivitäten eines Innovationsvorhabens auf dem Weg von der Ideenfindung bis hin zur Markteinführung.[63] Der sogenannte Innovationsprozess bezeichnet dabei die Gesamtheit der Aktivitäten, die in Zusammenhang mit der Generierung einer Innovation stehen, und lässt sich durch verschiedene Phasen charakterisieren, die jeweils bestimmte Aktivitäten repräsentieren. Aufgrund der Relevanz des Innovationsprozesses für die in dieser Arbeit auch betrachtete Frage nach der indirekten Erfolgswirkung der Innovationsorientierung (Forschungsfrage 3) wird das Innovationsphasenkonzept in Abschnitt 2.2.3.2 vertieft.

Die **normative Dimension** bezieht sich auf den Erfolg von Innovationen. In diesem Zusammenhang können Innovationen als Investitionen unter hoher Unsicherheit angesehen werden.[64] Die Unsicherheit spiegelt sich in den z. T. sehr hohen

---

[58] Vgl. Schlaak (1999), S. 29 f.
[59] Die individualistische Perspektive zeichnet sich dadurch aus, dass ein Individuum erstmalig ein neues Produkt nutzt oder ein neues Verfahren anwendet – unabhängig davon, ob bereits andere Individuen zuvor diese Neuartigkeit erfahren haben. Als Weltneuheit werden dagegen die Innovationen bezeichnet, die weltweit erstmals hervorgebracht werden. Vgl. Hauschildt/Salomo (2007), S. 24-26.
[60] Vgl. Garcia/Calantone (2002), S. 113.
[61] Vgl. Hauschildt/Salomo (2007), S. 24-26.
[62] Vgl. Garcia/Calantone (2002), S. 113.
[63] Vgl. hier und im Folgenden Song/Parry (1996), S. 428.
[64] Vgl. Hauschildt/Salomo (2007), S. 527. Zu Investitionen unter Unsicherheit vgl. Perridon/Stei-

Misserfolgsquoten von Innovationen wider, die sich sowohl im Rahmen der Produkt-entwicklung als auch gemessen am Markterfolg[65] beobachten lassen.[66] Wie bei jedem anderen Investitionsvorhaben ist somit das Ergebnis der Investition für den Investor von großem Interesse.[67] Hierbei existieren in der Literatur viele unterschiedliche An-sätze zur Bestimmung des Innovationserfolgs. Die normative Dimension ist zur Be-griffsbestimmung von Innovation jedoch weniger geeignet, da erst mit einem gewissen zeitlichen Abstand nach der Markteinführung festgestellt werden kann, ob der erwarte-te Innovationserfolg auch erreicht wurde.[68] Daher wird diese Dimension zwar nicht bei der Innovationsdefinition berücksichtigt, nimmt jedoch bei der Wirkungsmessung eine zentrale Rolle ein und wird deshalb in Abschnitt 2.2.3.1 im Allgemeinen und in Ab-schnitt 3.3 im Speziellen detaillierter betrachtet.

Unter Berücksichtigung der obigen Ausführungen zu den fünf Dimensionen der In-novation wird für die vorliegende Arbeit die folgende Begriffsdefinition von Innovati-on abgeleitet:

Eine Innovation ist ein aus Unternehmenssicht neues Produkt, das erstma-lig am Markt eingeführt wird.

Haben Unternehmen die Bedeutung von Innovationen erkannt, sollten sie für einen nachhaltigen Unternehmenserfolg ihr gesamtes Unternehmen auf die Generierung er-folgreicher Innovationen ausrichten und somit innovationsorientiert agieren. Was ge-nau unter dem Terminus Innovationsorientierung zu verstehen ist, wird im folgenden Abschnitt 2.1.2 näher erörtert.

---

[65] ner (2007), S. 93 f.
Der Markterfolg bezeichnet die Effektivität der Marketingaktivitäten eines Unternehmens und umfasst somit Größen wie den Marktanteil, das Umsatzwachstum oder die Neukundengewin-nung. Vgl. Homburg/Pflesser (2000a), S. 452; Vorhies/Morgan (2005), S. 82 f. sowie Abschnitt 3.3.1.

[66] Vgl. Haedrich/Tomczak (1996), S. 155-157.

[67] Vgl. hier und im Folgenden Kock (2007), S. 4 f.

[68] Die Nachfrage nach einem neuen Produkt unterliegt in der Regel einer bestimmten zeitlichen Entwicklung. In der wissenschaftlichen Literatur gibt es Modelle, mit deren Hilfe die Verbrei-tung eines neuen Produktes in einem Markt prognostiziert werden kann. Das bekannteste Modell wurde von Bass (1969) entwickelt. Für einen Überblick über Diffusionsmodelle vgl. weiterhin Dekimpe/Parker/Sarvary (2000); Kumar (2003); Mahajan/Muller/Bass (1990).

2.1.2 Innovationsorientierung

In der Wissenschaft sind unterschiedliche Begriffsauffassungen sowie Definitionen der Innovationsorientierung von Unternehmen zu finden. So wird in der internationalen Literatur diesbezüglich sowohl von *Innovativeness* als auch von *Innovation Orientation* gesprochen. Es lassen sich allerdings keine inhaltlichen Unterschiede zwischen den beiden Termini feststellen, was auch durch die Aussage von HURLEY und HULT bestätigt wird, dass *Innovativeness* ein Maß für die Innovationsorientierung eines Unternehmens sei.[69] Daher wird im Folgenden generell der deutsche Begriff Innovationsorientierung verwendet.[70] Einen Überblick über zentrale Definitionen von Innovationsorientierung gibt Tabelle 2. Die in der chronologisch gehaltenen Tabelle aufgeführten Definitionen werden im Folgenden auf Basis inhaltlicher Überlegungen in Strömungen unterteilt. Dieses Vorgehen ermöglicht gleichzeitig eine inhaltliche Differenzierung vorzunehmen und die zeitliche Entwicklung der wissenschaftlichen Diskussion des Begriffs Innovationsorientierung nachzuvollziehen.

Autor(en) (Jahr), Seite	Perspektive(n)	Definition von Innovationorientierung
Manu (1992), S. 334	Innovationsorientierung als Generierung von Innovationen	„Innovation orientation […] is a multiple construct having to do with innovative output (new products and processes), innovative effort (R&D) and timing of market entry. As an orientation it encompasses the total innovation programs of companies and is strategic in nature because it provides direction in dealing with markets."
Lumpkin/Dess (1996), S. 142	Innovationsorientierung als Neigung	"Innovativeness reflects a firm's tendency to engage in and support new ideas, novelty, experimentation, and creative processes that may result in new products, services, or technological processes."
Amabile (1997), S. 52	Innovationsorientierung als Kultur und Strategie	„[…] the most important elements of the innovation orientation are: a value placed on creativity and innovation in general, an orientation toward risk […], a sense of pride in the organization's members and enthusiasm about what they are capable of doing, and an offensive strategy of taking the lead toward the future […]."

---

[69] Vgl. Hurley/Hult (1998), S. 44.

[70] Anzumerken ist jedoch, dass der Begriff *Innovativeness* in der Literatur auch aus anderen Perspektiven, wie z. B. dem Innovationsgrad, betrachtet wird. Vgl. hierzu bspw. Garcia/Calantone (2002); Talke (2007) sowie die Ausführungen über die Intensitätsdimension in Abschnitt 2.1.1. Die vorliegende Arbeit betrachtet jedoch die Innovationsorientierung des gesamten Unternehmens.

Autor(en) (Jahr), Seite	Perspektive(n)	Definition von Innovationorientierung
Hurley/Hult (1998), S. 44	Innovationsorientierung als Kultur	"Innovativeness is the notion of openness to new ideas as an aspect of a firm's culture. Innovativeness of the culture is a measure of the organization's orientation toward innovation."
Berthon/Hulbert/Pitt (1999), S. 37	Innovationsorientierung als technologische Überlegenheit	"Managers in firms that enact a technological innovation orientation devote their energy towards inventing and refining superior products."
Deshpandé/Farley/ Webster (2000), S. 354	Innovationsorientierung als technologische Überlegenheit	"[..] organizational innovativeness is being first to market with new products and services and being at the cutting edge of technology."
Vázquez/Santos/Álvarez (2001), S. 74	Innovationsorientierung kulturelle Neigung	„[…] a firm's […] cultural predisposition to innovate […]."
Homburg/Hoyer/Fass-nacht (2002), S. 96	Innovationsorientierung als Generierung von Innovationen	„[…] the number of innovations a company offers, how many customers these innovations are offered to, and how strongly these innovations are emphasized."
Worren/Moore/Cardona (2002), S. 1128	Innovationsorientierung als Kultur	"[…] the firm's orientation toward innovation, which we label innovation climate. […] A positive innovation climate exists where the development of new ideas is encouraged and rewarded."
Kundu/Katz (2003), S. 31	Innovationsorientierung als Absicht	"[…] intention to be innovative […]."
Hult/Hurley/Knight (2004), S. 430	Innovationsorientierung als Fähigkeit	"Innovativeness is defined here as the capacity to introduce of some new process, product, or idea in the organization."
Olson/Slater/Hult (2005), S. 52	Innovationsorientierung als Einstellung und Verhalten	"An innovation orientation indicates that the firm not only is open to new ideas but also proactively pursues these ideas in both its technical and administrative domains."
Siguaw/Simpson/Enz (2006), S. 52	Innovationsorientierung als Wissensstruktur	"A multidimensional knowledge structure composed of a learning philosophy, strategic direction, and transfunctional beliefs that, in turn, guide and direct all organizational strategies and actions, including those embedded in the formal and informal systems, behaviors, competencies, and processes of the firm to promote innovative thinking and facilitate successful development, evolution, and execution of innovations."

Tabelle 2: Zentrale Definitionen von Innovationsorientierung

Quelle: Eigene Darstellung.

Einer der ersten Beiträge, der sich mit der Definition von Innovationsorientierung beschäftigt, stammt von MANU, für den Innovationsorientierung eine strategische Zielrichtung ist und das gesamte Innovationsportfolio eines Unternehmens umfasst.[71] MANU sowie MANU und SRIRAM verstehen Innovationsorientierung als ein multidimen-

---

[71] Vgl. Manu (1992), S. 334.

sionales Konstrukt bestehend aus den Indikatoren Neuproduktentwicklung, Ausgaben für Forschung und Entwicklung (F&E) und Zeitpunkt des Markteintritts, die aus der Profit Impact of Market Strategy (PIMS)-Datenbank entnommen werden können.[72] HOMBURG, HOYER und FASSNACHT sehen Innovationsorientierung als eine Funktion der Anzahl von Innovationen, die ein Unternehmen generiert, der Anzahl von Kunden, denen diese Innovationen angeboten werden und wie stark diese Innovationen gegenüber den Kunden betont werden.[73] Die oben genannten Definitionen setzen den Begriff der Innovationsorientierung nach Ansicht der Verfasserin dieser Arbeit fälschlicherweise mit der Generierung von Innovationen gleich und vernachlässigen somit kulturelle Aspekte wie z. B. die Einstellung der Führungskräfte und Mitarbeiter gegenüber Innovationen. Da Innovationen ein Ziel bzw. ein Output von Innovationsorientierung darstellen, können diese demnach nicht Teil bzw. Indikator des Konstrukts sein.

LUMPKIN und DESS verstehen unter Innovationsorientierung die Neigung eines Unternehmens, sich mit neuen Ideen und kreativen Prozessen zu beschäftigen.[74] Nach BERTHON, HULBERT und PITT zeichnen sich innovationsorientierte Unternehmen durch ihre technologische Überlegenheit aus, indem sie sich gänzlich darauf konzentrieren, bessere Produkte als ihre Wettbewerber zu entwickeln.[75] Eine ähnliche Sichtweise vertreten DESHPANDÉ, FARLEY und WEBSTER.[76] Die beiden zuletzt genannten Definitionen bestehen aus zwei wesentlichen Facetten, der Offenheit gegenüber Innovationen[77] und der Fähigkeit, Innovationen hervorzubringen[78]. Diese Perspektive deckt sich zum Teil mit der kulturellen Sichtweise von HURLEY und HULT, die Innovationsorientierung als „notion of openness to new ideas as an aspect of a firm's culture"[79] definieren, und mit HULT, HURLEY und KNIGHTS Definition von Innovationsorientierung als die Fähigkeit, neue Prozesse, Produkte oder Ideen zu entwickeln.[80] OLSON, SLATER und HULT fügen dem hinzu, dass nicht nur die Offenheit gegenüber neuen Ideen, sondern auch eine aktive Verfolgung der Ideen charakteristisch für eine Innova-

---

[72] Vgl. Manu (1992), S. 334; Manu/Sriram (1996), S. 82.
[73] Vgl. Homburg/Hoyer/Fassnacht (2002), S. 96.
[74] Vgl. Lumpkin/Dess (1996), S. 142.
[75] Vlg. Berthon/Hulbert/Pitt (1999), S. 37.
[76] Deshpandé/Farley/Webster (2000), S. 354.
[77] Vgl. Zaltman/Duncan/Holbek (1973).
[78] Vgl. Burns/Stalker (1977).
[79] Hurley/Hult (1998), S. 44.
[80] Vgl. Hult/Hurley/Knight (2004), S. 430.

tionsorientierung eines Unternehmens sind.[81] VÁZQUEZ, SANTOS und ÁLVAREZ nehmen wie HURLEY und HULT eine kulturelle Perspektive ein.[82] Auch SIGUAW, SIMPSON und ENZ sehen Innovationsorientierung aus einer kulturellen Perspektive, genauer gesagt als multidimensionale Wissensstruktur,[83] jedoch widersprechen sie der traditionellen Sichtweise, dass Orientierungskonstrukte wie Innovationsorientierung, Kundenorientierung oder Kostenorientierung nicht nur aus Einstellungen, sondern auch aus Verhaltensweisen bestehen.[84] KUNDU und KATZ bezeichnen Innovationsorientierung ebenfalls lediglich als die Absicht, innovativ zu sein.[85]

Innovationsorientierung besteht für WORREN, MOORE und CARDONA aus den zwei Facetten „unternehmerisches Denken" und „Innovationsklima".[86] Ein positives Innovationsklima herrscht laut den Autoren dort vor, wo die Entwicklung von neuen Ideen unterstützt und belohnt wird und wo es eine gemeinsam gelebte Vision zwischen den Mitarbeitern gibt.[87] Die Mitarbeiter eines Unternehmens sind auch Bestandteil der Definition von Innovationsorientierung bei AMABILE, die folgende Elemente von Innovationsorientierung hervorhebt: Betonung von Kreativität und Innovationen im Allgemeinen, Risikofreude, Stolz auf die Mitarbeiter und Enthusiasmus über ihre Fähigkeiten sowie eine offensive strategische Ausrichtung.[88]

Für das Verständnis der vorliegenden Arbeit wird eine kulturelle Sichtweise von Innovationsorientierung gewählt, die sowohl eine positive Einstellung gegenüber Innovationen als auch innovationsfreudige Handlungen bzw. ein innovationsorientiertes Verhalten der Organisationsmitglieder, also sowohl des Managements als auch der Mitarbeiter, beinhaltet.[89] Damit wird der traditionellen Sichtweise gefolgt, dass Orientierungskonstrukte aus Einstellung und Verhalten bestehen.[90] Dies hat den Vor-

---

[81]   Vgl. Olson/Slater/Hult (2005), S. 52.
[82]   Vgl. Vázquez/Santos/Álvarez (2001), S. 74.
[83]   Vlg. Siguaw/Simpson/Enz (2006), S. 560.
[84]   Vgl. z. B. Calantone/Cavusgil/Zhao (2002); Kohli/Jaworski (1990). Nach Ansicht dieser Autoren beinhalten Innovationsorientierung bzw. Marktorientierung sowohl Einstellungen als auch Verhaltensweisen.
[85]   Vgl. Kundu/Katz (2003), S. 31.
[86]   Vgl. Worren/Moore/Cardona (2002), S. 1127 f.
[87]   Vgl. Worren/Moore/Cardona (2002), S. 1128.
[88]   Vgl. Amabile (1997), S. 52.
[89]   Vgl. Hurley/Hult (1998), S. 44; Olson/Slater/Hult (2005), S. 52. Die kulturelle Perspektive von Hurley/Hult (1998) ist in der wissenschaftlichen Literatur sehr weit verbreitet. Vgl. hierzu Abschnitt 2.4.1.
[90]   Vgl. Calantone/Cavusgil/Zhao (2002); Kohli/Jaworski (1990); Olson/Slater/Hult (2005), S. 52.

teil, dass im weiteren Verlauf der Arbeit die einzelnen Facetten der Innovationsorientierung identifiziert und Handlungsempfehlungen für Unternehmen abgeleitet werden können (vgl. Abschnitt 4.3.1). Für diese Sichtweise spricht außerdem, dass eine Unternehmenskultur nicht nur Werte, Normen und Einstellungen beinhalten, sondern auch aktiv von den Unternehmensakteuren gelebt werden sollte.[91] Vor diesem Hintergrund wird der Begriff Innovationsorientierung daher wie folgt definiert:

Unter Innovationsorientierung werden alle von den Akteuren eines Unternehmens gemeinsam geteilten Werte, Normen und Ziele betrachtet, welche die Offenheit des Unternehmens gegenüber Innovationen fördern und dadurch in einer aktiven Verfolgung neuer Ideen resultieren.

Die Definition bringt zum Ausdruck, dass Innovationsorientierung eine Dimension der Unternehmenskultur ist und durch die Einstellung und das daraus resultierende Verhalten des Managements und der Mitarbeiter eines Unternehmens entsteht.[92] Es liegt demnach die Annahme zu Grunde, dass innovationsorientierte Werte und Normen zu innovationsorientierten Einstellungen führen, welche wiederum innovationsorientierte Handlungen hervorrufen. Legt man dieses Verständnis von Innovationsorientierung zu Grunde, ist zu erkennen, dass Innovationen in Form neuer Produkte nicht die Bestandteile einer Innovationsorientierung sind, sondern durch die Innovationsorientierung gefördert werden können.[93]

Diese Ausführungen zeigen, dass mit dem Begriff Innovationsorientierung eine Vielzahl von Aspekten verbunden ist. So stellt das Personalmanagement eine Voraussetzung für die Innovationsorientierung dar, während das Innovationsmanagement als Konsequenz einer Innovationsorientierung betrachtet werden kann. Diese relevanten konzeptionellen Grundlagen dieser Arbeit werden im folgenden Abschnitt 2.2 behandelt. Dabei erfolgt u. a. auch eine Einordnung von Innovationsorientierung in den Kontext der Unternehmenskultur.

---

[91]   Vgl. Deshpandé/Webster (1989), S. 4.

[92]   Ein innovationsorientiertes Verhalten ist letztlich das Ziel einer Innovationsorientierung. Jedoch wird dieses Verhalten durch eine positive Einstellung gegenüber Innovationen hervorgerufen. Die Begriffsbestimmung steht somit in Einklang mit der Theorie des geplanten Verhaltens, nach der das Verhalten eines Individuums gegenüber einem Objekt durch seine Einstellung gegenüber diesem Objekt beeinflusst wird. Vgl. Ajzen (1991), S. 182.

[93]   Vgl. Siguaw/Simpson/Enz (2006), S. 561.

2.2 Konzeptionelle Grundlagen

In diesem Abschnitt werden die konzeptionellen Grundlagen der Untersuchung erläutert. Die folgenden Ausführungen zielen darauf ab, einen Beitrag zur Positionierung der vorliegenden Arbeit zu liefern. Um das Konstrukt Innovationsorientierung einzuordnen, werden zunächst in Abschnitt 2.2.1 Grundlagen zur Unternehmenskultur vorgestellt. In Abschnitt 2.2.2 folgt sodann ein Überblick über das Personalmanagement in einem Unternehmen, da die Innovationsorientierung maßgeblich durch die Humanressourcen eines Unternehmens geprägt wird. Abschnitt 2.2.3 beschäftigt sich mit dem Innovationsmanagement, dessen erfolgreiche Gestaltung eines der zentralen Ziele der Innovationsorientierung darstellt. In Abschnitt 2.2.4 werden die konzeptionellen Grundlagen zusammengefasst.

2.2.1 Innovationsorientierung als Dimension der Unternehmenskultur

Wie im vorigen Abschnitt 2.1.2 bereits überblicksartig erläutert, stehen die Begriffe Innovationsorientierung und Unternehmenskultur in einem engen sachlichen Zusammenhang. Dabei konnte festgestellt werden, dass die Innovationsorientierung als ein Teil der Unternehmenskultur anzusehen ist.[94] Vor diesem Hintergrund werden in diesem Abschnitt die konzeptionellen Grundlagen der Unternehmenskultur diskutiert, um auf dieser Basis Erkenntnisse für die empirische Untersuchung abzuleiten. So werden im Anschluss an die definitorische Klärung des Begriffs Unternehmenskultur (Abschnitt 2.2.1.1) die Komponenten einer Unternehmenskultur vorgestellt (Abschnitt 2.2.1.2). Der Schwerpunkt des Abschnitts 2.2.1 liegt auf der Darstellung zweier Ansätze zur Charakterisierung der Unternehmenskultur, die sich mit verschiedenen Arten von Unternehmenskulturen auseinandersetzen (Abschnitt 2.2.1.3).

2.2.1.1 Definition von Unternehmenskultur

In der wissenschaftlichen Literatur ist eine Vielzahl von Definitionen, Konzeptualisierungen und Typologien des Begriffs Unternehmenskultur zu verzeichnen.[95] Eine sehr umfassende Begriffsbestimmung liefert SCHEIN, der Unternehmens-

---

[94]   Aus diesem Grund werden im Folgenden die Begriffe Innovationsorientierung und innovationsorientierte Unternehmenskultur synonym verwendet.

[95]   Vgl. Deshpandé/Webster (1989), S. 3-6; Krohmer (1999), S. 21-39; Schein (1992), S. 3-15; Smircich (1983), S. 339.

kultur wie folgt definiert:[96]

„Organizational culture is the pattern of basic assumptions that a given group has invented, discovered, or developed in learning to cope with its problems of external adaptation and internal integration, and that have worked well enough to be considered valid and, therefore, to be taught to new members as the correct way to perceive, think, and feel in relation to those problems."

Diese Definition betont die Annahmen und Wertvorstellungen der Mitglieder einer Organisation und greift den Aspekt der Erfahrung auf, der sich in der Unternehmenskultur manifestiert.[97] Allerdings wurde in Abschnitt 2.1.2 für das Verständnis dieser Untersuchung eine kulturelle Sichtweise von Innovationsorientierung gewählt, die sowohl die Einstellungen als auch das Verhalten der Organisationsmitglieder beinhaltet. Es liegt also die Annahme zu Grunde, dass die Werte und Normen der Unternehmenskultur zu Einstellungen führen, die wiederum Handlungen hervorrufen. Da die Definition von SCHEIN nicht das Verhalten der Organisationsmitglieder berücksichtigt, soll für diese Untersuchung und für das weitere Verständnis zum Begriff der Unternehmenskultur die folgende Definition von DESHPANDÉ und WEBSTER zu Grunde gelegt werden:[98]

„[...] we define organizational culture as the pattern of shared values and beliefs that help individuals understand organizational functioning and thus provide them norms for behavior in the organization."

Diese Definition ist für die nachfolgenden Ausführungen von besonderer Relevanz, da sie zusätzlich den Verhaltensaspekt innerhalb der Unternehmenskultur betont. Sie bringt zum Ausdruck, dass die Funktion der Unternehmenskultur u. a. in der Beeinflussung der Entscheidungen und Handlungen der Unternehmensakteure besteht.[99]

Um die verschiedenen Elemente der Unternehmenskultur ordnen und zueinander in Beziehung setzen zu können, wurden in der Literatur einige Modelle entwickelt, die

---

[96] Schein (1984), S. 3.
[97] Vgl. Homburg/Pflesser (2000a), S. 450; Schein (1992), S. 30.
[98] Deshpandé/Webster (1989), S. 4. Für weitere Definitionen zur Unternehmenskultur sei auf Krohmer (1999), S. 21-39 verwiesen.
[99] Vgl. Krohmer (1999), S. 23.

Unternehmenskultur über verschiedene zueinander in Beziehung stehende Inhaltsebenen konzeptualisieren.[100] Mit dem Ebenen-Modell von SCHEIN wird ein solches Modell im nächsten Abschnitt 2.2.1.2 beschrieben.[101]

2.2.1.2 Komponenten einer Unternehmenskultur

Die Komponenten einer Unternehmenskultur können mit Hilfe von Ebenen-Modellen abgebildet werden.[102] In der wissenschaftlichen Literatur wurden verschiedene Modelle zur Darstellung der Komponenten einer Unternehmenskultur entwickelt.[103] Da eine ausführliche Darstellung verschiedener Modelle an dieser Stelle aufgrund der inhaltlichen Zielsetzung der Arbeit zu weit führen würde, konzentrieren sich die folgenden Ausführungen auf das wissenschaftlich besonders häufig zitierte Ebenen-Modell von SCHEIN. Unternehmenskultur umfasst nach SCHEIN drei Ebenen, die sich insbesondere in Hinblick auf ihre Sichtbarkeit unterscheiden: Artefakte, Werte und Basisannahmen (vgl. Abbildung 4).[104] Artefakte, die oberste Ebene der Unternehmenskultur, sind Verhaltensweisen, Rituale, Sitten und Gebräuche, die direkt sichtbar sind. Artefakte können sowohl verbal (durch Erzählungen, Gefühlsäußerungen und Sprache) als auch physisch (durch Kleidung oder Gebäude) zum Ausdruck gebracht werden. Die mittlere Ebene stellen die Werte eines Unternehmens dar, die zwar nicht unmittelbar beobachtbar, aber den Organisationsmitgliedern zumindest bewusst sind, wie z. B. soziale Verantwortung oder Umweltschutz. Auf der untersten Ebene sind Basisannahmen zu finden, die als selbstverständlich hingenommen werden, aber unbewusst und nicht sichtbar sind. Diese Basisannahmen beziehen sich auf grundsätzliche Fragen des Berufslebens, wie z. B. kooperative vs. kompetitive zwischenmenschliche Beziehungen.[105]

---

[100]   Vgl. Homburg/Krohmer (2006), S. 1285.
[101]   Vgl. Schein (1984), S. 3 f.; Schein (1992), S. 29-34.
[102]   Vgl. Homburg/Krohmer (2006), S. 1285.
[103]   Für einen Überblick vgl. Schein (1992), Schwarz (1989), S. 45-59; Steinmann/Schreyögg (1990), S. 534-540; Trice/Beyer (1993), S. 17.
[104]   Vgl. hier und im Folgenden Schein (1984), S. 3 f.; Schein (1992), S. 29-34.
[105]   Vgl. Schein (1984), S. 6.

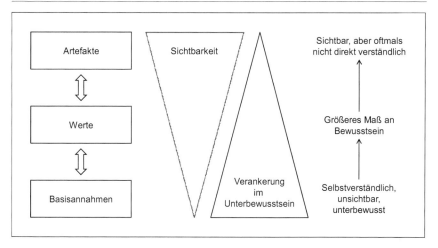

Abbildung 4:   Ebenen der Unternehmenskultur nach Schein
Quelle: Eigene Darstellung in Anlehnung an Krohmer (1999), S. 27; Schein (1984), S. 4.

Die verschiedenen Ebenen einer Unternehmenskultur stehen in Wechselbeziehungen zueinander, wobei die mittlere Ebene der Werte zwischen den Ebenen der Artefakte und der Basisannahmen vermittelt.[106] So werden bspw. Artefakte durch Werte hervorgerufen und Werte mit der Zeit in Form unterbewusster Basisannahmen verinnerlicht. Aufgrund dieser Wechselbeziehungen ist auch die Innovationsorientierung eines Unternehmens nicht nur auf einer einzelnen Ebene, sondern potenziell auf allen drei Ebenen der Unternehmenskultur verankert.[107]

Nachdem beschrieben wurde, aus welchen Bestandteilen sich eine Unternehmenskultur zusammensetzen kann, soll im Folgenden der Frage nachgegangen werden, welche Arten von Unternehmenskulturen unterschieden werden können.

2.2.1.3 Arten von Unternehmenskulturen

Bei der Charakterisierung verschiedener Arten von Unternehmenskulturen wird in der wissenschaftlichen Literatur zwischen typologieorientierten und dimensionsorien-

---

[106]   Vgl. hier und im Folgenden Schein (1992).
[107]   Vgl. hierzu auch Homburg/Pflesser (2000), S. 251, die am Beispiel der Marktorientierung zeigen, dass diese auf allen Ebenen der Unternehmenskultur verankert ist.

tierten Ansätzen unterschieden.[108] **Typologieorientierte Ansätze** bilden auf Basis verschiedener Kriterien unterschiedliche Idealtypen von Unternehmenskulturen. Besondere Beachtung hat die in Abbildung 5 dargestellte Typologie von QUINN gefunden, die später von CAMERON und FREEMAN weiterentwickelt wurde.[109]

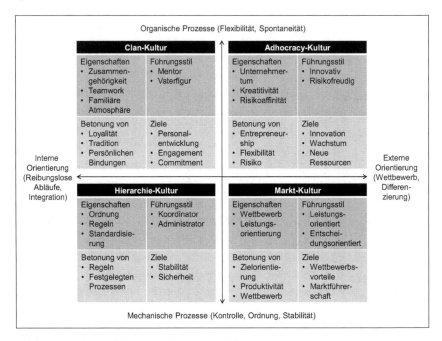

Abbildung 5:   Typologisierung von Unternehmenskulturen

Quelle: Eigene Darstellung in Anlehnung an Cameron/Freeman (1991), S. 27 und S. 29;
                Quinn (1988), S. 51.

Diese Typologie unterscheidet zwischen einer internen und externen Orientierung sowie zwischen organischen und mechanischen Prozessen und identifiziert dadurch vier idealtypische Unternehmenskulturen: Hierarchie-, Adhocracy-, Markt- und Clan-Kultur.[110] Die Hierarchie-Kultur zeichnet sich durch ein hohes Maß an Standardisierung und Formalisierung in der Organisation aus und ist in Großunternehmen weit

---

[108]   Vgl. Homburg/Krohmer (2006), S. 1283-1286.
[109]   Vgl. Cameron/Freeman (1991), S. 27-30; Quinn (1988), S. 47-54. Eine Übersicht zu anderen
        Typologien liefern Trice/Beyer (1993).
[110]   Vgl. hier und im Folgenden Cameron/Freeman (1991), S. 27-30; Quinn (1988), S. 47-54.

verbreitet, während die Adhocracy-Kultur die Wichtigkeit von Innovationen und Unternehmertum hervorhebt. Eine starke Orientierung am Wettbewerb und am Kunden lässt sich bei der Markt-Kultur finden. Die Clan-Kultur zeichnet sich durch eine familiäre Atmosphäre aus, die sich eher in mittelständischen, familiengeprägten Unternehmen beobachten lässt. Diese Klassifizierung hat in der Forschung mehrfach Anwendung gefunden, jedoch ist grundsätzlich eine eindeutige Zuordnung der in den Märkten existierenden Unternehmen zu den vier Idealtypen nicht möglich.[111]

Ziel von **dimensionsorientierten Ansätzen** ist hingegen die Identifikation inhaltlicher Dimensionen der Unternehmenskultur. Die Dimensionen werden häufig anhand empirischer Studien identifiziert und können sich auf Werte, Normen, Prozesse oder typische Verhaltensweisen beziehen.[112] Für die vorliegende Untersuchung sind – wie in Abschnitt 2.1.2 erwähnt – insbesondere die Verhaltensdimensionen relevant. OLSON, SLATER und HULT (2005) unterscheiden vier verschiedene strategische Verhaltensdimensionen der Unternehmensakteure: Kostenorientierung, Kundenorientierung, Wettbewerbsorientierung und Innovationsorientierung.[113] Kundenorientierung und Wettbewerbsorientierung werden in der wissenschaftlichen Forschung auch häufig unter dem Konstrukt der *Marktorientierung* zusammengefasst.[114] Marktorientierung ist eine Form der Unternehmenskultur, die durch besonders effektives Verhalten der Unternehmensmitglieder einen dem Wettbewerb überlegenen Kundennutzen stiftet und damit den Unternehmenserfolg sichert.[115] Eine weitere Verhaltensdimension der Unternehmenskultur ist die *Innovationsorientierung* von Unternehmen, die den Kern der vorliegenden Untersuchung darstellt.[116] Wie in Abschnitt 2.1.2 dargestellt, sind Organisationsmitglieder innovationsorientierter Unternehmen offen gegenüber neuen Ideen und verfolgen diese aktiv. Während markt- und innovationsorientiertes Verhalten pri-

---

[111] Vgl. Deshpandé/Farley/Webster (1993); Ernst (2003a); White/Varadarajan/Dacin (2003). An dieser Stelle sei bemerkt, dass der Begriff Unternehmenskultur werturteilsfrei zu verstehen ist. Im Gegensatz zu dem Begriff Kultur, mit dem häufig ein anzustrebender Zustand verbunden wird, der gleichsam ein Ideal darstellt, beschreibt die Unternehmenskultur lediglich, was für Werte und Normen in einem Unternehmen existieren. Der Kulturbegriff findet seinen Ursprung in der Anthropologie und bezeichnet dort Bräuche, Riten und Werte, die sich in verschiedenen Gesellschaften im Laufe ihrer Geschichte entwickeln. Vgl. Schein (1992), S. 18.

[112] Vgl. z. B. Chatman/Jehn (1994), S. 535; Hofstede et al. (1990), S. 303; Kitchell (1995), S. 197; Olson/Slater/Hult (2005), S. 52 f.; Sharma (1994), S. 519.

[113] Vgl. Olson/Slater/Hult (2005), S. 52 f.

[114] Vgl. Kohli/Jaworski (1990); Narver/Slater (1990).

[115] Vgl. Narver/Slater (1990), S. 21.

[116] Vgl. Abschnitt 2.1.2.

mär auf eine Steigerung der Umsätze abzielt, versuchen *kosten- bzw. intern orientierte* Unternehmen, durch die Minimierung von Kosten alle Teile ihrer Wertkette effizient zu gestalten.[117] Kostenorientierte Unternehmen streben danach, die Kosten ihrer Primäraktivitäten, wie z. B. Logistik, Produktion, Vertrieb und Marketing, zu reduzieren. Weiterhin werden auch bei den Sekundäraktivitäten, zu denen die Bereiche Beschaffung, F&E sowie Verwaltung gehören, Kosten eingespart. Diese Kosteneinsparungen können höhere Gewinne mit sich bringen, da niedrigere Preise mit sehr hohen Absatzmengen einhergehen, und den jeweiligen Unternehmen einen potenziellen, dauerhaften Wettbewerbsvorteil verschaffen.[118]

Für die vorliegende Untersuchung sind weniger die Typen als vielmehr die verhaltensorientierten Dimensionen von Unternehmenskultur von Bedeutung. Hierfür spricht, dass zum einen die Zuordnung von Unternehmenskulturen zu Idealtypen nur bedingt möglich ist, und zum anderen konkrete Handlungsempfehlungen für die Praxis abgeleitet werden sollen.[119] Es ist zu erwarten, dass aus den verschiedenen Dimensionen der Unternehmenskultur konkrete Handlungsweisen der Mitglieder eines Unternehmens resultieren.[120] Insofern ist die Unternehmenskultur eine Komponente der Organisation, die sich im Verhalten ihrer Mitglieder und der Organisation als Ganzes manifestiert.[121] So ist – übertragen auf den Untersuchungskontext – davon auszugehen, dass eine innovationsorientierte Unternehmenskultur sich in einem innovationsorientierten Verhalten widerspiegelt. Die Identifikation von Facetten der Dimension Innovationsorientierung als ein Teil der Unternehmenskultur ermöglicht daher Rückschlüsse auf das Verhalten der Unternehmensakteure. Vor diesem Hintergrund steht im Folgenden die Diskussion der Gemeinsamkeiten und Unterschiede der Dimensionen Marktorientierung, Innovationsorientierung und Kostenorientierung im Mittelpunkt.

Bei der Betrachtung dieser drei Dimensionen von Unternehmenskultur sollte beachtet werden, dass diese sich zum Teil gegenseitig ausschließen. So besteht ein signifi-

---

[117] Vgl. hier und im Folgenden Porter (1980).
[118] Vgl. Abschnitt 1.1.
[119] Letztlich umfasst auch die in Abbildung 5 dargestellte Typologie von Unternehmenskulturen zwei Dimensionen, weshalb eine inhaltliche Verbindung zu den dimensionsorientierten Ansätzen gegeben ist. Allerdings werden bei den dimensionsorientierten Ansätzen im Gegensatz zu den typologieorientierten Ansätzen keine Idealtypen gebildet.
[120] Vgl. Albers/Hildebrandt (2006), S. 5.
[121] Vgl. Allaire/Firsirotu (1984), S. 196; Calori/Sarnin (1991), S. 50; Deshpandé/Webster (1989), S. 4.

kanter Unterschied zwischen Kostenorientierung und Marktorientierung. Um höhere
Gewinne zu erzielen, gestalten kostenorientierte Unternehmen alle Unternehmensakti-
vitäten möglichst effizient, während marktorientierte Unternehmen versuchen, durch
z. B. hohe Kundenzufriedenheit und -bindung ihre Gewinne zu erhöhen. Auch wenn es
nahe liegt, dass eine gleichzeitige Verfolgung beider Orientierungen zu einer Maximierung der Gewinne führen könnte, zeigt die Studie von RUST, MOORMAN und
DICKSON, dass eine alleinige Betonung von Marktorientierung zu einer besseren finanziellen Performance führt.[122] Die Performance marktorientierter Unternehmen ist
demzufolge höher als die von ausschließlich kostenorientierten Unternehmen sowie
Unternehmen, die eine duale Orientierung anstreben. Die Ergebnisse indizieren somit
tendenziell, dass Marktorientierung und Kostenorientierung nicht kompatibel miteinander sind. Die obige Charakterisierung von Kostenorientierung verdeutlicht, dass
auch Innovationsorientierung und Kostenorientierung sich weitestgehend gegenseitig
ausschließen. Während eine Innovationsorientierung mit Investitionen in F&E einhergeht,[123] versuchen kostenorientierte Unternehmen häufig, ihre F&E-Ausgaben auf ein
Mindestmaß zu reduzieren und riskante Projekte zu vermeiden.[124] Zudem haben beide
Dimensionen von Unternehmenskulturen unterschiedliche Zielfunktionen, da es das
Ziel innovationsorientierter Unternehmen ist, die Umsätze eines Unternehmens durch
die Einführung erfolgreicher Innovationen zu steigern anstatt Kosten auf ein Minimum
zu reduzieren. Auf Basis dieser Diskussionen lässt sich ableiten, dass Kostenorientie-
rung mit einer Ausrichtung auf die internen Prozesse eines Unternehmens einhergeht.
Marktorientierung und Innovationsorientierung hingegen orientieren sich extern,[125]
also vor allem am Kunden, dessen Zufriedenheit durch verbesserten Service und / oder
Produktinnovationen gesteigert werden soll.

Auch wenn Marktorientierung und Innovationsorientierung ähnliche Ziele verfolgen, setzen die Konzepte an unterschiedlichen Stellen an. Das Konzept der Marktorientierung wird in der Marketingforschung seit Beginn der 1990er Jahre intensiv unter-

---

[122] Vgl. hier und im Folgenden Rust/Moorman/Dickson (2002), S. 20.
[123] Vgl. Manu/Sriram (1996), S. 82.
[124] In Bezug auf kostenorientierte Unternehmen lässt sich zudem feststellen, dass diese sehr oft
erfolgreiche Innovationen mit einem zeitlichen Abstand nachahmen. Ein Beispiel hierfür sind
die Hersteller von Generika in der Pharmaindustrie.
[125] Da – wie bereits in Abschnitt 2.1.1 dargelegt – in dieser Arbeit Portfolios von Produktinnovationen betrachtet werden, wird Innovationsorientierung als extern orientiert aufgefasst. Interne Prozessinnovationen, die sich bspw. auf die Produktionsprozesse beziehen, werden aus der Analyse
ausgeschlossen.

sucht.[126] Seine Ursprünge findet der Grundgedanke der Marktorientierung bei DRU-
CKER, der den Markt (insbesondere das Kunden- und Wettbewerbsverhalten) in den
Fokus der Unternehmensüberlegungen stellt.[127] Marktorientierung kann in diesem Zusammenhang als die Implementierung des Marketingkonzeptes verstanden werden.
Das Marketingkonzept definiert sich als eine ausgeprägte Unternehmenskultur mit
fundamentalen gemeinsamen Überzeugungen und Werten, die darauf abzielen, den
Kunden in den Mittelpunkt des strategischen und operativen Handelns des Unternehmens zu stellen.[128] Daraus resultierend ist ein marktorientiertes Unternehmen eine Organisation, die den Grundgedanken des Marketingkonzeptes in konkrete marktorientierte Verhaltensweisen umsetzt.[129] Die Bedeutung von Innovationen wird in Studien
über Marktorientierung zwar nicht ignoriert,[130] jedoch lässt sich bei den entwickelten
Messansätzen zur Marktorientierung ein Fokus auf die bestehenden Kundenwünsche
feststellen.[131]

Auch wenn die Ermittlung und Erfüllung bestehender Kundenwünsche ein wesentlicher Hebel zur Kundenbindung und somit eine erste grundlegende Voraussetzung zum
Unternehmenserfolg ist, beschränkt sich das Konzept der Marktorientierung doch nur
auf einen Teil von DRUCKERS Ausführungen:[132]

*"There is only one valid definition of business purpose: to create a cus-
tomer. [...] It is the customer who determines what the business is. [...] Be-
cause it is its purpose to create a customer, any business enterprise has two
– and only these two – basic functions: marketing **and innovation.**"*

DRUCKER betont, dass es nicht nur essenziell ist, die artikulierten Wünsche der
Kunden zu befriedigen, sondern dass darüber hinaus auch die kontinuierliche Entwick-
lung innovativer Produkte und Services eine Umsatzsteigerung bedingen kann.[133] Eine
Innovationsorientierung von Unternehmen fokussiert sich somit auf die Erfüllung zu-

---

[126]   Richtungsweisend waren hierbei die Arbeiten von Kohli/Jaworski (1990) und Narver/Slater
        (1990), die den Weg für eine Vielzahl weiterer Studien bereitet haben.
[127]   Vgl. Drucker (1954), S. 37-39.
[128]   Vgl. Deshpandé/Webster (1989), S. 3.
[129]   Vgl. Kohli/Jaworski (1990), S. 1; Nakata/Sivakumar (2001), S. 257.
[130]   Vgl. Jaworski/Kohli (1993), S. 56.
[131]   Vgl. Berthon/Hulbert/Pitt (2004), S. 1067.
[132]   Drucker (1954), S. 37.
[133]   Vgl. Berthon/Hulbert/Pitt (2004), S. 1067.

künftiger Kundenwünsche. Ob und inwiefern sich der Grad der Marktorientierung eines Unternehmens auf dessen Innovationsorientierung auswirkt, soll in Abschnitt 3.2.2 diskutiert werden. Abbildung 6 fasst die Ausführungen zur Kostenorientierung, Marktorientierung und Innovationsorientierung grafisch zusammen. Wie aus den obigen Ausführungen ersichtlich wurden, ist Marktorientierung der Innovationsorientierung vorgelagert.[134]

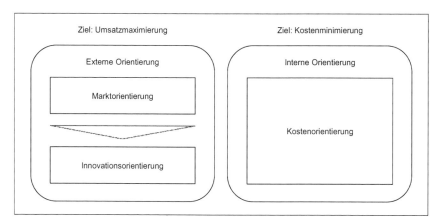

Abbildung 6:   Unternehmenskulturdimensionen
Quelle: Eigene Darstellung.

Innovationsorientierung manifestiert sich als Dimension der Unternehmenskultur nachhaltig im Verhalten der Mitglieder der Organisation. Dies bedeutet, dass eine innovationsorientierte Unternehmenskultur vom Management und von den Mitarbeitern aktiv gelebt werden muss.[135] Insofern sind die Humanressourcen eines Unternehmens außerordentlich wichtig für die Gestaltung der Unternehmenskultur. Konzeptionelle Grundlagen des Personalmanagements sind demnach für die vorliegende Arbeit potenziell relevant und daher Gegenstand des folgenden Abschnitts 2.2.2.

---

[134]   Die Ausführungen beziehen sich allerdings nur auf die Bestandskunden eines Unternehmens. Neue Geschäftsbeziehungen, die durchaus auch durch Innovationen begründet werden können, werden hier von der Betrachtung ausgeschlossen.
[135]   Vgl. Dobni (2006), S. 173; Schein (1984), S. 3.

2.2.2 Personalmanagement als Voraussetzung für Innovationsorientierung

Im Rahmen der zweiten Forschungsfrage dieser Arbeit wird untersucht, welche Determinanten in einem Unternehmen die Innovationsorientierung beeinflussen. Da die Innovationsorientierung maßgeblich durch das Verhalten des Personals geprägt wird, stellt das Personalmanagement potenziell eine wesentliche Voraussetzung für die Innovationsorientierung dar. Das Personalmanagement bezeichnet den Aufgabenbereich, der sich mit dem Produktionsfaktor Arbeit bzw. mit dem Personal im Betrieb auseinandersetzt.[136] In diesem Abschnitt werden zunächst die Ziele[137] des Personalmanagements erläutert (Abschnitt 2.2.2.1) und anschließend die verschiedenen Funktionen bzw. Aufgabenbereiche des Personalmanagements dargestellt (Abschnitt 2.2.2.2).

2.2.2.1 Ziele des Personalmanagements

Die primäre Zielsetzung eines Unternehmens ist – unter Voraussetzung der Sicherung der Unternehmensexistenz – die langfristige Gewinnmaximierung.[138] Die personalpolitischen Ziele sind Unterziele dieser unternehmerischen Gesamtzielsetzung und beziehen sich auf den Einsatz von Humankapital. Im Personalmanagement lassen sich dabei zunächst Sach- und Formalziele unterscheiden.[139] Das oberste **Sachziel** besteht in der Bereitstellung der erforderlichen personellen Kapazität zur Erreichung der definierten Unternehmensziele.

Bei den **Formalzielen** des Personalmanagements wird in der Regel zwischen wirtschaftlichen und sozialen Zielen unterschieden.[140] *Wirtschaftliche Ziele* dienen den Einkommensinteressen der Eigentümer des Unternehmens bzw. den Zielen der von den Eigentümern mit der Unternehmensleitung beauftragten Führungskräfte.[141] Das

---

[136] Vgl. Hentze/Kammel (2001), S. 3; Jung (2006), S. 7.
[137] Unter dem Begriff Ziel soll ein angestrebter Zustand verstanden werden, der durch bestimmte Maßnahmen bzw. Handlungen erreicht werden soll. Vgl. Hentze/Kammel (2001), S. 53; Jung (2006), S. 11.
[138] Vgl. hier und im Folgenden Jung (2006), S. 11.
[139] Vgl. hier und im Folgenden Hentze/Kammel (2001), S. 57 f.; Jung (2006), S. 11 f. Im Rahmen der Festlegung von Sachzielen wird bestimmt, *was* erreicht werden soll, bei der Formulierung von Formalzielen wiederum geht es darum, *wie* die angestrebten Ziele erreicht werden sollen.
[140] Als weitere Arten von Zielen seien an dieser Stelle rechtliche Ziele (z. B. die Einhaltung von Tarifverträgen), organisatorische Ziele (z. B. der angemessene Einsatz der Mitarbeiter im Gefüge des Unternehmens) sowie volkswirtschaftliche Ziele (z. B. Vollbeschäftigung) genannt. Vgl. Olfert (2006), S. 25.
[141] In einer Welt ohne Opportunismus, Informationsasymmetrien und abweichenden Risikohaltungen decken sich die Ziele der Eigentümer des Unternehmens mit denen der Manager. Die Neue

Personalmanagement zielt darauf ab, die Wirtschaftlichkeit und Wettbewerbsfähigkeit von Unternehmen insgesamt zu verbessern,[142] indem der Faktor menschliche Arbeit optimal eingesetzt und bestmöglich mit den übrigen Produktionsfaktoren kombiniert wird.[143] Weiterhin soll durch eine Steigerung der Arbeitsproduktivität[144] und / oder die Substitution von Arbeit durch Kapital eine Senkung der Personalkosten herbeigeführt werden. *Soziale Ziele* beziehen sich auf die Erwartungen, Bedürfnisse und Interessen der Mitarbeiter und zielen auf eine Verbesserung der materiellen (z. B. leistungsgerechte Entlohnung, Sicherheit des Arbeitsplatzes) und immateriellen (z. B. Personalentwicklungsmöglichkeiten, soziale Kontaktmöglichkeiten) Bedingungen der Arbeit ab.[145] Die Befriedigung sozialer Ziele drückt sich in der Mitarbeiterzufriedenheit aus, die durch die Verbesserung der materiellen und immateriellen Bedingungen menschlicher Arbeit in Organisationen determiniert wird.[146] Wie im folgenden Absatz näher erläutert wird, kommt der Mitarbeiterzufriedenheit im Rahmen dieser Arbeit eine zentrale Bedeutung zu.

Wirtschaftliche und soziale Ziele beeinflussen sich häufig gegenseitig. So können sie auf der einen Seite konkurrierend[147] sein, wie z. B. das soziale Ziel Arbeitszeitverkürzung und das wirtschaftliche Ziel Minimierung der Personalkosten. Auf der anderen Seite besteht aber auch die Möglichkeit der Komplementarität[148] dieser beiden Zielarten. In der wissenschaftlichen Forschung wurde vielfach nachgewiesen, dass die Mitarbeiterzufriedenheit das Verhalten der Mitarbeiter determiniert.[149] So führt eine hoch ausgeprägte Mitarbeiterzufriedenheit als Folge erreichter sozialer Ziele zu einer höheren Arbeitsproduktivität, einer längeren Betriebszugehörigkeit, weniger Krankheitstagen und einer kreativeren Forschung und Entwicklung und geht daher mit der Realisierung wirtschaftlicher Ziele einher.[150] EAGLY und CHAIKEN begründen den Zu-

---

Institutionenökonomik stellt diese Annahme in Frage, liefert jedoch geeignete Methoden, um Zielkongruenz zu erreichen. Vgl. Abschnitt 2.3.2.

[142] Vgl. Huselid (1995).
[143] Vgl. hier und im Folgenden Holtbrügge (2007), S. 3; Jung (2006), S. 12; Olfert (2006), S. 26.
[144] Vgl. Huselid (1995), S. 635.
[145] Vgl. Jung (2006), S. 12.
[146] Vgl. Hentze/Kammel (2001), S. 58.
[147] Zwei Ziele konkurrieren, wenn sich die Erreichung des einen Ziels negativ auf die Erreichung des anderen Ziels auswirkt.
[148] Zwei Ziele sind komplementär, wenn sich die Erreichung des einen Ziels positiv auf die Erreichung des anderen Ziels auswirkt.
[149] Vgl. bspw. Fishbein (1973), S. 22; Judge et al. (2001), S. 378.
[150] Vgl. Judge et al. (2001), S. 385. In ihrer Meta-Analyse wird eine positive Wirkung der Mitarbei-

sammenhang zwischen Mitarbeiterzufriedenheit und Mitarbeiterverhalten wie folgt: "In general, people who evaluate an attitude object favorably tend to engage in behaviors that foster or support it, and people who evaluate an attitude object unfavorably tend to engage in behaviors that hinder or oppose it".[151] Auf Basis dieser Erkenntnisse zum Zusammenhang zwischen Zufriedenheit und Verhalten von Mitarbeitern scheint es sinnvoll, die Mitarbeiterzufriedenheit als potenziellen Einflussfaktor auf die Innovationsorientierung zu betrachten. Während eine detaillierte Diskussion des Zusammenhangs zwischen Mitarbeiterzufriedenheit und Innovationsorientierung in Abschnitt 3.2.1 erfolgt, zeigen bereits diese ersten konzeptionellen Überlegungen, dass die Mitarbeiterzufriedenheit für die vorliegende Untersuchung von Relevanz sein kann.

Im nächsten Abschnitt werden die Funktionen des Personalmanagements näher erläutert. Die einzelnen Funktionen haben dabei die Aufgabe, zur Erfüllung der genannten Sach- und Formalziele beizutragen.

2.2.2.2 Funktionen des Personalmanagements

In diesem Abschnitt stehen die vielfältigen Funktionen des Personalmanagements im Mittelpunkt. Die Ausgestaltung des Personalmanagements ist für die vorliegende Untersuchung relevant, da eine innovationsorientierte Unternehmenskultur maßgeblich durch die Humanressourcen geprägt wird. Wie in Abschnitt 2.1.2 beschrieben, entsteht eine Innovationsorientierung primär durch das Verhalten des Managements und der Mitarbeiter. Dieses Verhalten kann mit Hilfe bestimmter Maßnahmen der einzelnen Funktionen des Personalmanagements, wie z. B. der Personalentwicklung oder der Personalführung, so beeinflusst und gesteuert werden, dass eine Innovationsorientierung hervorgerufen bzw. sichergestellt wird. Abbildung 7 verdeutlicht die auf die Ziele des Personalmanagements auszurichtenden personalwirtschaftlichen Funktionen bzw. Aufgaben. Die Grundlage für die Umsetzung der Ziele bildet die unternehmensübergreifende Querschnittsfunktion *personelle Leistungsbereitstellung*, die sich auf die Teilfunktionen Personalbedarfsplanung, -beschaffung, -einsatz, -entwicklung und -freisetzung bezieht.[152] Diese fünf Teilfunktionen werden zunächst jeweils kurz vorgestellt, bevor anschließend der Bezug zur Problemstellung der vorliegenden Arbeit hergestellt wird.

---

terzufriedenheit auf die Arbeitsleistung nachgewiesen.
[151]   Eagly/Chaiken (1993), S. 12.
[152]   Vgl. Bühner (2005), S. 28; Jung (2006), S. 4.

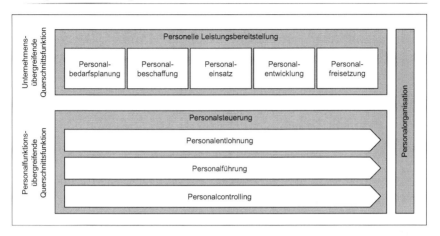

Abbildung 7:   Aufgaben des Personalmanagements
Quelle: Eigene Darstellung in Anlehung an Bühner (2005), S. 28.

Die **Personalbedarfsplanung** nimmt eine zentrale Position innerhalb des betrieblichen Personalmanagements ein, weil sie die Grundlage der gesamten personellen Leistungsbereitstellung ist und als Bindeglied zur Produktions- und Absatzplanung dient.[153] Aufgabe der Personalbedarfsplanung ist es, qualifizierte Mitarbeiter in der erforderlichen Quantität unter Berücksichtigung ihrer individuellen Fähigkeiten und Neigungen zum richtigen Zeitpunkt für die erforderliche Dauer am richtigen Ort zur Verfügung zu stellen.[154]

Der durch die Personalbedarfsplanung ermittelte Personalbedarf bildet den Ausgangspunkt für die **Personalbeschaffung**, die all diejenigen Aktivitäten umfasst, die der bedarfsgerechten Gewinnung von Arbeitskräften dienen.[155] Dabei werden die drei miteinander verbundenen Phasen Personalmarketing, Bewerberauswahl und Personaleinstellung unterschieden.[156]

Die Funktion **Personaleinsatz** umfasst die Zuordnung der vorhandenen Mitarbeiter zu den verfügbaren Stellen eines Unternehmens und leitet sich aus der Personalbe-

---

[153]   Vgl. Scholz (2000), S. 251.
[154]   Vgl. Jung (2006), S. 4 f.
[155]   Vgl. Holtbrügge (2007), S. 95-114.
[156]   Zu den drei Phasen der Personalbeschaffung vgl. ausführlich Holtbrügge (2007), S. 95-114; Olfert (2006), S. 158-165.

darfsplanung ab.[157] Hierbei ist für jeden Mitarbeiter über die Gestaltungsparameter Arbeitsinhalt, Arbeitsort und Arbeitszeit zu entscheiden. Letztere sollte dabei dem gegebenen Bedarf bzw. den Mitarbeitern angepasst werden, weshalb Mehr-, Schicht- und Kurzarbeit in den meisten Branchen notwendig sind.[158]

Personalentwicklung ist die „[…] Gesamtheit der Maßnahmen zur Verbesserung der Mitarbeiterqualifikation".[159] Eine Methode der Personalentwicklung ist die Bildung am Arbeitsplatz („on the job") mittels systematischer Unterweisung und Anleitung durch den Vorgesetzten, Job Rotation[160], Trainee-Programmen oder Projektarbeit.[161] Alternativ kann die Personalentwicklung auch außerhalb des Arbeitsplatzes („off the job") stattfinden, z. B. durch E-Learning, Business-TV, Teilnahme an Vorträgen, Seminaren, Workshops oder berufsbegleitende Studiengänge. Personalentwicklungsmaßnahmen wirken sich häufig positiv auf die wirtschaftlichen Ziele des Personalmanagements aus, dienen aber auch der Mitarbeiterzufriedenheit und somit der langfristigen Bindung des Personals an das Unternehmen, also sozialen Zielen.[162]

Die letzte Teilfunktion der personellen Leistungsbereitstellung bildet die **Personalfreisetzung**. Diese Funktion ist erforderlich, wenn die Personalbedarfsplanung einen Personalüberschuss oder Qualifikationsdefizite zu Tage bringt, die nicht durch Kurzarbeit oder Maßnahmen der Personalentwicklung kompensiert werden können.[163] Ursachen der Personalfreisetzung können betriebsbedingt (z. B. durch Absatzrückgänge, Einführung neuer Technologien, Restrukturierungen oder Fusionen) oder mitarbeiterbedingt (z. B. durch nachlassende Arbeitsleistungen, Unpünktlichkeit oder Fehlverhalten gegenüber Kollegen oder Vorgesetzten) sein.

Im Bereich der personellen Leistungserstellung sind insbesondere die Teilfunktionen Personalbedarfsplanung, -beschaffung, -einsatz und -entwicklung relevant für die vorliegende Arbeit, da durch sie die Innovationsorientierung potenziell beeinflusst werden

---

[157]   Vgl. hier und im Folgenden Olfert (2006), S. 173-206.
[158]   Auch flexible Gestaltungsformen wie Teilzeitarbeit, Job Sharing oder gleitende Arbeitszeit sind denkbar. Vgl. Oechsler (2006), S. 249-258.
[159]   Olfert (2006), S. 28.
[160]   Job Rotation hat zum Ziel, die durch Spezialisierung entstandene Monotonie mancher Stellen zu verringern. Vgl. Hsieh/Chao (2004), S. 1109.
[161]   Vgl. hier und im Folgenden Jung (2006), S. 281-302 für einen detaillierten Überblick über Methoden der Personalentwicklung.
[162]   Vgl. Jacobs/Washington (2003).
[163]   Vgl. hier und im Folgenden Holtbrügge (2007), S. 131-138.

kann. Um sicherzustellen, dass eine innovationsorientierte Unternehmenskultur vom Management und von den Mitarbeitern aktiv gelebt wird,[164] sind im Rahmen der Personalbedarfsplanung und -beschaffung geeignete Mitarbeiter auszuwählen. Aufgabe der Funktion Personaleinsatz ist es hingegen, die ausgewählten Mitarbeiter so einzusetzen, dass ein innovationsorientiertes Verhalten begünstigt wird. Dabei sollte darauf geachtet werden, dass keine hemmende Arbeitsüberlastung auftritt.[165] Nicht zuletzt kommt auch der Personalentwicklung eine Rolle im Rahmen der Innovationsorientierung zu.[166] So trägt die Personalentwicklung z. B. dafür Sorge, dass F&E-Mitarbeiter an Entwicklungsmaßnahmen in Hinblick auf neueste Technologien teilnehmen und insofern innovativ tätig sein können.

Die *Personalsteuerung* beinhaltet als personalfunktionsübergreifende Querschnittsfunktion die Teilfunktionen Personalentlohnung, -führung und -controlling.[167] Dem obigen Vorgehen folgend wird nach der Erläuterung dieser drei Teilfunktionen wiederum ein Bezug zur vorliegenden Arbeit hergestellt.

Die **Personalentlohnung** „[…] umfasst alle Maßnahmen, die mit der Bereitstellung finanzieller Leistungen eines Unternehmens an bzw. für seine Arbeitnehmer zusammenhängen".[168] Sie dient als Gegenleistung für die vom Personal erbrachten Arbeitsleistungen und kann in Form von geldlichen oder geldwerten Leistungen erfolgen.[169] Die Entlohnung setzt sich zusammen aus einem fixen Lohn (Grundlohn), variablem Lohn (z. B. Leistungszulagen, Provisionen, Jahressonderzahlungen) sowie geldwerten Zusatzleistungen (z. B. private Nutzung des Firmenwagens oder vom Unternehmen gestellten Mobiltelefons).[170]

Personalführung ist die zielgerichtete Beeinflussung des Mitarbeiterverhaltens durch den Vorgesetzten.[171] Durch den sogenannten Führungsstil wird die Beziehung zwischen Vorgesetzten und unterstellten Mitarbeitern bestimmt. Dieser ist ein Füh-

---

164   Vgl. Dobni (2006), S. 173; Schein (1984), S. 3.
165   Vgl. Amabile et al. (1996), S. 1161; Chandler/Keller/Lyon (2000), S. 62.
166   Vgl. Hurley (1995), S. 60; Hurley/Hult (1998), S. 46; Kivimäki et al. (2000), S. 37.
167   Vgl. Bühner (2005), S. 28.
168   Olfert (2006), S. 299.
169   Vgl. Olfert (2006), S. 299. Für detaillierte Ausführungen zur Entlohnung vgl. Hentze/Graf (2005), S. 90-250; Scholz (2000), S. 733-771.
170   Vgl. Hentze/Graf (2005), S. 91.
171   Vgl. Hentze/Graf (2005), S. 261; Jung (2006), S. 5.

rungsverhalten, das sich an einer einheitlichen Grundhaltung orientiert.[172] Weit verbreitet ist die Unterscheidung in autoritäre und kooperative Führung. Der autoritäre Führungsstil ist gekennzeichnet durch ausschließliche Entscheidungs-, Weisungs- und Kontrollkompetenz durch den Vorgesetzten und ist vorteilhaft bei Routinearbeiten. Beim kooperativen Führungsstil partizipieren die Mitarbeiter am Führungsprozess, indem sie in den Zielbildungsprozess einbezogen werden. Die Verantwortung für die Aufgabenerfüllung liegt folglich nicht mehr allein bei der Führungskraft, sondern wird zumindest teilweise an das Team delegiert. Dieser Führungsstil, bei dem der Vorgesetzte die Vorstellungen und Vorschläge seiner Mitarbeiter beachtet, ist tendenziell erfolgreich bei Problemlösungen, F&E-Tätigkeiten und Planung.[173] In der Praxis sind derartige extreme Ausprägungen von Führungsstilen eher selten; meist werden Führungsstile praktiziert, die zwischen den beiden Extremformen einzuordnen sind.

Personalcontrolling ist die systematische Ausrichtung der Planung, Steuerung und Kontrolle personalbezogener Aktivitäten auf die wirtschaftlichen und sozialen Ziele des Personalmanagements.[174] Dabei soll insbesondere die Wirtschaftlichkeit der fünf Teilfunktionen der personellen Leistungsbereitstellung offen gelegt werden. Das Personalcontrolling verwendet hierfür zum einen personalspezifische Methoden wie die Humanvermögensrechnung oder die Sozialbilanz.[175] Zum anderen werden auch klassische Controllinginstrumente wie die Prozesskostenrechnung, das Target Costing oder die Balanced Scorecard im Personalcontrolling eingesetzt.[176]

Mit Hilfe der Personalsteuerung, insbesondere der Personalentlohnung und Personalführung, kann die Innovationsorientierung eines Unternehmens aktiv gestaltet werden.[177] Im Rahmen der Personalentlohnung bietet sich bspw. eine variable Vergütung der Führungskräfte und Mitarbeiter für erfolgreich durchgeführte Innovationsprojekte an.[178] Diese monetären Anreize werden in Kapitel 3 näher erläutert. Vorgesetzte kön-

---

[172] Vgl. hier und im Folgenden Hentze/Graf (2005), S. 269-274.
[173] Vgl. Hurley/Hult (1998); Zhou et al. (2005).
[174] Vgl. hier und im Folgenden Bühner (2005), S. 340.
[175] Sozialbilanzen systematisieren personalbezogene Informationen des betrieblichen Rechnungswesens und personalwirtschaftlicher Kennzahlensysteme für unternehmensinterne und -externe Adressaten. Vgl. Bühner (2005), S. 346-350. In der Humanvermögensrechnung wird der Mitarbeiter nicht als Kostenfaktor, sondern als Investition betrachtet; Ziel ist die Bewertung des Leistungspotenzials des einzelnen Mitarbeiters. Vgl. Holtbrügge (2007), S. 228-232.
[176] Vgl. Bühner (2005), S. 350-375.
[177] Vgl. Amabile et al. (1996), S. 1161; Chandler/Keller/Lyon (2000), S. 61 f.
[178] Vgl. Becker (1991), S. 573-590.

nen durch ihre gelebte Innovationsorientierung ebenfalls zum innovationsorientierten Verhalten der Mitarbeiter beitragen.[179]

Der Zusammenhalt zwischen der personellen Leistungsbereitstellung und der Personalsteuerung ist durch eine zieladäquate **Personalorganisation** sicherzustellen.[180] Mit ihrer Hilfe erfolgt die Einbettung des Personalmanagements in das Unternehmen, indem personalwirtschaftliche Aufgaben strukturiert und anschließend den einzelnen Organisationseinheiten zugeordnet werden. Die Personalorganisation bildet folglich die strukturelle Basis für die personelle Leistungsbereitstellung und die Personalsteuerung.

An dieser Stelle lassen sich bereits erste Zusammenhänge zwischen dem Personalmanagement und der Innovationsorientierung feststellen. Das Personalmanagement besitzt eine grundsätzliche Einflussmöglichkeit auf das Verhalten des Managements und der Mitarbeiter. Ein Ziel von Innovationsorientierung ist wiederum ein effektives und effizientes Innovationsmanagement, das im folgenden Abschnitt 2.2.3 näher beschrieben wird.

2.2.3 Innovationsmanagement als Konsequenz von Innovationsorientierung

In diesem Abschnitt werden konzeptionelle Grundlagen zum Innovationsmanagement dargestellt. Im Rahmen von Forschungsfrage 3 wird in dieser Arbeit die Wirkung von Innovationsorientierung auf den Innovationserfolg untersucht. Aus diesem Grund werden zunächst die Ziele des Innovationsmanagements verdeutlicht (Abschnitt 2.2.3.1), bevor auf den eigentlichen Kernaspekt des Innovationsmanagements eingegangen wird, nämlich die Gestaltung der Phasen von Innovationsprozessen (Abschnitt 2.2.3.2). Da bei Innovationsprozessen unterschiedliche Akteure involviert sein können, befasst sich Abschnitt 2.2.3.3 mit den unternehmensinternen und unternehmensexternen Quellen der Innovation.

2.2.3.1 Ziele des Innovationsmanagements

In Abschnitt 2.1.1 wurde bereits die normative Dimension von Innovationen vorgestellt und dabei erläutert, dass es in der Literatur verschiedene Ansätze zur Beurteilung des Erfolgs von Innovationen gibt. So wird der Innovationserfolg je nach Objekt, Pha-

---

[179]   Vgl. Hurley/Hult (1998); Zhou et al. (2005).
[180]   Vgl. hier und im Folgenden Bühner (2005), S. 27 und S. 377-387.

se des Innovationsprozesses, Datenerhebungsmethode und verwendeten Erfolgsdimensionen unterschiedlich betrachtet. Das betrachtete **Objekt** ist insofern relevant, als dass es einen Unterschied macht, ob ein einzelnes Innovationsprojekt oder – wie in dieser Untersuchung (vgl. Abschnitt 2.1.1) – ein Innovationsportfolio betrachtet wird.[181] Der Erfolg einer Innovation kann in unterschiedlichen **Phasen** innerhalb des Innovationsprozesses gemessen werden, so dass der Zeitpunkt der Erfolgsmessung eine erhebliche Rolle spielt.[182] Weiterhin kann zwischen objektiven und subjektiven **Datenerhebungsmethoden** unterschieden werden. Während objektive Messmethoden auf reinen Erfolgszahlen beruhen (z. B. Umsätze), sind subjektive Messmethoden dadurch gekennzeichnet, dass der wahrgenommene Erfolg auf Basis vorher gesetzter Ziele oder im Vergleich zum Wettbewerb beurteilt wird.

Letztlich ist zwischen unterschiedlichen **Dimensionen** des Innovationserfolgs zu unterscheiden. GRIFFIN und PAGE identifizieren 16 Erfolgsgrößen und fassen diese zu den drei übergeordneten Dimensionen Produktdimension, Kundendimension und finanzielle Dimension zusammen.[183] COOPER und KLEINSCHMIDT nennen zwei Dimensionen des Innovationserfolgs, den finanziellen und zeitlichen Erfolg.[184] Demgegenüber schlagen STOREY und EASINGWOOD Profitabilität, Vertriebserfolg und Chancenaufwertung als Erfolgsdimensionen vor.[185] HAUSCHILDT und SALOMO unterscheiden technische und ökonomische Effekte, die ergänzt werden durch die dritte Dimension der sonstigen Effekte.[186] KOCK verdichtet in einer Meta-Analyse diese und weitere Überlegungen zu Erfolgsdimensionen zu den fünf Dimensionen Profitabilität, Markterfolg, Projekteffizienz, technischer Erfolg und andere Effekte.[187] Profitabilität und Markterfolg bilden zusammen den wirtschaftlichen Erfolg einer Innovation. Abbildung 8 verdeutlicht diesen Zusammenhang und zeigt auf, welche Teilziele sich hinter den fünf Dimensionen verbergen.

---

[181]   Ist das Untersuchungsobjekt ein einzelnes Innovationsprojekt, spricht man von Objekten der Mikroebene. Auf der Makroebene werden mehrere Projekte zusammengefasst. Vgl. Hauschildt/Salomo (2007), S. 529 f.

[182]   Zu einer ausführlichen Diskussion der Phasen des Innovationsprozesses vgl. den folgenden Abschnitt 2.2.3.2.

[183]   Vgl. Griffin/Page (1993); Griffin/Page (1996).

[184]   Vgl. Cooper/Kleinschmidt (1995a), S. 444.

[185]   Vgl. Storey/Easingwood (1999), S. 197 f.

[186]   Zu den sonstigen Effekten zählen die Autoren systembezogene Effekte (Umwelteffekte, soziale Effekte und Autonomie-Effekte) sowie individuelle Effekte (wissenschaftliche Anerkennung und Selbstverwirklichung).Vgl. Hauschildt/Salomo (2007), S. 532.

[187]   Vgl. hier und im Folgenden Kock (2007), S. 4 f. und S. 9.

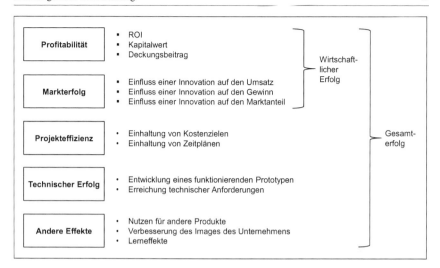

Abbildung 8:   Dimensionen des Innovationserfolgs

Quelle: Eigene Darstellung in Anlehnung an Kock (2007), S. 4 f. und S. 9.

Der Innovationserfolg als Ziel des Innovationsmanagements ist für diese Arbeit relevant, da im Rahmen von Forschungsfrage 3 die Wirkung der Innovationsorientierung
auf den Innovationserfolg untersucht werden soll. Im Rahmen der Konzeptualisierung
des Innovationserfolgs in Abschnitt 3.3.1 erfolgt eine nähere Bestimmung des betrachteten Objekts, des relevanten Zeitpunkts im Innovationsprozess und der Dimensionen
des Innovationserfolgs.[188]

Da der Innovationserfolg in verschiedenen Phasen des Innovationsprozesses gemessen werden kann, werden im folgenden Abschnitt ausgewählte Phaseneinteilungen
vorgestellt.

2.2.3.2 Phasen des Innovationsprozesses

Der Begriff des Innovationsmanagements umfasst die Entscheidung über und die
Durchsetzung von Innovationsvorhaben und damit die „Gestaltung von Innovationsprozessen".[189] In der wissenschaftlichen Literatur existieren zahlreiche Konzepte zur

---

[188]   Die Datenerhebungsmethode wird im Rahmen der Grundlagen der empirischen Untersuchung
        (Kapitel 4) näher erläutert.
[189]   Hauschildt/Salomo (2007), S. 32.

Darstellung des Innovationsprozesses, wobei insbesondere die Anzahl der Phasen variiert und das Ende des Innovationsprozesses unterschiedlich weit gefasst wird. In Tabelle 3 sind ausgewählte Phaseneinteilungen in chronologischer Reihenfolge dargestellt.[190]

Autor(en) (Jahr)	Phase 1	Phase 2	Phase 3	Phase 4	Phase 5	Phase 6	Phase 7
Albers/ Eggers (1991)	Ideengenerierung	Ideenumsetzung	Implementierung				
Cooper/ Kleinschmidt (1991)	Idee	Ideenselektion	Entwicklung	Test und Validierung	Produktion und Markteinführung		
Page (1993)	Konzeptsuche	Konzeptscreening	Konzepttest	Wirtschaftlichkeitsanalyse	Produktentwicklung	Produkttest	Markteinführung
Song/Parry (1997a)	Ideenfindung und Screening	Wirtschaftlichkeits- und Marktanalyse	Technische Entwicklung	Produkttest	Markteinführung		
Gruner/ Homburg (2000)	Ideengenerierung	Konzeptentwicklung	Projektdefinition	Produktentwicklung	Prototyptest	Markteinführung	
Tidd/Bodley (2002)	Konzeptentwicklung	Projektauswahl	Produktentwicklung	Markteinführung und Bewertung			
Hauschildt/ Salomo (2007)	Idee / Initiative	Entdeckung / Beobachtung	Forschung	Ggf. Erfindung	Entwicklung	Verwertungsanlauf	Laufende Verwertung

Tabelle 3:   Ausgewählte Phaseneinteilungen des Innovationsprozesses in der Literatur
Quelle: Eigene Darstellung.

Darüber hinaus sind in der Literatur aber auch feingliedrigere Unterteilungen zu finden. So untergliedern bspw. COOPER und KLEINSCHMIDT den Innovationsprozess in

---

[190] Da in der Literatur eine Vielzahl von Phasenkonzepten zu finden ist, werden an dieser Stelle nur ausgewählte Phasenkonzepte vorgestellt. Bei der Auswahl wurde darauf geachtet, dass sowohl wissenschaftlich etablierte Konzepte als auch Konzepte mit unterschiedlich vielen Phasen berücksichtigt wurden. Die Tabelle erhebt folglich keinen Anspruch auf Vollständigkeit, sondern soll lediglich einen Eindruck über die diversen Möglichkeiten der Abgrenzung einzelner Phasen vermitteln. Eine Diskussion der Phasen erfolgt vor dem Hintergrund der Zielsetzung der vorliegenden Arbeit (vgl. Abschnitt 1.2) ebenfalls nur überblicksartig. Vgl. Verworn/Herstatt (2000) für eine ausführliche Darstellung verschiedener Phasenkonzepte.

13 Phasen.[191] Bei den weniger stark untergliederten Konzepten ist zu beachten, dass sie im Prinzip nur eine Grobgliederung darstellen, die genannten Hauptphasen meist aber durch Detailaktivitäten konkretisiert werden. Ein Vergleich der verschiedenen Konzepte belegt, dass die Terminologie häufig unterschiedlich ist, die zugeordneten Inhalte aber vergleichbar sind.[192] So werden im Innovationsprozess zunächst eine oder mehrere Ideen generiert, wovon dann – im Falle mehrerer Ideen – zunächst eine Auswahl erfolgen muss.[193] Anschließend wird ein Produktkonzept generiert, das einer Wirtschaftlichkeitsanalyse unterzogen wird. Es folgen sodann die Produktentwicklung und ein Produkttest. Der Innovationsprozess endet in der Regel mit der Einführung der Innovation in den Markt. In Anhang A ist beispielhaft ein Drei-Phasen-Innovationsprozess mit Detailaktivitäten abgebildet. Die gemeinsame Zielsetzung der unterschiedlichen Phaseneinteilungen liegt in dem Bestreben, jeweils alle Aktivitäten im Innovationsprozess zu identifizieren, die erforderlich sind, um eine möglichst hohe Erfolgswahrscheinlichkeit der entwickelten Innovation zu erzielen.

Auch wenn sich sicherlich einzelne Phasen voneinander unterscheiden – Ideenfindung und Markteinführung sind bspw. durchaus verschieden –, erweist sich eine eindeutige Trennung als kaum möglich. Darüber hinaus erscheint auch eine eindeutige lineare Sequenz der Phasen, wie oftmals in den Modellen dargestellt, eher unwahrscheinlich. Vielmehr handelt es sich um einen Prozess von „vielen rekursiven Schleifen",[194] der durch zahlreiche Iterationen und Überschneidungen gekennzeichnet ist.[195] Deshalb soll an dieser Stelle auch keine Auswahl eines Schemas getroffen werden, da im weiteren Verlauf der Arbeit die Qualität zentraler Innovationsprozesse zwar eine wichtige Rolle spielt, eine exakte Unterteilung in Phasen jedoch für eine ganzheitliche Beurteilung und Messung der Qualität unbedeutend ist. Ziel ist es vielmehr, die für die Innovationsorientierung von Unternehmen relevanten Aspekte darzustellen und zu überprüfen, ob diese über eine Verbesserung der Innovationsprozesse zu einem höheren Innovationserfolg führen (vgl. Forschungsfrage 3).

Innovationsprozesse zielen darauf ab, mit Hilfe eines standardisierten Ablaufs erfolgreiche Innovationen hervorzubringen. Ein strukturierter Innovationsprozess hat

---

[191] Vgl. Cooper/Kleinschmidt (1986), S. 74.
[192] Vgl. Schröder/Jetter (2003), S. 518.
[193] Vgl. hier und im Folgenden die in der Tabelle aufgeführten Quellen.
[194] Hauschildt (1997), S. 352.
[195] Vgl. Vewom/Herstatt (2007), S. 9.

diverse Vorteile, u. a. Transparenz für alle Beteiligten, Qualität durch regelmäßige Kontrolle, Vollständigkeit und Zeiteffizienz.[196] Ein Innovationsprozess soll somit den Kriterien der Effektivität und der Effizienz genügen. Jedoch verbergen formale Prozesse auch Nachteile wie z. B. kreativitäts- und motivationshemmende Kontrollen oder zähe Entscheidungsprozesse. Zudem fehlen kleinen und mittelständischen Unternehmen oftmals die Ressourcen und Kompetenzen zur prozessualen Gestaltung von Innovationsprojekten. Deshalb ist es durchaus denkbar, dass erfolgreiche Innovationen – insbesondere bei wenigen zeitgleichen Innovationsprojekten – z. T. auch ohne geregelte Prozesse generiert werden können. Die Frage nach der Notwendigkeit eines standardisierten Innovationsprozesses wird im Rahmen der indirekten Erfolgswirkungen in Abschnitt 3.3 weiter vertieft.

Die Gestaltung der Innovationsprozesse erfolgt zwar grundsätzlich durch die Unternehmen, es werden aber auch häufig andere Akteure in den Neuproduktentwicklungsprozess integriert.[197] Eine Übersicht über die unterschiedlichen Quellen der Innovation folgt im nächsten Abschnitt 2.2.3.3.

2.2.3.3 Quellen der Innovation

Versteht man „Quelle der Innovation" als reine Ideenquelle, so wäre diese ausschließlich in der frühen Phase der Ideengenerierung relevant. Jedoch wird eine Innovation im Zuge des Innovationsprozesses bis zur Markteinführung immer weiter optimiert, weshalb die Ideengeber z. B. auch bei der Produktentwicklung involviert sein können. Bei den Quellen von Innovationen wird zwischen unternehmensinternen und -externen Quellen unterschieden (vgl. Abbildung 9).[198] Unternehmensinterne Quellen beziehen sich auf Ideengeber aus dem direkten Umfeld des Unternehmens. Demgegenüber sind externe Innovationsquellen nicht direkt dem Unternehmen zuzuordnen.

---

[196] Vgl. Kleinschmidt/Geschka/Cooper (1996), S. 51 f.
[197] Vgl. von Hippel (1988), S. 3. Der Innovationsprozess kann auch teilweise (einzelne Phasen) oder vollständig (alle Phasen) durch Dienstleister erfolgen (Outsourcing). Vgl. zum Outsourcing von Innovationen Quinn (2000).
[198] Vgl. Herstatt (1991), S. 10.

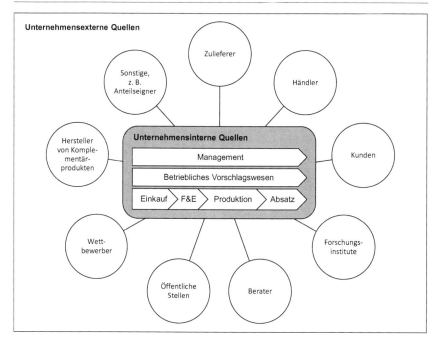

Abbildung 9: Quellen der Innovation

Quelle: Eigene Darstellung in Anlehnung an Herstatt (1991), S. 10.

Als besonders wertvolle **unternehmensinterne Quelle** von Innovationen gelten die Mitarbeiter des Unternehmens.[199] Durch ihre Nähe zum Markt bzw. zu den Produktionsabläufen können sie täglich neue Innovationen anregen. Hierbei werden Innovationen am häufigsten durch die Mitarbeiter der Funktionsbereiche F&E und Marketing bzw. Vertrieb generiert. Aber auch Mitarbeiter anderer Funktionsbereiche wie z. B. der Produktion können innovative Ideen entwickeln. Das betriebliche Vorschlagswesen, das in Abschnitt 3.1 näher erläutert wird, ist ein spezielles Instrument zur systematischen Ideenfindung und -weiterentwicklung und richtet sich üblicherweise an Mitarbeiter aus allen Abteilungen.[200] Eine weitere interne Quelle der Innovation stellt das Management eines Unternehmens dar.[201] Neben der Entwicklung eigener Ideen besteht dessen Aufgabe jedoch vor allem in der Forcierung von Innovationen, also darin, In-

---

[199] Vgl. hier und im Folgenden Herstatt (1991), S. 10.
[200] Vgl. Fairbank/Williams (2001), S. 69.
[201] Vgl. Herstatt (1991), S. 10.

novationen und Veränderungen positiv im Unternehmen darzustellen und zu unterstützen.[202]

Neben der Erschließung der internen Innovationspotenziale kann auch das gesamte Netzwerk eines Unternehmens als Quelle für Innovationen dienen. Zu diesen **unternehmensexternen Quellen** zählen die Lieferanten, Händler und Kunden, die als Glieder der Wertschöpfungskette wertvolle Ideen für neue Produkte bzw. Leistungen liefern können. Insbesondere die aktive Einbindung von Kunden in Neuproduktentwicklungsprozesse findet in der Wissenschaft und Praxis zunehmend Beachtung, da Kunden nicht nur unerfüllte Bedürfnisse besitzen, sondern teilweise auch bereits Lösungsansätze für diese entwickelt haben.[203] Die Auswahlentscheidung, ob Kunden eingebunden werden sollten und welche Kunden am besten geeignet sind, wird von produktbezogenen Kriterien wie dem Innovationsgrad und der Komplexität des zu entwickelnden Produkts sowie der Phase des Innovationsprozesses beeinflusst.[204] Als weitere externe Quellen von Innovationen dienen Forschungsinstitute, Berater und öffentliche Stellen. Auch Wettbewerber können als Innovationsquelle fungieren, indem deren Produkte nicht nur imitiert, sondern darüber hinaus mit weiteren Neuerungen versehen und verbessert werden. Zudem besteht die Möglichkeit, Hersteller von Komplementärprodukten[205] in den Innovationsprozess einzubeziehen, was den Vorteil hat, dass die Komplementärprodukte auch bei Neuproduktentwicklungen aufeinander abgestimmt werden können. Schließlich werden z. B. auch die Anteilseigner den externen Quellen zugeordnet, da diese zwar Kapital zur Verfügung stellen, allerdings in der Regel nicht ins Tagesgeschäft eingreifen. Dennoch können von ihnen wertvolle Impulse für neue Produkte ausgehen.

Das in Abschnitt 2.1.2 entwickelte Begriffsverständnis von Innovationsorientierung zeigt, dass es sich bei der Innovationsorientierung um eine von den Akteuren eines Unternehmens geprägte Dimension der Unternehmenskultur handelt. Es ist nicht ausgeschlossen, dass innovationsorientierte Unternehmen auch externe Innovationsquellen nutzen, jedoch werden im Rahmen dieser Arbeit Innovationen betrachtet, die im

---

[202]   Vgl. Naman/Slevin (1993), S. 143. Hauschildt (1998), S. 5 f. spricht in seinem Promotoren-Modell in diesem Zusammenhang vom Machtpromotor. Siehe hierzu auch Abschnitt 4.3.1.2.

[203]   Vgl. von Hippel (1978), S. 41-42.

[204]   Vgl. Brockhoff (2005), S. 628-632; Soll (2006), S. 12.

[205]   Komplementärprodukte sind Güter, die gemeinsam nachgefragt werden, weil sie sich in ihrem Nutzen ergänzen.

Unternehmen generiert werden, also durch das Management und die Mitarbeiter. Folglich konzentriert sich diese Untersuchung auf unternehmensinterne Quellen der Innovation.

2.2.4 Zusammenfassung der konzeptionellen Grundlagen

In diesem Abschnitt 2.2 erfolgte eine Darstellung der konzeptionellen Grundlagen der Arbeit. Diese Grundlagen liefern wichtige Beiträge für die Positionierung der vorliegenden Untersuchung und beziehen sich auf die folgenden drei Bereiche:

1. Unternehmenskultur
2. Personalmanagement
3. Innovationsmanagement

Zusammenfassend ergibt sich auf Basis dieser konzeptionellen Grundlagen für die vorliegende Untersuchung folgendes Zwischenfazit:

- Unter Unternehmenskultur werden gemeinsam geteilte Annahmen und Wertvorstellungen verstanden, die Individuen die Funktionsweise einer Organisation verständlich machen und ihnen Verhaltensregeln bereitstellen.

- Bei der Charakterisierung verschiedener Arten von Unternehmenskulturen wird in der vorliegenden Arbeit ein dimensionsorientierter Ansatz gewählt. Insbesondere wird Innovationsorientierung als für die vorliegende Arbeit zentrale Dimension der Unternehmenskultur untersucht.

- Eine weitere Kulturdimension, die wie Innovationsorientierung auf eine Umsatzsteigerung abzielt, ist Marktorientierung. Beide Dimensionen orientieren sich am Kunden, jedoch fokussiert sich Marktorientierung vornehmlich auf bestehende Kundenwünsche und ist somit der Innovationsorientierung, die sich auf die Erfüllung zukünftiger Kundenwünsche konzentriert, zeitlich vorgelagert.

- Zwischen der Zufriedenheit und dem Verhalten von Mitarbeitern besteht potenziell ein Zusammenhang. Das Verhalten des Personals, in dem sich die innovationsorientierte Unternehmenskultur manifestiert, kann darüber hinaus mit Hilfe bestimmter Maßnahmen der einzelnen Funktionen des Personalmanagements gezielt beeinflusst und gesteuert werden.

- Der Erfolg einer Innovation definiert sich im Wesentlichen durch ihren wirtschaftlichen Erfolg. Innovationsprozesse zielen darauf ab, mit Hilfe eines strukturierten Ablaufs erfolgreiche Innovationen hervorzubringen. In dieser Arbeit werden Innovationen untersucht, die maßgeblich im Unternehmen generiert werden, also durch das Management und die Mitarbeiter.

Nach dieser Darstellung und Zusammenfassung der konzeptionellen Grundlagen werden im nachfolgenden Abschnitt 2.3 die theoretischen Grundlagen der Untersuchung vorgestellt. Diese werden in Kapitel 3 zur Hypothesenbildung und Entwicklung eines integrierten Bezugsrahmens herangezogen.

2.3 Theoretische Grundlagen

Zur weiteren Konkretisierung des Forschungsvorhabens und zur Begründung von kausalen Wirkungszusammenhängen ist eine theoretische Fundierung des Untersuchungsgegenstands sowie der zu postulierenden Forschungshypothesen erforderlich. Dieser Abschnitt dient daher der Vorstellung relevanter theoretischer Ansätze und ihrer Erklärungsbeiträge für den Kontext der Untersuchung. Es folgen zunächst einleitende Überlegungen zur theoretischen Fundierung anhand organisationstheoretischer Ansätze (Abschnitt 2.3.1). Wie im Folgenden deutlich wird, erfolgt die theoretische Fundierung des Konstrukts Innovationsorientierung sowie seiner Determinanten und Erfolgswirkungen auf Basis der Prinzipal-Agenten-Theorie, des ressourcenbasierten Ansatzes und des situativen Ansatzes. Diese Theorien bzw. Ansätze werden in den Abschnitten 2.3.2 bis 2.3.4 näher erläutert. In Abschnitt 2.3.5 werden die Erklärungsbeiträge der theoretischen Bezugspunkte dann zusammengefasst, und es wird ein noch vorläufiger Bezug zu den zentralen Fragestellungen der Untersuchung (vgl. Abschnitt 1.2) hergestellt.

2.3.1 Einleitende Überlegungen zur theoretischen Fundierung anhand organisationstheoretischer Ansätze

In der Literatur wird der Organisationsbegriff auf drei unterschiedliche Arten interpretiert.[206] Bei dem institutionellen Organisationsbegriff wird das Unternehmen selbst in den Mittelpunkt gestellt („Das Unternehmen ist eine Organisation"), während beim instrumentellen Organisationsbegriff die Organisation als ein Instrument der Führung verstanden wird („ Das Unternehmen hat eine Organisation"). Der funktionale Organi-

---

[206]   Vgl. Schreyögg (2003), S. 4-11.

sationsbegriff betrachtet eine Organisation als die Tätigkeit der Gestaltung der Organisationsstruktur. Diese drei Sichtweisen lassen sich zu einem integrativen Begriffsverständnis kombinieren. Hierbei versteht man unter Organisationen „soziale Gebilde, die dauerhaft ein Ziel verfolgen und eine formale Struktur aufweisen, mit deren Hilfe die Aktivitäten der Mitglieder auf das verfolgte Ziel ausgerichtet werden sollen".[207] Grundlegend für die vorliegende Untersuchung ist, dass Unternehmen als Organisationen in diesem Sinne interpretierbar sind und insofern eine aggregierte Ebene im Vordergrund steht. Unter Berücksichtigung des hier zu Grunde gelegten Verständnisses von Unternehmen als Organisationen erscheint es daher erforderlich bzw. gerechtfertigt, im Rahmen der folgenden detaillierten theoretischen Fundierung auf organisationstheoretische Ansätze zurückzugreifen.[208]

Organisationstheoretische Ansätze verfolgen in besonderem Maße das Ziel, das Verständnis über das Entstehen, die Existenz und die Funktionsweise von Organisationen zu verbessern.[209] Hierbei existiert eine Vielzahl von Ansätzen, die aufgrund der Komplexität von Organisationen als soziale Gebilde jeweils nur Teilbereiche einer Organisation betrachten können. Daher kann in diesem Zusammenhang auch nicht von einer ganzheitlichen und allgemeingültigen Organisationstheorie gesprochen werden.[210] Auch der hier verwendete Begriff „organisationstheoretische Ansätze" weist darauf hin, dass die jeweiligen Theorien und Ansätze nur ausgewählte Bereiche einer Organisation beleuchten.[211]

Vor diesem Hintergrund werden zur Fundierung der Forschungshypothesen organisationstheoretische Ansätze herangezogen, die sich bereits in der Marketingforschung bewährt haben und die im Rahmen der weiteren Ausführungen auf den Untersuchungsgegenstand transferiert werden können.[212] Hierbei orientiert sich diese Arbeit

---

[207] Kieser/Walgenbach (2003), S. 6.
[208] Insofern erscheint es zudem gerechtfertigt, sich auf diese Forschungsansätze zu konzentrieren und andere Theoriezweige, wie z. B. die verhaltenswissenschaftlichen Theorien, dementsprechend auszuschließen. Hierfür spricht auch, dass im Gegensatz zu bspw. Kundenbindungsuntersuchungen – wie beschrieben – nicht die Individualebene im Mittelpunkt steht. Zu den verschiedenen Ebenen von Untersuchungsobjekten vgl. Tecklenburg (2008), S. 121-124.
[209] Vgl. Scherer (2006), S. 19 f.
[210] Vgl. Scherer (2006), S. 20.
[211] Vgl. Wolf (2008), S. 24 f.
[212] Vgl. zu dieser Vorgehensweise auch Fischer/Wiswede (1997), S. 36. Die Autoren bezeichnen die Verwendung bestimmter, als leistungsfähig erachteter Theorien auf unterschiedliche Problemstellungen als „quasi-paradigmatische Forschung".

an der Idee des *theoretischen Pluralismus*, der verwendet wird, wenn empirische Phänomene nicht anhand einer einzigen Theorie erklärt werden können.[213] Beim theoretischen Pluralismus werden verschiedene Theorien im Hinblick auf ihren Erklärungsbeitrag zum relevanten Sachverhalt hin überprüft.[214] Dabei wird davon ausgegangen, dass
die Theorien – bzw. die daraus gewonnenen Ergebnisse – sich komplementär verhalten. So kann die Problematik aus verschiedenen Perspektiven betrachtet werden, was
eine einseitige Analyse vermeidet. Weiterhin kann durch diese Vorgehensweise auch
das Problem unterspezifizierter Bezugsrahmen mit zu wenig Erklärungsbeitrag zu empirischen Phänomenen begrenzt werden. An dem theoretischen Pluralismus wird jedoch kritisiert, dass die Orientierung an unterschiedlichen theoretischen Ansätzen bei
der Entwicklung von Bezugsrahmen z. T. selektiv bzw. willkürlich anmutende theoretische Fundierungen sowie entsprechende Schlussfolgerungen hervorrufen kann. Dementsprechend führen Modelle, die aus theoretischer Sicht derart fragwürdig abgeleitet
wurden, zu Ergebnissen, die für die Realität nicht zutreffen bzw. die Realität nicht erklären können.[215] Bei der Auswahl der theoretischen Ansätze ist folglich darauf zu
achten, dass die Ansätze inhaltlich relevant sind und keine substanziellen Widersprü-
che, insbesondere in ihren Prämissen, aufweisen.

Das in dieser Arbeit verwendete Modell basiert auf drei theoretischen Ansätzen. Die
theoretische Fundierung des Konstrukts Innovationsorientierung (Forschungsfrage 1)
erfolgt auf Grundlage der Prinzipal-Agenten-Theorie[216] und des ressourcenbasierten
Ansatzes. Der ressourcenbasierte Ansatz liefert weiterhin eine Erklärung für die Determinanten und Erfolgsauswirkungen einer Innovationsorientierung (Forschungsfragen 2 und 3), während der situative Ansatz die Wirkung moderierender Einflussfaktoren (Forschungsfrage 4) betrachtet. Die drei Ansätze wurden primär aufgrund ihrer
inhaltlichen Relevanz für die Forschungsfragen der Arbeit ausgewählt. In den folgenden Abschnitten wird jeweils genauer erläutert, welche Erklärungsbeiträge die Ansätze

---

[213] Vgl. Feyerabend (1965), S. 145-260; Fritz (1984), S. 27; Schurz (1998), S. 22-29. Auch Eisen-
       hardt (1989) empfiehlt die Verwendung mehrerer Theorien, da verschiedene Perspektiven dabei
       helfen können, komplexe Sachverhalte besser zu erfassen. Vgl. Eisenhardt (1989), S. 71.
[214] Vgl. hier und im Folgenden Peter (1999), S. 72.
[215] Vgl. Breiman (2001), S. 202.
[216] Die Prinzipal-Agenten-Theorie wird als „Theorie" bezeichnet, da sie im Gegensatz zum ressour-
       cenbasierten und situativen Ansatz durch explizite Annahmen und ein stringentes Vorgehen bei
       der Ableitung von Kausalhypothesen gekennzeichnet ist. Vgl. Ebers/Gotsch (2006), S. 261 f.;
       Erlei/Leschke/Sauerland (2007), S. 50-54; Picot/Dietl/Franck (2008), S. 74; Wolf (2008),
       S. 332 f.

für den Kontext der Untersuchung liefern. Bei der Auswahl wurde zudem berücksichtigt, ob sich die Ansätze bereits in der Marketingforschung, insbesondere in der Forschung zur Innovationsorientierung, bewährt haben. Wie aus der Literaturtabelle 7 in
Abschnitt 2.4.2 deutlich wird, wurde der ressourcenbasierte Ansatz bereits häufig zur
Erklärung der Erfolgswirkungen von Innovationsorientierung verwendet. Der situative
Ansatz hat sich in der Forschung zur Innovationsorientierung bewährt, um moderierende Effekte theoretisch zu fundieren. Da das Konstrukt Innovationsorientierung bisher noch nicht umfassend theoretisch fundiert wurde (vgl. Abschnitt 2.4.1), hat die
Prinzipal-Agenten-Theorie bislang noch keine Anwendung in diesem Forschungsge-
biet gefunden. Allerdings spricht für die Verwendung dieser Theorie, dass sie u. a. Gestaltungsfragen von Vertragsbeziehungen zwischen Arbeitnehmern und Arbeitgebern
untersucht und somit das für eine Innovationsorientierung relevante Verhalten der Unternehmensakteure zu erklären hilft. Bei einer Klassifikation nach klassischen und
neueren Ansätzen der Organisationstheorie sind die drei in dieser Untersuchung verwendeten Ansätze den neueren zuzuordnen.[217] Sie bauen auf den klassischen Ansätzen
auf, setzen sich jedoch mit spezielleren Fragestellungen auseinander, was den Vorteil
hat, dass sie eine höhere Relevanz für aktuelle betriebswirtschaftliche Sachverhalte
aufweisen.

Eine von WOLF vorgenommene Beurteilung verschiedener organisationstheoretischer Ansätze anhand von acht Kriterien belegt, dass die drei Ansätze prinzipiell kompatibel sind, da sie in Bezug auf einen Großteil der Kriterien identische oder ähnlich
hohe Ausprägungen aufweisen (vgl. Abbildung 10).[218]

---

[217] Vgl. hier und im Folgenden Homburg/Krohmer (2006), S. 200. Zu den klassischen Ansätzen
zählen u. a. die Managementlehre, die Administrationstheorie, der Human-Relations-Ansatz und
der Bürokratieansatz Max Webers.

[218] Vgl. Wolf (2008), S. 606 f. Sowohl die Entwicklung der Beurteilungskriterien als auch die Bewertung der organisationstheoretischen Ansätze in Hinblick auf diese Kriterien wurden von dem
Autor vorgenommen.

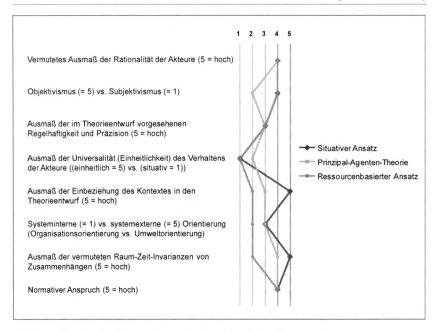

Abbildung 10:   Charakterisierung der organisationstheoretischen Bezugspunkte
Quelle: Eigene Darstellung in Anlehnung an Wolf (2008), S. 606-608.

Lediglich bei drei Kriterien sind Unterschiede zwischen den organisationstheoretischen Ansätzen zu beobachten. So zeichnet sich die Prinzipal-Agenten-Theorie durch einen hohen Grad an Subjektivismus aus, was bedeutet, dass die Sicht auf ausgewählte Phänomene wie z. B. die Risikoneigung individuenabhängig ist.[219] Im Gegensatz zu den anderen organisationstheoretischen Ansätzen bezieht der situative Ansatz den Kontext des Unternehmens und seiner Akteure stark in den Theorieentwurf ein. Der ressourcenbasierte Ansatz geht davon aus, dass sich Zusammenhänge zwischen Variablen in Abhängigkeit von Raum und Zeit verändern können, während die anderen zwei Ansätze tendenziell eine Unveränderlichkeit von Zusammenhängen unterstellen. Trotz dieser moderaten Unterschiede, die aufgrund der verschiedenen Perspektiven der Ansätze unweigerlich entstehen, können die einzelnen Ansätze als miteinander vereinbar bzw. einander ergänzend eingeschätzt werden, weshalb sie zur theoretischen Fun-

---

[219]   Vgl. Wolf (2008), S. 600.

dierung der Arbeit herangezogen werden können.[220]

Insgesamt werden die in dieser Arbeit verwendeten theoretischen Grundlagen somit als komplementär angesehen und im Rahmen der vorliegenden Arbeit zur Hypothesenbildung und Ableitung des Bezugsrahmens in Kapitel 3 herangezogen. In den nachfolgenden Ausführungen werden die drei gewählten Ansätze einzeln vorgestellt, wobei jeweils auf deren wesentliche Grundlagen, das Erklärungspotenzial für die Problemstellung dieser Arbeit sowie zentrale Kritikpunkte eingegangen wird. Anzumerken ist, dass an dieser Stelle lediglich die grundsätzliche Eignung der Ansätze geprüft wird, während in Kapitel 3 eine detaillierte theoretische Fundierung der Hypothesen erfolgt.

2.3.2 Prinzipal-Agenten-Theorie

Die Prinzipal-Agenten-Theorie ist ein Teilgebiet der Neuen Institutionenökonomik[221] und dient der Untersuchung von Problemen bzw. Gestaltungsfragen, die im Rahmen einer Vertragsbeziehung zwischen einem Auftraggeber (Prinzipal) und Auftragnehmer (Agenten) entstehen.[222] Dabei beauftragt der Prinzipal den Agenten mit der Wahrnehmung bestimmter Aufgaben.[223] So können z. B. die Anteilseigner eines Unternehmens einen Manager mit der Leitung des Unternehmens beauftragen.[224] Der Vertrag stellt dabei ein Übereinkommen zwischen beiden Parteien dar, in dem für alle möglichen Vorkommnisse die jeweils zu leistenden Beiträge zur Zusammenarbeit und die Beteiligungen am Erfolg festgelegt sind. Der Vertrag enthält in der Regel auch ein Entlohnungssystem mit fixen und variablen Bestandteilen.

---

[220] Vgl. Ceci/Prencipe (2008), S. 279; Dant (2008), S. 93.

[221] Im Mittelpunkt der Neuen Institutionenökonomik steht die Analyse von Institutionen (bspw. Verfügungsrechte, Verträge, Hierarchien, Märkte). Weitere Teilgebiete der Neuen Institutionenökonomik sind die Transaktionskostenanalyse und der Ansatz der Verfügungsrechte. Vgl. Ebers/Gotsch (2006), S. 247. Zur theoretischen Einordnung der einzelnen Teilgebiete in die Neue Institutionenökonomik siehe auch Williamson (2000), S. 597. In der Institutionenhierarchie findet sich die Prinzipal-Agenten-Theorie auf der vierten und damit untersten Ebene. Daraus folgt, dass eine institutionelle Einbettung von Institutionen (1. Ebene) und ein institutioneller Rahmen mit feststehenden Verfügungsrechten (2. Ebene) vorliegen. Innerhalb der Governance-Strukturen (3. Ebene) wird angenommen, dass es sich um die Organisationsform Hierarchie handelt, da sich diese Untersuchung auf unternehmensinterne Quellen der Innovation bezieht (vgl. Abschnitt 2.2.3.3).

[222] Vgl. Jensen/Meckling (1976); Ross (1973).

[223] Gründe für die Beauftragung können z. B. Zeitmangel oder fehlende eigene Spezialkenntnisse sein. Vgl. Picot/Dietl/Franck (2008), S. 75.

[224] Vgl. hier und im Folgenden Homburg/Krohmer (2006), S. 215.

Der Vertragsbeziehung zwischen dem Prinzipal und Agenten liegen eine Reihe von Annahmen zu Grunde:[225]

- Es besteht eine asymmetrische Informationsverteilung zu Gunsten des Agenten.
- Prinzipal und Agent handeln begrenzt rational.
- Beiden Akteuren wird eine individuelle Nutzenmaximierung unterstellt.
- Es besteht – insbesondere bei dem Agenten – die Neigung zu opportunistischem Handeln.
- Prinzipal und Agent weisen unterschiedliche Risikoneigungen auf.

In einer Prinzipal-Agenten-Beziehung können verschiedene **Typen von Informationsproblemen** auftreten, wobei in Abhängigkeit des jeweiligen Informationsproblems unterschiedliche Probleme des Prinzipals bei der Vertragsgestaltung entstehen können.[226] Das erste Informationsproblem tritt ex ante auf, d. h. vor dem eigentlichen Vertragsabschluss.[227] Es besteht darin, dass der Prinzipal die Eigenschaften des Agenten nicht vollständig beurteilen kann, und wird als *Hidden Characteristics* bezeichnet.[228] Dabei besteht das Risiko, dass ein unterdurchschnittlich geeigneter Agent negative Eigenschaften gezielt verheimlicht oder Agenten mit besseren Eigenschaften diese im Vorfeld nicht zeigen können. Dadurch kann es zur Auswahl unerwünschter Vertragspartner kommen, auch *Adverse Selection* genannt.[229]

Die sich ähnelnden Informationsdefizite Hidden Action und Hidden Information treten erst ex post auf, also nach dem Vertragsabschluss. Der Prinzipal kann das Verhalten des Agenten nicht vollständig beobachten, d. h. die Information über das tatsächliche Handeln des Agenten ist asymmetrisch zugunsten des Agenten verteilt.[230] Dieses Problem des Prinzipals, das Verhalten des Agenten nicht oder nicht kostenlos beobachten zu können, wird als *Hidden Action* bezeichnet.[231] Im Fall von *Hidden Infor-*

---

[225] Vgl. Ebers/Gotsch (2006), S. 261 f.; Eisenhardt (1989), S. 59; Erlei/Leschke/Sauerland (2007), S. 50-54; Picot/Dietl/Franck (2008), S. 74; Wolf (2008), S. 332 f.
[226] Vgl. Picot/Dietl/Franck (2008), S. 74-76.
[227] Vgl. Picot/Dietl/Franck (2008), S. 74 f.
[228] Vgl. hier und im Folgenden Göbel (2002), S. 101.
[229] Vgl. Akerlof (1970). Er beschreibt in seinem „Market for Lemons"-Modell das Zusammenbrechen eines Marktes durch sukzessiven Austritt von Anbietern mit überdurchschnittlich guten Produkten.
[230] Vgl. Theurl (2001), S. 15.
[231] Vgl. Blickle-Liebersbach (1990), S. 13.

mation kann der Prinzipal das Verhalten des Agenten zwar beobachten, aber nicht beurteilen.[232] Diese Situation kann zum einen durch mangelnde Sachkenntnis entstehen. In manchen Fällen kann das Handlungsergebnis zum anderen nicht eindeutig aus der Handlung des Agenten abgeleitet werden, da es nicht nur von den Anstrengungen des Agenten, sondern auch von nicht beeinflussbaren Umweltzuständen abhängt. Folglich kann sich der Prinzipal nie vollkommen sicher sein, ob der Agent nicht zu seinem eigenen Vorteil und damit zum Nachteil des Prinzipals handelt. Diese Gefahr opportunistischen Handelns von Seiten des Agenten wird als *Moral Hazard* bezeichnet und wächst mit zunehmendem Informationsvorsprung des Agenten.

Hidden Intention ist ein Informationsproblem, das sich für den Prinzipal ex post aufgrund verborgener Absichten des Agenten ergeben kann.[233] Der Agent verhält sich opportunistisch, in dem er auf Kosten des Prinzipals zuvor nicht mitgeteilte Absichten umzusetzen versucht.[234] Dies kann zum einen durch das Ausnutzen von Vertragslücken geschehen, zum anderen durch das Ausnutzen der Abhängigkeitssituation des Prinzipals infolge spezifischer Investitionen.[235] Die opportunistische Ausnutzung solcher Situationen wird auch als *Hold Up* bezeichnet.[236]

Zur Überwindung dieser Probleme in der Prinzipal-Agenten-Beziehung stehen sowohl dem Prinzipal als auch dem Agenten verschiedene Möglichkeiten zur Verfügung.[237] Um das Risiko der Übervorteilung durch den Agenten gering zu halten, kann der Prinzipal die Informationsasymmetrie senken (z. B. durch Kontrollmaßnahmen) oder die Anreize für den Agenten derart gestalten, dass die Erfüllung seiner Ziele auch denen des Prinzipals dient (z. B. durch eine Ergebnisbeteiligung des Agenten).[238] Letztere Möglichkeit wird auch als „Anreizkompatibilität" bezeichnet.[239] Der Agent hingegen kann versuchen, dem Prinzipal zu signalisieren, dass er bestimmte, vom Prinzipal

---

[232] Vgl. Göbel (2002), S. 102.
[233] Vgl. Ebers/Gotsch (2006), S. 264.
[234] Vgl. Göbel (2002), S. 103.
[235] Hidden Intention ist also inhaltlich weitgehend deckungsgleich mit dem Spezifitätsproblem aus der Transaktionskostentheorie. Vgl. Picot/Dietl/Franck (2008), S. 75.
[236] Vgl. Göbel (2002), S. 103.
[237] Vgl. Jacob (1995).
[238] Vgl. Bergen/Dutta/Walker (1992), S. 4; Krafft (1999), S. 121.
[239] Anreizkompatibilität bedeutet, dass für den Agenten Anreize bestehen, die vereinbarten Leistungen auch tatsächlich zu erbringen. Ist Anreizkompatibilität gegeben, so ist für den Agenten ein Handeln im Sinne des Prinzipals auch individuell lohnend. Vgl. Söllner (2008), S. 101.

geforderte Qualitäten besitzt.[240] Ein weiterer Lösungsansatz ist die Bildung von Vertrauen zwischen Prinzipal und Agent.[241] Nach RIPPERGER definiert sich der Begriff Vertrauen im Kontext von Geschäftsbeziehungen folgendermaßen: „Vertrauen ist die freiwillige Erbringung einer riskanten Vorleistung unter Verzicht auf explizite vertragliche Sicherungs- und Kontrollmaßnahmen gegen opportunistisches Verhalten in der Erwartung, dass sich der andere, trotz Fehlen solcher Schutzmaßnahmen, nicht opportunistisch verhalten wird."[242] Tabelle 4 führt die jeweiligen Ansätze zur Problembegrenzung systematisch auf.[243]

Problem-bereich	Informationsasymmetrie senken		Ziele harmonisieren		Vertrauen bilden	
	Prinzipal	Agent	Prinzipal	Agent	Prinzipal	Agent
Vor-Vertrags-probleme	Screening	Signaling	Verträge zur Auswahl vorlegen	Self-Selection, Reputation	Screening in Bezug auf Vertrauens-würdigkeit	Reputation signalisieren
Nach-Vertrags-probleme	Monitoring	Reporting	Anreiz-kompatible Verträge	Commitment / Bonding, Reputation	Vertrauens-vorschuss, Extrapolation guter Erfah-rungen	Sozialkapital aufbauen

Tabelle 4:   Lösungsansätze für Problembereiche der Prinzipal-Agenten-Theorie

Quelle: Eigene Darstellung in enger Anlehnung an Göbel (2002), S. 110.

Wie bereits in Abschnitt 2.3.1 erwähnt, dient die Prinzipal-Agenten-Theorie der theoretischen Fundierung des Konstrukts Innovationsorientierung und seiner einzelnen Facetten und dient somit als Leitidee für Forschungsfrage 1. Wie die Definition des Begriffs in Abschnitt 2.1.2 unterstreicht, entsteht eine Innovationsorientierung im Wesentlichen durch die Einstellung und das Verhalten des Managements und der Mitarbeiter eines Unternehmens. Führungskräften kommt dabei die Aufgabe zu, die Interes-

---

[240]   Vgl. Bergen/Dutta/Walker (1992), S. 6 f. Insbesondere Agenten mit hoher Leistungsqualität haben ein Interesse daran, sich von anderen Agenten zu differenzieren. Es müssen allerdings bestimmte Voraussetzungen erfüllt sein, damit ein Signal zur Verringerung der Informationsasymmetrie beiträgt. Zu diesen Voraussetzungen vgl. Picot/Dietl/Franck (2008), S. 78.

[241]   Vgl. Göbel (2002), S. 118.

[242]   Ripperger (2003), S. 45.

[243]   Anzumerken ist allerdings, dass aufgrund der Informationsasymmetrie lediglich eine Second-Best-Lösung erreicht werden kann. Zur Erreichung dieses Zustands fallen sogenannte Agenturkosten an, die sich aus den Signalisierungskosten des Agenten, den Kontrollkosten des Prinzipals und dem verbleibenden Wohlfahrtsverlust (Abweichung vom Idealzustand mit vollkommener Information) zusammensetzen. Vgl. Jensen/Meckling (1976), S. 308.

sen der Anteilseigner, in diesem Fall die erfolgreiche Generierung von Innovationen mit Hilfe einer aktiv gelebten innovationsorientierten Unternehmenskultur, bei allen wichtigen Entscheidungen zu fördern und gegenüber den Mitarbeitern durchzusetzen.[244] Da sowohl zwischen den Anteilseignern und dem Management als auch zwischen dem Management und den Mitarbeitern jeweils Vertragsbeziehungen bestehen, die den Prämissen der Prinzipal-Agenten-Theorie unterliegen,[245] ist dieser organisationstheoretische Ansatz von hoher inhaltlicher Relevanz. Nach Auffassung der Prinzipal-Agenten-Theorie sind Führungskräfte somit einerseits Agenten, die Entscheidungen im Sinne der Anteilseigner (Prinzipale) zu treffen haben, und andererseits Prinzipale, die geeignete Maßnahmen treffen müssen, damit die ihnen unterstellten Mitarbeiter (Agenten) im Sinne der Eigentümerinteressen handeln.[246] Die Bedeutung der Prinzipal-Agenten-Theorie für die vorliegende Untersuchung liegt darin, dass sie zu erklären hilft, welche Probleme es bei der Durchsetzung einer Innovationsorientierung bei Führungskräften und Mitarbeitern geben kann und auf welche Art und Weise ein Unternehmen das Verhalten seiner Organisationsmitglieder beeinflussen kann, um eine Innovationsorientierung zu erreichen.[247]

Die Implementierung einer innovationsorientierten Unternehmenskultur im Unternehmen ist häufig mit Schwierigkeiten verbunden. Dafür sind vor allem drei der oben erwähnten vier Informationsprobleme[248] verantwortlich, die im Folgenden detailliert auf die vorliegende Problemstellung bezogen werden. Hidden Characteristics bezeichnen hier das Problem, dass vor Abschluss des Arbeitsvertrages die Eigenschaften des Managements und der Mitarbeiter nicht bekannt sind.[249] So ist es schwierig, im Bewerbungsprozess herauszufinden, ob ein Mitarbeiter risikofreudig oder intrinsisch motiviert ist, neue Produkte zu entwickeln. Daraus resultiert das Risiko, im Rahmen der Personalbeschaffung nicht die für eine Innovationsorientierung geeignetsten Manager

---

[244] Vgl. Oesterle (2004), S. 791.

[245] Arbeitsverträge werden in der Literatur zur Prinzipal-Agenten-Theorie aufgrund der zutreffenden Prämissen häufig als Beispiele für Prinzipal-Agenten-Beziehungen aufgeführt. Vgl. Eisenhardt (1989), S. 60. So besteht in einem Arbeitsverhältnis eine asymmetrische Informationsverteilung zwischen Arbeitnehmer (Agent) und Arbeitgeber (Prinzipal), beide streben eine individuelle Nutzenmaximierung an, handeln begrenzt rational und weisen unterschiedliche Risikoneigungen auf. Zudem neigt der Arbeitnehmer zu Opportunismus, d. h. er versucht seine Arbeitsanstrengungen zu reduzieren.

[246] Vgl. Holtbrügge (2007), S. 43.

[247] Somit wird ein positiver Ansatz zu Grunde gelegt. Vgl. hierzu Eisenhardt (1989).

[248] Vgl. Picot/Dietl/Franck (2008), S. 74-76.

[249] Vgl. Holtbrügge (2007), S. 31.

bzw. Mitarbeiter auszuwählen (Adverse Selection). Hidden Action und Hidden Information adressieren das Problem, dass die Anteilseigner die Leistungen ihrer Führungskräfte bzw. die Führungskräfte die Leistungen ihrer Mitarbeiter in der Regel nicht umfassend beobachten oder bewerten können. Die Anteilseigner können sich z. B. nicht sicher sein, ob sich das Top-Management tatsächlich nachhaltig für innovative Ideen einsetzt. Dies birgt die Gefahr, dass das Top-Management aus Bequemlichkeit oder aufgrund von Risikoaversion seine Innovationsanstrengungen begrenzt (Moral Hazard).

Zur Reduzierung der durch diese Informationsdefizite entstehenden Probleme stehen unterschiedliche Maßnahmen zur Verfügung. Ziel dieser Maßnahmen ist es, die Führungskräfte und Mitarbeiter so zu beeinflussen, dass ein innovationsorientiertes Verhalten erreicht wird.[250] Im Falle der Anteilseigner-Management-Beziehung können die Anteilseigner durch differenzierte Vertragsangebote mit Risikobeteiligung für Innovationen feststellen, ob die potenziellen Führungskräfte risikofreudig sind und nach Innovationen streben.[251] Moral Hazard wird durch eine leistungs- bzw. erfolgsabhängige Entgeltpolitik, die erfolgreich durchgeführte Innovationsprojekte monetär belohnt, begrenzt. In Bezug auf die Management-Mitarbeiter-Beziehung stehen ähnliche Instrumente zur Verfügung. Auch hier bietet sich ein extrinsisches Anreizsystem zur Harmonisierung der Ziele an. Das Verhalten der Mitarbeiter kann bspw. durch die Einrichtung eines betrieblichen Vorschlagswesens teilweise erfasst und gesteuert werden.[252] Die Gefahr von Moral Hazard kann zusätzlich verringert werden, wenn das Management den Mitarbeitern durch geeignete Kommunikation, die auf Vertrauen basiert, die Relevanz von Innovationen für das Unternehmen verdeutlicht.

Ein Hauptkritikpunkt an der Prinzipal-Agenten-Theorie besteht in der Vernachlässigung der Rolle Dritter (z. B. Staat oder Tarifverträge) bei der Gestaltung von Verträgen.[253] Diese Rahmenbedingungen sollten in der Unternehmenspraxis berücksichtigt

---

[250]   Vgl. Olson/Slater/Hult (2005), S. 52 sowie Tabelle 4.
[251]   Diese Idee der „Self Selection" besteht darin, dass die Anteilseigner dem Manager unterschiedliche Verträge anbieten. Wählt der Manager einen Vertrag mit einem fixen Gehalt, so deutet dies darauf hin, dass er die für Innovationen notwendigen Risiken scheut. Wählt er allerdings einen Vertrag, der eine variable Vergütung für erfolgreich durchgeführte Innovationsprojekte beinhaltet, können die Anteilseigner potenziell davon ausgehen, dass der Manager innovationsorientiert handeln wird.
[252]   Vgl. Fairbank/Williams (2001).
[253]   Vgl. hier und im Folgenden Ebers/Gotsch (2006), S. 273-275; Wolf (2008), S. 364 f.

werden. Weiterhin wird kritisiert, dass die Vertragsbeziehungen in der Regel einseitig aus der Perspektive des Prinzipals betrachtet werden. Es besteht jedoch auch die Möglichkeit, dass der Prinzipal zu Opportunismus neigt und den Agenten z. B. über die Ertragslage des Unternehmens täuscht, um Gehaltsforderungen abzuwehren. Zudem beschränkt sich die Prinzipal-Agenten-Theorie auf eine einzige Vertragsperiode und vernachlässigt damit, dass rationale Agenten bei wiederholten Vertragsperioden kurzfristige opportunistische Interessen gegenüber langfristigen Interessen abwägen.[254]

Positiv hervorzuheben ist allerdings die hohe Praxisrelevanz der Prinzipal-Agenten-Theorie.[255] Durch die Berücksichtigung unvollständiger und ungleich verteilter Informationen und opportunistischen Handelns ist ein hohes Maß an Realismus gegeben.[256] Zudem weist die einfache und präzise Theoriekonstruktion forschungspragmatische Vorzüge auf, weshalb die Theorie trotz der genannten Kritikpunkte in dieser Untersuchung für die Fundierung der Innovationsorientierung verwendet wird. Der ressourcenbasierte Ansatz, der für die theoretische Fundierung der Innovationsorientierung als potenziell relevant einzuschätzen ist, wird im folgenden Abschnitt 2.3.3 näher erläutert.

2.3.3 Ressourcenbasierter Ansatz

Der **ressourcenbasierte Ansatz**[257], der sich in seiner ursprünglichen Ausprägung stark an der Wachstumstheorie von PENROSE orientiert, wurde überwiegend in den 1980er Jahren entwickelt.[258] Er betrachtet die internen Ressourcen und Fähigkeiten eines Unternehmens als Ausgangspunkt zur Erreichung nachhaltiger Wettbewerbsvorteile.[259] Unter Ressourcen werden alle Wirtschaftsgüter, Prozesse, Eigenschaften und

---

[254] So kann es sich ein Manager in der Regel nicht leisten, nicht innovationsfreudig zu agieren, da dies langfristig seine berufliche Laufbahn gefährden würde.

[255] Vgl. Bergen/Dutta/Walker (1992), S. 1; Ebers/Gotsch (2006), S. 273.

[256] Aufgrund ihrer Prämissen, ihres Ausmaßes an Realität und empirischer Evidenz hat die Prinzipal-Agenten-Theorie auch in der Marketingliteratur vielfach Anwendung gefunden, insbesondere im Bereich der Außendienststeuerung. Vgl. z. B. Albers/Krafft (1996); Bhardwaj (2001); Joseph (2001); Krafft (1995); Krafft (1996); Krafft (1999); Mishra/Prasad (2004, 2005); Schmidt (2008).

[257] Zu den Grundlagen des ressourcenbasierten Ansatzes vgl. Amit/Schoemaker (1993); Barney (1991); Mahoney/Pandian (1992); Prahalad/Hamel (1990); Rasche/Wolfrum (1994); Wernerfelt (1984).

[258] Vgl. Penrose (1959).

[259] Vgl. Barney (1991), S. 99; Rasche/Wolfrum (1994), S. 502. Zu Wettbewerbsvorteilen siehe außerdem Porter (1985).

Informationen eines Unternehmens verstanden, die vom Unternehmen kontrolliert werden und zur Effektivität und Effizienz eines Unternehmens beitragen.[260] Diese Ressourcen können in drei Arten unterteilt werden, nämlich in materielle, humane und organisationale Ressourcen. Zu den *materiellen Ressourcen* gehören u. a. Maschinen, Gebäude, die im Unternehmen verwendete Technologie und der Zugang zu Rohmaterialien. *Humanressourcen* beziehen sich auf die Entwicklung, die Erfahrungen, das Urteilsvermögen, die Intelligenz und die Kompetenzen einzelner Manager und Mitarbeiter des Unternehmens. Unter *organisationalen Ressourcen* werden sowohl die formalen Strukturen und Prozesse eines Unternehmens verstanden als auch die informellen Beziehungen zwischen Gruppen innerhalb des Unternehmens sowie zwischen dem Unternehmen und der Umwelt.

Nicht alle Ressourcen eines Unternehmens sind strategisch relevant und bilden nach dem ressourcenbasierten Ansatz einen Wettbewerbsvorteil. Nach BARNEY sollten Ressourcen vier wesentliche Anforderungen erfüllen, um dem Unternehmen potenziell einen strategischen Wettbewerbsvorteil zu verschaffen.[261] Als erste Bedingung wird der Wert einer Ressource genannt. Ein Wettbewerbsvorteil kann nur erzielt werden, wenn eine Ressource wertvoll ist, d. h. sie ermöglicht dem Unternehmen, eine effektivitätssteigernde Strategie umzusetzen. Eine zweite Bedingung bezieht sich auf die Knappheit einer Ressource. Verfügen viele Unternehmen über die gleichen Ressourcen, können diese nicht mehr zu Überlegenheit gegenüber Wettbewerbern führen. Eine dritte Voraussetzung für eine strategisch relevante Ressource bildet die eingeschränkte Imitierbarkeit. So werden z. B. die Kultur eines Unternehmens sowie das Ansehen bei Lieferanten und Kunden als schwer imitierbar eingestuft. Als vierte Bedingung wird die Nicht-Substituierbarkeit durch andere Ressourcen angeführt. Analog zur eingeschränkten Imitierbarkeit sollte eine Ersetzung der betrachteten Ressourcen durch andere Ressourcen nur schwer möglich sein.

Ressourcen, die die genannten vier Bedingungen erfüllen, können zu strategischen Fähigkeiten ausgebaut werden.[262] Fähigkeiten sind Eigenschaften eines Unternehmens und seiner Mitarbeiter, aus denen sich organisationale Prozesse herausbilden.[263] Sie

---

[260] Vgl. hier und im Folgenden Barney (1991), S. 101.
[261] Vgl. hier und im Folgenden Barney (1991), S. 106-112.
[262] Vgl. Wolf (2008), S. 588.
[263] Vgl. hier und im Folgenden Hadjimanolis (2000), S. 264 f.

beziehen sich auf die Kompetenz eines Unternehmens, vorhandene Ressourcen adäquat zur Erreichung bestimmter Ziele einzusetzen. AMIT und SCHOEMAKER definieren
Fähigkeiten als „[...] information-based, tangible or intangible processes that are firm
specific and are developed over time through complex interactions among the firm's
resources".[264] Anders als Ressourcen basieren Fähigkeiten auf der Entwicklung, Verbreitung und dem Austausch von Informationen durch das Humankapital.[265] ITAMI und
ROEHL bezeichnen informationsbasierte Fähigkeiten deshalb als „invisible assets".[266]
Fähigkeiten werden oft auf Unternehmensebene durch die Kombination verschiedenartiger Ressourcen gebildet.[267] Beispiele können eine hohe Servicequalität oder kurze
Produktlebenszyklen sein. Ist ein Unternehmen in der Lage, seine speziellen Fähigkeiten effizienter und effektiver als seine Wettbewerber zu nutzen, kann es sich einen
strategischen Wettbewerbsvorteil verschaffen und dadurch den Gewinn steigern.

Der ressourcenbasierte Ansatz ist für die vorliegende Untersuchung insofern von
Relevanz, als dass er eine theoretische Erklärung für die Innovationsorientierung von
Unternehmen sowie seine Determinanten und Erfolgswirkungen liefert und sich damit
auf die Forschungsfragen 1, 2 und 3 bezieht. Um langfristig strategische Wettbewerbsvorteile zu generieren, sollten Unternehmen ihre Ressourcen zu Fähigkeiten aus-
bauen und diese zielgerichtet nutzen. Eine dieser Fähigkeiten ist die Innovationsorientierung eines Unternehmens,[268] die das primäre Ziel hat, innovative Produkte hervorzubringen. Die systematische Generierung von Innovationen kann ein Unternehmen
langfristig zu Erfolg führen und somit als strategischer Wettbewerbsvorteil angesehen
werden. Um diesen Wettbewerbsvorteil zu erreichen, sind Ressourcen notwendig, die
als Basis für die Innovationsorientierung dienen. Humanressourcen in Form des Managements und der Mitarbeiter spielen hierbei die zentrale Rolle. Diese sollten durch
Training, die richtige Zusammenstellung und andere Maßnahmen dahingehend beeinflusst werden, dass sie als strategische Ressource die oben erwähnten vier Bedingungen erfüllen und damit Grundlage eines Wettbewerbsvorteils durch Innovationsorientierung werden. Abbildung 11 visualisiert zusammenfassend den Erklärungsbeitrag

---

264 Amit/Schoemaker (1993), S. 35.
265 Vgl. Amit/Schoemaker (1993), S. 35.
266 Itami/Roehl (1987).
267 Vgl. Amit/Schoemaker (1993), S. 35.
268 Vgl. Hult/Ketchen (2001), S. 899. Auch andere Dimensionen der Unternehmenskultur werden in
    der wissenschaftlichen Literatur als Fähigkeiten verstanden. So bezeichnen Menguc/Auh (2006)
    bspw. die Marktorientierung als dynamische Fähigkeit eines Unternehmens.

des ressourcenbasierten Ansatzes für die vorliegende Untersuchung.

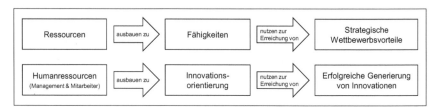

Abbildung 11:   Innovationsorientierung und ressourcenbasierter Ansatz
Quelle: Eigene Darstellung.

In Bezug auf den ressourcenbasierten Ansatz werden in der Wissenschaft insbesondere die folgenden Kritikpunkte angeführt: Die Beziehungen zwischen Ressourcen,
Fähigkeiten und Wettbewerbsvorteilen werden als eindeutig gerichtet dargestellt. Es
ist jedoch anzunehmen, dass sie sich wechselseitig beeinflussen, indem sich die Generierung eines Wettbewerbsvorteils bspw. positiv auf die materiellen Ressourcen eines
Unternehmens auswirkt.[269] Im Rahmen der Konzeption der Arbeit wurde jedoch die
Entscheidung getroffen, Wechselwirkungen zwischen den Variablen aus Komplexi-
tätsgründen nicht zu untersuchen.[270] Des Weiteren ist es schwierig, den Wert von Ressourcen zu bestimmen, da dieser unternehmensgebunden ist und somit nur im jeweiligen Kontext des Unternehmens geschätzt werden kann.[271] Der Ansatz lässt außerdem
durch seine interne Ressourcenorientierung unternehmensexterne Einflussgrößen außer Acht.[272]

Unter Berücksichtigung dieser Aspekte erscheint es dennoch gerechtfertigt, die Bedeutung unternehmensinterner Faktoren für den Erfolg von Unternehmen herauszustel-
len.[273] Hierfür spricht, dass der ressourcenbasierte Ansatz Unterschiede zwischen

---

[269]   Vgl. Krohmer (1999), S. 55.
[270]   Eine Wirkung des Innovationserfolgs auf die Humanressourcen ist jedoch nicht auszuschließen.
         So wäre es bspw. möglich, dass sich die erfolgreiche Generierung einer Innovation positiv auf
         die Mitarbeiterzufriedenheit auswirkt. Es wurde bereits empirisch nachgewiesen, dass ein posi-
         tives (negatives) Betriebsergebnis die Mitarbeiterzufriedenheit erhöht (senkt). Vgl. Krafft
         (2007), S. 46.
[271]   Vgl. Wolf (2008), S. 595.
[272]   Vgl. Wolf (2008), S. 596 f. Diesem Kritikpunkt wird in der Untersuchung durch die Betrachtung
         von Marktorientierung als Determinante der Innovationsorientierung (vgl. Abschnitt 3.2.2) ent-
         gegengewirkt.
[273]   Vgl. hier und im Folgenden Wolf (2008), S. 594 f.

Wettbewerbern erklären kann, die unter sonst identischen Umweltbedingungen agieren. Insbesondere wird durch den ressourcenbasierten Ansatz die Relevanz des Managements und der Mitarbeiter zur Erreichung nachhaltiger Wettbewerbsvorteile unterstrichen. Im folgenden Abschnitt 2.3.4 wird ein organisationstheoretischer Ansatz vorgestellt, der im Gegensatz zum ressourcenbasierten Ansatz situative Gegebenheiten in den Vordergrund rückt und somit für Forschungsfrage 4 relevant ist.

2.3.4 Situativer Ansatz

Der situative Ansatz[274], der auch als Kontingenztheorie bezeichnet wird, wurde zu Beginn der 1960er Jahre als Antwort auf die Kritik an klassischen theoretischen Ansätzen entwickelt. Entgegen der in diesen Ansätzen postulierten Sichtweise universell effizienter Prinzipien der Organisation[275] deckte die empirische Organisationsforschung beträchtliche Unterschiede beim Vergleich unternehmerischer Strukturen und Verhaltensweisen auf.[276] Aufgrund dieser Erkenntnis geht der situative Ansatz davon aus, dass sich die unterschiedlichen Ausprägungen der Organisationsstruktur auf unterschiedliche Situationen der Organisationen zurückführen lassen.[277] Der situative Ansatz unterstreicht folglich die Bedeutung situativer Einflüsse auf die optimale Gestaltung von Organisationen und stellt die in den klassischen Ansätzen postulierte Existenz einer allgemein gültigen optimalen Organisationsgestaltung in Frage.

Der situative Ansatz beinhaltet drei verschiedene Typen von Variablen.[278] Die *situativen Faktoren*, auch als Kontextfaktoren oder Kontingenzvariablen bezeichnet, beschreiben endogene (z. B. Unternehmensgröße) oder exogene (z. B. Wettbewerbsintensität) situationsbedingte Einflussfaktoren. Die *organisationalen Variablen*, wie bspw. die Organisationsstruktur, die Unternehmenskultur oder die Verhaltensweisen der Organisationsmitglieder, beziehen sich auf die Gestaltung der Organisation oder

---

[274] Vgl. für einen Überblick auch Brose (1984); Schoonhoven (1981).
[275] Nach den klassischen theoretischen Ansätzen existiert eine Organisationsform, die unter allen Umständen gleich gut geeignet ist. Vgl. Tosi/Slocum (1984), S. 9.
[276] Vgl. Hall (1963); Udy (1959).
[277] Vgl. Kieser/Walgenbach (2003); Scott (2003). In Untersuchungen zum situativen Ansatz wurden neben der Organisationsstruktur auch andere organisationale Variablen wie die Unternehmenskultur oder -strategie analysiert. Vgl. Homburg/Krohmer (2006), S. 207 f. Allaire/Firsirotu (1985) erklären bspw. die Wichtigkeit situativer Faktoren für die Unternehmenskultur, während Anderson/Zeithaml (1984) den Zusammenhang zwischen der situativen Variablen „Phase eines Produkts im Lebenszyklus" und der Unternehmensstrategie analysieren. Vgl. Allaire/Firsirotu (1985), S. 28-30; Anderson/Zeithaml (1984).
[278] Vgl. hier und im Folgenden Zeithaml/Varadarajan/Zeithaml (1988), S. 40.

auf andere Aktivitäten des Managements und der Mitarbeiter. Die *Erfolgsvariablen* messen die Zielerreichung des Unternehmens anhand von Erfolgsgrößen wie Umsatz, Gewinn oder Marktanteil. Organisationale Variablen hängen gemäß dem situativen Ansatz von Determinanten der internen und externen Umwelt der Organisation, also von situativen Faktoren, ab.

Im situativen Ansatz werden nicht nur der Einfluss dieser situativen Faktoren auf die Beschaffenheit von Organisationen, sondern auch die Zusammenhänge zwischen situativen Faktoren, organisationalen Variablen und dem Erfolg der Organisation berücksichtigt.[279] Zwischen diesen Variablen sind folgende drei Arten von Zusammenhängen zu unterscheiden: Erstens können sich situative Faktoren auf organisationale Variablen auswirken, die wiederum den Erfolg beeinflussen können. Zweitens können die situativen Faktoren als Moderatoren zwischen den organisationalen Variablen und dem Erfolg fungieren, also die Stärke der Beziehung positiv oder negativ beeinflussen. Drittens ist es zudem möglich, dass die situativen Faktoren direkten Einfluss auf den Erfolg besitzen. Abbildung 12 verdeutlicht diese Zusammenhänge grafisch.

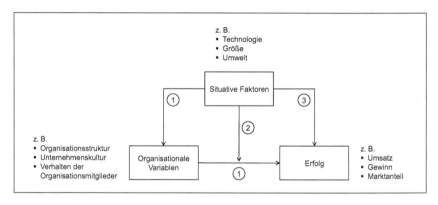

Abbildung 12:   Grundkonzeption des situativen Ansatzes

Quelle: Eigene Darstellung in Anlehnung an Homburg/Krohmer (2006), S. 207.

Die Kernaussage des situativen Ansatzes lautet, dass die Zielerreichung eines Unternehmens davon abhängt, wie gut der „Fit" der organisationalen Variablen an den jeweiligen Kontext, der durch die situativen Faktoren gebildet wird, ist.[280] Im Extrem-

---

[279]   Vgl. hier und im Folgenden Homburg/Krohmer (2006), S. 206 f.
[280]   Vgl. Drazin/Van de Ven (1985), S. 514; Kieser (2002), S. 171; Kieser/Walgenbach (2003),

fall kann ein mangelnder „Fit" sogar dazu führen, dass Unternehmen gänzlich am Markt scheitern. Somit ist die entscheidende Prämisse des situativen Ansatzes, dass die Effektivität[281] des Unternehmens auf verschiedene Weisen erreicht werden kann.[282]

Für die Ziele dieser Arbeit liefert der situative Ansatz wichtige Erkenntnisse. Wie in Abschnitt 2.2.1.3 dargelegt wurde, stellt die Innovationsorientierung eine Dimension der Unternehmenskultur dar und repräsentiert somit eine organisationale Variable. Diese organisationale Variable hat Einfluss auf den Erfolg des Unternehmens in Form der Variablen Umsatz, Marktanteil und Gewinn[283] oder auch in Form des Innovationserfolgs eines Unternehmens, der als Vorstufe des Unternehmenserfolgs gesehen werden kann.[284] Der situative Ansatz führt allerdings zu der Überlegung, dass sich der Zusammenhang zwischen Innovationsorientierung und Erfolg je nach Kontext unterscheiden kann, womit die zweite Situation der Abbildung 12 in dieser Untersuchung im Fokus der Betrachtung steht. Es können folglich aus dem situativen Ansatz moderierende Faktoren wie z. B. die technologische Dynamik, die Wettbewerbsintensität der Branche oder unternehmensinterne Ressourcen abgeleitet werden, die möglicherweise einen Einfluss auf die Beziehung zwischen Innovationsorientierung und Erfolg besitzen.[285] Somit dient der situative Ansatz als Leitidee für die Beantwortung der vierten Forschungsfrage.

Eine essenzielle Kritik am situativen Ansatz ist der Vorwurf der Theorielosigkeit, weshalb er nicht herangezogen werden kann, um gerichtete Zusammenhänge gesetzmäßig zu erklären.[286] Stattdessen wird lediglich betont, dass aufgrund situativer Faktoren Unterschiede in organisationalen Strukturen und Verhaltensweisen bestehen.[287] Diese Kritik lässt sich durch das Hinzuziehen eines inhaltsbezogenen weiteren theore-

---

[281] S. 43-46; Zeithaml/Varadarajan/Zeithaml (1988), S. 39 f.
Effektivität ist in diesem Fall als organisationale Anpassung und als Überleben des Unternehmens definiert. Vgl. Zeithaml/Varadarajan/Zeithaml (1988), S. 39.
[282] Vgl. Zeithaml/Varadarajan/Zeithaml (1988), S. 39.
[283] Vgl. Calantone/Cavusgil/Zhao (2002), S. 522; Chandler/Keller/Lyon (2000), S. 60; Han/Kim/Srivastava (1998), S. 40; Hult/Hurley/Knight (2004), S. 436; Olson/Slater/Hult (2005), S. 58; Tajeddini/Trueman/Larsen (2006), S. 544; Vásquez/Santos/Álvarez (2001), S. 84; Zhou et al. (2005), S. 1056.
[284] Vgl. Hurley (1995), S. 71; Hurley/Hult (1998), S. 51; Talke (2007), S. 88. Vgl. zudem die Ausführungen in Abschnitt 3.3.1.
[285] Vgl. Homburg/Krohmer (2006), S. 207.
[286] Vgl. Kieser (2006), S. 231-239; Schreyögg (1978).
[287] Vgl. Krohmer (1999), S. 45; Wolf (2008), S. 216.

tischen Ansatzes überwinden.[288] Weiterhin werden viele Annahmen des Ansatzes angezweifelt. Insbesondere die Annahme, dass die situativen Faktoren nicht von der Organisation beeinflussbar seien, sowie die Annahme, dass für die gegebenen situativen Faktoren nur eine geeignete Strukturform existiere, werden kritisiert.[289] Ebenso wird die mangelnde Vergleichbarkeit verschiedener empirischer Studien aufgrund von Unterschieden bei den verwendeten Messmodellen beanstandet.[290] Deshalb sollen in der vorliegenden Untersuchung vorrangig etablierte Skalen verwendet werden.

Trotz dieser Kritik hat der situative Ansatz in der Innovationsforschung einen hohen Stellenwert, da insbesondere bei der Vermarktung neuer Produkte eine starke Abhängigkeit von der Umwelt, z. B. in Bezug auf Kunden und Wettbewerber, existiert. Die Berücksichtigung situativer Gegebenheiten hat, wie oben gezeigt, Implikationen für Theorie und Praxis, weshalb der Ansatz in vielen Bereichen der betriebswirtschaftlichen Forschung – und auch in dieser Arbeit – angewendet wird.

2.3.5 Zusammenfassung der Erklärungsbeiträge der theoretischen Bezugspunkte

Die in den Abschnitten 2.3.2 bis 2.3.4 vorgestellten organisationstheoretischen Ansätze dienen in Kapitel 3 der theoretischen Fundierung postulierter Wirkungszusammenhänge (Hypothesen) in dem zu entwickelnden Untersuchungsmodell. Allen drei Ansätzen kann eine hohe Relevanz für die vorliegenden Forschungsfragestellungen attestiert werden. Es handelt sich dabei um Ansätze mit hoher Reichweite, d. h. hoher Ausdehnung ihrer Anwendungsbereiche.[291] Während theoretische Ansätze hoher Reichweite eine Vielzahl von Zusammenhängen erklären können, besteht ihr Nachteil gleichzeitig in ihrer abstrakten und recht allgemein gehaltenen Formulierung. Dadurch bedürfen sie bei ihrer Anwendung einer kontextspezifischen Konkretisierung, wie in diesem Fall anhand der organisationalen Variable Innovationsorientierung. Die nachstehende Tabelle 5 fasst die hier diskutierten organisationstheoretischen Ansätze zusammen und nennt dabei jeweils ihre zentralen Erklärungsbeiträge und Anwendungsbereiche für den Kontext der vorliegenden Untersuchung.

---

[288]   Vgl. Wolf (2008), S. 217. In dieser Untersuchung ist dies der ressourcenbasierte Ansatz, der für
         Forschungsfrage 1, 2 und 3 relevant ist.
[289]   Vgl. Schreyögg (1978), S. 229.
[290]   Vgl. Kieser (2006), S. 231.
[291]   Vgl. hier und im Folgenden Fischer/Wiswede (1997), S. 36 f.

Theoretischer Ansatz	Wesentliche Erkenntnisse	Erklärungsbeitrag für den Kontext der Untersuchung	Anwendungsbereich in der Untersuchung
Prinzipal-Agenten-Theorie	In einer Vertragsbeziehung zwischen Prinzipal und Agent treten Informationsasymmetrien auf, die zu Problemen bei der Vertragsgestaltung führen können. Diese Probleme können durch Reduzierung der Informationsasymmetrien und / oder Interessenangleichung verringert werden.	Die Durchsetzung eines innovationsorientierten Verhaltens bei Führungskräften und Mitarbeitern ist mit Prinzipal-Agenten-Problemen verbunden. Als Lösungsmechanismus stehen Maßnahmen wie die Einrichtung eines betrieblichen Vorschlagswesens oder die monetäre Belohnung erfolgreich umgesetzter Ideen zur Verfügung.	Forschungsfrage 1
Ressourcenbasierter Ansatz	Ausgangspunkt zur Erreichung nachhaltiger Wettbewerbsvorteile sind die internen Ressourcen und die daraus abgeleiteten Fähigkeiten.	Eine Innovationsorientierung entsteht maßgeblich aus den Humanressourcen eines Unternehmens und kann zur erfolgreichen Generierung von Innovationen genutzt werden.	Forschungsfragen 1, 2 und 3
Situativer Ansatz	Situative Gegebenheiten sollten bei der Betrachtung von Erfolgsaussagen berücksichtigt werden.	Der Zusammenhang zwischen Innovationsorientierung und Erfolg kann sich je nach situativem Kontext unterscheiden.	Forschungsfrage 4

Tabelle 5:   Zusammenfassung und Erkenntnisbeiträge der theoretischen Bezugspunkte

Quelle: Eigene Darstellung.

Zusammenfassend lässt sich festhalten, dass sich mit Hilfe dieser drei Ansätze erstens die Verankerung der Innovationsorientierung im Unternehmen und zweitens die Determinanten und Erfolgswirkungen einer Innovationsorientierung theoretisch erklären lassen. Nach der theoretischen Fundierung mit Hilfe organisationstheoretischer Ansätze schließt sich im Folgenden die Bestandsaufnahme der bisherigen Forschung an. Diese bildet den vierten und somit letzten Teil der Grundlagen dieser Untersuchung und dient der Identifikation von Forschungslücken.

2.4 Stand der bisherigen Forschung

In diesem Abschnitt werden wissenschaftliche Arbeiten zur Innovationsorientierung von Unternehmen vorgestellt, die einen Bezug zu den zentralen Forschungsfragen dieser Untersuchung aufweisen.[292] Mit dieser ausführlichen Aufarbeitung des aktuellen Stands der Forschung wird das Ziel verfolgt, Forschungslücken aufzuzeigen. Abschnitt 2.4.1 bezieht sich auf Forschungsfrage 1 und befasst sich somit mit Ansätzen zur Messung von Innovationsorientierung. Studien, die für die Forschungsfragen 2 bis 4 rele-

---

[292] Vgl. Abschnitt 1.2.

vant sind und somit die Determinanten und Erfolgswirkungen von Innovationsorientierung sowie die Wirkung moderierender Faktoren zum Gegenstand haben, werden in
Abschnitt 2.4.2 dargestellt. Die Bestandsaufnahme schließt mit einem Fazit in Abschnitt 2.4.3, in dem Forschungslücken aufgezeigt werden und die vorliegende Untersuchung in Hinblick auf ihren angestrebten Forschungsbeitrag positioniert wird. Die
Erkenntnisse aus der Bestandsaufnahme dienen zusammen mit den Erkenntnissen aus
den Abschnitten 2.1 bis 2.3 zur Entwicklung des Bezugsrahmens im nachfolgenden
Kapitel und liefern gleichzeitig die Evidenz für die noch unzureichende Messung von
Innovationsorientierung und Untersuchung ihrer Determinanten und Erfolgswirkungen.

2.4.1 Ansätze zur Messung von Innovationsorientierung

Ebenso wenig wie eine allgemeingültige Definition des Begriffs Innovationsorientierung existiert,[293] ist ein universell anwendbarer Ansatz zur Messung von Innovationsorientierung in der Literatur zu finden. Innovationsorientierung stellt ein theoreti-
sches Konstrukt dar, das nicht direkt gemessen oder beobachtet werden kann.[294] Zudem sollte das Konstrukt idealerweise durch mehrere Variablen quantifiziert werden.[295] Somit ist ein Messansatz erforderlich, der möglichst sämtliche relevanten Facetten von Innovationsorientierung berücksichtigt. In diesem Abschnitt wird ein Überblick über bisherige Ansätze zur Messung von Innovationsorientierung gegeben, dessen Ziel es ist, existierende Forschungsdefizite zu identifizieren.[296] Eine chronologische Auflistung[297] und kritische Bewertung der relevanten Studien befindet sich in
Tabelle 6. Als Auswahlkriterien für die Zusammenstellung der Literatur dienen die
inhaltliche Relevanz[298] sowie die Publikation der Studien in anerkannten Zeitschriften.[299] Die Analyse der Ansätze zur Messung von Innovationsorientierung erfasst ne-

---

[293]   Vgl. Abschnitt 2.1.2.
[294]   Vgl. Homburg/Pflesser (2000b), S. 635 f. sowie Abschnitt 4.1.1.
[295]   Eine ausführliche Diskussion zur Operationalisierung von Konstrukten mit Hilfe von Indikato-
        ren findet sich in Abschnitt 4.1.1.
[296]   Bei der Auswahl der Studien wurde versucht, sämtliche zentralen Beiträge zu berücksichtigen.
        Aufgrund der Vielzahl an Studien und der daraus resultierenden Komplexität wird hierbei aller-
        dings kein Anspruch auf Vollständigkeit erhoben.
[297]   Die chronologische Reihenfolge dient der Visualisierung der Entwicklung der Ansätze im zeitli-
        chen Ablauf.
[298]   Dies bedeutet, dass die Studien einen eigenen Ansatz zur Messung von Innovationsorientierung
        beinhalten sollten.
[299]   Aufgeführt sind relevante Studien aus Zeitschriften, die vom Verband der Hochschullehrer für
        Betriebswirtschaft e. V. in den Teilrankings ABWL, Internationales Management, Marketing

ben Autor(en) und Jahr der Publikation die Kriterien Konzeptualisierung und Operationalisierung von Innovationsorientierung sowie zentrale Kritikpunkte.

Innovationsorientierung wird in der Studie von MANU anhand der drei Bereiche Innovationsoutput, Innovationsinput und Zeitpunkt des Markteintritts konzeptualisiert und gemessen.[300] Dagegen dient bei CAPON et al. sowie HAN, KIM und SRIVASTAVA ausschließlich der Innovationsoutput eines Unternehmens als Indikator der Innovationsorientierung.[301] Alle drei Skalen berücksichtigen insofern nicht, dass Innovationsorientierung ein Teil der Unternehmenskultur ist und somit auch das Verhalten der Mitarbeiter bei der Messung des Konstrukts relevant ist. Zudem mangelt es diesen Ansätzen zur Messung von Innovationsorientierung an einer theoretischen Fundierung.

Nach SCOTT und BRUCE ist Innovationsorientierung ein zweidimensionales Konstrukt bestehend aus der Förderung von Innovationen und der Bereitstellung von Ressourcen für Innovationen.[302] Die aus 22 Indikatoren bestehende Skala berücksichtigt das Verhalten des Management und der Mitarbeiter, lässt aber eine theoretische Fundierung vermissen. Zudem beinhaltet die Skala z. T. auch Indikatoren, die die Einstellungen der Organisationsmitglieder messen. Da Einstellungen jedoch schwer greifbar, d. h. kaum verlässlich messbar, sind und letztlich in Verhaltensweisen resultieren (vgl. Abschnitt 2.1.2), erscheint eine Messung ausschließlich über innovationsorientierte Verhaltensweisen sinnvoller.[303] Darüber hinaus werden aus Sicht der Unternehmenspraxis Indikatoren gesucht, die vom Management beeinflussbar sind.[304] Dieses Argument spricht ebenfalls für eine Verhaltensmessung, mit deren Hilfe potenzielle Ansatzpunkte für praktisches Handeln identifiziert werden können.

---

oder Technologie- und Innovationsmanagement als A- oder B-Zeitschriften gelistet wurden (JOURQUAL 1). Zudem wurden Studien aus Zeitschriften ausgewählt, die im Teilbereich Marketing oder Technologie- und Innovationsmanagement als C-Zeitschriften geführt waren, jedoch für diese Untersuchung als sehr relevant einzuordnen sind. Um Aktualität zu gewährleisten, wurden nur ab dem Jahr 1990 publizierte Studien berücksichtigt. Seit den 1990er Jahren sind vermehrt Tendenzen wie heterogenes Kundenverhalten oder verkürzte Produktlebenszyklen zu erkennen sind. Vgl. Urban/Hauser (1993), S. 8.
[300] Vgl. Manu (1992), S. 334.
[301] Vgl. Capon et al. (1992), S. 159; Han/Kim/Srivastava (1998), S. 42 f.
[302] Vgl. Scott/Bruce (1994), S. 583.
[303] Einstellungen sind im Gegensatz zum Verhalten nicht direkt beobachtbar und deshalb nur bedingt messbar. Vgl. Alwin/Krosnick (1991), S. 139; Roberts/Laughlin/Wedell (1999). Zum Zusammenhang von Einstellung und Verhalten vgl. Ajzen (1991), S. 182.
[304] Vgl. hier und im Folgenden Albers/Hildebrandt (2006), S. 8; Diller (2006), S. 614.

Autor(en) (Jahr)	Konzeptualisierung von Innovationsorientierung	Operationalisierung von Innovationsorientierung	Zentrale Kritikpunkte
Capon et al. (1992)	Innovationsorientierung ist ein mehrdimensionales Konstrukt bestehend aus Marktdaten, Zeitpunkt des Markteintritts und technologischer Überlegenheit.	4 Indikatoren: 1. Anteil neuer Produkte am Umsatz 2. Durch neue Technologien erzielter Anteil am Umsatz 3. Häufigkeit einer Pionier-Stellung 4. Häufigkeit technologischer Überlegenheit	• Keine theoretische Fundierung • Keine Berücksichtigung der Mitarbeiter • Beschränkung auf Outputgrößen der Innovationsorientierung
Manu (1992)	Innovationsorientierung ist ein mehrdimensionales Konstrukt bestehend aus Innovationsoutput, Innovationsanstrengungen und Zeitpunkt des Markteintritts.	5 Indikatoren: 1. Zeitpunkt des Markteintritts (Pionier, früher Folger oder später Folger) 2. Relativer Anteil neuer Produkte 3. Anteil neuer Produkte 4. F&E-Ausgaben (für neue Produkte/Services) 5. F&E-Ausgaben (für die Verbesserung der Prozesse)	• Keine theoretische Fundierung • Keine Berücksichtigung der Mitarbeiter
Scott/Bruce (1994)	Innovationsorientierung ist ein zweidimensionales Konstrukt bestehend aus Förderung von Innovationen und Bereitstellung von Ressourcen.	22 Indikatoren, u. a.: 1. Kreativität wird gefördert 2. Diese Organisation beschäftigt sich mehr mit dem Status Quo als mit Veränderungen (revers kodiert) 3. Es gibt genügend Zeit, um kreative Ideen zu verfolgen	• Keine theoretische Fundierung • Messung von Verhalten und Einstellungen der Organisationsmitglieder in einer Skala
Han/Kim/Srivastava (1998)	Innovationsorientierung besteht aus einer technischen und einer administrativen Dimension.	45 bankspezifische Zählvariablen, die messen, ob bestimmte Innovationen in den letzten fünf Jahren implementiert wurden, u. a.: 1. Homebanking 2. 24-Stunden-Service-Hotline für Kunden 3. Kundendatenbank 4. Job Rotation	• Keine theoretische Fundierung • Keine Berücksichtigung der Unternehmensakteure • Beschränkung auf Outputgrößen der Innovationsorientierung
Hurley/Hult (1998)	Innovationsorientierung wird als ein Teil der Unternehmenskultur betrachtet.	5 Indikatoren: 1. Bereitwillige Akzeptanz von technischen Innovationen 2. Aktives Suchen nach innovativen Ideen durch das Management 3. Bereitwillige Akzeptanz von Innovationen im Projektmanagement 4. Sanktionieren von Mitarbeitern bei misslungenen Innovationen (revers kodiert) 5. Auffassung von Innovationen als Risiko (revers kodiert)	• Keine theoretische Fundierung • Messung von Verhalten und Einstellungen der Organisationsmitglieder in einer Skala

Autor(en) (Jahr)	Konzeptualisierung von Innovationsorientierung	Operationalisierung von Innovationsorientierung	Zentrale Kritikpunkte
Chandler/Keller/Lyon (2000)	Keine explizite Konzeptualisierung von Innovationsorientierung.	10 Indikatoren, u. a.: Anerkennung von Mitarbeitern, die 1. die Produktqualität verbessern 2. eine Idee für ein neues Produkt entwickeln 3. eine Idee zur Kostenreduktion hervorbringen	▪ Keine theoretische Fundierung ▪ Keine Konzeptualisierung von Innovationsorientierung ▪ Keine Berücksichtigung strategischer Aspekte
Calantone/Cavusgil/Zhao (2002)	Innovationsorientierung besteht aus dem Verhalten bezüglich Innovationen und der Bereitschaft zur Veränderung.	6 Indikatoren: 1. Regelmäßiger Test neuer Ideen 2. Suche nach neuen Möglichkeiten 3. Kreativität bei Prozessen 4. Pionier auf Märkten 5. Auffassung von Innovationen als Risiko (revers kodiert) 6. Vermehrte Einführung neuer Produkte innerhalb der letzten fünf Jahre	▪ Keine theoretische Fundierung ▪ Messung von Verhalten und Einstellungen der Organisationsmitglieder in einer Skala
Homburg/Hoyer/Fassnacht (2002)	Innovationsorientierung setzt sich zusammen aus der Anzahl, Breite und Hervorhebung von Innovationen.	3 Indikatoren: 1. Anzahl der durch das Unternehmen angebotenen Innovationen 2. Anzahl an Kunden, denen diese Innovationen angeboten werden 3. Hervorhebung der Innovationen gegenüber den Kunden	▪ Keine theoretische Fundierung ▪ Keine empirische Überprüfung der Aussagen in Bezug auf die Innovationsorientierung ▪ Keine Berücksichtigung der Mitarbeiter
Worren/Moore/Cardona (2002)	Innovationsorientierung setzt sich zusammen aus Unternehmergeist und Innovationsklima.	6 Indikatoren: 1. Existenz eines Plans zur Erschließung neuer Märkte 2. Existenz eines Plans zur Entwicklung neuer Technologien 3. Existenz eines Plans zur Neugestaltung der Produktentwicklungsprozesse 4. Ermutigung der Mitarbeiter zur kreativen Lösung von Problemen 5. Bereitwillige Akzeptanz von Veränderungen 6. Gemeinsame Zukunftsvision	▪ Keine theoretische Fundierung ▪ Indikatoren zur Dimension Unternehmergeist messen nicht das tatsächliche Verhalten des Managements, sondern nur die Existenz von entsprechenden Plänen ▪ Messung von Verhalten und Einstellungen der Organisationsmitglieder in einer Skala

Tabelle 6: Ansätze zur Messung von Innovationsorientierung

Quelle: Eigene Darstellung.

Die wohl bekannteste und am häufigsten verwendete[305] Skala stammt von HURLEY und HULT. Darin wird Innovationsorientierung als ein Teil der Unternehmenskultur dargestellt[306] und anhand folgender fünf Indikatoren operationalisiert:[307]

"1. Technical innovation, based on research results, is readily accepted.

2. Management actively seeks innovative ideas.

3. Innovation is readily accepted in program/project management.

4. People are penalized for new ideas that don't work.

5. Innovation in XYZ is perceived as too risky and is resisted."

Auch diese Skala umfasst sowohl die Einstellungen der Unternehmensakteure gegenüber Innovationen (Indikator 1, 3 und 5) als auch ihr Verhalten in Bezug auf Innovationen (Indikator 2 und 4). Wie bei SCOTT und BRUCE wird diese Skala weder theoretisch fundiert noch hergeleitet.

Die Operationalisierung von Innovationsorientierung erfolgt bei CHANDLER, KELLER und LYON anhand von 10 Indikatoren, bei denen Mitarbeiter jeweils beurteilen, ob ihr innovatives Verhalten vom Management befürwortet wird oder nicht.[308] Die Skala von CALANTONE, CAVUSGIL und ZHAO bezieht sich hingegen auf das Verhalten der Unternehmensakteure gegenüber Innovationen und die Bereitschaft zur Veränderung und misst Innovationsorientierung anhand von sechs Indikatoren.[309] Beiden Ansätzen mangelt es jedoch an Theoriebezug, zudem berücksichtigt die Skala von CHANDLER, KELLER und LYON keine strategischen Aspekte wie z. B. das Anstreben einer Pionierposition im Markt.

HOMBURG, HOYER und FASSNACHT entwickeln in ihrem konzeptionellen Beitrag

---

[305] Die Skala wurde bspw. von Menguc/Auh (2006); Olson/Slater/Hult (2005); Tajeddini/True-man/Larsen (2006); Vásquez/Santos/Álvarez (2001) verwendet. Vgl. Tabelle 7 in Abschnitt 2.4.2.

[306] Vlg. Hurley/Hult (1998), S. 44.

[307] Hurley/Hult (1998), S. 49. Die letzten beiden Indikatoren sind revers kodiert, d. h. Manager innovationsorientierter Unternehmen stimmen den Aussagen eher nicht zu.

[308] Vgl. hier und im Folgenden Chandler/Keller/Lyon (2000), S. 61. Verhaltensweisen, die in dieser Skala abgefragt werden, sind u. a. die Verbesserung der Produktqualität, die Entwicklung einer neuen Produktidee, das Austesten neuer Prozesse oder das Hinterfragen von bisherigen Prozessen.

[309] Vgl. Calantone/Cavusgil/Zhao (2002), S. 517-520. Die Skala wurde zwar auf Basis von Hurt/Joseph/Cook (1977), Hollenstein (1996) und Hurt/Teigen (1977) entwickelt, jedoch in die Literaturtabelle aufgenommen, weil sie umfassender als die drei ursprünglichen Quellen ist.

eine dreidimensionale Skala für Serviceorientierung.[310] Diesen Ansatz übertragen sie auf das Konstrukt Innovationsorientierung und postulieren, dass Innovationsorientierung anhand der folgenden drei Indikatoren gemessen werden kann: Anzahl der angebotenen Innovationen, Anzahl der Kunden, denen diese Innovationen angeboten werden, und Hervorhebung der Innovationen gegenüber den Kunden.[311] Die Skala für Innovationsorientierung wird jedoch nicht empirisch überprüft, zudem wird das Verhalten der Mitarbeiter vernachlässigt.

Nach WORREN, MOORE und CARDONA setzt sich Innovationsorientierung aus den zwei Konstrukten Unternehmergeist und Innovationsklima zusammen, die jeweils anhand von drei Indikatoren gemessen werden.[312] Diese Skala berücksichtigt die Unternehmenskultur und -akteure und bietet somit grundsätzlich einen recht umfassenden Ansatz zur Messung von Innovationsorientierung. Jedoch beziehen sich die Indikatoren zur Messung von Unternehmergeist nur auf die Existenz von Businessplänen, die nicht unbedingt das tatsächliche Verhalten des Managements und der Mitarbeiter widerspiegeln.

Die vorangegangenen Ausführungen zeigen, dass es in der Literatur keinen einheitlichen Ansatz zur Messung der Innovationsorientierung von Unternehmen gibt. Je nach Schwerpunktsetzung wird die Messung des Konstrukts unterschiedlich gehandhabt. Zudem mangelt es allen Skalen an einer theoretischen Fundierung und Herleitung, wodurch deren Allgemeingültigkeit eingeschränkt ist. Eine Skala, die Innovationsorientierung ausschließlich über das Verhalten der Organisationsmitglieder operationalisiert, ist in der Literatur nicht vorhanden. Diese ist jedoch von Vorteil, da – im Gegensatz zur Einstellungsmessung – konkrete Handlungsempfehlungen für die Praxis abgeleitet werden können. Eine systematische Identifikation der Forschungslücken erfolgt in Abschnitt 2.4.3 mit Hilfe einer zusammenfassenden Tabelle.

Nachdem bisherige Ansätze zur Messung von Innovationsorientierung bereits vorgestellt wurden, sollen im folgenden Abschnitt 2.4.2 Studien vorgestellt werden, in denen Determinanten und Erfolgswirkungen von Innovationsorientierung sowie die Wirkung moderierender Faktoren auf diese Beziehungen untersucht werden.

---

[310]   Vgl. Homburg/Hoyer/Fassnacht (2002), S. 88 f.
[311]   Vgl. Homburg/Hoyer/Fassnacht (2002), S. 96.
[312]   Vgl. Worren/Moore/Cardona (2002), S. 1125-1131.

2.4.2 Studien zu Determinanten und Erfolgswirkungen von Innovationsorientierung

In diesem Abschnitt wird ein Überblick über zentrale Studien zu Determinanten und Erfolgswirkungen von Innovationsorientierung gegeben. In diesem Zusammenhang werden auch untersuchte moderierende Effekte diskutiert.[313] Ziel ist es, den bisherigen Forschungsstand detailliert aufzuarbeiten sowie existierende Forschungsdefizite aufzuzeigen. Die Analyse der Literatur zur Innovationsorientierung erfasst neben Autor(en) und Jahr der Veröffentlichung die Kriterien Untersuchungsgegenstand, Theoriebezug, verwendeter Ansatz zur Messung von Innovationsorientierung, untersuchte Determinanten, Erfolgswirkungen[314] und moderierende Faktoren. Weiterhin werden Stichprobe, Methodik und zentrale Befunde aufgeführt. Die im Folgenden betrachteten und in Tabelle 7 dargestellten 26 Studien[315] lassen sich vor dem Hintergrund der Forschungsziele dieser Arbeit in drei Kategorien einteilen. Studien der ersten Kategorie umfassen ausschließlich Determinanten der Innovationsorientierung, während sich Beiträge der zweiten Kategorie den Erfolgswirkungen der Innovationsorientierung widmen. Die Arbeiten der dritten Kategorie untersuchen schließlich sowohl Determinanten als auch Erfolgswirkungen von Innovationsorientierung. Innerhalb der Kategorien sind die Studien chronologisch sortiert, so dass sich die Entwicklung der Forschungsschwerpunkte im zeitlichen Ablauf nachvollziehen lässt.[316]

---

[313] Da die moderierenden Effekte immer im Zusammenhang mit Determinanten oder Erfolgswirkungen stehen, werden sie nicht in einem separaten Abschnitt aufgeführt, sondern in diesen Abschnitt integriert.

[314] Aus theoretisch-konzeptioneller Sicht ist es als gerechtfertigt anzusehen, dass im Rahmen der Erfolgswirkungen sowohl direkte als auch indirekte Erfolgswirkungen betrachtet werden (vgl. Abschnitt 3.3). Somit sind in der Spalte „Erfolgswirkungen" in Tabelle 7 nicht nur Konstrukte aufgeführt, auf die Innovationsorientierung direkt wirkt, sondern auch Konstrukte, die von Innovationsorientierung indirekt beeinflusst werden. Die Spalte „Zentrale Befunde" gibt Aufschluss über die Wirkungsbeziehungen zwischen den Konstrukten.

[315] Aufgeführt sind – wie in Abschnitt 2.4.1 – relevante Studien aus Zeitschriften, die vom Verband der Hochschullehrer für Betriebswirtschaft e. V. in den Teilrankings ABWL, Internationales Management, Marketing oder Technologie- und Innovationsmanagement als A- oder B-Zeitschriften gelistet wurden (JOURQUAL 1). Zudem wurden Studien aus Zeitschriften ausgewählt, die im Teilbereich Marketing oder Technologie- und Innovationsmanagement als C-Zeitschriften geführt waren, jedoch für diese Untersuchung als sehr relevant einzuordnen sind. Weiterhin wurden nur ab dem Jahr 1990 publizierte Studien berücksichtigt. Bei der Auswahl der Studien wurde versucht, sämtliche zentralen Beiträge zu berücksichtigen. Aufgrund der Vielzahl an Studien und der teilweise unpräzisen Verwendung des Begriffs Innovationsorientierung (vgl. Abschnitt 2.1.2) wird hierbei jedoch kein Anspruch auf Vollständigkeit erhoben.

[316] Wie bereits erwähnt, dient die Tabelle einem Überblick über die relevante Literatur. Im Rahmen der Ableitung der Forschungshypothesen in Kapitel 3 wird auf diese Arbeiten je nach Fragestellung wieder zurückgegriffen.

Autor(en) (Jahr)	Untersuchungsgegenstand	Theorie	Messung von Innovationsorientierung	Untersuchte Determinanten	Untersuchte Erfolgswirkungen	Untersuchte Moderatoren	Stichprobe	Methodik	Zentrale Befunde
Kategorie 1: Determinanten der Innovationsorientierung									
Özsomer/ Calantone/ Di Benedetto (1997)	Determinanten der Innovationsorientierung	-	Miller/Friesen (1983)	▪ Strategie ▪ Organisationsstruktur	-	-	142 Marketingleiter und F&E-Leiter US-amerikanischer Unternehmen	Strukturgleichungsanalyse	▪ Eine aggressive Strategie und flexible Strukturen erhöhen die Innovationsorientierung eines Unternehmens
Auh/Menguc (2005)	Zusammenhang zwischen Managementheterogenität, Innovationsorientierung und interfunktionaler Koordination	-	Hurley/Hult (1998)	Managementheterogenität	-	Interfunktionale Koordination	242 Führungskräfte kanadischer Unternehmen	Regressionsanalyse	▪ Ein Top-Management aus unterschiedlichen Funktionsbereichen wirkt sich negativ auf Innovationsorientierung aus (negativer moderierender Effekt von interfunktionaler Koordination) ▪ Unterschiedliche Erfahrungs- und Bildungsniveaus im Top-Management wirken sich nur bei hoher interfunktionaler Koordination positiv auf Innovationsorientierung aus
Kategorie 2: Erfolgswirkungen der Innovationsorientierung									
Deshpandé/ Farley/ Webster (1993)	Wirkung von Unternehmenskultur, Kundenorientierung und Innovationsorientierung auf den Unternehmenserfolg	Kognitive Organisationstheorie	Capon/Farley/ Hulbert (1988)	-	Unternehmenserfolg	-	Je zwei Marketingmanager und zwei Kunden den 50 japanischer Unternehmen	Diskriminanzanalyse	▪ Innovationsorientierung wirkt sich positiv auf den Unternehmenserfolg aus

Autor(en) (Jahr)	Untersuchungsgegenstand	Theorie	Messung von Innovationsorientierung	Untersuchte Determinanten	Untersuchte Erfolgswirkungen	Untersuchte Moderatoren	Stichprobe	Methodik	Zentrale Befunde
Deshpandé/ Farley/ Webster (2000); Deshpandé/ Farley (2004)	Wirkung von Kulturtypen, Marktorientierung, Innovationsorientierung und Unternehmensklima auf den Unternehmenserfolg	-	Capon et al. (1992)	-	Unternehmenserfolg	-	Je zwei Marketingmanager und zwei Kunden von 148 Unternehmen aus fünf verschiedenen Ländern	(Multivariate) Varianzanalyse (MANOVA), Regressionsanalyse	▪ Positive Wirkung von Innovationsorientierung auf den Unternehmenserfolg, insbesondere in industrialisierten Ländern
Hult/ Ketchen (2001)	Wirkung des Positionierungsvorteils auf den Unternehmenserfolg	Ressourcenbasierter Ansatz	Hurley/Hult (1998)	-	Unternehmenserfolg	-	181 Führungskräfte internationaler Unternehmen	Strukturgleichungsanalyse	▪ Das Konstrukt Positionierungsvorteil besteht aus Innovationsorientierung, Lernorientierung, Marktorientierung und Entrepreneur-Orientierung ▪ Der Positionierungsvorteil (und damit die Innovationsorientierung) übt einen positiven Einfluss auf den Unternehmenserfolg aus
Calantone/ Garcia/ Dröge (2003)	Einfluss von Umweltdynamik auf die strategische Neuproduktplanung	Situativer Ansatz	In Anlehnung an Hurley/ Hult (1998)	-	▪ Innovationsgeschwindigkeit ▪ Strategische Planung ▪ Innovationserfolg	▪ Marktdynamik ▪ Technologische Dynamik	453 Manager US-amerikanischer Unternehmen	Strukturgleichungsanalyse	▪ Innovationsorientierung wirkt sich positiv (über die Mediatoren Innovationsgeschwindigkeit und Strategische Planung) auf den Innovationserfolg aus ▪ Wirkung von Innovationsorientierung auf Strategische Planung wird verstärkt durch hohe Umweltdynamik
Berthon/ Hulbert/Pitt (2004)	Wirkung verschiedener Orientierungstypen auf den Unternehmenserfolg	-	Eigene Skala	-	Unternehmenserfolg	Umweltdynamik	124 Führungskräfte internationaler Unternehmen (82 % USA)	Regressionsanalyse	▪ Positiver Einfluss von Innovationsorientierung auf den Unternehmenserfolg (nur bei hoher Umweltdynamik)

Autor(en) (Jahr)	Untersuchungsgegenstand	Theorie	Messung von Innovationsorientierung	Untersuchte Determinanten	Untersuchte Erfolgswirkungen	Untersuchte Moderatoren	Stichprobe	Methodik	Zentrale Befunde
Narver/ Slater/ MacLachlan (2004)	Wirkung von Marktorientierung und Innovationsorientierung auf den Innovationserfolg	-	In Anlehnung an Capon et al. (1992)	-	Innovationserfolg	-	Je drei Führungskräfte aus 41 US-amerikanischen Unternehmen	Regressionsanalyse	• Innovationsorientierung wirkt sich positiv auf den Innovationserfolg aus, jedoch ist dieser Zusammenhang nicht mehr signifikant, wenn proaktive Marktorientierung als weitere Determinante hinzugefügt wird
Luo/ Sivakumar/ Liu (2005)	Zusammenhang zwischen Orientierungstypen, Globalisierung und Unternehmenserfolg	Ressourcenbasierter Ansatz	Hurley/Hult (1998)	-	Unternehmenserfolg	Globalisierungsaktivitäten	233 Führungskräfte chinesischer Unternehmen	Regressionsanalyse	• Innovationsorientierung hat eine positive Wirkung auf den Unternehmenserfolg (Effekt wird verstärkt durch internationale Vermarktung von Produkten und abgeschwächt durch Zusammenarbeit mit globalen Partnern)
Olson/ Slater/Hult (2005)	Erfolgswirkungen eines „Fits" zwischen Strategie, Struktur und Unternehmenskultur	Situativer Ansatz	Hurley/Hult (1998)	-	Unternehmenserfolg	Strategietyp	228 Marketingleiter US-amerikanischer Unternehmen	Regressionsanalyse	• Innovationsorientierung wirkt positiv auf den Unternehmenserfolg beim Strategietyp „Prospector", negativ bei den Strategietypen „Analyzer" und „Low-Cost Defender"
Menguc/Auh (2006)	Zusammenhang zwischen Marktorientierung, Innovationsorientierung und Unternehmenserfolg	Ressourcenbasierter Ansatz	Hurley/Hult (1998)	-	Unternehmenserfolg	-	242 Führungskräfte australischer Unternehmen	Regressionsanalyse	• Kein direkter Einfluss von Innovationsorientierung auf den Unternehmenserfolg • Innovationsorientierung verstärkt jedoch als Moderator die Beziehung zwischen Marktorientierung und Unternehmenserfolg

Autor(en) (Jahr)	Untersuchungsgegenstand	Theorie	Messung von Innovationsorientierung	Untersuchte Determinanten	Untersuchte Erfolgswirkungen	Untersuchte Moderatoren	Stichprobe	Methodik	Zentrale Befunde
Kategorie 3: Determinanten und Erfolgswirkungen der Innovationsorientierung									
Manu (1992)	Beziehung zwischen Innovationsorientierung, Umwelt und Unternehmenserfolg	Situativer Ansatz	Eigene Skala	• Umweltfaktoren	Unternehmenserfolg	-	250 US-amerikanische und 123 europäische Unternehmen aus der PIMS-Datenbank	t-Test	• 4 Innovationsorientierungscluster: Produktinnovatoren, Prozessinnovatoren, späte Folger, Pioniere • Keine Zusammenhänge zwischen Umwelt und Innovationsorientierungstypen • Pioniere weisen einen höheren Unternehmenserfolg auf als späte Folger
Scott/Bruce (1994)	Determinanten der Innovationsorientierung und Wirkung von Innovationsorientierung auf das innovative Verhalten von Mitarbeitern	Leader-Member-Exchange-Theorie, Pygmalion-Effekt	Eigene Skala	• Beziehung zum Vorgesetzten • Erwartungen des Vorgesetzten • Beziehung zu Kollegen • Art der Problembewältigung	Innovatives Verhalten	Art der Tätigkeit (Facharbeiter vs. Ingenieure / Forscher)	172 F&E-Mitarbeiter eines US-amerikanischen Unternehmens	Strukturgleichungsanalyse	• Eine gute Beziehung zum Vorgesetzten wirkt sich aus Mitarbeitersicht positiv auf die Innovationsorientierung aus • Innovationsorientierung wirkt positiv auf das innovative Verhalten (Moderator ohne Einfluss)
Manu/ Sriram (1996)	Beziehung zwischen Innovationsorientierung, Marketingstrategie, Umwelt und Unternehmenserfolg	-	Manu (1991)	• Umweltfaktoren	Unternehmenserfolg	-	350 zufällig ausgewählte Unternehmen aus der PIMS-Datenbank		• 4 Innovationsorientierungscluster: Produktinnovatoren, Prozessinnovatoren, späte Folger, Pioniere • Innovationscluster weisen unterschiedliche Marketingstrategien auf und agieren auf unterschiedlichen Märkten • Pioniere weisen einen höheren Unternehmenserfolg auf als späte Folger

Autor(en) (Jahr)	Unter-suchungs-gegenstand	Theo-rie	Messung von Innovations-orientierung	Untersuchte Determinanten	Untersuchte Erfolgs-wirkungen	Untersuchte Modera-toren	Stichprobe	Metho-dik	Zentrale Befunde
Han/Kim/Srivastava (1998)	Beziehung zwischen Markt-orientierung, Innovations-orientierung und Unter-nehmenserfolg	-	Eigene Skala	Markt-orientierung	Unterneh-menserfolg	▪ Markt-dynamik ▪ Technolo-gische Dynamik	134 Marke-tingmanager US-amerika-nischer Banken	Mehrstu-fige Regres-sions-analyse	▪ Kundenorientierung beein-flusst Innovationsorientie-rung positiv (Wirkung wird verstärkt durch hohe techno-logische Dynamik) ▪ Wettbewerbsorientierung und Interfunktionale Koordi-nation haben ausschließlich bei hoher Umweltdynamik einen positiven Einfluss auf Innovationsorientierung ▪ Innovationsorientierung beeinflusst Unternehmens-erfolg positiv
Hurley/Hult (1998)	Wirkung kul-tureller Cha-rakteristika auf die Inno-vationsorien-tierung und die Innovati-onsleistung	-	Eigene Skala	▪ Partizipative Entschei-dungsfindung ▪ Teamwork ▪ Unterstützung und Zusam-menarbeit ▪ Personal-entwicklung	Innovations-leistung	-	9648 Mitar-beiter aus 56 Arbeitsgrup-pen eines US-amerika-nischen Forschungs-instituts	Regres-sions-analyse	▪ Partizipative Entscheidungs-findung und Personal-entwicklung steigern Innova-tionsorientierung ▪ Positive Wirkung von Innovationsorientierung auf Innovationsleistung
Chandler/Keller/Lyon (2000)	Analyse der Determinanten und Erfolgs-wirkungen von Innovati-onsorientie-rung	-	Eigene Skala	▪ Unterstützung durch das Management ▪ Anreizsystem ▪ Arbeits-überlastung ▪ Management- und Personal-management-methoden ▪ Wettbewerbs-intensität und Verfügbarkeit von Ressourcen	Unterneh-menserfolg	Umwelt-dynamik	429 Mitar-beiter aus 23 kleinen und mittelständi-schen US-amerikani-schen Un-ternehmen	Regres-sions-analyse, t-Test	▪ Positive Wirkung von Un-terstützung durch das Mana-gement und Anreizsystem, negative Wirkung von Arbeitsüberlastung auf Innovationsorientierung ▪ Innovationsorientierte Unter-nehmen haben weniger formalisierte Personalmana-gementmethoden, weniger Ressourcen, niedrigere Wettbewerbsintensität ▪ Beziehung zwischen Innova-tionsorientierung und Unter-nehmenserfolg nur positiv unter hoher Umweltdynamik

Autor(en) (Jahr)	Untersuchungsgegenstand	Theorie	Messung von Innovationsorientierung	Untersuchte Determinanten	Untersuchte Erfolgswirkungen	Untersuchte Moderatoren	Stichprobe	Methodik	Zentrale Befunde
Vázquez/ Santos/ Álvarez (2001)	Einfluss von Marktorientierung und Innovationsorientierung auf den Innovationsoutput und Unternehmenserfolg	-	Hurley/Hult (1998)	Marktorientierung	▪ Innovationsquote ▪ Innovationsgrad ▪ Unternehmenserfolg	-	174 Führungskräfte spanischer Unternehmen aus vier verschiedenen Branchen	Strukturgleichungsanalyse	▪ Positive Wirkung von Marktorientierung auf Innovationsorientierung ▪ Positive Wirkung von Innovationsorientierung auf den Unternehmenserfolg über die Mediatoren Innovationsquote und Innovationsgrad
Calantone/ Cavusgil/ Zhao (2002)	Einfluss von Lernorientierung auf Innovationsorientierung und Unternehmenserfolg	-	Eigene Skala	Lernorientierung	Unternehmenserfolg	Unternehmensalter	187 F&E-Vorstände US-amerikanischer Unternehmen	Strukturgleichungsanalyse	▪ Lernorientierung beeinflusst Innovationsorientierung positiv (Effekt wird verstärkt durch Unternehmensalter) ▪ Innovationsorientierung beeinflusst Unternehmenserfolg positiv
Agarwal/ Erramilli/ Dev (2003)	Beziehung zwischen Marktorientierung, Innovationsorientierung und Unternehmenserfolg	-	Han/Kim/ Srivastava (1998)	Marktorientierung	Unternehmenserfolg	-	201 Hotelmanager aus verschiedenen Ländern	Regressionsanalyse	▪ Innovationsorientierung als Mediator zwischen Marktorientierung und Unternehmenserfolg
Hult/Hurley/ Knight (2004)	Determinanten und Erfolgswirkungen von Innovationsorientierung	Ressourcenbasierter Ansatz	Hurley/Hult (1998)	▪ Marktorientierung ▪ Lernorientierung ▪ Entrepreneur-Orientierung	Unternehmenserfolg	Marktdynamik	181 Marketingmanager	Strukturgleichungsanalyse	▪ Positive Wirkung von Marktorientierung (nur bei hoher Marktdynamik), Lernorientierung und Entrepreneur-Orientierung auf Innovationsorientierung ▪ Positive Wirkung von Innovationsorientierung auf den Unternehmenserfolg

Autor(en) (Jahr)	Untersuchungs-gegenstand	Theorie	Messung von Innovations-orientierung	Untersuchte Determinanten	Untersuchte Erfolgs-wirkungen	Untersuchte Modera-toren	Stichprobe	Methodik	Zentrale Befunde
Zhou et al. (2005)	Determinanten und Erfolgswirkungen von Marktorientierung und Innovationsorientierung	-	In Anlehnung an Hurley/Hult (1998)	▪ Partizipative Unternehmenskultur ▪ Einstellung der Führungskräfte zu Veränderungen	▪ Mitarbeiterzufriedenheit ▪ Mitarbeitercommitment ▪ Vertrauen der Mitarbeiter in die Zukunft	Charisma der Führungskräfte	2754 Mitarbeiter aus 180 chinesischen Unternehmen		▪ Eine partizipative Unternehmenskultur und eine positive Einstellung der Führungskräfte zu Veränderungen führt zu hoher Innovationsorientierung ▪ Positive Wirkung von Innovationsorientierung auf Mitarbeiterzufriedenheit (Effekt wird verstärkt durch hohes Charisma der Führungskräfte), Mitarbeitercommitment und Vertrauen der Mitarbeiter in die Zukunft
Matsuo (2006)	Beziehung zwischen Kundenorientierung, Konflikten, Innovationsorientierung und Unternehmenserfolg	-	In Anlehnung an Scott/Bruce (1994)	▪ Aufgabenkonflikte ▪ Beziehungskonflikte ▪ Prozesskonflikte	▪ Unternehmenserfolg	-	193 Vertriebsleiter chinesischer mittelständischer und großer Unternehmen	Struktur-glei-chungs-analyse	▪ Aufgabenkonflikte steigern die Innovationsorientierung, Beziehungs- und Prozesskonflikte verringern die Innovationsorientierung ▪ Innovationsorientierung hat eine positive Wirkung auf den Unternehmenserfolg
Tajeddini/ Trueman/ Larsen (2006)	Einfluss von Marktorientierung auf Innovationsorientierung	-	Hurley/Hult (1998)	▪ Markt-orientierung	▪ Unternehmenserfolg	-	358 Marketingleiter schweizerischer Unternehmen aus der Uhrenbranche	Regres-sions-analyse	▪ Positiver Einfluss von Marktorientierung auf Innovationsorientierung ▪ Positiver Einfluss von Innovationsorientierung auf den Unternehmenserfolg
Theoharakis/ Hooley (2008)	Kundenorientierung und Innovationsorientierung in West- und Osteuropa	-	West (1987)	▪ Kunden-orientierung	▪ Servicequalität ▪ Produktdifferenzierung ▪ Unternehmenserfolg	-	1818 Marketingleiter britischer, slowenischer und ungarischer Unternehmen	Struktur-glei-chungs-analyse	▪ Positive Wirkung von Kundenorientierung auf Innovationsorientierung ▪ Positive Wirkung von Innovationsorientierung auf den Unternehmenserfolg (direkt und indirekt über die Mediatoren Servicequalität und Produktdifferenzierung)

Tabelle 7: Literaturüberblick über zentrale Forschungsbeiträge zu Determinanten und Erfolgswirkungen von Innovationsorientierung

Quelle: Eigene Darstellung.

Vergleicht man die Anzahl der Studien in den drei Kategorien, so lässt sich feststellen, dass der Schwerpunkt bisheriger Publikationen auf Studien der zweiten und dritten Kategorie liegt. Nur zwei Studien betrachten ausschließlich Determinanten von Innovationsorientierung, was darauf hindeutet, dass den Erfolgswirkungen eine größere Bedeutung beigemessen wird, zumal das primäre Ziel eines jeden Unternehmens im finanziellen Erfolg liegt.[317] Von den verbleibenden Studien sind zehn Studien ausschließlich den Erfolgswirkungen gewidmet, während 14 Studien sowohl Determinanten als auch Erfolgswirkungen betrachten. Da Innovationsorientierung als eine Verhaltensdimension der Unternehmenskultur[318] nicht direkt messbar ist, zielen die meisten Studien darauf ab, neben den Erfolgswirkungen auch steuerbare Einflussgrößen der Innovationsorientierung zu identifizieren. Auch die vorliegende Untersuchung betrachtet beide Bereiche und lässt sich somit der dritten Kategorie zuordnen, wobei jedoch der Fokus auf den Erfolgswirkungen liegt.

Im Vergleich zu anderen Forschungsbereichen wie z. B. Determinanten der Kundenbindung[319] gibt es verhältnismäßig wenige Studien zu den **Determinanten von Innovationsorientierung**.[320] In der ersten und dritten Kategorie des Literaturüberblicks sind insgesamt 14 Studien zu finden. So untersuchen MANU sowie MANU und SRIRAM zunächst nur die Wirkung von Umweltfaktoren auf die Innovationsorientierung anhand einer Analyse von Daten aus der PIMS-Datenbank.[321] Da Umweltfaktoren aus Unternehmenssicht jedoch nur durch einen Wechsel des Marktes veränderbar sind, lassen sich aus den Befunden keine konkreten Handlungsempfehlungen ableiten. In den weiteren Studien werden schwerpunktmäßig zwei Bereiche von Determinanten erforscht, zum einen der Einfluss von Variablen des Personalmanagements und zum anderen der Einfluss von Marktorientierung auf die Innovationsorientierung. Diese Studien und ihre Ergebnisse werden im Folgenden diskutiert.

Sechs Studien betrachten Determinanten aus dem Bereich Personal bzw. *Personalmanagement*. Die untersuchten Variablen sind jedoch sehr heterogen und wirken sich nur zum Teil positiv auf die Innovationsorientierung eines Unternehmens aus. SCOTT und BRUCE stellen fest, dass eine gute Beziehung zum Vorgesetzten die Innovations-

---

[317]   Vgl. z. B. Olson/Slater/Hult (2005), S. 49 f.
[318]   Vgl. Abschnitt 2.2.1.3.
[319]   Zur Kundenbindung vgl. z. B. Krafft (2007); Peter (1999); Reinartz/Krafft/Hoyer (2004).
[320]   Vgl. Hult/Hurley/Knight (2004).
[321]   Vgl. Manu (1992); Manu/Sriram (1996).

orientierung von Mitarbeitern fördert.[322] Die Qualität der Beziehung eines Mitarbeiters zu Kollegen hat jedoch keine Wirkung. In einer sehr umfangreichen empirischen Studie untersuchen HURLEY und HULT die Determinanten „partizipative Entscheidungsfindung", „Teamwork", „Unterstützung und Zusammenarbeit" und „Personalentwicklung", von denen nur erstere und letztere eine signifikant positive Wirkung zeigen.[323] Im Gegensatz dazu zeigen CHANDLER, KELLER und LYON, dass sich eine Unterstützung der Mitarbeiter durch das Management und Anreizsysteme positiv, Arbeitsüberlastung jedoch negativ auf die Innovationsorientierung auswirken.[324] Personalmanagementmethoden bleiben ohne Einfluss. AUH und MENGUC untersuchen die Wirkung eines heterogenen Top-Managements,[325] ZHOU et al. die Wirkung einer partizipativen Unternehmenskultur und die Einstellung des Managements zu Veränderungen.[326] Letztere kommen in Übereinstimmung mit HURLEY und HULT zu dem Ergebnis, dass eine partizipative Unternehmenskultur ebenso wie eine positive Einstellung der Führungskräfte zu Veränderungen zu einer stark ausgeprägten Innovationsorientierung führen. MATSUO untersucht den Einfluss von Konflikten auf die Innovationsorientierung eines Unternehmens.[327] Dabei zeigt sich, dass Aufgabenkonflikte die Innovationsorientierung steigern, während Beziehungs- und Prozesskonflikte die Innovationsorientierung verringern.

Wie bereits erwähnt, beschäftigt sich eine weitere Gruppe von sechs Studien mit der Determinante *Marktorientierung*. HAN, KIM und SRIVASTAVA sind die ersten Autoren, die in einer empirischen Studie die Rolle von Innovationsorientierung als Mediator zwischen Marktorientierung und Unternehmenserfolg untersuchen.[328] Dabei kommen die Autoren in Abhängigkeit der betrachteten Dimensionen von Marktorientierung zu differenzierten Ergebnissen: Die Dimension Kundenorientierung wirkt grundsätzlich positiv auf Innovationsorientierung, während die Dimensionen Wettbewerbsorientierung und interfunktionale Koordination nur unter hoher Marktdynamik oder technolo-

---

[322] Vgl. Scott/Bruce (1994), S. 597.
[323] Vgl. Hurley/Hult (1998).
[324] Vgl. Chandler/Keller/Lyon (2000).
[325] Dabei stellen sie fest, dass ein Top-Management aus unterschiedlichen Funktionsbereichen negativ auf die Innovationsorientierung eines Unternehmens wirkt. Unterschiedliche Erfahrungs- und Bildungsniveaus im Top-Management wirken sich hingegen positiv auf die Innovationsorientierung aus, jedoch nur unter hoher interfunktionaler Koordination. Vgl. Auh/Menguc (2005).
[326] Vgl. Zhou et al. (2005).
[327] Vgl. hier und im Folgenden Matsuo (2006).
[328] Vgl. hier und im Folgenden Han/Kim/Srivastava (1998).

gischer Dynamik einen positiven Einfluss auf die Innovationsorientierung ausüben. TAJEDDINI, TRUEMAN und LARSEN hingegen berichten eine positive Wirkung aller drei Dimensionen von Marktorientierung auf die Innovationsorientierung.[329] Die abweichenden Ergebnisse sind möglicherweise auf die unterschiedliche Messung von Innovationsorientierung oder die untersuchten Branchen zurückzuführen.[330] Der positive Effekt von Kundenorientierung auf Innovationsorientierung wird auch von THEOHARAKIS und HOOLEY belegt.[331] VÁZQUEZ, SANTOS und ÁLVAREZ sowie AGARWAL, ERRAMILLI und DEV untersuchen hingegen die einzelnen Dimensionen der Marktorientierung nicht differenziert und können daher lediglich eine positive Gesamtwirkung dieser Determinante berichten.[332] Eine positive Wirkung von Marktorientierung wird von HULT, HURLEY und KNIGHT jedoch ausschließlich unter hoher Marktdynamik nachgewiesen.[333]

Neben diesen zwei Bereichen von Determinanten wird von ÖZSOMER, CALANTONE und DI BENEDETTO der Einfluss der Strategie und Organisationsstruktur näher betrachtet.[334] Die Autoren kommen dabei zu dem Ergebnis, dass eine aggressive Strategie und flexible Strukturen die Innovationsorientierung erhöhen. CALANTONE, CAVUSGIL und ZHAO sowie HULT, HURLEY und KNIGHT untersuchen mit Lern- und Unternehmerorientierung die Wirkung anderer Dimensionen der Unternehmenskultur auf die Innovationsorientierung.[335] Dabei zeigt sich, dass auch diese Unternehmenskulturdimensionen eine positive Wirkung auf die Innovationsorientierung ausüben. Bei der Betrachtung der untersuchten Determinanten von Innovationsorientierung lässt sich als Zwischenfazit festhalten, dass in den aufgeführten Studien entweder die Wirkung der Marktorientierung oder ausgewählter Variablen des Personalmanagements erforscht werden, beide Bereiche jedoch in keinem der Beiträge simultan betrachtet werden.

In den 24 Studien der zweiten und dritten Kategorie werden zentrale **Erfolgswir-**

---

[329] Vgl. Tajeddini/Trueman/Larsen (2006).

[330] Tajeddini/Trueman/Larsen (2006) verwenden in ihrem Beitrag die Skala von Hurley/Hult (1998), bei der Innovationsorientierung als ein Teil der Unternehmenskultur betrachtet wird. Han/Kim/Srivastava (1998) verwenden hingehen eine eigene Skala, die sich auf die Outputgrößen der Innovationsorientierung beschränkt. Vgl. Abschnitt 2.4.1.

[331] Vgl. Theoharakis/Hooley (2008).

[332] Vgl. Agarwal/Erramilli/Dev (2003); Vázquez/Santos/Álvarez (2001).

[333] Vgl. Hult/Hurley/Knight (2004).

[334] Vgl. Özsomer/Calantone/Di Benedetto (1997).

[335] Vgl. Calantone/Cavusgil/Zhao (2002); Hult/Hurley/Knight (2004).

kungen der Innovationsorientierung untersucht. Dabei wird in der Mehrzahl der Studien ausschließlich die direkte Wirkung von Innovationsorientierung auf den Unternehmenserfolg betrachtet. Überwiegend wird eine signifikante positive Wirkungsbeziehung ermittelt,[336] jedoch hängt die positive Erfolgswirkung z. T. auch von moderierenden Faktoren ab. Im Beitrag von CHANDLER, KELLER und LYON ist die Beziehung zwischen Innovationsorientierung und Unternehmenserfolg nur unter hoher Umweltdynamik signifikant positiv.[337] Auch BERTHON, HULBERT und PITT kommen zu diesem Ergebnis.[338] In der Studie von OLSON, SLATER und HULT, die den Fit zwischen Strategie, Unternehmenskultur und Struktur untersucht, wirkt Innovationsorientierung beim Strategietyp „Prospector" positiv auf den Unternehmenserfolg und bei den Strategietypen „Analyzer" und „Low-Cost Defender" negativ.[339] Nur MENGUC und AUH widerlegen die direkte Erfolgswirkung von Innovationsorientierung, weisen aber nach, dass Innovationsorientierung als Moderator die positive Beziehung zwischen Marktorientierung und Unternehmenserfolg verstärkt.[340]

Zwei Beiträge zeigen, dass sich Innovationsorientierung indirekt über die Mediatoren Innovationsquote und Innovationsgrad[341] bzw. Servicequalität und Produktdifferenzierung[342] auf den Unternehmenserfolg auswirkt. Einzelne Studien untersuchen auch die Wirkung von Innovationsorientierung auf den Innovationsoutput[343] und auf Variablen, die sich auf das Personal eines Unternehmens beziehen[344]. Jedoch wird in

---

[336] Vgl. Agarwal/Erramilli/Dev (2003); Calantone/Cavusgil/Zhao (2002); Deshpandé/Farley/Webster (1993); Deshpandé/Farley/Webster (2000); Deshpandé/Farley (2004); Han/Kim/Srivastava (1998); Hult/Ketchen (2001); Hult/Hurley/Knight (2004); Luo/Sivakumar/Liu (2005); Matsuo (2006); Tajeddini/Trueman/Larsen (2006); Theoharakis/Hooley (2008).

[337] Vgl. Chandler/Keller/Lyon (2000).

[338] Vgl. Berthon/Hulbert/Pitt (2004).

[339] Vgl. Olson/Slater/Hult (2005).

[340] Vgl. Menguc/Auh (2006). Dass die Autoren trotz der Verwendung etablierter Skalen zu solch einem abweichenden Ergebnis kommen, könnte auf die Stichprobe zurückzuführen sein. Die Messung von Marktorientierung basiert auf der Skala von Narver/Slater (1990), die Messung von Innovationsorientierung auf der Skala von Hurley/Hult (1998) und die Messung von Unternehmenserfolg auf der Skala von Li/Atuahene-Gima (2001).

[341] Vgl. Vázquez/Santos/Álvarez (2001).

[342] Vgl. Theoharakis/Hooley (2008).

[343] Vgl. Scott/Bruce (1994), die in ihrer Studie die positive Wirkung von Innovationsorientierung auf das innovative Verhalten der Mitarbeiter nachweisen, und Hurley/Hult (1998), die den Einfluss von Innovationsorientierung auf die Innovationsleistung eines Unternehmens bestätigen.

[344] In dem Beitrag von Zhou et al. (2005) wird der Einfluss von Innovationsorientierung auf die Mitarbeiterzufriedenheit, das Mitarbeitercommitment und das Vertrauen der Mitarbeiter in die Zukunft des Unternehmens untersucht.

keiner Studie untersucht, welche Wirkung eine innovationsorientierte Unternehmenskultur auf den Innovationsprozess ausübt, dessen Gestaltung als ein wesentlicher Bestandteil des Innovationsmanagements anzusehen.[345] Besonders hervorzuheben ist zudem die Tatsache, dass nur in zwei der 24 Studien die Wirkung von Innovationsorientierung auf den Innovationserfolg untersucht wird. In der ersten Studie zeigen CALANTONE, GARCIA und DRÖGE, dass sich Innovationsorientierung positiv über die Mediatoren Innovationsgeschwindigkeit und strategische Planung auf den Innovationserfolg auswirkt.[346] In der zweiten Studie wird von NARVER, SLATER und MACLACHLAN der direkte Einfluss von Innovationsorientierung auf den Innovationserfolg gemessen.[347] Die Autoren belegen anhand einer Regressionsanalyse, dass sich Innovationsorientierung positiv auf den Innovationserfolg auswirkt, jedoch dieser Zusammenhang nicht mehr signifikant ist, wenn proaktive Marktorientierung als Erfolgsfaktor hinzugefügt wird.[348] Die äußerst geringe Anzahl an Studien und deren abweichende Ergebnisse belegen, dass der Zusammenhang zwischen Innovationsorientierung und Innovationserfolg noch nicht hinreichend untersucht wurde. Zudem ist Tabelle 7 zu entnehmen, dass Innovations- und Unternehmenserfolg bisher nicht simultan betrachtet wurden. Als Zwischenfazit in Bezug auf die Erfolgswirkungen ist festzuhalten, dass weder die direkte Wirkung der Innovationsorientierung auf den Innovationserfolg noch die indirekte Erfolgswirkung einer Innovationsorientierung über die Innovationsprozesse hinreichend untersucht wurden.

Zehn Studien beziehen auch **moderierende Effekte** in ihre Analyse der Determinanten und / oder Erfolgswirkungen einer Innovationsorientierung ein. Die Auswirkungen dieser Moderatoren wurden z. T. bereits in den bisherigen Ausführungen dargestellt und sind detailliert in Tabelle 7 aufgeführt. Im Bereich der endogenen moderierenden Faktoren wurden bisher Variablen wie das Alter[349], der Strategietyp[350] oder die Globalisierungsaktivitäten[351] des Unternehmens untersucht. Auch die moderierenden Effekte exogener Faktoren wie Marktdynamik[352] und technologische Dynamik[353]

---

[345] Vgl. Abschnitt 2.2.3.2.
[346] Vgl. Calantone/Garcia/Dröge (2003).
[347] Vgl. Narver/Slater/MacLachlan (2004).
[348] Vgl. Narver/Slater/MacLachlan (2004), S. 343.
[349] Vgl. Calantone/Cavusgil/Zhao (2002).
[350] Vgl. Olson/Slater/Hult (2005).
[351] Vgl. Luo/Sivakumar/Liu (2005).
[352] Vgl. Calantone/Garcia/Dröge (2003); Han/Kim/Srivastava (1998); Hult/Hurley/Knight (2004).

wurden bereits betrachtet. Jedoch lässt sich festhalten, dass keine der Studien prüft, inwiefern moderierende Faktoren zur Erklärung von unterschiedlich starken Beziehungen zwischen Innovationsorientierung und Innovationserfolg herangezogen werden können.[354] Bei der Betrachtung von Erfolgsaussagen sollten allerdings moderierende Effekte berücksichtigt werden, da nach dem situativen Ansatz der Erfolg eines Unternehmens davon abhängt, wie gut der „Fit" der organisationalen Variablen an den jeweiligen Kontext ist.[355]

Der Literaturüberblick zu Determinanten und Erfolgswirkungen von Innovationsorientierung verdeutlicht, dass sich zwar viele der Studien durch ein hohes Niveau der Methodik auszeichnen, aber häufig eine solide, theoretische Fundierung der Hypothesensysteme fehlt. Zudem konzentrieren sich die Studien auf die Analyse einzelner weniger Determinanten und Erfolgsvariablen. Insbesondere im Bereich mehrstufiger und moderierender Erfolgswirkungen sind substanzielle Forschungslücken zu identifizieren, da einige bedeutsame Zusammenhänge noch gar nicht oder nicht hinreichend untersucht wurden.

Nachdem in den letzten beiden Unterabschnitten die relevante Literatur ausführlich vorgestellt wurde und bereits Forschungslücken aufgedeckt wurden, folgt im nächsten Abschnitt 2.4.3 eine zusammenfassende Bewertung der bisherigen Forschung zur Innovationsorientierung.

2.4.3 Fazit der Bestandsaufnahme

Im Folgenden werden die Ergebnisse der Bestandsaufnahme jeweils in komprimierter Form zusammengefasst und daraus Forschungslücken abgeleitet, welche die vorliegende Untersuchung zu schließen versucht, indem die in Abschnitt 1.2 aufgezeigten Forschungsfragen beantwortet werden.

Tabelle 8 stellt im Überblick dar, inwiefern die in Abschnitt 2.4.1 vorgestellten **Ansätze zur Messung von Innovationsorientierung** die in Abschnitt 2.1.2 definierten

---

[353] Vgl. Calantone/Garcia/Dröge (2003); Han/Kim/Srivastava (1998).
[354] Calantone/Garcia/Dröge (2003) berücksichtigen zwar die Marktdynamik und die technologische Dynamik als Moderatoren, allerdings wird in ihrer Studie nicht die direkte Wirkung der Innovationsorientierung auf den Innovationserfolg untersucht.
[355] Vgl. Drazin/Van de Ven (1985), S. 514; Kieser (2002), S. 171; Kieser/Walgenbach (2003), S. 43-46; Zeithaml/Varadarajan/Zeithaml (1988), S. 39 f.

Anforderungen an die Bestandteile des Konstrukts berücksichtigen. In Hinblick auf die zu Grunde liegende Definition sollte eine geeignete Skala zur Innovationsorientierung ausschließlich das Verhalten der Mitarbeiter und des Managements messen, da Einstellungen nur bedingt messbar sind und sich im Verhalten widerspiegeln sollten. Die Messansätze von SCOTT und BRUCE, HURLEY und HULT sowie CALANTONE, CAVUSGIL und ZHAO erfüllen diese vier Kriterien zwar überwiegend, operationalisieren das Konstrukt Innovationsorientierung aber nicht vollständig auf Basis des Verhaltens der Organisationsmitglieder, wodurch z. T. Ansatzpunkte für praktisches Handeln fehlen.[356] Weiterhin mangelt es allen bisherigen Messansätzen an einer theoretischen Fundierung und Herleitung, die allerdings ein bedeutendes Kriterium bei der Beurteilung der Qualität einer Skala darstellt.

Autor(en)	Management	Mitarbeiter	Verhalten	Theoretische Fundierung
Capon et al. (1992)	X			
Manu (1992)	X			
Scott/Bruce (1994)	X	X	(X)	
Han/Kim/Srivastava (1998)				
Hurley/Hult (1998)	X	X	(X)	
Chandler/ Keller/Lyon (2000)		X	X	
Calantone/Cavusgil/Zhao (2002)	X	X	(X)	
Homburg/ Hoyer/ Fassnacht (2002)	X		(X)	
Worren/Moore/Cardona (2002)	X	X	(X)	
Eigene Untersuchung	**X**	**X**	**X**	**X**
Legende: X: Aspekt in der Skala berücksichtigt (X): Aspekt teilweise in der Skala berücksichtigt				

Tabelle 8:   Betrachtete Aspekte in Ansätzen zur Messung von Innovationsorientierung
Quelle: Eigene Darstellung.

Der Zielsetzung dieser Arbeit folgend (vgl. Abschnitt 1.2) stellt die Entwicklung eines umfassenden Ansatzes zur Messung von Innovationsorientierung, der die Defizite bestehender Arbeiten kompensiert, einen wichtigen Bestandteil dieser Untersuchung dar. Hierbei sollen sowohl die Aspekte der in Abschnitt 2.1.2 berücksichtigten Definition und der in Abschnitt 2.3 vorgestellten organisationstheoretischen Ansätze als auch methodische Gesichtspunkte zur Messung der Innovationsorientierung, nämlich die Operationalisierung als formatives Konstrukt zur Ableitung spezifischer Handlungs-

---

[356]   Vgl. Calantone/Cavusgil/Zhao (2002); Hurley/Hult (1998) sowie Tabelle 6 in Abschnitt 2.4.1.

empfehlungen, integriert werden.

Die zentralen **Studien zu den Determinanten und Erfolgswirkungen von Innovationsorientierung** aus Abschnitt 2.4.2 werden in der nachfolgenden Tabelle 9 noch einmal in komprimierter Form zusammengefasst. Dabei wird jeweils überprüft, ob die Beiträge die aus Sicht dieser Arbeit relevanten Wirkungsbeziehungen untersuchen.[357] Aus der Übersicht lässt sich schlussfolgern, dass zwar der Beitrag von Innovationsorientierung zum Unternehmenserfolg allgemein bestätigt wird, jedoch relativ wenig über die Erfolgsfaktoren einer Innovationsorientierung bekannt ist.[358] So wurden die beiden zentralen Bereiche von Determinanten, nämlich Personalmanagement und Marktorientierung, bisher zwar mehrfach untersucht, aber niemals simultan in einer Studie. Deshalb ist ein Teilziel dieser Arbeit, den Einfluss dieser beiden zentralen Bereiche von Determinanten auf die Innovationsorientierung zu bestimmen und zu vergleichen, um daraus Handlungsempfehlungen für die Praxis abzuleiten. Im Bereich des Personalmanagements sollen dabei auch erstmals die Effekte bisher noch nicht in der Literatur betrachteter Variablen wie z. B. Mitarbeiterzufriedenheit und Mitarbeiterheterogenität gemessen werden, um erste Hinweise auf deren relative Bedeutung zu erhalten. Obwohl sich die Forscher weitestgehend einig sind über die positive Wirkung von Marktorientierung auf Innovationsorientierung, wird diese Determinante dennoch aus folgenden Gründen untersucht: Zum einen dient die Untersuchung von Marktorientierung – wie bereits erwähnt – dem Vergleich mit Variablen aus dem Bereich Personalmanagement. Dieses Vorgehen ermöglicht, den singulären Einfluss dieser Variablen zuverlässiger zu beurteilen; damit nimmt die Marktorientierung auch den Charakter einer Kontrollvariable für die Innovationsorientierung ein. Zum anderen soll dadurch eine Vergleichbarkeit der Ergebnisse mit vorherigen Studien ermöglicht werden.

---

[357] Die Studie von Özsomer/Calantone/Di Benedetto (1997) ist in der Übersichtstabelle 9 nicht aufgeführt, da dort ausschließlich der Einfluss von Strategie und Organisationsstruktur auf die Innovationsorientierung untersucht wird. Somit werden keine für diese Arbeit relevanten Determinanten oder Erfolgswirkungen betrachtet. Die Auswahl der relevanten Wirkungsbeziehungen erfolgte maßgeblich im vorherigen Abschnitt 2.4.2.

[358] Vgl. Hult/Hurley/Knight (2004), S. 429.

Autor (Jahr)	Determinanten von Innovationsorientierung		Erfolgswirkungen von Innovationsorientierung			Moderierende Faktoren	
	Personalmanagement	Marktorientierung	Innovationsprozesse	Innovationserfolg	Unternehmenserfolg	Endogene Faktoren	Exogene Faktoren
Kategorie 1: Determinanten der Innovationsorientierung							
Auh/Menguc (2005)	X					X	
Kategorie 2: Erfolgswirkungen der Innovationsorientierung							
Deshpandé/Farley/Webster (1993)					X		
Deshpandé/Farley/Webster (2000); Deshpandé/Farley (2004)					X		
Hult/Ketchen (2001)					X		
Calantone/Garcia/Dröge (2003)				X			X
Berthon/Hulbert/Pitt (2004)					X		X
Narver/Slater/MacLachlan (2004)				X			
Luo/Sivakumar/Liu (2005)					X	X	
Olson/Slater/Hult (2005)					X	X	
Menguc/Auh (2006)					X		
Kategorie 3: Determinanten und Erfolgswirkungen der Innovationsorientierung							
Manu (1992)					X		
Scott/Bruce (1994)	X					X	
Manu/Sriram (1996)					X		
Han/Kim/Srivastava (1998)		X			X		X
Hurley/Hult (1998)	X						
Chandler/Keller/Lyon (2000)	X					X	
Vázquez/Santos/Álvarez (2001)		X			X		
Calantone/Cavusgil/Zhao (2002)					X	X	
Agarwal/Erramilli/Dev (2003)		X			X		
Hult/Hurley/Knight (2004)		X			X		X
Zhou et al. (2005)	X					X	
Matsuo (2006)	X				X		
Tajeddini/Trueman/Larsen (2006)		X			X		
Theoharakis/Hooley (2008)		(X)			X		
Eigene Untersuchung	X	X	X	X	X	X	X
Legende: X: Konstrukt in der Studie untersucht (X): Konstrukt teilweise in der Studie untersucht							

Tabelle 9:   Zentrale Determinanten und Erfolgswirkungen von Innovationsorientierung in der Forschung

Quelle: Eigene Darstellung.

Darüber hinaus ist durch die Betrachtung von Marktorientierung Forschungskontinuität gewährleistet, da der Einfluss von Marktorientierung auf den Bereich Innovation in den letzten Jahren vielfach untersucht wurde. Dies belegt auch eine Metanalyse von GRINSTEIN auf Basis von 56 zu diesem Thema publizierten Studien aus den Jahren 1994 bis 2006.[359] Wie bereits in Abschnitt 1.2 dargestellt, dient die Untersuchung der Determinanten vor allem der Aufdeckung zukünftiger Forschungspotenziale.

In Bezug auf die Erfolgswirkungen von Innovationsorientierung lassen sich beträchtliche Forschungslücken identifizieren. Zum einen geht aus Tabelle 9 hervor, dass in keiner der aufgeführten bzw. der Verfasserin bekannten Studien untersucht wird, wie sich Innovationsorientierung über den Mediator Innovationserfolg auf den Unternehmenserfolg auswirkt. Diese Forschungslücke soll mit der vorliegenden Arbeit geschlossen werden. Zudem wird im Folgenden erstmalig der Einfluss endogener (Ressourcen) und exogener (Marktdynamik, technologische Dynamik und Wettbewerbsintensität) moderierender Faktoren auf die Wirkungsbeziehung zwischen Innovationsorientierung und Innovationserfolg betrachtet. Darüber hinaus schließt diese Studie eine weitere Forschungslücke, da sie auch zum Gegenstand hat, welche Wirkung eine Innovationsorientierung auf das Innovationsmanagement, insbesondere auf den Innovationsprozess, ausübt und wie dieses Konstrukt die Beziehung zwischen Innovationsorientierung und Innovationserfolg mediiert. Diese Wirkungszusammenhänge wurden bislang noch nicht empirisch untersucht. Diese Forschungslücke wird auch in dem Beitrag von CALANTONE, GARCIA und DRÖGE verdeutlicht, in dem gezeigt wird, dass Innnovationsorientierung positiv über die Mediatoren Innovationsgeschwindigkeit und strategische Planung auf den Innovationserfolg wirkt: „In our model, the mediators were NPD [new product development; Anm. d. Verf.] speed and strategic planning, but we do not claim that these are the only ones. Identification of other mediators is an area for further research."[360] Somit werden in der vorliegenden Arbeit sowohl direkte als auch indirekte Erfolgswirkungen von Innovationsorientierung untersucht.

Die folgende Abbildung 13 verdeutlicht den Zusammenhang zwischen dem Stand der Forschung und den daraus identifizierten Forschungslücken sowie den zentralen Forschungsfragen dieser Untersuchung.

---

[359] Vgl. Grinstein (2008), S. 169.
[360] Calantone/Garcia/Dröge (2003), S. 100.

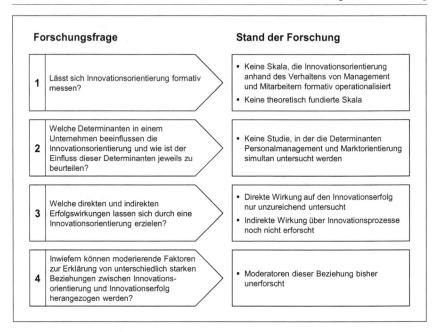

Forschungsfrage   **Stand der Forschung**

1 Lässt sich Innovationsorientierung formativ messen?

- Keine Skala, die Innovationsorientierung anhand des Verhaltens von Management und Mitarbeitern formativ operationalisiert
- Keine theoretisch fundierte Skala

2 Welche Determinanten in einem Unternehmen beeinflussen die Innovationsorientierung und wie ist der Einfluss dieser Determinanten jeweils zu beurteilen?

- Keine Studie, in der die Determinanten Personalmanagement und Marktorientierung simultan untersucht werden

3 Welche direkten und indirekten Erfolgswirkungen lassen sich durch eine Innovationsorientierung erzielen?

- Direkte Wirkung auf den Innovationserfolg nur unzureichend untersucht
- Indirekte Wirkung über Innovationsprozesse noch nicht erforscht

4 Inwiefern können moderierende Faktoren zur Erklärung von unterschiedlich starken Beziehungen zwischen Innovations-orientierung und Innovationserfolg herangezogen werden?

- Moderatoren dieser Beziehung bisher unerforscht

Abbildung 13:   Zusammenhang zwischen den Forschungsfragen und dem Stand der Forschung

Quelle: Eigene Darstellung.

Anhand der simultanen Betrachtung unterschiedlicher Determinanten und der detail-lierten Analyse der direkten und indirekten Erfolgswirkungen von Innovationsorientie-rung sollen Handlungsempfehlungen für die Unternehmenspraxis abgeleitet werden, mit welchen Maßnahmen eine erfolgreiche Innovationsorientierung erzielt werden kann. Deshalb wird im folgenden Kapitel 3 ein umfassender Bezugsrahmen zu den Determinanten und Erfolgswirkungen von Innovationsorientierung entwickelt. Dabei erhebt die Arbeit den Anspruch, die generierten Hypothesen grundsätzlich anhand der in Abschnitt 2.3 vorgestellten organisationstheoretischen Ansätze zu fundieren.

3 Ableitung der Forschungshypothesen und Entwicklung eines Bezugsrahmens

Gegenstand dieses Kapitels sind die Konzeptualisierung der Konstrukte, die Ableitung von Forschungshypothesen und die damit verbundene Entwicklung eines Bezugsrahmens zu den Determinanten und Erfolgswirkungen der Innovationsorientierung von Unternehmen. Die Strukturierung des Kapitels erfolgt analog zu den in Abschnitt 1.2 aufgeführten Forschungsfragen. So wird zunächst in Abschnitt 3.1 das Konstrukt Innovationsorientierung konzeptualisiert. In den nachfolgenden Abschnitten 3.2 bis 3.4 werden auf Basis der Erkenntnisse aus Kapitel 2 die Determinanten, die Erfolgsvariablen sowie die moderierenden Faktoren konzeptualisiert und entsprechende Forschungshypothesen abgeleitet. Die unter Rückgriff auf theoretische Überlegungen, vorhandene Erkenntnisse aus empirischen Studien, Plausibilitätsüberlegungen und eigens durchgeführte Expertengespräche entwickelten Hypothesen resultieren in einem integrativen Bezugsrahmen, der in Abschnitt 3.5 vorgestellt wird.

Im Rahmen dieser Untersuchung wurden neun **Interviews mit Experten** aus verschiedenen Branchen wie Nahrungsmittel, Telekommunikation oder Konsumgüter durchgeführt (vgl. Anhang B).[361] Bei der Auswahl der Experten wurde nicht nur auf Branchenvielfalt, sondern auch darauf geachtet, dass diese unterschiedliche berufliche Positionen bekleiden. Der Fokus der Expertengespräche lag auf der Beurteilung der Wirkung potenzieller Determinanten und moderierender Faktoren sowie der Operationalisierung von Innovationsorientierung (vgl. Abschnitt 4.3.1).[362] Durch die Auswahl der Experten aus verschiedenen Branchen und Funktionen soll sichergestellt werden, dass die auf Basis des Stands der theoretischen und empirischen Forschung identifizierten Determinanten und moderierenden Faktoren auch aus Sicht der Unternehmenspraxis relevant sind. Als Grundlage für die Interviews diente ein Leitfaden. Die anonymisierten Ergebnisse der Interviews werden in der nachfolgenden Hypothesenbildung zur Wirkung der Determinanten (Abschnitt 3.2) und moderieren-

---

[361] Da die Experten anonym bleiben möchten, werden sie im Weiteren von eins bis neun durchnummeriert. Lediglich die Funktion und die Branche sind zusätzlich angegeben.

[362] Bei den Expertengesprächen wurde ein Fokus auf die Determinanten und moderierenden Faktoren gelegt, da bei den Erfolgswirkungen eine Diskussion weniger erforderlich erschien. Dies lässt sich dadurch begründen, dass die Hypothesen zu den Erfolgswirkungen sich vollständig auf Basis von Theorien und bisherigen empirischen Befunden ableiten lassen.

den Faktoren (Abschnitt 3.4) verwendet. Darüber hinaus werden die Meinungen der Experten auch bei der Entwicklung der neuen Skala zur Messung von Innovationsorientierung berücksichtigt (Abschnitt 4.3.1.2).

Um bei der Ableitung der Forschungshypothesen eine konsistente Argumentationsweise zu gewährleisten, wird zur Hypothesenbildung folgendes einheitliches Vorgehen gewählt:

1. Theoretische und / oder inhaltliche Überlegungen
2. Erkenntnisse aus der empirischen Forschung
3. Ggf. Expertenmeinungen

3.1 Konzeptualisierung von Innovationsorientierung

Im Rahmen dieser Arbeit soll eine Skala zur Messung von Innovationsorientierung entwickelt werden. Demzufolge kommt der Konzeptualisierung des Konstrukts eine erhebliche Bedeutung zu.[363] Um eine umfassende Konzeptualisierung vornehmen zu können, muss ein Konstrukt zunächst inhaltlich abgegrenzt und definiert werden. Die Festlegung der relevanten Bestandteile des Konstrukts sollte dabei auf Basis theoretischer Überlegungen und Erkenntnissen aus der Literatur erfolgen.

Eine Definition von Innovationsorientierung wurde bereits in Abschnitt 2.1.2 anhand umfassender Literaturstudien hergeleitet. Innovationsorientierung umfasst demnach alle von den Unternehmensakteuren geteilten Werte, Normen und Ziele, welche die Offenheit des Unternehmens gegenüber Innovationen fördern und dadurch in einer aktiven Verfolgung neuer Ideen resultieren. Die Definition bringt zum Ausdruck, dass Innovationsorientierung durch die Einstellungen der Unternehmensakteure hervorgerufen wird, sich im Verhalten manifestiert und somit einen Teil der Unternehmenskultur darstellt. Obwohl die in Abschnitt 2.1.2 entwickelte Definition all diese Aspekte beinhaltet, sollen in der Skala, die in Abschnitt 4.3.1.2 entwickelt wird, nur Verhaltensweisen abgefragt werden. Dies lässt sich durch die in Abschnitt 2.1.2 bereits herausgestellte Tatsache begründen, dass innovationsorientierte Werte und Normen positive

---

[363]   Vgl. hier und im Folgenden Diamantopoulos/Winklhofer (2001), S. 271, nach denen die Konzeptualisierung des relevanten Konstrukts den ersten Schritt bei der Entwicklung und Validierung einer formativen Skala darstellt. Die Vorgehensweise bei der Entwicklung einer formativen Skala wird in Abschnitt 4.3.1 ausführlich erläutert.

Einstellungen gegenüber Innovationen verursachen, die zu innovationsfreudigen Handlungen führen. Werte und Normen sowie Einstellungen sind also vorgelagert und bedingen das Verhalten. Damit sind in einem innovationsorientierten Verhalten der Unternehmensakteure implizit auch die unmittelbar vorgelagerten Phänomene berücksichtigt.

Hieraus folgend wird zunächst eine Unterteilung in die zwei zentralen Gruppen von Unternehmensakteuren, *Management* und *Mitarbeiter*, vorgenommen, um ein möglichst vollständiges Abbild von Innovationsorientierung zu konzeptualisieren. Diese Vorgehensweise steht in Einklang mit dem ressourcenbasierten Ansatz, aus dem sich ableiten lässt, dass Humanressourcen als Basis für die systematische Generierung von Innovationen dienen.[364] Um innovationsorientiert zu agieren, müssen laut der Prinzipal-Agenten-Theorie die Anteilseigner das Verhalten ihrer Führungskräfte und die Führungskräfte das Verhalten der Mitarbeiter durch bestimmte Maßnahmen so beeinflussen, dass die gewünschten Verhaltensweisen erreicht werden.[365] Auf Basis dieser organisationstheoretischen Ansätze und der in Abschnitt 2.4 ausgewerteten Literatur lässt sich der Bereich Management in die Facetten strategischer Fokus, extrinsisches Anreizsystem und Kommunikation und der Bereich Mitarbeiter in die Facetten strategischer Fokus, extrinsisches Anreizsystem und betriebliches Vorschlagswesen unterteilen (vgl. Tabelle 10).

Innovations-orientierung	Strategischer Fokus	Extrinsisches Anreizsystem	Kommunikation	Betriebliches Vorschlagswesen
Management				
Mitarbeiter				

Tabelle 10:   Facetten der Innovationsorientierung
Quelle: Eigene Darstellung.

Die Schattierung in Tabelle 10 symbolisiert, wie stark die einzelnen Facetten im Bereich Management und Mitarbeiter ausgeprägt sind.[366] Im Folgenden wird erläutert,

---

[364]   Vgl. Abschnitt 2.3.3.
[365]   Vgl. Abschnitt 2.3.2. Auch wenn die Anteilseigner nicht explizit Bestandteil der Skala sind, ist deren Verhalten implizit im Bereich Management enthalten. Vgl. dazu auch die Ausführungen zum extrinsischen Anreizsystem in diesem Abschnitt.
[366]   So wird bspw. die Kommunikation ausschließlich durch das Management vorgenommen, während das betriebliche Vorschlagswesen sich vollständig auf das Verhalten der Mitarbeiter bezieht. Das Vorschlagswesen deckt in gewisser Weise aber auch den Kommunikationsaspekt ab,

wie sich die einzelnen Facetten der Innovationsorientierung interpretieren lassen.

Ein im Unternehmen verankerter **strategischer Fokus** auf Innovationen kann unter Berücksichtigung der Literatur als ein wichtiger Bestandteil der Innovationsorientierung identifiziert werden.[367] Diese Facette ähnelt dem Konzept der sogenannten Entrepreneur-Orientierung, die Strategien und Aktivitäten zur Erschließung neuer Märkte umfasst.[368] Diese Strategien und Aktivitäten sind bei einer Entrepreneur-Orientierung erstens die Inkaufnahme von wirtschaftlichen Risiken, zweitens ein proaktives Verhalten im Wettbewerb mit anderen Unternehmen und drittens das Forcieren von Innovationen, d. h. auch Innovationen und Veränderungen im Unternehmen positiv darzustellen und zu unterstützen.[369] Somit fördert eine Entrepreneur-Orientierung die Neigung zur Entwicklung von neuen Produkten, Prozessen oder Dienstleistungen.[370] Neben einer Entrepreneur-Orientierung äußert sich ein strategischer Fokus auf Innovationen aber auch bspw. im Hinzuziehen von Mitarbeitern aus dem F&E-Bereich bei strategischen Entscheidungen. Der Grund hierfür ist die Tatsache, dass die Produktentwicklung ein integraler Bestandteil des Innovationsprozesses und damit des Innovationsmanagements ist.[371] Die Facette strategischer Fokus hat einen eher globalen, übergeordneten Charakter und wird daher in der englischsprachigen Literatur auch mit dem Begriff *Strategic Direction* bezeichnet.[372] Die folgenden drei Facetten hingegen sind vornehmlich operativer Natur und stellen Lösungsansätze für Probleme dar, die im Rahmen von Prinzipal-Agenten-Beziehungen entstehen können.

Eine weitere Facette der Innovationsorientierung ist ein **extrinsisches Anreizsystem** für Innovationen.[373] HURLEY und HULT führen bspw. in ihrer Skala zur Messung von Innovationsorientierung die Bestrafung gescheiterter Innovationen als revers kodierten Indikator für Innovationsorientierung auf.[374] „Ein betriebliches Anreizsystem erfasst

---

[367]   da es der zentrale Weg für Mitarbeiter ist, Innovationen anzuregen.
        Vgl. Hurley/Hult (1998), S. 49. Ein Indikator zur Messung von Innovationsorientierung besteht in der Wahrnehmung von Innovationen als Chance. Dieser Indikator deutet auf einen strategischen Fokus auf Innovationen hin. Vgl. weiterhin Siguaw/Simpson/Enz (2006), S. 562 f.
[368]   Vgl. Slater/Narver (1995), S. 68.
[369]   Vgl. Naman/Slevin (1993), S. 143.
[370]   Vgl. Hult/Hurley/Knight (2004), S. 432.
[371]   Vgl. Specht/Beckmann/Amelingmeyer (2002), S. 16 f.
[372]   Vgl. Siguaw/Simpson/Enz (2006), S. 562 f.
[373]   Vgl. Amabile et al. (1996), S. 1160; Chandler/Keller/Lyon (2000), S. 62; Hurley/Hult (1998), S. 49.
[374]   Vgl. Hurley/Hult (1998), S. 49.

alle bewusst gestalteten Arbeitsbedingungen, die bestimmte Verhaltensweisen (durch positive Anreize, Belohnungen) verstärken, die Wahrscheinlichkeit des Auftretens anderer dagegen mindern (durch negative Sanktionen)."[375] Über die besondere Bedeutung extrinsischer Anreize für kreatives und innovatives Verhalten herrscht ein Konsens in der Literatur.[376] Nach BECKER gibt es zwei Typen von innovationsfördernden Anreizsystemen.[377] Das *innovationsfördernde Anreizsystem im engeren Sinne* bezieht sich auf die materiellen, speziell monetären Bestandteile eines Anreizsystems. Das *innovationsfördernde Anreizsystem im weiteren Sinne* umfasst immaterielle Anreize und Belohnungen. Sowohl materielle als auch immaterielle Anreizsysteme haben zum Ziel, die Innovationsorientierung und das Unternehmertum im Unternehmen zu stärken, damit Führungskräfte und Mitarbeiter zu innovativem Leistungsverhalten motiviert werden. Häufig besitzen immaterielle Anreize jedoch eine stärkere Bedeutung für die Motivation von Mitarbeitern als materielle Anreize.[378]

Theoretisch begründbar ist die Rolle extrinsischer Anreize mit Hilfe der Prinzipal-Agenten-Theorie. Wie bereits in Abschnitt 2.3.2 beschrieben, ist es schwierig, im Rahmen der Personalbeschaffung herauszufinden, ob ein Bewerber risikofreudig bzw. intrinsisch motiviert ist, neue Produkte zu entwickeln (Hidden Characteristics). Auch können Anteilseigner die Leistungen ihrer Führungskräfte bzw. die Führungskräfte die Leistungen ihrer Mitarbeiter in der Regel nicht umfassend beobachten oder bewerten (Hidden Action / Hidden Information). Dies birgt die Gefahr, dass ungeeignetes Personal eingestellt wird (Adverse Selektion) und dass Management und Mitarbeiter ihre Innovationsanstrengungen reduzieren (Moral Hazard). In dieser Facette wird somit auch implizit das in Abschnitt 2.3.2 erläuterte Verhältnis von Anteilseigner und Manager betrachtet, auch wenn die Anteilseigner als Akteure nicht explizit Bestandteil der Skala sein werden. Das Ziel extrinsischer Anreizsysteme ist es, die Führungskräfte und Mitarbeiter so zu beeinflussen, dass ein innovationsorientiertes Verhalten erreicht wird.[379] So können z. B. die Anteilseigner eines Unternehmens durch differenzierte Vertragsangebote mit Risikobeteiligung feststellen, ob die potenziellen Führungskräfte

---

[375] Becker (1991), S. 569.
[376] Vgl. bspw. Calantone/Garcia/Dröge (2003), S. 101; Chandler/Keller/Lyon (2000), S. 61; Olson/Slater/Hult (2005), S. 62 f.; Siguaw/Simpson/Enz (2006), S. 565; Worren/Moore/Cardona (2002), S. 1131.
[377] Vgl. hier und im Folgenden Becker (1991), S. 573-590.
[378] Vgl. Becker (1991), S. 581 f.
[379] Vgl. Olson/Slater/Hult (2005), S. 52.

bereit sind, kontinuierlich nach Innovationen zu streben. Moral Hazard wird u. a. durch eine leistungs- bzw. erfolgsabhängige Entgeltpolitik, die erfolgreich durchgeführte Innovationsprojekte monetär honoriert, unterbunden. Extrinsische Anreizsysteme sind somit als wesentlicher Bestandteil einer innovationsorientierten Unternehmenskultur anzusehen.

Beim Management spielt die Facette der **Kommunikation** der Innovationsorientierung eine wesentliche Rolle. Nach HOMBURG, HOYER und FASSNACHT ist die Betonung von Innovationen eine von drei Dimensionen der Innovationsorientierung.[380] Dies beinhaltet sowohl die nach außen gerichtete Kommunikation und Betonung von Innovationen gegenüber gegenwärtigen und potenziellen Kunden als auch die nach innen gerichtete Kommunikation gegenüber den Mitarbeitern.[381] Letztere kann bspw. mittels einer Business Mission[382] klar kommuniziert werden. Die Kommunikation einer Innovationsorientierung kann insofern durch die Prinzipal-Agenten-Theorie begründet werden, als dass dadurch Moral Hazard im Unternehmen begrenzt werden soll. Wie bereits im vorherigen Absatz beschrieben, strebt das Management danach, ein innovationsorientiertes Handeln der Mitarbeiter herbeizuführen, kann aber deren Leistungen aufgrund von Hidden Action und Hidden Information nicht überprüfen. Durch die Betonung einer innovationsorientierten Unternehmenskultur versucht das Management, die Mitarbeiter zu einem innovationsorientierten Verhalten zu bewegen.[383] Dabei verzichtet das Management im Rahmen dieser Kommunikation bewusst auf Anreize. Vielmehr wird Vertrauen in das Verhalten der Mitarbeiter gesetzt.[384]

Eine mit dem extrinsischen Anreizsystem – insbesondere in der unternehmerischen Praxis – eng verbundene Facette ist das **betriebliche Vorschlagswesen**.[385] Viele Mitarbeiter besitzen das Potenzial, kreative Ideen zu entwickeln, die zu wertvollen Innovationen für das Unternehmen führen können.[386] Aufgabe eines betrieblichen Vorschlagswesens ist es, den Mitarbeitern Möglichkeiten zu geben, ihre Ideen ihren Vor-

---

[380] Vgl. Homburg/Hoyer/Fassnacht (2002), S. 96.
[381] Vgl. Homburg/Hoyer/Fassnacht (2002), S. 96; Worren/Moore/Cardona (2002), S. 1131.
[382] Eine Business Mission bezeichnet nach Bart (1998), S. 65 „[...] a formal written document intended to capture an organization's unique purpose and practices".
[383] Vgl. Bart (1998), S. 65.
[384] Vgl. Göbel (2002), S. 122.
[385] Vgl. Becker (1991), S. 579.
[386] Vgl. Fairbank/Williams (2001), S. 68.

gesetzten mitzuteilen.[387] Dies kann die Verbindung zwischen der Kreativität von Mitarbeitern und der daraus resultierenden Innovationsorientierung fördern. FAIRBANK und WILLIAMS nennen in ihrem Beitrag über das betriebliche Vorschlagswesen drei Voraussetzungen, die Mitarbeiter motivieren, das betriebliche Vorschlagswesen zu nutzen. Nach Ansicht der Autoren sind Mitarbeiter motiviert, wenn sie erstens glauben, dass sie eine Aufgabe erfolgreich beenden können, wenn sie zweitens glauben, dass die Erfüllung einer Aufgabe für das Unternehmen Erfolg bringen kann, und wenn sie drittens den Erfolg, den sie erreichen können, als angemessen erachten.[388] Konkret bedeutet dies, dass Mitarbeitern, die das Gefühl haben, dass sie gute Vorschläge machen können, erstens eine angemessene Möglichkeit unterbreitet werden sollte, diese mühelos zu kommunizieren.[389] Zweitens muss das Vorschlagswesen die Erwartung erfüllen, dass durch den Vorschlag ein Erfolg eintreten kann.[390] Als dritte Voraussetzung muss für erfolgreiche Vorschläge eine für die jeweilige Person angemessene Belohnung vorgesehen sein.[391]

Die Sinnhaftigkeit der Einrichtung eines betrieblichen Vorschlagswesens lässt sich aus der Prinzipal-Agenten-Theorie ableiten. Da das Management das Verhalten der Mitarbeiter nicht umfassend beobachten und bewerten kann (Hidden Action / Hidden Information), kann es nicht sicher sein, dass die Mitarbeiter sich innovationsorientiert verhalten und neue Ideen entwickeln. Dies birgt die Gefahr, dass die Mitarbeiter ihre Innovationsanstrengungen reduzieren, um einen Freizeit-Gewinn zu realisieren (Moral Hazard). Schließlich werden innovative Ideen häufig außerhalb der regulären Arbeits-

---

[387]   Vgl. Fairbank/Williams (2001), S. 69.

[388]   Vgl. hier und im Folgenden Fairbank/Williams (2001), S. 70-72.

[389]   Beispiele, die zur Verbesserung des betrieblichen Vorschlagswesens in diesem Fall beitragen können, sind: Bereitstellung eines einfachen und unmissverständlichen elektronischen Formulars, in das die Vorschläge eingetragen werden können, Förderung der Zusammenarbeit der Mitarbeiter, sofortige Eingangsbestätigung des Vorschlags, Annahme aller Vorschläge, Förderung einer Teilnahme am Vorschlagswesen und Publizierung erfolgreicher Vorschläge. Vgl. Fairbank/Williams (2001), S. 70.

[390]   Konkrete Beispiele im betrieblichen Vorschlagswesen sind: Implementierung schneller, transparenter und interaktiver Prozesse, ein Zeitlimit für die Beantwortung von Vorschlägen und die Bereitstellung eines effektiven Nachverfolgungssystems von Vorschlägen. Vgl. Fairbank/Williams (2001), S. 71.

[391]   Um ein wirkungsvolles Belohnungssystem zu etablieren, sollten folgende Aspekte berücksichtigt werden: Angebot einer Vielzahl an verschiedenen Belohnungen anstatt einer Standardbelohnung, Angebot von erfolgsabhängigen Belohnungen anstatt von fixen Belohnungen und eine mindestens symbolische Belohnung für jeden Vorschlag. Vgl. Fairbank/Williams (2001), S. 72. Wie bereits im Absatz über Anreizsysteme verdeutlicht, können Belohnungen jedoch auch immaterieller Natur sein.

zeit generiert. Durch die Einrichtung eines betrieblichen Vorschlagswesens kann das Verhalten der Mitarbeiter teilweise erfasst und gesteuert werden.[392] Das betriebliche Vorschlagswesen trägt somit potenziell zur Förderung einer Innovationsorientierung bei.

Zusammenfassend kann festgehalten werden, dass die Innovationsorientierung eines Unternehmens die vier Facetten strategischer Fokus, extrinsisches Anreizsystem, Kommunikation und betriebliches Vorschlagswesen umfasst. Diese Facetten können bei den Akteuren Management und Mitarbeiter unterschiedlich stark ausgeprägt sein. Nach der Konzeptualisierung des zentralen Konstrukts der vorliegenden Arbeit folgen im nächsten Abschnitt 3.2 die Konzeptualisierung der Determinanten von Innovationsorientierung sowie die Ableitung von Forschungshypothesen bezüglich ihrer Wirkung.

3.2 Konzeptualisierung der Determinanten von Innovationsorientierung und Ableitung von Forschungshypothesen

In diesem Abschnitt stehen die in Abschnitt 2.4 als zentral identifizierten Determinanten von Innovationsorientierung, nämlich Personalmanagement (Abschnitt 3.2.1) und Marktorientierung (Abschnitt 3.2.2), im Mittelpunkt der Betrachtung. Diese werden jeweils konzeptualisiert, um anschließend Forschungshypothesen in Bezug auf deren Wirkung auf die Innovationsorientierung eines Unternehmens abzuleiten. Dabei werden neben der theoretischen Aufarbeitung und empirischen Hinweisen[393] auch die Meinungen von Experten berücksichtigt.

3.2.1 Personalmanagement

Der Bereich Personalmanagement[394] wurde bereits in den konzeptionellen Grundlagen (Abschnitt 2.2.2) diskutiert und in der Bestandsaufnahme der bisherigen Forschung (Abschnitt 2.4) als ein wesentlicher Einflussfaktor auf die Innovationsorientierung von Unternehmen identifiziert. Da in der Literatur zur Innovationsorientierung bisher nur einzelne Dimensionen des Personalmanagements als Erfolgsfaktoren unter-

---

[392]   Das betriebliche Vorschlagswesen sorgt dafür, dass die Ideen der Mitarbeiter im Unternehmen bleiben und nicht der Allgemeinheit oder gar dem Wettbewerb bereit gestellt werden.

[393]   Vgl. Abschnitt 2.4.2.

[394]   In Abschnitt 2.2.2 erfolgte eine Definition des Begriffs Personalmanagement.

sucht wurden, müssen zunächst die relevanten Dimensionen aus der als fragmentiert anzusehenden Literatur bestimmt werden. Die drei Dimensionen Arbeitsüberlastung, Personalentwicklung und Unterstützung durch das Management wurden in der Forschung bereits als Determinanten mit einer signifikanten Wirkung auf die Innovationsorientierung identifiziert und werden infolgedessen auch in dieser Untersuchung als Dimensionen des Personalmanagements angesehen.[395] **Arbeitsüberlastung** tritt auf, wenn ein Mitarbeiter im Rahmen seines Personaleinsatzes nicht in der Lage ist, die ihm übergetragenen Aufgaben während seiner regulären Arbeitszeit zu erledigen.[396] Dies kann in Mehrarbeit oder einer Reduzierung der Arbeitsqualität resultieren.[397] **Personalentwicklung** umfasst die Gesamtheit aller Maßnahmen zur Verbesserung der Qualifikation der Mitarbeiter.[398] Personalentwicklungsmaßnahmen können entweder am Arbeitsplatz (z. B. Job Rotation, Trainee-Programme oder Projektarbeit) oder außerhalb des Arbeitsplatzes (z. B. Teilnahme an Vorträgen, Seminaren, Führungskräfteforen oder Workshops) stattfinden. Die **Unterstützung der Mitarbeiter durch das Management** ist Bestandteil der Personalführung. Eine umfangreiche Unterstützung ist oft verbunden mit einem kooperativen Führungsstil und drückt sich darin aus, dass die Mitarbeiter dem Management Vertrauen entgegenbringen und das Gefühl haben, dass sie gefördert und unterstützt werden.[399] AUH und MENGUC untersuchen in einer Studie, ob die Heterogenität des Top-Managements in Form unterschiedlicher Erfahrungen, Bildungsniveaus sowie Funktionsbereiche einen Einfluss auf die Innovationsorientierung von Unternehmen aufweist.[400] Dabei wird empirisch nachgewiesen, dass unterschiedliche Erfahrungen und Bildungsniveaus des Top-Managements keine Wirkung und unterschiedliche Funktionsbereiche eine negative Wirkung auf die Innovationsorientierung ausüben.[401] Aufgrund dieser differenzierten Ergebnisse und der Ansichten der interviewten Experten, welche die Heterogenität des Managements weitestgehend ebenfalls nicht als Einflussfaktor sehen, wird dieses Konstrukt in der vorliegenden Untersuchung nicht als Dimension des Personalmanagements betrachtet. Da eine Innovationsorientierung allerdings auch durch das Verhalten und die Einstellung

---

[395] Vgl. den Literaturüberblick in Abschnitt 2.4.2 sowie weiterhin Chandler/Keller/Lyon (2000); Hurley/Hult (1998); Scott/Bruce (1994); Zhou et al. (2005).
[396] Vgl. Amabile et al. (1996), S. 1161 f.
[397] Vgl. Chandler/Keller/Lyon (2000), S. 65.
[398] Vgl. hier und im Folgenden Abschnitt 2.2.2.2.
[399] Vgl. Chandler/Keller/Lyon (2000), S. 65.
[400] Vgl. Auh/Menguc (2005).
[401] Vgl. Auh/Menguc (2005), S. 258.

der Mitarbeiter hervorgerufen wird, soll stattdessen die **Mitarbeiterheterogenität** als Erfolgsfaktor untersucht werden. Die Mitarbeiterheterogenität bezeichnet den Grad der Heterogenität der Mitarbeiter in Bezug auf Bildungsniveau, Alter, ethnischen Hintergrund, Geschlecht, Religion, Erfahrungen, Einstellungen und Fähigkeiten.[402] Im Personalmanagement lässt sich das Konstrukt Mitarbeiterheterogenität der personellen Leistungserstellung zuordnen, insbesondere der Personalbedarfsplanung, der Personalbeschaffung und dem Personaleinsatz, da diese Funktionen über die Einstellung und den Einsatz homogener bzw. heterogener Mitarbeiter entscheiden. Weiterhin wurde die **Mitarbeiterzufriedenheit** in den konzeptionellen Grundlagen zum Personalmanagement (Abschnitt 2.2.3.1) als potenzieller Einflussfaktor auf das Verhalten des Personals identifiziert, weshalb auch dieses Konstrukt als relevante Dimension des Personalmanagements betrachtet wird.[403] Die Mitarbeiterzufriedenheit beruht auf dem Vergleich von Erwartungen (Soll) und wahrgenommener Leistung (Ist)[404] und misst den Grad der Befriedigung materieller und immaterieller sozialer Ziele.[405] Der Soll-Zustand bezeichnet dabei die Ansprüche des Arbeitenden an die wirtschaftliche und soziale Arbeitssituation, während der Ist-Zustand die wahrgenommenen Arbeitsbedingungen darstellt.[406] Abbildung 14 stellt die für diese Arbeit relevanten Dimensionen des Personalmanagements zusammenfassend dar.

---

[402] Vgl. McMahan/Bell/Virick (1998), S. 199.
[403] Streng genommen stellt die Mitarbeiterzufriedenheit ein Ziel des Personalmanagements dar (vgl. Abschnitt 2.2.2.1), das potenziell durch die anderen vier betrachteten Personalkonstrukte beeinflusst werden kann. So ist bspw. anzunehmen, dass die Unterstützung durch das Management die Mitarbeiterzufriedenheit positiv beeinflusst. Da die Mitarbeiterzufriedenheit jedoch auch maßgeblich auf andere Größen (z. B. eine leistungsgerechte Entlohnung) zurückgeführt werden kann, soll dieses Konstrukt in der vorliegenden Arbeit explizit Berücksichtigung finden.
[404] Vgl. Homburg/Stock (2004), S. 146.
[405] Vgl. Hentze/Kammel (2001), S. 58.
[406] Vgl. Homburg/Stock (2004), S. 146.

Abbildung 14:   In der Untersuchung betrachtete Dimensionen des Personalmanagements
Quelle: Eigene Darstellung.

Der **Einfluss des Personalmanagements auf die Innovationsorientierung** kann durch den in Abschnitt 2.3.3 vorgestellten ressourcenbasierten Ansatz erklärt werden. Bereits im Rahmen der Erläuterungen zu diesem Ansatz wurden die Humanressourcen als eine der drei Arten von Ressourcen in einem Unternehmen vorgestellt, die zu Fähigkeiten ausgebaut werden können, sofern diese Ressourcen die von BARNEY genannten vier Anforderungen erfüllen.[407] Humanressourcen erfüllen diese vier Bedingungen,[408] was anhand der Mitarbeiterheterogenität hier beispielhaft gezeigt werden soll. Erstens liegt der *Wert* heterogener Mitarbeiter darin, dass diversifizierte Gruppen effektiver in der Identifizierung und Lösung von Problemen sowie in der Generierung neuer Ideen sind als homogene Gruppen.[409] Zweitens ist Mitarbeiterheterogenität insofern *knapp*, als dass viele Unternehmen eine eher homogene Mitarbeiterstruktur aufweisen.[410] Auch in Unternehmen mit einer sehr heterogenen Mitarbeiterzusammensetzung gibt es innerhalb des Unternehmens starke Tendenzen zur Bildung von homogenen Teams.[411] Drittens sind strategische Entscheidungen in der Personalpolitik, zu denen auch die Förderung einer hohen Mitarbeiterheterogenität gezählt werden kann, in der Regel historisch gewachsen und aufgrund dessen nur *schwer imitierbar*.[412] Zudem erfordert solch eine Personalpolitik ein Zusammenspiel der Funktionen Personalbedarfsplanung, -beschaffung und -einsatz und ist daher nicht kurzfristig implementierbar. Eine heterogene Mitarbeiterstruktur ist viertens *nicht substituierbar*,

---

407 Vgl. Barney (1991).
408 Vgl. Wright/McMahan/McWilliams (1994), S. 305-313 für eine ausführliche Diskussion, inwiefern die Humanressourcen die vier Bedingungen erfüllen. Vgl. auch Becker/Gerhart (1996), S. 871 f.
409 Vgl. Watson/Kumar/Michaelsen (1993).
410 Vgl. McMahan/Bell/Virick (1998), S. 200. So ist der Anteil männlicher Arbeitskräfte z. B. in der Maschinenbau- oder Baubranche überdurchschnittlich hoch. Als weiteres Beispiel seien an dieser Stelle Strategieberatungen genannt, die überwiegend junge Akademiker beschäftigen.
411 Vgl. McMahan/Bell/Virick (1998), S. 200.
412 Vgl. McMahan/Bell/Virick (1998), S. 200-203.

da jeder Mitarbeiter das Unternehmen mit seinen individuelle Erfahrungen und Fähigkeiten bereichert.[413] Nach dem ressourcenbasierten Ansatz werden durch die Kombination verschiedenartiger Ressourcen Fähigkeiten auf Unternehmensebene gebildet.[414] So kann sich durch die Kombination von gut ausgebildeten, heterogenen und zufriedenen Mitarbeitern, die nicht mit Arbeit überlastet sind und durch das Management unterstützt werden, die Fähigkeit einer Innovationsorientierung herausbilden. Folglich lässt sich ein Einfluss des Bereichs Personalmanagement auf die Innovationsorientierung eines Unternehmens aus theoretischer Sicht mit Hilfe des ressourcenbasierten Ansatzes ableiten.

Auch in der empirischen Forschung gibt es Hinweise auf eine Wirkung des Personalmanagements auf die Innovationsorientierung von Unternehmen. Eine übermäßige Arbeitsüberlastung, insbesondere wahrgenommener Zeitdruck, wirkt sich negativ auf die Kreativität der Mitarbeiter aus.[415] Wird dieser Zeitdruck jedoch als Herausforderung angesehen, ist häufig ein positiver Zusammenhang zwischen Druck und Kreativität bzw. intrinsischer Motivation zu erkennen.[416] In Bezug auf die Personalentwicklung zeigen HURLEY und HULT, dass Mitarbeitergruppen, in denen Lernen und Weiterentwicklung gefördert werden, eine überdurchschnittlich hohe Innovationsorientierung aufweisen, da dadurch die Kreativität und die Fähigkeit, neue Möglichkeiten zu erkennen, verbessert wird.[417] Eine positive Beziehung zwischen Weiterbildungsmaßnahmen des Personals und Innovationserfolg wird ebenfalls nachgewiesen.[418] Nach CHANDLER, KELLER und LYON ist die Unterstützung der Mitarbeiter durch das Management eine Determinante für die Schaffung einer innovationsorientierten Unternehmenskultur, da die mit Innovationen verbundenen Risiken wie Unsicherheit und Komplexität nur von den Mitarbeitern eingegangen werden, wenn sie Vertrauen in das Management besitzen und nicht übermäßige Bestrafung bei Fehlern fürchten müssen.[419] Management Support minimiert die Angst der Mitarbeiter vor negativer Kritik, die ihre für Kreativität notwendige intrinsische Motivation untergräbt.[420] In der empiri-

---

[413]   Vgl. McMahan/Bell/Virick (1998), S. 203.
[414]   Vgl. Amit/Schoemaker (1993), S. 35 sowie Abbildung 11 in Abschnitt 2.3.3.
[415]   Vgl. Amabile et al. (1996), S. 1161; Chandler/Keller/Lyon (2000), S. 62.
[416]   Vgl. Amabile et al. (1996), S. 1161.
[417]   Vgl. Hurley (1995), S. 60; Hurley/Hult (1998), S. 46.
[418]   Vgl. Kivimäki et al. (2000), S. 37.
[419]   Vgl. Chandler/Keller/Lyon (2000), S. 61 f.
[420]   Vgl. Amabile et al. (1996), S. 1160.

schen Literatur wurden allerdings die direkten Wirkungen von Mitarbeiterheterogenität und Mitarbeiterzufriedenheit auf die Innovationsorientierung eines Unternehmens bislang vernachlässigt. Deshalb kommt den Expertenmeinungen eine wichtige Funktion bei der Beurteilung dieser theoretischen Determinanten zu.

Generell wird der Bereich Personalmanagement von den Experten mehrheitlich als sehr wichtig für eine Innovationsorientierung angesehen. In fast allen Experteninterviews wird deutlich, dass überlastete Mitarbeiter weniger geneigt sind, sich Gedanken über innovative Ideen zu machen, wie es ein Experte ausdrückt: „Das erste, was dann natürlich wegfällt, sind die Nicht-Standardtätigkeiten, weil ich natürlich erst einmal den Standard abarbeiten muss."[421] Sämtliche Experten sind der Meinung, dass die Mitarbeiterentwicklung in Form von Mitarbeitertraining und -weiterbildung einen positiven Einfluss auf die innovationsorientierte Unternehmenskultur ausübt. Die Unterstützung durch das Management ist für eine ausgeprägte Innovationsorientierung wichtig, damit die Mitarbeiter Sicherheit in ihrem Handeln erlangen: „Das Management sollte z. B. jedem Fehler zugestehen."[422] Bis auf Experte 8 besteht Einigkeit darüber, dass eine hohe Mitarbeiterheterogenität einen Erfolgsfaktor für die Innovationsorientierung darstellt. Experte 4 führt bspw. an, dass bei der Zusammenstellung von Projektteams auf eine heterogene Zusammensetzung geachtet werde, da dies für die Effektivität der Teams auch im Sinne der Innovationsorientierung sehr förderlich sei. Weiterhin wird in allen durchgeführten Experteninterviews bestätigt, dass ein zufriedener Mitarbeiter sich innovationsorientierter verhält als ein unzufriedener Mitarbeiter. Experte 3 stuft die Mitarbeiterzufriedenheit als das zentrale Element zur Hervorbringung von Innovationen ein. Nach seiner Auffassung ist dies der entscheidende Faktor, der Mitarbeiter zur Generierung neuer Ideen motiviert. Diese Auffassung wird ebenfalls vom Experten 1 geteilt, der der Meinung ist, dass zur Schaffung von Neuem die aus der Zufriedenheit resultierende Motivation wesentlich ist. Unter Berücksichtigung des ressourcenbasierten Ansatzes, der empirischen Ergebnisse und der Experteninterviews werden daher folgende Hypothesen postuliert:

---

[421] Experte 4 (Mobilfunk).
[422] Experte 9 (Dienstleistung).

H_{1a}:   *Je höher die Arbeitsüberlastung der Mitarbeiter ist, desto niedriger ist die Innovationsorientierung.*

H_{1b}:   *Je höher das Ausmaß an Personalentwicklungsmaßnahmen ist, desto höher ist die Innovationsorientierung.*

H_{1c}:   *Je höher die Unterstützung der Mitarbeiter durch das Management ist, desto höher ist die Innovationsorientierung.*

H_{1d}:   *Je höher die Mitarbeiterheterogenität ist, desto höher ist die Innovationsorientierung.*

H_{1e}:   *Je höher die Mitarbeiterzufriedenheit ist, desto höher ist die Innovationsorientierung.*

Im nächsten Abschnitt 3.2.2 folgt eine Erörterung der Konzeptualisierung der Marktorientierung sowie die Ableitung von Forschungshypothesen in Bezug auf die Wirkung ihrer Dimensionen auf die Innovationsorientierung eines Unternehmens.

3.2.2 Marktorientierung

In der wissenschaftlichen Forschung wurden verschiedene Konzeptualisierungen der Marktorientierung entwickelt.[423] Besonders hervorzuheben sind die Ansätze von KOHLI und JAWORSKI sowie NARVER und SLATER,[424] die eine Basis für viele weitere Studien der marktorientierten Unternehmenskultur bilden.[425] KOHLI und JAWORSKI stellen die Ausgestaltung funktionsübergreifender Informationsprozesse in den Mittelpunkt ihrer Konzeptualisierung.[426] Sie beschreiben Marktorientierung als Zusammenspiel der Dimensionen Gewinnung von Marktinformationen, Informationsverbreitung und Reaktion auf die Marktinformationen im Unternehmen.[427] NARVER und SLATER definieren Marktorientierung dagegen als ein Konzept, das sich aus den Dimensionen Kundenorientierung, Wettbewerbsorientierung und interfunktionale Koordination zusammensetzt. Sie betrachten Marktorientierung als Form der Unternehmenskultur, die

---

[423]   Vgl. Kohli/Jaworski (1990), S. 1; Lafferty/Hult (2001), S. 92-95. Der Begriff Marktorientierung wurde in Abschnitt 2.2.1.3 defininiert.

[424]   Vgl. Cadogan/Diamantopoulos (1995), S. 42.

[425]   Vgl. Krohmer (1999), S. 31-35.

[426]   Vgl. Kohli/Jaworski (1990), S. 6.

[427]   Vgl. Kohli/Jaworski (1990), S. 6.

durch besonders effizientes und effektives Verhalten der Unternehmensmitglieder einen gegenüber dem Wettbewerb überlegenen Kundenwert schafft und damit den Unternehmenserfolg langfristig sichert.[428] Abbildung 15 stellt die beschriebenen zentralen Konzeptualisierungen von Marktorientierung grafisch dar.

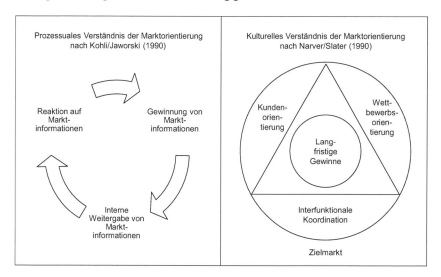

Abbildung 15: Zentrale Konzeptualisierungen von Marktorientierung

Quelle: Eigene Darstellung in Anlehnung an Kohli/Jaworski (1990) und Narver/Slater (1990).

In der Literatur ist umstritten, ob prozess- oder kulturorientierte Ansätze besser zur Konzeptualisierung der Marktorientierung geeignet sind.[429] Eine Untersuchung von DESHPANDÉ und FARLEY zeigt jedoch, dass die zur Messung des Ausmaßes der Marktorientierung verwendeten Skalen der beiden Ansätze signifikant miteinander korrelieren und somit zu ähnlichen Ergebnissen führen.[430] Dieses Ergebnis lässt sich damit begründen, dass die kulturellen Ansätze Marktorientierung zwar als Dimension der Unternehmenskultur oder sogar als eigenen Kulturtyp definieren, die Messung der Kultur aber wie bei den prozessorientierten Ansätzen über Verhaltensweisen erfolgt.[431] In Einklang mit der in Abschnitt 2.2.1.3 erfolgten Einordnung von Marktorientierung

---

[428]   Vgl. hier und im Folgenden Narver/Slater (1990), S. 21.
[429]   Vgl. Krohmer (1999), S. 36.
[430]   Vgl. Deshpandé; Farley (1998), S. 218-222.
[431]   Vgl. Krohmer (1999), S. 38 f.

und Innovationsorientierung als Dimensionen der Unternehmenskultur wird im Rahmen der vorliegenden Untersuchung auf die kulturell orientierte Konzeptualisierung von NARVER und SLATER zurückgegriffen und nach Kundenorientierung, Wettbewerbsorientierung und interfunktionaler Koordination differenziert. Diese Bestandteile der Marktorientierung werden im Folgenden näher erläutert.

Eine **Kundenorientierung** beinhaltet alle Aktivitäten, die im Zusammenhang mit der Beschaffung von Informationen über Kunden im Zielmarkt stehen und diese Informationen im ganzen Unternehmen verteilen.[432] Dies vertiefend ist eine Kundenorientierung das ausreichende Verstehen von Zielkunden, um in der Lage zu sein, den Kunden stets einen Nutzen zu stiften, der ihren Bedürfnissen genügt. Neben der kundenorientierten Ausrichtung eines Unternehmens stellt die **Wettbewerbsorientierung** einen weiteren Bestandteil der Marktorientierung dar.[433] Diese umfasst das Verstehen von kurzfristigen Stärken und Schwächen und langfristigen Fähigkeiten und Strategien der aktuellen und potenziellen Hauptwettbewerber.[434] Der dritte Bestandteil des Konstrukts Marktorientierung ist die **interfunktionale Koordination** im Unternehmen.[435] Diese wird als koordinierte Verwendung von Unternehmensressourcen zur Schaffung eines geeigneten Wertes für die Zielkunden definiert. Die Begründung hierfür ist, dass jeder Teil in der Wertkette des Anbieters einen Ansatzpunkt für die Generierung von Wert für den Kunden bildet. Folglich kann jeder Mitarbeiter im Unternehmen zur Wertsteigerung für den Kunden beitragen.[436] Dafür werden Informationen zwischen verschiedenen Funktionsbereichen ausgetauscht und gemeinsame Strategien erarbeitet.[437]

Da sich der **Zusammenhang zwischen Marktorientierung und Innovationsorientierung** nicht anhand eines organisationstheoretischen Ansatzes begründen lässt, wird auf die in Abbildung 6 (Abschnitt 2.2.1.3) gebildete Hierarchie zurückgegriffen. Dort wurde argumentiert, dass Marktorientierung der Innovationsorientierung vorgelagert ist, da sie sich primär auf die Befriedigung bestehender Kundenwünsche fokussiert, während Innovationsorientierung durch eine kontinuierliche Entwicklung innovativer

---

[432]   Vgl. Narver/Slater (1990), S. 21.
[433]   Vgl. Day/Wensley (1988), S. 1.
[434]   Vgl. Narver/Slater (1990), S. 22 f.
[435]   Vgl. hier und im Folgenden Narver/Slater (1990), S. 22.
[436]   Vgl. Porter (1985), S. 133.
[437]   Vgl. Narver/Slater (1990), S. 24.

Produkte und Services eher auf zukünftige Kundenwünsche ausgerichtet ist. Einige Kritiker der Marktorientierung unterstellen eine negative Wirkung von Marktorientierung auf Innovationsorientierung.[438] Ihrer Meinung nach beschränken sich marktorientierte Unternehmen darauf, bestehende Produkte zu optimieren und Wettbewerber zu imitieren anstatt wirklich innovative Ideen zu verfolgen.[439] Gründe hierfür seien „[...] the self-imposed strait-jackets created through slavishly following existing customers",[440] was dazu führe, dass zukünftige Entwicklungen außer Acht gelassen werden.[441] SLATER und NARVER unterscheiden aber explizit zwischen „market-oriented" und „customer-led" und betonen dabei, dass marktorientierte Unternehmen danach streben, sowohl bestehende als auch latente bzw. zukünftige Kundenbedürfnisse zu erkennen.[442] Daher wird in dieser Arbeit postuliert, dass Unternehmen mit einer hohen Marktorientierung ein überdurchschnittlich gutes Gespür für die Entwicklung von Märkten und eine besonders starke Vernetzung zu ihren Kunden aufweisen.[443] Diese besonderen Fähigkeiten und Kenntnisse über Kunden und Wettbewerber ermöglichen es ihnen, offen gegenüber Innovationen zu sein und kontinuierlich neue Produkte zu entwickeln, die den Zielkunden einen überlegenen Wert schaffen.[444] Dies kann z. B. die Entwicklung eines neuen Produkts sein, das besonders gut die Wünsche der Kunden befriedigt und sich stark von den Konkurrenzprodukten abhebt.[445] Neben der Kunden- und Wettbewerbsorientierung sind dabei auch Absprachen und der Austausch relevanter Marktinformationen zwischen verschiedenen Funktionsbereichen förderlich für eine Innovationsorientierung.[446]

Der positive Zusammenhang zwischen Marktorientierung und Innovationsorientierung wird auch in empirischen Studien belegt,[447] wobei insbesondere der positive Effekt von Kundenorientierung auf Innovationsorientierung mehrfach bestätigt wird.[448]

---

[438] Vgl. Christensen/Bower (1996); Theoharakis/Hooley (2008), S. 71.
[439] Vgl. Vázquez/Santos/Álvarez (2001), S. 72.
[440] Theoharakis/Hooley (2008), S. 71.
[441] Vgl. Vázquez/Santos/Álvarez (2001), S. 72.
[442] Vgl. Slater/Narver (1998).
[443] Vgl. Agarwal/Erramilli/Dev (2003), S. 69.
[444] Vgl. Agarwal/Erramilli/Dev (2003), S. 69.
[445] Vgl. Slater/Narver (1995).
[446] Vgl. Grinstein (2008), S. 167.
[447] Vgl. Agarwal/Erramilli/Dev (2003); Hult/Hurley/Knight (2004); Vázquez/Santos/Álvarez (2001).
[448] Vgl. Han/Kim/Srivastava (1998); Tajeddini/Trueman/Larsen (2006); Theoharakis/Hooley (2008).

Auch wenn HAN, KIM und SRIVASTAVA unter stabilen Umweltumständen keinen signifikanten Zusammenhang zwischen Wettbewerbsorientierung bzw. interfunktionaler Kommunikation und Innovationsorientierung identifizieren können, wird ein positiver Effekt unter dynamischen Umweltverhältnissen nachgewiesen.[449] Ebenso identifizieren TAJEDDINI, TRUEMAN und LARSEN diese beiden Dimensionen der Marktorientierung als Erfolgsfaktoren einer innovationsorientierten Unternehmenskultur.[450] Beide genannten Studien belegen jedoch, dass die Dimension Kundenorientierung den stärksten Einfluss besitzt.[451] So wird u. a. auch gezeigt, dass Wettbewerbsorientierung sich nur positiv auswirkt, wenn auch ein gewisses Maß an Kundenorientierung vorhanden ist, da dies die Unternehmen an einer reinen Imitation der Wettbewerberprodukte hindert.[452]

Auch die befragten Experten vertreten die Meinung, dass sich alle drei Dimensionen der Marktorientierung vorteilhaft auf die Innovationsorientierung auswirken. Insbesondere Kundenorientierung wird als wichtiger Erfolgsfaktor gesehen, sofern man diese aus Sicht von SLATER und NARVER interpretiert: „Kundenorientierung ist der primäre Erfolgsfaktor. [...] Kundenorientierung bedeutet nicht immer, dass man genau das macht, was der Kunde sagt. Das heißt, dass man dem Kunden zuhört und herausfindet, was der Kunde jetzt braucht und was er in Zukunft braucht."[453] Wettbewerbsorientierung wird von fast allen Experten ebenso als Determinante der Innovationsorientierung betrachtet: „Klar muss man wissen, was der Wettbewerber macht, welche Trends sind da gerade irgendwo zu sehen."[454] Dennoch sind die Experten der Meinung, dass die Wettbewerbsorientierung keinen so starken Einfluss besitzt wie die Kundenorientierung, „[...] weil das Ziel von Innovation ja ist, nicht das nachzumachen, was Wettbewerber schon machen, sondern letztlich herauszufinden oder als erster herauszufinden, was Kunden gerne hätten".[455] Die interfunktionale Koordination wird von allen Experten als äußerst förderlich für eine innovationsorientierte Unternehmenskultur angesehen.

---

[449]   Vgl. Han/Kim/Srivastava (1998), S. 40.
[450]   Vgl. Tajeddini/Trueman/Larsen (2006), S. 544.
[451]   Vgl. Han/Kim/Srivastava (1998); Tajeddini/Trueman/Larsen (2006).
[452]   Vgl. Grinstein (2008), S. 166.
[453]   Experte 4 (Mobilfunk).
[454]   Experte 9 (Dienstleistung).
[455]   Experte 5 (Dienstleistung).

Vor diesem Hintergrund wird, obwohl die drei Dimensionen Kundenorientierung, Wettbewerbsorientierung und interfunktionale Koordination gemeinsam das Konzept der Marktorientierung bilden, für jede einzelne Dimension eine separate Hypothese hergeleitet. Dies lässt sich dadurch begründen, dass sowohl der Literatur als auch den Experteninterviews zu entnehmen ist, dass die Wirkung der drei Dimensionen auf die Innovationsorientierung unterschiedlich stark ausfallen könnte. Die Ableitung einzelner Hypothesen soll dieser Vermutung Rechnung tragen. Aus den vorangegangenen Ausführungen ergeben sich daher folgende Hypothesen:

H_{2a}: *Je höher die Kundenorientierung ist, desto höher ist die Innovationsorientierung.*

H_{2b}: *Je höher die Wettbewerbsorientierung ist, desto höher ist die Innovationsorientierung.*

H_{2c}: *Je höher die interfunktionale Koordination ist, desto höher ist die Innovationsorientierung.*

Im Hinblick auf die Determinanten Personalmanagement und Marktorientierung lässt sich zusammenfassend festhalten, dass für beide Determinanten ein Einfluss auf die innovationsorientierte Unternehmenskultur postuliert wird. Im Folgenden sollen nun die Erfolgswirkungen von Innovationsorientierung hergeleitet werden.

3.3 Konzeptualisierung des Erfolgs und Ableitung von Forschungshypothesen

Den Ausführungen zu Beginn des Kapitels 3 folgend werden in diesem Abschnitt die Erfolgskonstrukte konzeptualisiert sowie die dazugehörigen Forschungshypothesen auf Basis des ressourcenbasierten Ansatzes, inhaltlicher Überlegungen und empirischer Befunde abgeleitet. Abschnitt 3.3.1 befasst sich mit den direkten Erfolgswirkungen von Innovationsorientierung. Dabei wird diskutiert, inwiefern sich Innovationsorientierung auf den Innovationserfolg und den Unternehmenserfolg auswirkt. Darüber hinaus wird auch eine indirekte Wirkung von Innovationsorientierung auf den Innovationserfolg über den Mediator „Qualität der Innovationsprozesse" vermutet. Die Hypothesen zu den indirekten Erfolgswirkungen von Innovationsorientierung werden in Abschnitt 3.3.2 abgeleitet.

3.3.1 Direkte Erfolgswirkungen von Innovationsorientierung

In der Literatur werden zahlreiche Vorschläge zur Konzeptualisierung des **Innovationserfolgs** diskutiert.[456] In Abschnitt 2.2.2.1 wurde bereits dargestellt, dass der Innovationserfolg je nach betrachtetem Objekt, Phase des Innovationsprozesses, Datenerhebungsmethode und verwendeten Dimensionen unterschiedlich beurteilt werden kann. In diesem Abschnitt werden nun das Objekt, auf das sich der Erfolg bezieht, die Phase des Innovationsprozesses sowie die relevanten Dimensionen des Innovationserfolgs bestimmt, während die Datenerhebungsmethode Gegenstand von Kapitel 4 ist.

In Bezug auf das betrachtete Objekt kann der Innovationserfolg auf verschiedenen Ebenen konzeptualisiert werden. Entweder wird nur der Erfolg eines einzelnen Innovationsprojekts (Mikroebene) oder der Erfolg des gesamten Innovationsportfolios eines Unternehmens bzw. Geschäftsbereichs (Makroebene) analysiert.[457] Mit dem in dieser Arbeit zu Grunde gelegten Verständnis von Innovationsorientierung als Teil der Unternehmenskultur erscheint es gerechtfertigt, die Wirkungszusammenhänge auch auf Makroebene zu untersuchen.[458] Zudem wurde bereits in Abschnitt 2.1.1 definiert, dass in dieser Arbeit Portfolios von Innovationen betrachtet werden. Der Erfolg einer Innovation kann in unterschiedlichen Phasen innerhalb des Innovationsprozesses beurteilt werden, wodurch der ausgewählte Zeitpunkt der Datenerhebung eine erhebliche Rolle für die Bestimmung des Innovationserfolgs spielt.[459] In Abschnitt 2.1.1 wurde eine Innovation als ein aus Unternehmenssicht neues Produkt, das erstmalig am Markt eingeführt wird, definiert. In dieser Untersuchung wird entsprechend ausschließlich der Erfolg bereits am Markt eingeführter, d. h. bereits abgeschlossener Innovationen betrachtet.

In Bezug auf die Dimensionen des Innovationserfolgs wurden in Abschnitt 2.2.2.1 bereits eine Vielzahl von Ansätzen vorgestellt, u. a. auch der auf einer Meta-Analyse basierende Ansatz von KOCK.[460] Dieser konzeptualisiert den Innovationserfolg anhand der in Abbildung 8 (Abschnitt 2.2.3.1) dargestellten fünf Dimensionen Profitabilität,

---

[456]   Vgl. Ernst (2003a), S. 31.
[457]   Vgl. Hauschildt/Salomo (2007), S. 529 f.
[458]   Vgl. Ernst (2003a), S. 31.
[459]   Vgl. Kock (2007), S. 4.
[460]   Vgl. Kock (2007).

Markterfolg, Projekteffizienz, technischer Erfolg und andere Effekte.[461] Dabei bilden Profitabilität und Markterfolg gemeinsam den wirtschaftlichen Erfolg von Innovationen. Weiterhin bezeichnet der Begriff Projekteffizienz die Einhaltung von Kosten- und Zeitplänen. Technischer Erfolg ist gegeben, wenn ein neues Produkt oder Verfahren technisch realisiert werden konnte. Die beiden letztgenannten Dimensionen sowie die Dimension der anderen Effekte (z. B. Lerneffekte) sind weitestgehend unabhängig von der Markteinführung des Produkts und treten daher z. T. bereits in früheren Phasen des Innovationsprozesses auf.[462] Der wirtschaftliche Erfolg hingegen kann erst dann eingeschätzt werden, nachdem ein Produkt am Markt eingeführt wurde.[463] In der vorliegenden Arbeit werden aus diesem Grund nur die wirtschaftlichen Dimensionen Profitabilität und Markterfolg ausgewählt. Die Profitabilität bezieht sich auf den finanziellen Erfolg einer Innovation, während der Markterfolg den Einfluss einer Innovation auf den Umsatz, Gewinn oder Marktanteil eines Unternehmens umfasst.[464] Zusammengefasst wird der Innovationserfolg nach Auswahl des Objekts, der Phase des Innovationsprozesses und der relevanten Dimensionen als der wirtschaftliche Erfolg aller am Markt eingeführten Innovationen eines Unternehmens konzeptualisiert.

Der **Zusammenhang zwischen Innovationsorientierung und Innovationserfolg** kann durch den in Abschnitt 2.3.3 vorgestellten ressourcenbasierten Ansatz theoretisch fundiert werden. In Abschnitt 3.2.1 wurde bereits verdeutlicht, dass Innovationsorientierung als eine Fähigkeit interpretiert werden kann, die aus den Humanressourcen eines Unternehmens entsteht. Ist ein Unternehmen in der Lage, diese spezielle Fähigkeit effizienter und effektiver als seine Wettbewerber zu nutzen, kann es sich einen strategischen Wettbewerbsvorteil[465] verschaffen, der darin besteht, dass das Unternehmen mehr Innovationen hervorbringt, die am Markt erfolgreich sind (vgl. Abbildung 11 in Abschnitt 2.3.3).[466] Dies wird als strategischer Wettbewerbsvorteil angesehen, da nicht alle Unternehmen gleichermaßen in der Lage sind, einen hohen Innovationserfolg zu erzielen.[467] Begründet werden kann dieser Zusammenhang mit Hilfe der Definition

---

461 Vgl. hier und im Folgenden Kock (2007), S. 4 f. und S. 9.
462 Vgl. Krieger (2005), S. 164.
463 Vgl. Krieger (2005), S. 164.
464 Vgl. Abbildung 8 in Abschnitt 2.2.3.1.
465 Vgl. Porter (1985) zum strategischen Wettbewerbsvorteil.
466 Vgl. Hult/Ketchen (2001), S. 900.
467 Vgl. Vorhies/Morgan (2005), S. 89. Sie zeigen, dass überdurchschnittlich erfolgreiche Unternehmen sich u. a. durch eine erfolgreiche Neuproduktentwicklung auszeichnen.

und Konzeptualisierung von Innovationsorientierung. Das Management und die Mitarbeiter eines innovationsorientierten Unternehmens sind offen gegenüber Innovationen und verfolgen diese aktiv.[468] Die Innovationsorientierung beinhaltet – wie in Abschnitt 3.1 hergeleitet – einen strategischen Fokus auf Innovationen, innovationsfördernde Anreizsysteme, ein betriebliches Vorschlagswesen und eine starke interne und externe Kommunikation dieser Orientierung. Wird das Management für erfolgreich durchgeführte Innovationsprojekte belohnt, wird es dazu motiviert, sich für Innovationen einzusetzen, was zu einer erhöhten Innovationsaktivität führt.[469] Auch ein betriebliches Vorschlagswesen kann bewirken, dass mehr innovative Ideen generiert und erfolgreich umgesetzt werden. Durch diese Facetten einer Innovationsorientierung ist somit davon auszugehen, dass innovationsorientierte Unternehmen in der Lage sind, eine höhere Anzahl von Innovationen zu entwickeln und dadurch bspw. den Umsatzanteil neuer Produkte zu steigern.[470]

Empirisch wird der direkte Zusammenhang zwischen Innovationsorientierung und Innovationserfolg nur in einer Studie von NARVER, SLATER und MCLACHLAN untersucht und bestätigt.[471] Indirekt wird dieser Zusammenhang von CALANTONE, GARCIA und DRÖGE untersucht.[472] Die Autoren zeigen, dass sich Innovationsorientierung positiv über die Mediatoren Innovationsgeschwindigkeit und strategische Planung auf den Innovationserfolg auswirkt.[473] Dies unterstreicht, dass der Innovationserfolg möglicherweise nicht nur durch die höhere Anzahl entwickelter Innovationen, sondern auch durch eine höhere Geschwindigkeit der Innovationsprozesse hervorgerufen wird. Auf Basis der theoretischen Fundierung und der empirischen Erkenntnisse lässt sich folgende Hypothese herleiten:

H_3:　　Je höher die Innovationsorientierung ist, desto höher ist der Innovationserfolg.

Der **Unternehmenserfolg** wird in dieser Arbeit als ein zweistufiges Konstrukt konzeptualisiert und setzt sich aus den Erfolgsgrößen Markterfolg und Profitabilität zu-

---

[468]　Vgl. Abschnitt 2.1.2.
[469]　Vgl. Chandler/Keller/Lyon (2000), S. 62.
[470]　Vgl. Hurley/Hult (1998), S. 48; Vázquez/Santoz/Álvarez (2001), S. 82.
[471]　Vgl. Narver/Slater/MacLachlan (2004), S. 343.
[472]　Vgl. Calantone/Garcia/Dröge (2003).
[473]　Vgl. Calantone/Garcia/Dröge (2003).

sammen. Diese zweistufige Konzeptualisierung des Erfolgs ist in der Marketingforschung wiederholt zu finden.[474] Der **Markterfolg** wird dabei definiert als die Effektivität der Marketingaktivitäten eines Unternehmens und umfasst somit Größen wie den Marktanteil, das Umsatzwachstum oder die Neukundengewinnung.[475] Die **Profitabilität** eines Unternehmens bezieht sich auf den ökonomischen Erfolg. Als ökonomische Größen dienen häufig gewinn- oder rentabilitätsbezogene Kennzahlen. Grundsätzlich wird in dieser Arbeit eine positive Wirkung des Innovationserfolgs auf den Unternehmenserfolg unterstellt, wobei sich der Innovationserfolg über den Markterfolg als Mediator indirekt auf die Profitabilität auswirkt. Die entsprechenden Hypothesen werden im Folgenden ausführlich hergeleitet.

Der ressourcenbasierte Ansatz liefert eine Erklärung für die **Wirkung des Innovationserfolgs auf den Unternehmenserfolg.** Im Rahmen von H_3 wurde bereits erläutert, dass Innovationsorientierung eine Fähigkeit darstellt, die darin resultiert, erfolgreiche innovative Produkte und damit Innovationserfolg hervorzubringen.[476] Dieser als strategischer Wettbewerbsvorteil zu interpretierende Innovationserfolg führt das innovationsorientierte Unternehmen langfristig zu einem höheren Unternehmenserfolg. Der vermutete Zusammenhang zwischen Innovationserfolg und Unternehmenserfolg kann an einem Beispiel der Automobilzulieferindustrie verdeutlicht werden.[477] Dort zeichnen sich erfolgreiche Unternehmen durch einen Umsatzanteil von Innovationsprodukten von 19,1 % bis zu 50,0 % aus. Weniger erfolgreiche Unternehmen weisen dagegen einen durchschnittlichen Anteil innovativer Produkte von nur 4,2 % auf. Noch augenscheinlicher wird der Zusammenhang, wenn man das jährliche prozentuale Umsatzwachstum, das eine Kennzahl für den Markterfolg darstellt, innovativer und weniger innovativer Unternehmen vergleicht. Während innovative Unternehmen ein Umsatzwachstum von 19,2 % aufweisen, erreichen wenig innovative Unternehmen nur ein Umsatzwachstum von 4,5 %. In Bezug auf die Profitabilität zeigen sich ähnliche Ergebnisse: innovative Unternehmen erreichen mit 5,8 % eine doppelt so hohe Umsatzrendite wie ihre weniger innovativen Wettbewerber, die nur eine Umsatzrendite von 2,7 % ausweisen. Auch GRIFFIN berichtet, dass überdurchschnittlich erfolgreiche Unternehmen 49 % ihrer Umsätze durch Produkte erzielen, die in den letzten fünf Jahren

---

[474] Vgl. z. B. Becker (1999); Pflesser (1999); Reinartz/Krafft/Hoyer (2004); Stock (2002), S. 65.
[475] Vgl. hier und im Folgenden Homburg/Pflesser (2000a), S. 452; Vorhies/Morgan (2005), S. 82 f.
[476] Vgl. Hult/Ketchen (2001), S. 899.
[477] Vgl. hier und im Folgenden Krieger (2005), S. 148 f.

entwickelt und am Markt eingeführt wurden.[478] Es wird zudem gezeigt, dass der Innovationserfolg ein Viertel der Varianz des Unternehmenserfolgs erklärt.

Ist das Innovationsportfolio eines Unternehmens sehr erfolgreich, hat dies positive Konsequenzen für seinen Markterfolg. Dass Innovationserfolg ein bedeutender strategischer Wettbewerbsvorteil ist, lässt sich darauf zurückführen, dass Unternehmen häufig mit einer erhöhten Wettbewerbsintensität, dynamischen Marktverhältnissen, einer hohen technischen Dynamik und verkürzten Produktlebenszyklen konfrontiert sind.[479] Innovationen tragen diesen Unsicherheiten, denen ein Unternehmen ausgesetzt ist, Rechnung und werden deshalb sowohl von bestehenden Kunden als auch von neuen Kunden nachgefragt. Im Falle bestehender Kunden kann es zwar zu einer Kannibalisierung kommen, d. h. die Kunden kaufen die Innovationen anstelle anderer Produkte des Unternehmens, es wird jedoch davon ausgegangen, dass die durch Innovationen generierten Umsätze die Kannibalisierungseffekte übersteigen. Durch die Umsatzsteigerung kann zudem der Marktanteil des Unternehmens c. p. gesteigert werden. Der positive Effekt des Innovationserfolgs auf den Markterfolg wurde auch empirisch nachgewiesen,[480] weshalb sich folgende Hypothese postulieren lässt:

H_4:   *Je höher der Innovationserfolg ist, desto höher ist der Markterfolg.*

Es ist anzunehmen, dass der Markterfolg die Profitabilität eines Unternehmens beeinflusst. Dieser Zusammenhang kann z. B. dadurch begründet werden, dass Unternehmen mit steigendem Marktanteil auch Verhandlungsmacht gegenüber Kunden aufbauen, was letztlich zu einer Steigerung des finanziellen Erfolgs führt.[481] Durch die mit Umsatzwachstum einhergehenden höheren Stückzahlen können des Weiteren Skaleneffekte erzielt werden.[482] Dadurch werden sinkende Stückkosten erzielt, was wiederum die Profitabilität des Unternehmens erhöht. Ein positiver Zusammenhang zwischen dem Markterfolg und der Profitabilität eines Unternehmens wurde vielfach

---

[478] Vgl. hier und im Folgenden Griffin (1997).

[479] Vgl. hier und im Folgenden Griffin (1997) sowie Abschnitt 3.4.

[480] Vgl. z. B. Hultink et al. (1998), S. 281; Krieger (2005), S. 258; Langerak/Hultink/Robben (2004), S. 88.

[481] Vgl. Stock (2002), S. 65. Ein Beispiel hierfür ist Nutella. Da Nutella im Bereich der Nuss-Nougat-Cremes Marktführer ist, hat Ferrero eine starke Verhandlungsposition gegenüber dem Einzelhandel, der bei einer Auslistung dieses Produkts das Risiko eingeht, viele seiner Kunden zu verärgern oder sogar zu verlieren.

[482] Vgl. Stock (2002), S. 65.

nachgewiesen.[483] Deshalb wird folgender Zusammenhang unterstellt:

H_5:   *Je höher der Markterfolg ist, desto höher ist die Profitabilität.*

In dieser Arbeit wird neben den direkten Erfolgswirkungen aber auch eine indirekte, d. h. mediierende Erfolgswirkung von Innovationsorientierung untersucht. Im folgenden Abschnitt werden die dazugehörigen Hypothesen abgeleitet.

3.3.2 Indirekte Erfolgswirkung von Innovationsorientierung

Im Folgenden wird diskutiert, inwieweit sich eine Innovationsorientierung nicht nur direkt auf den Innovationerfolg eines Unternehmens auswirkt, sondern auch indirekt über die **Qualität der Innovationsprozesse**. In Abschnitt 2.2.3.2 wurde der Innovationsprozess bereits ausführlich beschrieben und herausgestellt, dass Innovationsprozesse darauf abzielen, mit Hilfe eines standardisierten Ablaufs erfolgreiche Innovationen hervorzubringen. Ein formaler Innovationsprozess sollte umfassend sein, d. h. alle relevanten Aktivitäten berücksichtigen, und durch Qualität während des gesamten Prozesses charakterisiert sein.[484] Ein qualitativ hochwertiger Innovationsprozess zeichnet sich dabei insbesondere durch eine sehr gute und professionelle Planung aus.[485] Auch COOPER und KLEINSCHMIDT halten die Planungsphase für besonders wichtig: „The most critical steps in the new product process are those that occur before the product development gets underway."[486] Bei der Planung des Innovationsprozesses ist zunächst die Entwicklung eines Zeitplans für die einzelnen Innovationsphasen ein zentrales Element.[487] Weiterhin müssen Verantwortungsbereiche für die einzelnen Mitarbeiter festgelegt werden. Ein Innovationsprozess zeichnet sich auch durch die Festlegung von Meilensteinen aus, die der Messung von Erfolg und Fortschritt des Innovationsprojekts dienen. Die Festlegung von Meilensteinen für Innovationsprojekte setzt dabei die Abstimmung verschiedener Funktionsbereiche voraus. Letztlich muss das Management die Relevanz einer professionellen Planung des Innovationsprozesses erkennen und die dafür notwendigen Ressourcen zur Verfügung stellen.[488]

---

[483]   Vgl. z. B. Becker (1999); Buzzell/Gale (1987); Pflesser (1999); Stock (2002).
[484]   Vgl. Ernst (2002), S. 9.
[485]   Vgl. Song/Parry (1996), S. 428.
[486]   Cooper/Kleinschmidt (1987), S. 181.
[487]   Vgl. hier und im Folgenden Song/Parry (1996), S. 430.
[488]   Vgl. Cooper/Kleinschmidt (1987), S. 181.

Die Qualität eines Innovationsprozesses wird nicht nur durch eine sehr gute Planung, sondern auch durch eine professionelle Durchführung von Innovationsprojekten bestimmt.[489] Um den Erfolg der potenziellen Innovation nicht zu gefährden, sollten z. B. die festgelegten Meilensteine und Zeitpläne während der einzelnen Phasen des Innovationsprozesses eingehalten werden.[490] In Tabelle 3 in Abschnitt 2.2.3.2 wurden bereits verschiedene Phaseneinteilungen des Innovationsprozesses in der Literatur vorgestellt. Dabei wurde allerdings keine Auswahl eines Schemas getroffen, da in der vorliegenden Untersuchung zwar die grundsätzliche Qualität der Innovationsprozesse betrachtet wird, eine exakte Unterteilung in Phasen jedoch für eine ganzheitliche Beurteilung der Qualität nicht erforderlich ist. Zudem werden in jedem Unternehmen die Phasen des Innovationsprozesses unterschiedlich definiert und abgegrenzt.

Die **indirekte Wirkung von Innovationsorientierung auf den Innovationserfolg über den Mediator „Qualität der Innovationsprozesse"** kann auch durch den in Abschnitt 2.3.3 dargestellten ressourcenbasierten Ansatz erklärt werden. In Abschnitt 3.2.1 und im Rahmen der direkten Erfolgswirkungen (Abschnitt 3.3.1) wurde bereits erläutert, dass Innovationsorientierung eine Fähigkeit darstellt, die aus den Humanressourcen in Form des Managements und der Mitarbeiter eines Unternehmens entsteht. Ist ein Unternehmen in der Lage, diese spezielle Fähigkeit effizienter und effektiver als seine Wettbewerber zu nutzen, indem es die Qualität seiner Innovationsprozesse verbessert, kann es sich einen strategischen Wettbewerbsvorteil verschaffen, der in der erfolgreichen Generierung von Innovationen besteht.[491] Im Rahmen der Postulierung von H_4 und H_5 wurde gezeigt, dass der strategische Wettbewerbsvorteil „Innovationserfolg" zu einer Steigerung des Unternehmenserfolgs führen kann.

Ein innovationsorientiertes Unternehmen ist offen gegenüber innovativen Ideen und verfolgt diese aktiv.[492] In Abschnitt 3.1 wurde erläutert, dass sich Innovationsorientierung anhand des Verhaltens von Management und Mitarbeitern konzeptualisieren lässt, wobei sich das Verhalten des Managements in die Facetten strategischer Fokus, extrinsisches Anreizsystem und Kommunikation und das Verhalten der Mitarbeiter in

---

[489]   Vgl. Ernst (2002), S. 9.

[490]   Ggf. ist es aber auch notwendig, die Planung zu flexibilieren. Wenn sich z. B. im Laufe eines Projekts herausstellt, dass der ursprüngliche Plan unter nicht mehr zutreffenden Prämissen aufgestellt wurde, kann eine Abweichung von den festgelegten Zeitplänen sinnvoll sein.

[491]   Vgl. Hult/Ketchen (2001), S. 900.

[492]   Vgl. Abschnitt 2.1.2.

die Facetten strategischer Fokus, extrinsisches Anreizsystem und betriebliches Vorschlagswesen unterteilen lässt. Die Verhaltensweisen der Unternehmensakteure führen dazu, dass innovationsorientierte Unternehmen potenziell in der Lage sind, ihre Innovationsprozesse besser zu planen und durchzuführen. Werden z. B. Mitarbeiter für die erfolgreiche Umsetzung ihrer innovativen Ideen monetär belohnt, sind sie eher daran interessiert, Zeitpläne einzuhalten und festgelegte Meilensteine zu erreichen, als wenn keine Anreize gewährt werden. Wird im Zuge der Innovationsorientierung die Bedeutung von Innovationen im Unternehmen betont, werden auch die für eine professionelle Planung und Durchführung der Innovationsprozesse notwendigen Ressourcen – Humanressourcen, Zeit und Geld – zur Verfügung gestellt.[493]

In der Bestandsaufnahme der bisherigen Forschung in Abschnitt 2.4 wurde bereits gezeigt, dass die Wirkung von Innovationsorientierung auf zentrale Innovationsprozesse bisher nur unzureichend empirisch untersucht wurde. CALANTONE, GARCIA und DRÖGE zeigen allerdings, dass sich Innovationsorientierung positiv über die Mediatoren Innovationsgeschwindigkeit und strategische Planung auf den Innovationserfolg auswirkt, und weisen darauf hin, dass die Identifikation anderer Mediatoren eine zentrale Aufgabe für zukünftige Forschungsbeiträge darstellt.[494] Auf Basis der theoretischen und inhaltlichen Überlegungen wird folgende Hypothese aufgestellt:

H_6: *Je höher die Innovationsorientierung ist, desto höher ist die Qualität der Innovationsprozesse.*

Es ist weiterhin anzunehmen, dass sich die Qualität der Innovationsprozesse, die in einer professionellen Planung und Durchführung der Innovationsprojekte besteht, positiv auf den wirtschaftlichen Erfolg des Innovationsportfolios auswirkt.[495] So bewirken fest definierte Zeitpläne, dass der Innovationsprozess effizient durchgeführt und das entwickelte Produkt rechtzeitig am Markt eingeführt werden kann. Da Unternehmen häufig mit einer erhöhten Wettbewerbsintensität, dynamischen Marktverhältnissen, einer hohen technologischen Dynamik und verkürzten Produktlebenszyklen konfrontiert sind,[496] kann es für den Erfolg einer Innovation in der Regel förderlich sein,

---

[493] Vgl. Cooper/Kleinschmidt (1987), S. 181.

[494] Vgl. Calantone/Garcia/Dröge (2003), S. 100.

[495] Vgl. z. B. Cooper/Kleinschmidt (1987), S. 175; Cooper/Kleinschmidt (1995b), S. 384; Henard/Szymanski (2001), S. 368; Song/Parry (1996), S. 422.

[496] Vgl. Griffin (1997).

als erster mit dem neuen Produkt auf dem Markt zu sein.[497] Auch festgelegte Verant-wortungsbereiche tragen zur Profitabilität des Innovationsportfolios bei, indem sie durch Konflikte verursachte Reibungsverluste vermeiden helfen und dadurch eine Steigerung des Innovationserfolgs bewirken.

Der positive Einfluss von Innovationsprozessen auf den Innovationserfolg wird in der wissenschaftlichen Literatur mehrfach bestätigt. Insbesondere belegt eine Vielzahl an Studien, dass ein professioneller Innovationsprozess positiv auf den Innovationser-folg wirkt.[498] COOPER und KLEINSCHMIDT identifizieren z. B. die Qualität der Innova-tionsprozesse als wichtigsten von neun untersuchten Treibern des Innovationser-folgs.[499] Des Weiteren zeigen die Autoren, dass insbesondere die Qualität der Pla-nungsprozesse eine Wirkung auf den Innovationserfolg aufweist.[500] Dieser Befund wird auch von SONG und PARRY sowie HENARD und SZYMANSKI belegt.[501] Aufgrund der vorangegangen Ausführungen und der theoretischen Erklärung durch den ressour-cenbasierten Ansatz wird folgende Hypothese postuliert:

H_7:   *Je höher die Qualität der Innovationsprozesse ist, desto höher ist der In-novationserfolg.*

In diesem Abschnitt wurde der Erfolg, der von einer Innovationsorientierung aus-geht, konzeptualisiert und die dazugehörigen Forschungshypothesen abgeleitet. Dabei wurde postuliert, dass sich die Innovationsorientierung eines Unternehmens positiv auf seinen Innovationserfolg auswirkt, der wiederum eine positive Wirkung auf den Un-ternehmenserfolg aufweist. Neben diesen direkten Erfolgswirkungen wurde auch die Rolle der Innovationsprozesse als mediierendes Konstrukt zwischen Innovationsorien-tierung und Innovationserfolg untersucht. Nach BARON und KENNY ist eine Variable ein Mediator, wenn die direkte Beziehung nach Einführung des Mediators entweder verschwindet (vollständige Mediation) oder sich signifikant verringert (partielle Medi-

---

[497]   Vgl. Calantone/Garcia/Dröge (2003), S. 95. Viele Studien gelangen zu dem Ergebnis, dass eine Pionierstrategie erfolgreicher ist als eine Folgerstrategie. Vgl. z. B. die Überblicksartikel von Clement/Litfin/Vanini (1998); Kerin/Varadarajan/Peterson (1992) oder die Meta-Analyse von Szymanski/Troy/Bharadwaj (1995).

[498]   Vgl. Ernst (2002), S. 3-14, der die Literatur zum Innovationsprozess als Erfolgsfaktor der Neu-produktentwicklung tabellarisch darstellt und auswertet. Dabei wird gezeigt, dass die Qualität der Innovationsprozesse einen wesentlichen Einfluss auf den Innovationserfolg ausübt.

[499]   Vgl. Cooper/Kleinschmidt (1995b), S. 384.

[500]   Vgl. Cooper/Kleinschmidt (1987), S. 175.

[501]   Vgl. Henard/Szymanski (2001), S. 368; Song/Parry (1996), S. 422.

ation).[502] Aufgrund der abgeleiteten Hypothesen wird hier von einem partiellen mediierenden Effekt ausgegangen. So wird vermutet, dass von der Innovationsorientierung sowohl eine direkte Erfolgswirkung ausgeht, die sich auf eine erhöhte *Quantität* neu generierter Ideen zurückführen lässt, als auch eine indirekte Erfolgswirkung, die durch eine höhere *Qualität* der Innovationsprozesse begründbar ist. Die Existenz eines direkten Effekts von Innovationsorientierung auf den Innovationserfolg ist auch dadurch nachzuvollziehen, dass nicht alle Innovationen durch geregelte Prozesse generiert und entwickelt werden bzw. manche Unternehmen gar keine formalen Innovationsprozesse zur Neuproduktentwicklung verwenden, aber dennoch Innovationen hervorbringen.[503]

Die bisherigen Ausführungen des Kapitels 3 stellten stark auf unternehmensinterne und damit ressourcenorientierte Zusammenhänge ab. Nach dem situativen Ansatz sollten bei der Betrachtung von Erfolgsaussagen jedoch auch situative Gegebenheiten berücksichtigt werden, weshalb die moderierenden Faktoren Gegenstand des folgenden Abschnitts 3.4 sind.

3.4 Konzeptualisierung der moderierenden Faktoren und Ableitung von Forschungshypothesen

Überlegungen des situativen Ansatzes (Abschnitt 2.3.4) und die Erkenntnisse aus empirischen Studien zur Innovationsorientierung (Abschnitt 2.4.2) weisen auf die Relevanz der Berücksichtigung moderierender Faktoren bei der Analyse der Beziehung zwischen Innovationsorientierung und Innovationserfolg hin.[504] Von den interviewten Experten wird insbesondere die moderierende Wirkung der Ressourcen des Unternehmens als wichtig erachtet. Die Konzeptualisierung dieses endogenen moderierenden Faktors sowie die Ableitung der zugehörigen Forschungshypothese erfolgen in Abschnitt 3.4.1. Weiterhin werden in Abschnitt 3.4.2 die exogenen moderierenden Faktoren Marktdynamik, technologische Dynamik und Wettbewerbsintensität konzeptualisiert und Hypothesen zu ihrer Wirkung abgeleitet.

---

[502]   Vgl. Baron/Kenny (1986), S. 1176.
[503]   Vgl. Griffin (1997), S. 431.
[504]   Grundsätzlich könnte es sein, dass moderierende Faktoren auch die Wirkung der Innovationsprozesse auf den Innovationserfolg (H₇) beeinflussen. Da in der vorliegenden Untersuchung allerdings die Innovationsorientierung im Mittelpunkt der Betrachtung steht, wird dieser mögliche Zusammenhang nicht untersucht.

3.4.1 Ressourcen als endogener moderierender Faktor

Gegenstand dieses Abschnitts sind die für Innovationen zur Verfügung stehenden Ressourcen.[505] In diesem Kontext wird häufig in der englischsprachigen Literatur der Begriff *Slack Resources* verwendet.[506] *Slack Resources* bezeichnen die Differenz zwischen den Aufwendungen, die notwendig sind, um das Unternehmen zu erhalten, und den Erträgen, die das Unternehmen von außerhalb generiert.[507] Nach ROSNER können *Slack Resources* aus vier Gründen entscheidend zur Hervorbringung von Innovationen beitragen.[508] Erstens ermöglichen sie den Kauf kostspieliger Innovationen. Zweitens sind Unternehmen durch *Slack Resources* in der Lage, Fehler in Form nicht erfolgreicher Produkte zu verkraften. Drittens können diese Ressourcen dazu beitragen, die Kosten der Entwicklung und Markteinführung von Innovationen zu tragen. Viertens ist es möglich, neue Ideen für latente Bedürfnisse zu entwickeln, was bedeutet, dass das Unternehmen in Vorleistung geht, da diese Bedürfnisse noch nicht explizit vom Kunden artikuliert wurden. Zu den Ressourcen eines Unternehmens zählen allerdings nicht nur die finanziellen Ressourcen, sondern auch organisationale, humane und zeitliche Ressourcen.[509]

Für die Erklärung der **Wirkung von Ressourcen auf den Effekt von Innovationsorientierung auf den Innovationserfolg** wird auf den in Abschnitt 2.3.4 dargestellten situativen Ansatz zurückgegriffen. Nach dem situativen Ansatz sollten situative Gegebenheiten bei der Betrachtung von Erfolgswirkungen berücksichtigt werden. So kann u. a. die direkte Wirkung einer organisationalen Variablen auf eine Erfolgsvariable durch situative Faktoren verstärkt oder abgeschwächt werden. Die situativen Faktoren fungieren also in diesem konkreten Fall als Moderatoren zwischen den organisationalen Variablen und dem Erfolg.[510] Die Innovationsorientierung repräsentiert als Dimension der Unternehmenskultur eine organisationale Variable, der Innovationserfolg eine Erfolgsvariable. Auf Basis von Überlegungen des situativen Ansatzes ist davon auszugehen, dass die in H_3 postulierte positive Wirkung der Innovationsorientierung auf den Innovationserfolg von den zur Verfügung stehenden Ressourcen verstärkt wird. H_3

---

[505] Vgl. Amabile et al. (1996), S. 1161.
[506] Vgl. Madanmohan (2005); Rosner (1968).
[507] Vgl. Rosner (1968), S. 615.
[508] Vgl. hier und im Folgenden Rosner (1968), S. 615.
[509] Vgl. Cooper/Kleinschmidt (1987), S. 181.
[510] Damit steht die zweite Situation der Abbildung 12 in Abschnitt 2.3.4 in dieser Untersuchung im Fokus der Betrachtung.

wurde dadurch begründet, dass innovationsorientierte Unternehmen z. B. durch innovationsfördernde extrinsische Anreizsysteme in der Lage sind, eine höhere Anzahl von Innovationen zu entwickeln und dadurch bspw. den Umsatzanteil neuer Produkte zu steigern.[511] Obwohl Innovationsorientierung bedeutet, dass Management und Mitarbeiter offen gegenüber Innovationen sind und neue Ideen aktiv verfolgen,[512] kann ein Mangel an Ressourcen dazu führen, dass die generierten Ideen nicht vollständig umgesetzt werden können, da die Produktentwicklung und -vermarktung häufig hohe finanzielle, humane und zeitliche Ressourcen erfordern.[513] Unternehmen mit einer umfangreichen Ressourcenausstattung hingegen sind potenziell eher in der Lage, durch eine hohe Innovationsorientierung auch einen sehr hohen Innovationserfolg zu erzielen. Insbesondere die materiellen Ressourcen ermöglichen es ihnen, die mit Innovationen verbundenen Risiken einzugehen und die finanziellen Mittel aufzubringen, die im Rahmen des Innovationsprozesses anfallen.[514]

In der wissenschaftlichen Forschung wurde der moderierende Einfluss eines adäquaten Ressourceneinsatzes auf den Zusammenhang zwischen Innovationsorientierung und Innovationserfolg bislang nicht untersucht. HURLEY und HULT weisen jedoch auf die Bedeutung von Ressourcen im Rahmen der Erfolgswirkungen einer Innovationsorientierung hin: „Innovativeness of the firm's culture, when combined with resources and other organizational characteristics, creates a greater capacity to innovate. Firms that have a greater capacity to innovate are able to develop a competitive advantage and achieve higher levels of performance."[515] Dass der angemessene Einsatz von Ressourcen einen direkten Erfolgsfaktor von Innovationen darstellt, wurde in der Literatur hingegen mehrfach bestätigt.[516]

Auch wenn in den Experteninterviews nicht explizit nach der moderierenden Wirkung von Ressourcen gefragt wurde, wiesen einige Experten auf die Relevanz eines adäquaten Ressourceneinsatzes im Zusammenhang mit der Innovationsorientierung hin. Insbesondere Experte 4 ist der Ansicht, dass eine großzügige Ressourcenausstat-

---

[511]   Vgl. Hurley/Hult (1998), S. 48; Vázquez/Santoz/Álvarez (2001), S. 82.
[512]   Vgl. Abschnitt 2.1.2.
[513]   Vgl. Madanmohan (2005), S. 489.
[514]   Vgl. Rosner (1968), S. 615.
[515]   Hurley/Hult (1998), S. 44.
[516]   Vgl. z. B. Cooper/Kleinschmidt (1995b), S. 384. Eine Tabelle mit empirischen Studien, die Ressourcen als Erfolgsfaktor von Innovationen bestätigen konnten, findet sich zudem bei Ernst (2002), S. 25-27.

tung die Wirkung der Innovationsorientierung auf den Innovationserfolg verstärkt. Seine Argumente beziehen sich dabei auf die vier Vorteile, die Unternehmen durch die oben beschriebenen *Slack Resources* im Hinblick auf Innovationen besitzen können. Basierend auf den vorangegangen Ausführungen wird deshalb folgende Hypothese aufgestellt:

> H_8: *Je umfangreicher die für Innovationen zur Verfügung stehenden Ressourcen sind, desto stärker ist der positive Einfluss der Innovationsorientierung auf den Innovationserfolg.*

Nach dem situativen Ansatz sind nicht nur die gerade diskutierten endogenen moderierenden Faktoren – wie in diesem Fall die Ressourcen – bei Erfolgsaussagen zu berücksichtigen, sondern auch exogene moderierende Faktoren.[517]

3.4.2 Umweltvariablen als exogene moderierende Faktoren

Umweltvariablen bezeichnen äußere Einflüsse, denen Unternehmen ausgesetzt sind. Mit äußeren Einflüssen sind vornehmlich Turbulenzen in der Umwelt gemeint.[518] Diese werden durch einen hohen Grad an Veränderungen innerhalb einer Periode erklärt, die Unsicherheit und Unvorhersehbarkeit hervorrufen und dazu führen, dass z. B. Informationen über Technologien und Wettbewerber häufig fehlerhaft, nicht verfügbar oder veraltet sind.[519] Zudem verursachen permanente Veränderungen in der Umwelt eine hohe Volatilität in Bezug auf Nachfrage und Wachstumsraten, kurzzeitige Wettbewerbsvorteile, die kontinuierlich geschaffen und von Konkurrenten wieder aufgeholt werden, und niedrige Markteintrittsbarrieren, die die Wettbewerbsstruktur einer Branche fortlaufend verändern.[520] Aufbauend auf diesen Aussagen werden in diesem Abschnitt die Umweltvariablen Marktdynamik, technologische Dynamik und Wettbewerbsintensität näher betrachtet. Die Auswahl dieser exogenen Faktoren lässt sich dadurch begründen, dass sie häufig bei der Untersuchung der Wirkung von Dimensionen der Unternehmenskultur (z. B. Marktorientierung oder Innovationsorientierung) auf den Unternehmenserfolg betrachtet wurden.[521]

---

[517]   Vgl. Absatz 2.3.4.
[518]   Vgl. Han/Kim/Srivastava (1998), S. 35.
[519]   Vgl. Bourgeois/Eisenhardt (1988), S. 816; Dess/Beard (1984), S. 56.
[520]   Vgl. Calantone/Garcia/Dröge (2003), S. 91.
[521]   Vgl. z. B. Berthon/Hulbert/Pitt (2004); Han/Kim/Srivastava (1998); Jaworski/Kohli (1993).

Die **Marktdynamik** wird als Änderungsrate der Kundenbeschaffenheit und -präferenzen verstanden.[522] Dies beinhaltet sich schnell ändernde Kundenwünsche, anspruchsvolle Bedürfnisse und Wünsche der Kunden, laufend wechselnde Kunden im Markt sowie eine kontinuierliche Nachfrage nach neuen Produkten.[523] Die **technologische Dynamik** bezeichnet die Änderungsrate der technologischen Voraussetzungen.[524] Technologische Dynamik entsteht durch Innovationen, die die Veränderungsrate der Technologie in wissenschaftlichen Einrichtungen oder in einem Markt beschleunigen.[525] Dies führt dazu, dass Wettbewerbsvorteile nur kurz bewahrt werden können und Wettbewerber häufiger in den Markt ein- bzw. austreten. Die **Wettbewerbsintensität** definiert sich als der Umfang und die Aggressivität von Wettbewerber-Aktionen.[526] Aus ihr resultiert eine hohe Anzahl von Alternativen an Produkten und Dienstleistungen, mit denen Bedürfnisse und Wünsche von Kunden befriedigt werden können.[527] Aus diesen Ausführungen wird ersichtlich, dass der Beobachtung von und der Reaktion auf Veränderungen der Umwelt bei der Generierung von Innovationen eine potenziell hohe Relevanz zukommt.

Für die Erklärung der **Wirkung der exogenen moderierenden Faktoren auf den Effekt von Innovationsorientierung auf den Innovationserfolg** wird erneut auf den in Abschnitt 2.3.4 vorgestellten situativen Ansatz zurückgegriffen. Im vorherigen Abschnitt 3.4.1 wurde bereits die Hypothese aufgestellt, dass die Ressourcen eines Unternehmens als endogener moderierender Faktor die Beziehung zwischen der organisationalen Variable Innovationsorientierung und der Erfolgsvariable Innovationserfolg verstärken. Es wird vermutet, dass darüber hinaus auch die Umweltvariablen Marktdynamik, technologische Dynamik und Wettbewerbsintensität als exogene moderierende Faktoren die positive Beziehung zwischen Innovationsorientierung und Innovationserfolg (H_3) beeinflussen.

In einem Umfeld, in dem Kunden ständig nach neuen Produkten suchen, ist es wich-

---

[522] Vgl. Jaworski/Kohli (1993), S. 57.
[523] Vgl. Hult/Hurley/Knight (2004), S. 432.
[524] Vgl. Jaworski/Kohli (1993), S. 57.
[525] Vgl. Calantone/Garcia/Dröge (2003), S. 91 f. Ein Beispiel für technologische Dynamik stellt die Entwicklung von der VHS Kassette über die DVD zur Blue Ray Disk dar.
[526] Vgl. Kumar/Subramanian/Yauger (1998), S. 209.
[527] Vgl. Jaworski/Kohli (1993), S. 57.

tig für Unternehmen, innovativ tätig zu sein, um erfolgreich sein zu können.[528] Hieraus lässt sich gleichsam der postulierte vorgelagerte Charakter der Marktorientierung in Bezug auf die Innovationsorientierung erkennen.[529] Nur durch die Fähigkeit eines Unternehmens, sich schnell an die hohe Marktdynamik anzupassen, ist es möglich, anhaltende Wettbewerbsvorteile in Form erfolgreicher Innovationen zu generieren.[530] Eine ausgeprägte Innovationsorientierung beinhaltet diese Fähigkeit, da innovationsorientierte Unternehmen offen gegenüber Innovationen sind und neue Ideen aktiv verfolgen. Durch die dadurch generierte hohe Anzahl von Innovationen ist es wahrscheinlich, dass zumindest einige dieser Innovationen die Kundenwünsche erfüllen. Mit anderen Worten ist davon auszugehen, dass eine hohe Marktdynamik den Einfluss der Innovationsorientierung auf den Erfolg des Innovationsportfolios verstärkt.

Die moderierende Wirkung der Marktdynamik auf die Beziehung zwischen Innovationsorientierung und -erfolg wird in der empirischen Forschung nur von CALANTONE, GARCIA und DRÖGE indirekt nachgewiesen. So verstärken Umweltturbulenzen, die in ihrer Studie durch Marktdynamik und technologische Dynamik konzeptualisiert werden, die Beziehung zwischen Innovationsorientierung und strategischer Planung, welche als Mediator zum Innovationserfolg fungiert.[531] Darüber hinaus wird empirisch lediglich gezeigt, dass eine hohe Marktdynamik die Wirkung von Innovationsorientierung auf den Unternehmenserfolg verstärkt, was sich aber vermutlich auch auf eine indirekte Wirkung eines höheren Innovationserfolgs zurückführen lässt. So weisen CHANDLER, KELLER und LYON nach, dass die Beziehung zwischen Innovationsorientierung und Unternehmenserfolg nur im Falle einer hohen Dynamik der Umwelt positiv ausfällt.[532] Auch in der Studie von BERTHON, HULBERT und PITT wird deutlich, dass der Erfolg innovationsorientierter Unternehmen besonders stark ist, wenn eine hohe Dynamik der Umwelt vorliegt.[533] Darüber hinaus ist zu erwähnen, dass in einer anderen empirischen Studie von HULT, HURLEY und KNIGHT ein verstärkender Einfluss der Marktdynamik auf die Beziehung zwischen Innovationsorientierung und dem

---

[528]   Vgl. Hult/Hurley/Knight (2004), S. 432.
[529]   Vgl. Abschnitt 3.2.2.
[530]   Vgl. Calantone/Garcia/Dröge (2003), S. 92.
[531]   Vgl. Calantone/Garcia/Dröge (2003), S. 98.
[532]   Vgl. Chandler/Keller/Lyon (2000), S. 73. Die Dynamik der Umwelt wird in dieser Studie als Marktdynamik und technologische Dynamik konzeptualisiert.
[533]   Vgl. Berthon/Hulbert/Pitt (2004), S. 1082. Die Dynamik der Umwelt wird dabei als „Single Item" gemessen, also lediglich mit Hilfe eines einzelnen Indikators.

Unternehmenserfolg nicht festgestellt werden konnte.[534] Die theoretisch begründete Relevanz eines dynamischen Marktumfelds und die Meinungen der Experten, die einen positiven Einfluss der Marktdynamik als Moderator bestätigten, führen jedoch zusammenfassend zu folgender Hypothese:

H_9: *Je höher die Marktdynamik ist, desto stärker ist der positive Einfluss der Innovationsorientierung auf den Innovationserfolg.*

Es wird außerdem vermutet, dass die technologische Dynamik einen positiven moderierenden Effekt auf die Wirkungsbeziehung zwischen Innovationsorientierung und Innovationserfolg ausübt. Dies bedeutet, dass bei einer sehr hohen technologischen Dynamik in einem Markt der Innovationserfolg besonders stark von der Innovationsorientierung eines Unternehmens abhängt. Dies ist dadurch zu begründen, dass innovationsorientierte Unternehmen u. a. versuchen, so oft wie möglich eine Pionierposition anzustreben, und Innovationen eine hohe Priorität einräumen.[535] Diese Eigenschaften sind wichtig für den Innovationserfolg, denn insbesondere bei einer hohen technologischen Dynamik ist es vorteilhaft, ein neues Produkt schnell auf den Markt zu bringen und dabei sogar Budgetüberschreitungen in Kauf zu nehmen, anstatt zu warten und dafür Kostenziele einzuhalten.[536]

In der empirischen Forschung wird die Rolle der technologischen Dynamik als Moderator bestätigt.[537] Die bereits bei der Ableitung von H_9 herangezogene Studie von CALANTONE, GARCIA und DRÖGE bestätigt die verstärkende Wirkung einer hohen technologischen Dynamik auf den Innovationserfolg von Unternehmen über den Mediator strategische Planung.[538] Weiterhin wird in zwei empirischen Studien belegt, dass die technologische Dynamik die Wirkung einer Innovationsorientierung auf den Unternehmenserfolg verstärkt.[539] Dies lässt sich eventuell auf einen erhöhten Erfolg des Innovationsportfolios zurückführen. Aufgrund der theoretischen Argumente des situativen Ansatzes, der tendenziellen Unterstützung durch analoge empirische Befunde und der Hinweise aus den Interviews mit Experten ergibt sich folgende Hypothese:

---

[534] Vgl. Hult/Hurley/Knight (2004), S. 435.
[535] Vgl. Abschnitt 3.1.
[536] Vgl. Calantone/Garcia/Dröge (2003), S. 95.
[537] Vgl. Han/Kim/Srivastava (1998), S. 38-40.
[538] Vgl. Calantone/Garcia/Dröge (2003), S. 98 f.
[539] Vgl. Berthon/Hulbert/Pitt (2004), S. 1082; Chandler/Keller/Lyon (2000), S. 73.

H_{10}: *Je höher die technologische Dynamik ist, desto stärker ist der positive Einfluss der Innovationsorientierung auf den Innovationserfolg.*

Eine hohe Wettbewerbsintensität bedeutet, dass eine hohe Anzahl von Alternativen an Produkten und Dienstleistungen angeboten wird, mit denen Kunden ihre Bedürfnisse und Wünsche befriedigen können.[540] Wenn ein Unternehmen ein neues Produkt auf den Markt bringt, können die Wettbewerber sehr schnell etwas Vergleichbares offerieren.[541] Folglich wird der Effekt der Innovationsorientierung auf den Innovationserfolg abgeschwächt, da anzunehmen ist, dass viele Unternehmen versuchen, kontinuierlich neue Produkte hervorzubringen und somit eine hohe Innovationsorientierung aufgrund des intensiven Wettbewerbs nur noch bedingt zu einem hohen Innovationserfolg führt.[542]

Empirisch wurde die moderierende Wirkung einer hohen Wettbewerbsintensität auf die Erfolgswirkungen einer Innovationsorientierung allenfalls nur partiell untersucht. Lediglich JERMIAS postuliert und bestätigt in seiner Studie die Hypothese, dass die Beziehung zwischen dem Aufwand für Innovationen und dem Unternehmenserfolg bei einer hohen Wettbewerbsintensität positiv, bei einer niedrigen Wettbewerbsintensität negativ ist.[543] Die Begründung dafür besteht laut dem Autor darin, dass im Falle einer niedrigen Wettbewerbsintensität Wettbewerbsvorteile eher in einer hohen Effizienz durch die Produktion standardisierter Produkte liegen anstatt in der Generierung erfolgreicher Innovationen. Diese Argumentation lässt sich aber nicht auf die vorliegende Wirkungsbeziehung anwenden, da sie lediglich indiziert, dass ein hoher Innovationserfolg bei einer niedrigen Wettbewerbsintensität nicht unbedingt zu einem hohen Unternehmenserfolg führt.

Die Experten sind bezüglich der moderierenden Wirkung von Wettbewerbsintensität unterschiedlicher Meinung. Einige Experten vermuten einen positiven Effekt und argumentieren, dass bei einem hohen Wettbewerb insbesondere die innovationsorientier-

---

[540] Vgl. Jaworski/Kohli (1993), S. 57.
[541] Vgl. Jaworski/Kohli (1993), S. 68.
[542] Dadurch wird implizit unterstellt, dass die Wettbewerbsintensität einen positiven Einfluss auf die Innovationsorientierung aufweisen könnte, was bedeuten würde, dass in einer Branche mit hoher Wettbewerbsintensität die Unternehmen überdurchschnittlich innovationsorientiert sind. Diese Hypothese wird aber in der vorliegenden Arbeit nicht untersucht, da nur der Einfluss beeinflussbarer unternehmensinterner Determinanten erforscht werden soll.
[543] Vgl. hier und im Folgenden Jermias (2006), S. 284.

ten Unternehmen einen hohen Innovationserfolg aufweisen. Überwiegend bestätigen die Experten damit aber eher die Annahme, dass bei einer hohen Wettbewerbsintensität eine überdurchschnittlich hohe Innovationsorientierung herrscht: „Wenn ich auf der einen Seite sage, ich will die Nummer Eins am Markt sein und schnell innovieren und ich sehe, dass der Wettbewerber schneller ist als ich, dann versuche ich das beim nächsten Mal zu verhindern, und versuche meine Innovationsorientierung beim nächsten Mal nochmals zu steigern."[544] Dadurch werde die positive Wirkung der Innovationsorientierung auf den Innovationserfolg abgeschwächt. Auf Basis der vorangegangenen Ausführungen lässt sich deshalb folgender Zusammenhang postulieren:

H_{11}: *Je höher die Wettbewerbsintensität ist, desto schwächer ist der positive Einfluss der Innovationsorientierung auf den Innovationserfolg.*

Zusammenfassend ist festzuhalten, dass den moderierenden Faktoren eine nachhaltige Bedeutung für den Zusammenhang zwischen Innovationsorientierung und Innovationserfolg zukommt. Nach Ableitung der entsprechenden Hypothesen zur Wirkung der moderierenden Faktoren werden im folgenden Abschnitt alle Forschungshypothesen in einem integrativen Bezugsrahmen zusammengefasst.

3.5 Integrativer Bezugsrahmen zur Abbildung der Forschungshypothesen

Ausgehend von den Überlegungen in Kapitel 2 wurden in diesem Kapitel die zentralen Konstrukte der Untersuchung konzeptualisiert und Forschungshypothesen über deren Wirkungszusammenhänge formuliert. In Abschnitt 2.4.3 wurde bereits verdeutlicht, dass in der Literatur zur Innovationsorientierung bis dato kein Modell existiert, das gleichzeitig die Determinanten Marktorientierung und Personalmanagement, die Innovationsprozesse und die Erfolgskonstrukte Innovationserfolg und Unternehmenserfolg berücksichtigt und die zwischen diesen Konstrukten zu erwartenden Zusammenhänge in einem integrativen Bezugsrahmen abbildet. Die in der Literatur vorliegenden Studien betrachten entweder nur die Wirkung einzelner Determinanten auf die Innovationsorientierung, die Wirkung von Innovationsorientierung auf den Innovationserfolg oder die direkte Wirkung von Innovationsorientierung auf den Unterneh-

---

[544] Expertin 7 (Handel).

menserfolg.[545]

Vor diesem Hintergrund sollen dem zentralen Untersuchungsziel der Arbeit folgend (vgl. Abschnitt 1.2) die wesentlichen Determinanten und Erfolgswirkungen von Innovationsorientierung in einem ganzheitlichen Wirkungsmodell integrativ betrachtet und empirisch überprüft werden. In diesem Zusammenhang soll insbesondere aufgezeigt werden, dass ausgewählte Innovationsprozesse eine mediierende Wirkung zwischen Innovationsorientierung und Innovationserfolg aufweisen und dass moderierende Faktoren die Erfolgswirkungen einer Innovationsorientierung beeinflussen. Abgeleitet aus der Konzeptualisierung der Konstrukte sowie den aufgestellten Forschungshypothesen ergibt sich somit folgender Bezugsrahmen (vgl. Abbildung 16).

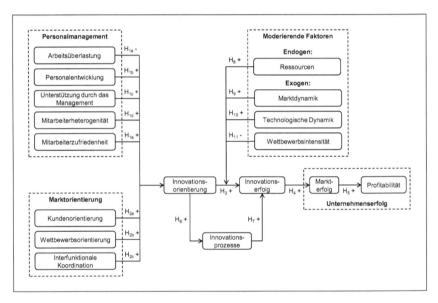

Abbildung 16:   Integrativer Bezugsrahmen zu den Determinanten und Erfolgswirkungen von Innovationsorientierung

Quelle: Eigene Darstellung.

---

[545]   Vgl. Tabelle 9 in Abschnitt 2.4.3.

Mit der Entwicklung des integrativen Bezugsrahmens und der Aufstellung der Forschungshypothesen ist der theoretisch-konzeptionelle Teil der Arbeit abgeschlossen. Die aus der obigen Abbildung 16 ersichtlichen Zusammenhänge sollen nunmehr im Rahmen einer eigenen Studie empirisch überprüft werden. Im folgenden Kapitel 4 werden die Grundlagen dieser empirischen Untersuchung vorgestellt.

4 Grundlagen der empirischen Untersuchung

Die in Kapitel 3 postulierten theoretischen Wirkungszusammenhänge sollen im Folgenden einer empirischen Überprüfung unterzogen werden. Hierfür werden in diesem Kapitel 4 zunächst die für das weitere Verständnis der Arbeit zentralen Grundlagen der empirischen Untersuchung vorgestellt. So wird in Abschnitt 4.1 die in der Arbeit zu verwendende Methodik ausgewählt, mit der die in Kapitel 3 aufgestellten Hypothesen überprüft werden sollen. Unter Berücksichtigung der methodischen Grundlagen wird in Abschnitt 4.2 die Konzeption der empirischen Untersuchung dargestellt. Im Anschluss daran werden in Abschnitt 4.3 die für die Untersuchung relevanten Konstrukte operationalisiert. Zur Messung der Innovationsorientierung wird dabei eine neue formative Skala entwickelt. Die folgenden Ausführungen bilden die Basis für die weitere empirische Untersuchung und das Aufzeigen möglicher Limitationen der Arbeit.

4.1 Methodische Grundlagen

Dieser Abschnitt zur Methodik gliedert sich in zwei Teile. Im ersten Schritt werden verschiedene Ansätze zur Operationalisierung von Konstrukten vorgestellt und diskutiert (Abschnitt 4.1.1). Im zweiten Schritt werden dann Grundlagen zum Partial-Least-Squares-Ansatz als Verfahren zur Analyse von Strukturgleichungsmodellen erörtert (Abschnitt 4.1.2).

4.1.1 Grundlagen zur Operationalisierung von Konstrukten

In der Marketingforschung werden häufig latente Konstrukte betrachtet, die nicht direkt beobachtet und gemessen werden können.[546] Um dennoch ein Verständnis für diese Konstrukte zu erlangen, ist die Messung mit Hilfe von beobachtbaren Indikatoren durchzuführen.[547] „Indikatoren sind unmittelbar messbare Sachverhalte, welche das Vorliegen der gemeinten, aber nicht direkt erfassbaren Phänomene [...] anzeigen."[548] Konstrukte können auf unterschiedliche Weise operationalisiert werden. Zunächst unterscheidet man zwischen Messmodellen, die das latente Konstrukt mit Hilfe mehrerer

---

[546] Vgl. Homburg/Pflesser (2000b), S. 635 f.
[547] Vgl. Backhaus et al. (2008), S. 513; Hammann/Erichson (1994), S. 76; Homburg/Giering (1996), S. 6.
[548] Kroeber-Riel/Weinberg (2003), S. 31.

Indikatoren operationalisieren (*Multiple-Item*), und Messmodellen, die lediglich einen einzelnen Indikator zur Messung des latenten Konstrukts verwenden (*Single-Item*).[549] Bei Messmodellen mit mehreren Indikatoren lassen sich die latenten Variablen[550] wiederum mit Hilfe zwei verschiedener Ansätze spezifizieren, dem reflektiven und dem formativen Messmodell.[551] Eine Typologisierung der Ansätze zur Operationalisierung von Konstrukten ist in Abbildung 17 zu finden.

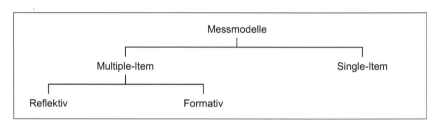

Abbildung 17:   Ansätze zur Operationalisierung von Konstrukten
Quelle: Eigene Darstellung.

In der empirischen Marketingforschung hat es sich weitestgehend durchgesetzt, Messmodelle mit multiplen Indikatoren zu konzipieren, um hypothetische Konstrukte zu erfassen.[552] Deshalb sollen zunächst die **Multiple-Item-Messungen** vorgestellt werden, bevor im Anschluss daran die Konstruktmessung über Einzelindikatoren diskutiert wird.

Reflektive Messmodelle unterstellen, dass die latente Variable die Ausprägungen ihrer zugeordneten Indikatoren verursacht.[553] Dies bedeutet, dass sich die Werte der Indikatoren ändern, wenn sich die Ausprägung der latenten Variable verändert.[554] Eine hohe Korrelation zwischen den Indikatoren ist im reflektiven Messmodell dementspre-

---

[549]   Vgl. Bergkvist/Rossiter (2007).

[550]   Ein (latentes) Konstrukt wird auch als eine latente Variable bezeichnet, weshalb die Begriffe in der Arbeit synonym verwendet werden.

[551]   Vgl. Bollen/Lennox (1991), S. 305 f.; Diamantopoulos/Winklhofer (2001), S. 269; Eberl (2004), S. 2-8; Law/Wong (1999), S. 144-146.

[552]   Vgl. Hildebrandt/Temme (2006), S. 618. Die Ursachen für diese Entwicklung werden im Rahmen der Single-Item-Messung am Ende dieses Abschnitts detailliert erläutert.

[553]   Vgl. Backhaus et al. (2008), S. 513 f; Bollen/Lennox (1991), S. 306; Chin (1998a), S. 9; Fassott/Eggert (2005), S. 32, Jarvis/MacKenzie/Podsakoff (2003), S. 200-202.

[554]   Die Pfeile zwischen der latenten Variable und den Indikatoren weisen daher bei grafischer Darstellung eines reflektiven Messmodells in Richtung der Indikatoren.

chend erforderlich, da jeder Indikator ein Stellvertreter des Konstrukts sein sollte.[555] Reflektiven Messmodellen liegt häufig die Philosophie des *Domain Samplings* zugrunde, d. h. dass das Konstrukt durch ausgewählte Indikatoren eines Item-Universums erfasst wird, die den gesamten Geltungsbereich des Konstrukts repräsentieren sollen.[556] Teilweise wird allerdings auch die Methode des *Random Sampling* verwendet, wobei die Indikatoren zufällig aus dem relevanten Item-Universum ausgewählt werden.[557]

Abbildung 18 zeigt ein reflektives Messmodell. Die manifeste Variable (Indikator)[558] x wird dabei durch die mit dem Ladungskoeffizienten λ_x gewichtete unabhängige latente Variable ξ zuzüglich einer Störvariable δ_x, die zufällige und systematische Fehler erfasst, erklärt. Letztere Variable verdeutlicht, dass Messfehler auf Ebene der Items erfasst werden. Dies ermöglicht es, einzelne Items zu beurteilen und je nach Notwendigkeit zu erkennen, an welcher Stelle die Skala zu verbessern ist.[559]

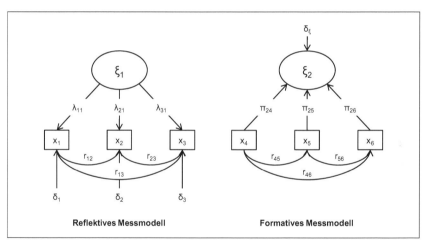

Abbildung 18:   Reflektives und formatives Messmodell im Vergleich
Quelle: Götz/Liehr-Gobbers (2004), S. 717.

---

[555]   Vgl. Hildebrandt/Temme (2006), S. 620.
[556]   Vgl. Churchill (1979), S. 67 f.; Hildebrandt/Temme (2006), S. 619.
[557]   Vgl. Churchill/Ford/Walker (1974), S. 265.
[558]   Die Begriffe Indikator und manifeste Variable werden im Folgenden synonym verwendet.
[559]   Vgl. hierzu die Vorgehensweise bei der Güttebeurteilung reflektiver Messmodelle in Abschnitt 5.1.2.1.

Formative Messmodelle zeichnen sich dadurch aus, dass die Ausprägung der latenten Variable kausal durch die beobachtbaren Indikatoren verursacht wird.[560] Das Konstrukt kann also als gewichtete Linearkombination seiner Indikatorvariablen interpretiert werden. Eine Korrelation zwischen den Indikatoren ist bei formativen Konstrukten im Gegensatz zu reflektiven Messmodellen nicht erwünscht.[561] Dies liegt darin begründet, dass die Indikatoren nicht zur Messung desselben Sachverhalts herangezogen werden, sondern differierende inhaltliche Facetten des latenten Konstrukts widerspiegeln.[562]

Ein formatives Konstrukt ist ebenfalls in Abbildung 18 dargestellt. Im Gegensatz zum reflektiven Modell ist hier die latente Variable ξ eine Linearkombination der mit π_ξ gewichteten manifesten Variablen x. π_ξ wird daher als Gewichtungskoeffizient bezeichnet. Messfehler können mit δ_ξ auf der Ebene der latenten Variable erfasst werden.[563] Somit ist ein Gesamturteil über das Messmodell sehr wohl möglich, jedoch eine Beurteilung einzelner Indikatoren nur anhand von sachlogischen Überlegungen durchführbar.[564]

Eine Vielzahl latenter Konstrukte lässt sich sowohl auf formativer als auch auf reflektiver Basis operationalisieren.[565] Die Entscheidung für eines der beiden Messmodelle fokussiert sich insbesondere auf die Frage nach der kausalen Richtung zwischen den Indikatoren und der latenten Variable und sollte dabei auf Basis inhaltlicher Überlegungen erfolgen.[566] Dabei kann der von JARVIS, MACKENZIE und PODSAKOFF entwickelte Kriterienkatalog herangezogen werden.[567] Bei der Wahl einer formativen Operationalisierung ist jedoch zu beachten, dass möglichst alle zentralen erklärenden

---

[560] Vgl. Bollen/Lennox (1991), S. 306. Bei grafischer Darstellung formativer Messmodelle weisen die Pfeile zwischen der latenten Variable und den Indikatoren somit in Richtung der latenten Variable.

[561] Vgl. Jarvis/MacKenzie/Podsakoff (2003), S. 201. Weitere Bemerkungen zu Korrelationen zwischen Indikatoren formativer Konstrukte folgen den Abschnitten 4.3.1.1 und 5.1.1.1.

[562] Vgl. Bollen/Lennox (1991), S. 308.

[563] Die explizite Schätzung und Berücksichtigung des Messfehlers ist vom jeweiligen Verfahren abhängig.

[564] Vgl. Diamantopoulos (2006), S. 8.

[565] Vgl. Götz/Liehr-Gobbers (2004), S. 719. Die Autoren verdeutlichen dies am Beispiel des Konstrukts „Trunkenheit".

[566] Vgl. Götz/Liehr-Gobbers (2004), S. 717 f.

[567] Vgl. Jarvis/MacKenzie/Podsakoff (2003), S. 203.

Indikatoren berücksichtigt werden sollten.[568]

Bei einer **Single-Item-Messung** wird die latente Variable ξ durch eine einzige manifeste Variable x operationalisiert. Da nur ein Indikator verwendet wird, ist die Ausprägung der latenten Variable identisch mit der Ausprägung des Indikators. Somit werden keine Gewichtungs- oder Ladungskoeffizienten benötigt, da diese in jedem Fall einen standardisierten Wert von 1 annehmen.

Im Gegensatz zu Multiple-Item-Messungen werde Single-Item-Messungen in der akademischen Forschung eher selten zur Operationalisierung von Konstrukten verwendet. Der wesentliche Grund hierfür liegt darin, dass es nicht möglich ist, die Reliabilität (interne Konsistenz) einer Single-Item-Messung zu bestimmen.[569] Deshalb wird häufig unterstellt, dass die Reliabilität nur bedingt gegeben ist, insbesondere im Vergleich zu Multiple-Item-Messungen desselben Konstrukts.[570] Für die Verwendung einer mehrdimensionalen Skala spricht zudem, dass diese mehr Informationen enthält, da mehr Facetten des Konstrukts erfasst werden können.[571] Außerdem bieten Multiple-Item-Messungen mehr Antwortmöglichkeiten als Single-Item-Messungen, wodurch es möglich ist, „[...] to make relatively fine distinctions among people".[572] Da durch Single-Item-Messungen nur eine geringe Anzahl von Gruppen gebildet werden kann, ist zu vermuten, dass auch die Validität der Messung geringer ist als bei Messmodellen mit mehreren Indikatoren.[573]

Die wichtigsten Vorteile von Single-Item-Messungen liegen in der Einfachheit und Kürze der Befragung und die damit verbundenen niedrigeren Kosten.[574] Die Entwicklung eines einzelnen Items ist relativ einfach, während mehrdimensionale Skalen einen mehrstufigen Prozess der Skalenentwicklung erfordern.[575] Allerdings sollte bei der Formulierung einer einzigen Frage zur Messung eines Phänomens auch auf eine geeignete Formulierung geachtet werden. Weiterhin werden die Befragten zeitlich weni-

---

[568] Vgl. Götz/Liehr-Gobbers (2004), S. 719; Jarvis/MacKenzie/Podsakoff (2003), S. 202.
[569] Vgl. Wanous/Reichers/Hudy (1997), S. 247.
[570] Vgl. z. B. Wanous/Reichers (1996), S. 631.
[571] Vgl. Baumgartner/Homburg (1996), S. 143.
[572] Churchill (1979), S. 66. Mit anderen Worten weisen Multiple-Item-Messungen somit bessere metrische Eigenschaften auf als Single-Item-Messungen.
[573] Vgl. Bergkvist/Rossiter (2007), S. 176.
[574] Vgl. z. B. Nagy (2002), S. 77; Wanous/Reichers/Hudy (1997), S. 250.
[575] Vgl. Gardner et al. (1998), S. 900.

ger beansprucht, was erstens einen positiven Einfluss auf die Anzahl der vollständig ausgefüllten Fragebogen hat und zweitens die Rücklaufquote erhöht.[576] Nach NAGY liegt ein weiterer Vorteil von Single-Items in ihrer erhöhten Flexibilität, da sie durch Adaptionen im Wortlaut einfach an neue Situationen angepasst werden können.[577]

In mehreren Studien wurden Single- und Multiple-Item-Messungen empirisch gegenübergestellt. WANOUS, REICHERS und HUDY vergleichen Single- und Multiple-Items bei der Messung des Konstrukts Mitarbeiterzufriedenheit und kommen dabei zu dem Ergebnis, dass beide Arten der Messung hoch korrelieren. GARDNER et al. stellen fest, dass traditionell verwendete multiple Skalen sich nicht besser zur Messung von Konstrukten eignen als Single-Item-Messungen.[578] Nach DROLET und MORRISON liefern zusätzliche Indikatoren nur einen marginalen Erkenntniszuwachs.[579] Auch die Studie von BERGKVIST und ROSSITER zeigt tendenziell, dass Single-Items genauso valide sein können wie Multiple-Items.[580] Mit gleicher Validität ist dabei gemeint, dass die empirischen Ergebnisse sehr ähnlich ausfallen, wenn Single-Items eingesetzt werden. Die Aussagen der Autoren treffen aber nur auf Konstrukte zu, die sich auf ein einzelnes und konkretes Objekt (z. B. ein Unternehmen oder eine Marke) und ein konkretes Attribut (z. B. Qualität oder Einstellung) beziehen. OSHAGBEMI hingegen warnt vor der Verwendung von Single-Items und zeigt in seiner Studie, dass dadurch die Ausprägung eines Konstrukts überschätzt wird.[581] Insgesamt lässt sich festhalten, dass es durchaus Situationen geben kann, in denen die Messung über Einzelindikatoren der Messung über multiple Indikatoren vorzuziehen ist.[582] WANOUS, REICHERS und HUDY geben daher folgende Empfehlung in Bezug auf die Verwendung von Single-Items ab: "In summary, if neither the research question nor the research situation suggest the use of a single-item [...] measure, then choosing a well constructed scale makes sense. However, if the use of a single item is indicated, researchers may do so in the knowledge that they can be acceptable. The use of single-item measures should not be considered fatal flaws in the review process. Rather, their appropriateness for a particular

---

[576] Vgl. Bergkvist/Rossiter (2007), S. 176.
[577] Vgl. Nagy (2002), S. 79.
[578] Vgl. Gardner et al. (1998), S. 910.
[579] Vgl. Drolet/Morrison (2001), S. 196.
[580] Vgl. hier und im Folgenden Bergkvist/Rossiter (2007), S. 175 f.
[581] Vgl. Oshagbemi (1999), S. 388.
[582] Dies kann z. B. der Fall sein, wenn der Forscher besonderen Wert auf einen hohen Rücklauf legt, oder wenn die Konstrukte so konkret sind, dass eine Single-Item-Messung nach Bergkvist/Rossiter (2007) gerechtfertigt ist.

piece of research should be evaluated."[583]

Unter Berücksichtigung dieser Empfehlung wird in Abschnitt 4.3 die Messung der in Kapitel 3 konzeptualisierten Konstrukte beschrieben. Zunächst folgt jedoch im nächsten Abschnitt 4.1.2 die Auswahl eines geeigneten Analyseverfahrens zur Überprüfung der formulierten Forschungshypothesen.

4.1.2 Grundlagen zur Strukturgleichungsanalyse

Auf Grundlage des aufgestellten Bezugsrahmens und unter Berücksichtigung der Erkenntnisse aus der Diskussion der Grundlagen der Operationalisierung gilt es nun, im Vorfeld der empirischen Untersuchung ein geeignetes methodisches Verfahren zur Datenanalyse zu identifizieren.

Im Fokus der vorliegenden Arbeit steht u. a. die Forschungsfrage nach dem Zusammenhang zwischen Innovationsorientierung und Innovationserfolg. Die Ausführungen der Kapitel 2 und 3 haben bereits verdeutlicht, dass die einzelnen latenten Konstrukte wie z. B. Innovationsorientierung, Innovationserfolg und Unternehmenserfolg in einer mehrstufigen Beziehung zueinander stehen. Diese mehrstufigen Strukturen haben zur Folge, dass eine latente Variable wie z. B. Innovationserfolg nachgelagerter (z. B. in Bezug auf Innovationsorientierung) und vorgelagerter (z. B. in Bezug auf Unternehmenserfolg) Natur sein kann.[584] Daher muss das verwendete Analyseverfahren der aufgezeigten Mehrstufigkeit des Bezugsrahmens Rechnung tragen. Die mathematische Abbildung derartiger mehrstufiger Beziehungen erfolgt mit Hilfe sogenannter Strukturgleichungsmodelle. Die Strukturgleichungsanalyse ermöglicht es, Beziehungen zwischen mehreren latenten Variablen zu untersuchen, die durch geeignete manifeste Variablen operationalisiert werden.[585] Das Ziel von Strukturgleichungsmodellen ist dabei, die empirischen Daten möglichst gut durch ein lineares Gleichungssystem abzubilden.[586] Dadurch werden sowohl eine Untersuchung der Wirkungszusammenhänge der latenten Variablen als auch die Quantifizierung von Messfehlern ermöglicht.[587] Infolgedessen lässt sich eine Anwendung der Strukturgleichungsanalyse in dieser Untersuchung begründen.

583 Wanous/Reichers/Hudy (1997), S. 250 f.
584 Vgl. zur Mehrstufigkeit des Bezugsrahmens Abbildung 16 in Abschnitt 3.5.
585 Vgl. Herrmann/Huber/Kressmann (2006), S. 35.
586 Vgl. Chin/Marcolin/Newsted (2003), S. 199.
587 Vgl. Förster et al. (1984), S. 347 f.

Innerhalb der Strukturgleichungsanalyse ist zwischen kovarianzbasierten und varianzbasierten Verfahren zu unterscheiden.[588] Bei **kovarianzbasierten Strukturgleichungsanalysen** werden die Modellparameter derart geschätzt, dass eine optimale Reproduktion der empirischen Kovarianzmatrix durch die geschätzte Kovarianzmatrix erreicht wird.[589] Insbesondere der von JÖRESKOG entwickelte Linear Structural Relations System (LISREL)-Ansatz und das inzwischen erhältliche gleichnamige Softwarepaket zur Schätzung kovarianzbasierter Strukturmodelle finden häufig Anwendung.[590] **Varianzbasierte Verfahren**, zu denen auch der von WOLD entwickelte Partial-Least-Squares (PLS)-Ansatz zählt, zielen hingegen darauf ab, eine möglichst hohe Erklärungskraft für das Modell zu erreichen.[591] Die Vorteile des PLS-Verfahrens zur Analyse von Strukturgleichungsmodellen gegenüber den kovarianzbasierten Verfahren (z. B. LISREL) liegen neben der Eignung zur Prognose der Zielvariablen im Wesentlichen in den drei Aspekten Messmodelle, Stichprobenumfang und Verteilungsannahmen.[592] Während in PLS-Modellen standardmäßig neben den reflektiven Beziehungen zwischen Konstrukt und Indikatoren auch formative Beziehungen berücksichtigt werden können, ist die Einbindung formativer Konstrukte in die Kovarianzstrukturanalyse nur unter ganz bestimmten Voraussetzungen möglich.[593] Hierdurch kann PLS eine größere Einsetzbarkeit aufweisen. Weiterhin lassen PLS-Modelle kleinere Stichprobengrößen zu, die sogar kleiner als die Anzahl der Variablen sein können.[594] Als grobe Richtlinie sollte laut CHIN jedoch der Stichprobenumfang auch beim PLS-Verfahren mindestens zehnmal so groß sein wie die Anzahl der Indikatoren des komplexesten formativen Konstrukts oder zehnmal so groß wie die größte Anzahl von unabhängigen Konstrukten, die auf ein abhängiges Konstrukt wirken.[595] Während der Einsatz von Kovarianzstrukturanalysen auf Grundlage einer Maximum-Likelihood-Schätzung eine Multinormalverteilung der direkt beobachtbaren Variablen voraussetzt, sind im PLS-

---

[588]   Vgl. Götz/Liehr-Gobbers (2004), S. 714.
[589]   Vgl. Gefen/Straub/Boudreau (2000), S. 27.
[590]   Vgl. Bagozzi/Baumgartner (1996), S. 386. Zum LISREL-Ansatz vgl. ausführlich z. B. Jöreskog (1973). Zur empirischen Anwendung des LISREL-Ansatzes vgl. z. B. den Beitrag von Hult/ Ketchen (2001).
[591]   Vgl. Fornell/Cha (1994), S. 52; Jöreskog/Wold (1982); Lohmöller (1989); Wold (1960).
[592]   Vgl. Chin (1998b), S. 295.
[593]   Vgl. hierzu ausführlich Götz/Liehr-Gobbers (2004), S. 715-722.
[594]   Vgl. Fornell/Bookstein (1982), S. 449 und die dort angegebene Literatur. Die geringen Anforderungen an den Stichprobenumfang lassen sich dadurch begründen, dass nicht das gesamte Modell simultan geschätzt wird, sondern sukzessive anhand von Teilmodellen.
[595]   Vgl. Chin (1998b), S. 311.

Verfahren keine Verteilungsannahmen der analysierten Variablen erforderlich.[596] Der wesentliche Nachteil des PLS-Ansatzes besteht darin, dass im Vergleich zu kovarianzbasierten Verfahren keine inferenzstatistischen Tests zur Gütebeurteilung des Gesamtmodells durchgeführt werden können.[597] Um diesem Nachteil entgegenzuwirken, kann zur Signifikanzprüfung auf sogenannte Resampling-Verfahren zurückgegriffen werden.[598] Da das zentrale Konstrukt Innovationsorientierung in dieser Arbeit formativ operationalisiert wird (vgl. Abschnitt 4.3.1) und die Stichprobe relativ klein ist (vgl. Abschnitt 4.2.1), wird in dieser Arbeit der PLS-Ansatz verwendet.[599] Dies hat den Vorteil, dass in Bezug auf die Indikatoren keine Verteilungsannahmen erfüllt werden müssen.[600] Im Folgenden werden die Grundlagen des PLS-Ansatzes vorgestellt.

Ein PLS-Modell besteht im Wesentlichen aus zwei Komponenten, dem Strukturmodell (inneres Modell) und dem Messmodell (äußeres Modell).[601] Im **Strukturmodell** werden die theoretisch vermuteten Zusammenhänge zwischen den latenten Konstrukten abgebildet. Dabei werden die abhängigen latenten Variablen als endogene Größen und die unabhängigen latenten Variablen als exogene Größen bezeichnet.[602] Abbildung 19 zeigt ein einfaches Strukturgleichungsmodell mit drei latenten Variablen (ξ_1, η_1, η_2). Diese drei latenten Variablen stehen in bestimmten Beziehungen zueinander, die durch die Richtung der Pfeile zwischen den Konstrukten repräsentiert werden. Die a priori postulierten Zusammenhänge zwischen den latenten Variablen können formal durch folgendes Strukturmodell abgebildet werden:[603]

Strukturmodell: $\eta = B\eta + \Gamma\xi + \zeta$

Dabei bilden η und ξ die endogenen und exogenen latenten Variablen ab, wohingegen die Parametermatrizen B und Γ die Pfadkoeffizienten im Strukturmodell darstellen. B erfasst die vermuteten direkten Beziehungen der latenten endogenen Variablen

---

[596]   Vgl. Bliemel et al. (2005), S. 10; Chin (1998b), S. 295.
[597]   Vgl. Götz/Liehr-Gobbers (2004), S. 721 und S. 730.
[598]   Zu Resampling-Verfahren vgl. Abschnitt 5.2.1.3.
[599]   In empirischen Analysen der Marketingforschung ist der PLS-Ansatz bereits vielfach angewendet worden. Vgl. z. B. Hennig-Thurau/Henning/Sattler (2007); Hoffmann (2008); Krieger (2005); Reinartz/Krafft/Hoyer (2004); Schmidt (2008).
[600]   Gerade formative Operationalisierungen verletzen häufig die Annahme einer Multinormalverteilung. Vgl. Ringle/Wilson/Götz (2007).
[601]   Vgl. Götz/Liehr-Gobbers (2004), S. 716.
[602]   Vgl. Backhaus et al. (2008), S. 512. Siehe auch Abschnitt 4.1.1.
[603]   Vgl. hier und im Folgenden Götz/Liehr-Gobbers (2004), S. 717.

untereinander (β), während Γ die direkten Wirkungsbeziehungen zwischen latenten exogenen und endogenen Variablen (γ) abbildet. Durch ζ werden Fehlervariablen der latenten endogenen Variablen erfasst.

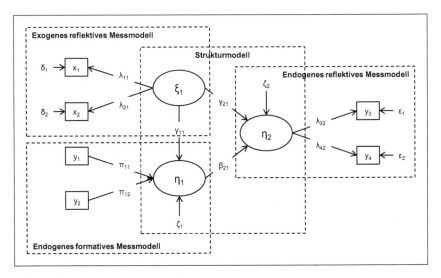

Abbildung 19:   Beispielhaftes Strukturgleichungsmodell

Quelle: Eigene Darstellung in Anlehnung an Götz/Liehr-Gobbers (2004), S. 716.

Im **Messmodell** werden die Beziehungen zwischen den beobachtbaren Indikatoren und dem zugehörigen Konstrukt spezifiziert.[604] Folglich dient das Messmodell zur Schätzung der Konstrukte.[605] Dabei wird zwischen exogenen und endogenen Messmodellen unterschieden.[606] Mathematisch lassen sich die Messmodelle wie folgt darstellen:[607]

Exogenes reflektives Messmodell: $x = \lambda_x \xi + \delta_x$

Endogenes reflektives Messmodell: $y = \lambda_y \eta + \varepsilon_y$

Exogenes formatives Messmodell: $\xi = \pi_\xi x + \delta_\xi$

[604]   Vgl. Backhaus et al. (2008), S. 513 f.; Götz/Liehr-Gobbers (2004), S. 717.
[605]   Vgl. Albers/Götz (2006), S. 669.
[606]   Vgl. Backhaus et al. (2008), S. 514.
[607]   Vgl. Götz/Liehr-Gobbers (2004), S. 718 f.

Endogenes formatives Messmodell: $\eta = \pi_\eta y + \delta_\eta$

Die Variablen ξ, η, x, λ_x, π_ξ, δ_x und δ_ξ wurden bereits definiert. Der Ladungskoeffizient λ_y beschreibt den Zusammenhang zwischen η und y, dem Indikator der latenten Variable im endogenen reflektiven Messmodell. Der Messfehler des Indikators im endogenen reflektiven Messmodell wird mit ε_y bezeichnet. Im formativen endogenen Messmodell ist die latente Variable η eine Linearkombination der mit π_η gewichteten manifesten Variablen y. Der Messfehler der latenten endogenen Variable wird dabei mit δ_η erfasst.

Der PLS-Ansatz verwendet die Methode der partiellen Kleinstquadrate (Partial Least Squares).[608] Das Ziel der **Parameterschätzung** besteht in der Maximierung der erklärten Varianz der Indikatoren sowie der latenten Variablen.[609] Dabei schätzt der PLS-Algorithmus die Gewichte für jede latente Variable getrennt, wobei angenommen wird, dass die Konstruktwerte der benachbarten latenten Variablen bekannt sind. Im ersten Schritt werden die Konstruktwerte anhand willkürlich, jedoch nicht trivial gewählter Gewichtungskoeffizienten der Indikatoren berechnet. Diese Schätzwerte werden in einem iterativen Prozess durch eine wechselweise Approximation der inneren bzw. äußeren Modelle sukzessive verbessert, wobei die Residualvarianzen im Struktur- und Messmodell minimiert werden. Sobald ein vorgegebenes Konvergenzkriterium erreicht wird, wird die Iteration beendet.[610] Anschließend werden die Pfadkoeffizienten im inneren Modell berechnet. Für eine ausführlichere Darstellung des PLS-Algorithmus wird an dieser Stelle auf die weiterführende Literatur verwiesen.[611]

Die Ausführungen in diesem Abschnitt haben gezeigt, dass zur Operationalisierung von latenten Konstrukten sowohl Single- als auch Multiple-Item-Messungen verwendet werden können. Bei Messungen mit multiplen Indikatoren wird dabei unterschieden zwischen reflektiven und formativen Messmodellen. Weiterhin ist mit dem PLS-Ansatz eine leistungsstarke Methode identifiziert worden, bei der die zentralen Rahmenbedingungen der vorliegenden Untersuchung berücksichtigt werden können. Unter

---

[608] Vgl. hier und im Folgenden Betzin/Henseler (2005), S. 49-69; Götz/Liehr-Gobbers (2004), S. 722.

[609] Vgl. Chin/Marcolin/Newsted (2003), S. 199.

[610] Vgl. Bontis (1998), S. 69.

[611] Vgl. z. B. Betzin/Henseler (2005), S. 49-69.

Zugrundelegung der vorgestellten Möglichkeiten zur Messung latenter Konstrukte und des ausgewählten Analyseverfahrens kann die Konzeption der empirischen Untersuchung erfolgen. Diese wird im folgenden Abschnitt 4.2 näher erläutert.

4.2 Konzeption der empirischen Untersuchung

Im Rahmen dieser Arbeit wurde eine eigene empirische Untersuchung durchgeführt, da nicht auf bereits vorhandene Daten zurückgegriffen werden konnte. Im Folgenden werden detaillierte Informationen zur Datenerhebung (Abschnitt 4.2.1) und zur vorliegenden Datengrundlage (Abschnitt 4.2.2) gegeben. Die Konzeption der empirischen Untersuchung ist bei der Interpretation der Ergebnisse zu berücksichtigen.

4.2.1 Datenerhebung

Zur Beantwortung der Forschungsfragen anhand einer empirischen Untersuchung ist die Erhebung von Daten erforderlich. Die Datenerhebung erfolgte im Rahmen eines umfangreichen Forschungsprojekts des TNS Infratest Center for Customer Management.[612] Im Vorfeld einer Datenerhebung ist zuallererst deren Konzeption festzulegen, in der die Erhebungseinheiten und -methode ausgewählt werden.

Die Auswahl der **Erhebungseinheiten** bewegt sich im Spannungsfeld zwischen einer möglichst hohen Generalisierbarkeit der Aussagen auf der einen und forschungspragmatischen Restriktionen bei der Datenerhebung auf der anderen Seite. Um umfassende und kontextunabhängige Ergebnisse zu generieren, wurde eine branchenübergreifende Untersuchung durchgeführt. Bei der Auswahl der zu untersuchenden Branchen wurden die Berücksichtigung von Business-to-Business (B2B)- und Business-to-Consumer (B2C)-Unternehmen sowie die gesamtwirtschaftliche Bedeutung der Branche als Kriterien zu Grunde gelegt. Auf Basis dieser Auswahlkriterien wurden im Rahmen der Studie folgende vier Branchen identifiziert: Automobil, Maschinenbau, Nahrungsmittel und Medizintechnik.[613]

---

[612]   Das „TNS Infratest Center for Customer Management" ist ein Münsteraner Forschungszentrum, dessen Aufgabe die Förderung von Forschung und Lehre auf dem Gebiet des Kundenmanagements darstellt.

[613]   Die Analyse beschränkt sich dabei auf Deutschland. Aufgrund der hohen Löhne sind Unternehmen Westeuropas zur Erhaltung ihrer Wettbewerbsfähigkeit gezwungen, ihre Produkte und Leistungen qualitativ besser herzustellen als ihre Konkurrenten in Billiglohnländern. Der Erfolg eines Unternehmens hängt dabei maßgeblich von der kontinuierlichen Generierung erfolgreicher

Weiterhin ist die Wahl der zu betrachtenden Unternehmensebene in diesem Zusammenhang von Bedeutung. Da Innovationsorientierung eine Dimension der Unternehmenskultur darstellt, sollte dieses Konstrukt auf Ebene der Strategischen Geschäftseinheit untersucht werden.[614] Deshalb wurde als Erhebungseinheit der vorliegenden Arbeit das gesamte Unternehmen oder, falls das Unternehmen substanziell diversifiziert ist, die Strategische Geschäftseinheit gewählt. Diese Wahl ist insbesondere deshalb sinnvoll, da die verschiedenen Geschäftseinheiten eines Unternehmens in der Regel unterschiedliche Subkulturen aufweisen.[615] Folglich können die Geschäftseinheiten eines Unternehmens einen unterschiedlich hohen Grad an Innovationsorientierung aufweisen.[616]

Bei der Auswahl der Informanten wurde darauf geachtet, dass die befragten Personen die Innovationsorientierung des Unternehmens sowie die damit verbundenen Determinanten und Erfolgswirkungen adäquat bewerten können. Personen, die über besondere Kenntnisse bzgl. der Fragestellungen verfügen, werden in der Literatur als *Key Informants* bezeichnet.[617] Dieses spezielle Wissen kann sich bspw. auch durch die Position des Befragten innerhalb des Unternehmens ergeben.[618] Als Key Informants wurden im Rahmen der vorliegenden Befragung Führungskräfte aus dem Bereich Marketing sowie Geschäftsführer identifiziert. Marketing-Führungskräfte wurden bewusst gegenüber Führungskräften aus dem Bereich F&E bevorzugt, da letztere möglicherweise die Innovationsorientierung ihres Unternehmens zu positiv bewerten würden, was zu systematischen Verzerrungen führen könnte.[619] Die Befragung von Key Informants wird in der Literatur jedoch häufig kritisiert, da sie zu einem sogenannten *Key Informant Bias* führen kann. Durch die subjektive Wahrnehmung des Befragten kann es passieren, dass objektive Tatbestände verzerrt wiedergegeben werden und somit die Validität der Angaben eingeschränkt ist.[620] Zur Überwindung des Key Infor-

---

Innovationen ab. Vgl. Abschnitt 1.1.

[614] Vgl. Deshpandé/Webster (1989), S. 11; Ruekert (1992), S. 228.

[615] Vgl. Hofstede (1998). Dies gilt insbesondere bei durch M&A-Aktivitäten zusammengesetzten Unternehmen.

[616] Da den empirischen Daten nicht zu entnehmen ist, ob die Angaben der Untersuchungsteilnehmer sich auf das gesamte Unternehmen oder die Strategische Geschäftseinheit beziehen, wird in den folgenden Ausführungen allgemein von Unternehmen gesprochen.

[617] Vgl. Bagozzi/Yi/Phillips (1991), S. 423-425; Phillips (1981), S. 396.

[618] Vgl. Olson/Slater/Hult (2005), S. 55.

[619] Vgl. Kumar/Stern/Anderson (1993), S. 1634.

[620] Vgl. Nicolai/Kieser (2004), S. 633.

mant Bias fordert ERNST u. a. die Befragung mehrerer Key Informants, um systematische Informationsverzerrungen zu identifizieren und bereinigen zu können.[621] Um eine angemessene Rücklaufquote zu sichern, wurde hier jedoch von einem „Multiple Informant"-Design abgesehen. Zur Validierung der Angaben der Key Informants wurden aber im Anschluss an die eigentliche Datenerhebung Mitarbeiter zu ausgewählten Inhalten der Untersuchung befragt sowie objektive Erfolgskennzahlen erhoben.[622]

Als **Erhebungsmethode** wurde die schriftliche Befragung mit Hilfe eines standardisierten Fragebogens ausgewählt. Diese Methode wurde gegenüber alternativen Methoden wie dem persönlichen oder telefonischen Interview aus mehreren Gründen bevorzugt. Zum einen sprechen der niedrige Zeitaufwand und die geringen Kosten, die Vermeidung eines subjektiven Interviewereinflusses, die Vertraulichkeit der Fragen sowie die weitgehende Entscheidungsfreiheit der Befragten über den Beantwortungszeitpunkt für diese Erhebungsmethode.[623] Zum anderen ermöglicht es die schriftliche Befragung, trotz begrenzter Forschungsressourcen eine möglichst großzahlige Datenbasis innerhalb eines angemessenen Zeitrahmens zu generieren.[624] Dieser Aspekt ist für die vorliegende Untersuchung von wesentlicher Bedeutung, da im Rahmen der Datenauswertung ein komplexes Strukturgleichungsmodell analysiert werden soll, wofür eine relativ große Stichprobe erforderlich ist.[625]

Auf Basis dieser Überlegungen und auf Grundlage der Bestandsaufnahme der Literatur erfolgte die **Entwicklung eines Fragebogen**. Da die von den Probanden wahrgenommene Länge des Fragebogens einen Einfluss auf die Rücklaufquote hat,[626] beschränkte sich die Länge des Fragebogens auf fünf Seiten.[627] Die Inhalte dieses Fragebogens bezogen sich im Wesentlichen auf die Fragestellungen der Untersuchung, also auf die in Kapitel 3 konzeptualisierten Konstrukte.[628] Bei der inhaltlichen und formalen Gestaltung des Fragebogens lag ein besonderes Augenmerk auf einer möglichst

---

[621]   Vgl. Ernst (2001), S. 87-94; Ernst (2003b), S. 1251 f.
[622]   Vgl. Abschnitt 5.1.3.
[623]   Vgl. Friedrichs (1990), S. 236-246; Hippler (1988), S. 244; Kanuk/Berenson (1975), S. 440.
[624]   Vgl. Meffert (1992), S. 202.
[625]   Vgl. Abschnitt 4.1.2.
[626]   Vgl. Childers/Ferrell (1979), S. 431.
[627]   Insgesamt betrug die Länge des Fragebogens allerdings acht Seiten, da ein Deckblatt, eine Seite mit Hinweisen zum Fragebogen sowie eine Seite mit Informationen zur Rücksendung des Fragebogens hinzugefügt werden mussten.
[628]   Da latente Konstrukte nicht direkt messbar sind, wurden sie mit Hilfe beobachtbarer Indikatoren abgefragt. Vgl. hierzu auch Abschnitt 4.1.1.

einfachen Struktur und einer präzisen Formulierung. Dabei wurde überwiegend auf empirisch bereits bewährte Indikatoren sowie validierte und etablierte Skalen zurückgegriffen.[629] Als Frageform wurde für die Mehrzahl der Einzelfragen / -aussagen zu den jeweiligen Konstrukten eine Erhebung mittels einer siebenstufigen Likert-Skala gewählt, auf der die Befragten den Grad ihrer Zustimmung zu einer Aussage angeben sollten.[630] Darüber hinaus wurde der Fragebogen im Rahmen eines Pretests durch fünf Marketing-Führungskräfte und fünf Marketing-Forscher auf Struktur und Verständlichkeit hin bewertet. Die dadurch gewonnenen Anregungen führten zu einer geringfügigen inhaltlichen und formalen Verbesserung des Fragebogens.

Zur **Durchführung der Erhebung** wurden von einem kommerziellen Adressanbieter 2.440 Adressen von Unternehmen aus den genannten vier Branchen erworben, anhand derer potenzielle Ansprechpartner im Rahmen eines telefonischen Vorabkontakts identifiziert und auf ihre Bereitschaft zur Teilnahme an der Befragung angesprochen wurden.[631] Den Unternehmen, die diese Bereitschaft signalisierten, wurde der konzipierte Fragebogen je nach Wunsch per E-Mail, Fax oder Post gesendet. Zudem wurden 110 Fragebogen im Rahmen eines Workshops an Kunden eines Marktforschungsinstituts ausgegeben.[632] Auf diese Weise wurden von Juni bis Dezember 2007 in zwei Befragungswellen 721 teilnahmewillige Marketingleiter sowie Geschäftsführer[633] identifiziert, von denen 129 Personen antworteten.[634] Von den insgesamt 129 eingegangenen Fragebogen mussten fünf auf Grund zu vieler fehlender Werte eliminiert werden, wodurch sich mit 124 verwertbaren Fragebogen eine Netto-Rücklaufquote von 17,2 %

---

[629] Die detaillierte Operationalisierung der Konstrukte erfolgt in Abschnitt 4.3.
[630] Sofern zur Messung eines Konstrukts ein anderes Skalierungsverfahren wie z. B. eine Rating-Skala verwendet wurde, wird dies explizit in Abschnitt 4.3 erwähnt. Die Verwendung siebenstufiger Likert-Skalen ist in der Marketingforschung weit verbreitet. Vgl. z. B. Reinartz/Krafft/Hoyer (2004), S. 303 f. Eine siebenstufige Skala führt dazu, dass die Befragten ihre Urteile in einem ausreichenden Grad differenzieren. Vgl. Krieger (2005), S. 154.
[631] Vgl. Rogelberg/Luong (1998), S. 63.
[632] Da die Teilnehmer des Workshops aus verschiedenen Branchen stammten (z. B. Konsumgüter, Banken / Versicherungen, Telekommunikation, IT und Energie), werden diese im Weiteren der Branche „Sonstige" zugeordnet.
[633] Bei kleinen Unternehmen wurde der Fragebogen teilweise auch an den Geschäftsführer des Unternehmens gesendet.
[634] Die erste Befragungswelle erfolgte hierbei von Ende Juni bis Ende August 2007, die zweite von Anfang September 2007 bis Ende Dezember 2007. Die relativ langen Zeiträume ergaben sich aus der Tatsache, dass in jeder Welle zunächst die telefonische Vorakquise durchgeführt werden musste, anschließend die Teilnehmer zwei bis drei Wochen Zeit zum Ausfüllen des Fragebogens hatten und einige Wochen später zur Erhöhung der Rücklaufquote eine elektronische Nachfassaktion durchgeführt wurde.

ergab.[635] Die Entwicklung des Rücklaufs der Befragung ist grafisch in Abbildung 20 dargestellt.

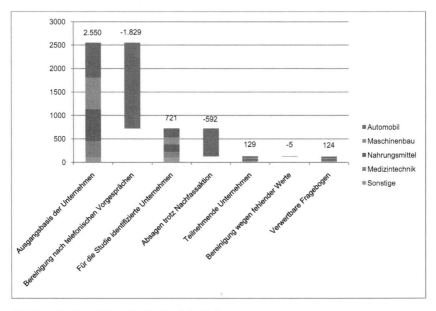

Abbildung 20: Entwicklung des Rücklaufs der Befragung
Quelle: Eigene Darstellung.

Wie bereits erwähnt, erfolgte zudem eine Befragung von Mitarbeitern zur Validierung der Aussagen der Key Informants. So hatte jede Führungskraft die Möglichkeit, nach Teilnahme an der Befragung die Kontaktdaten eines Mitarbeiters zur Verfügung zu stellen. Von dieser Option machten 40 der 124 teilnehmenden Key Informants Gebrauch. Im Anschluss an die eigentliche Erhebung wurde diesen 40 Mitarbeitern eine gekürzte Version des Fragebogens zugesendet, von denen 24 den Fragebogen beantworteten. Die Mitarbeiterdaten werden in Abschnitt 5.1.3 im Rahmen der Betrachtung

---

[635]   Es wurden alle Fragebogen mit mehr als 10 % fehlenden Werten eliminiert. Die Festlegung des Eliminierungskriteriums erfolgte mittels eines Scree-Tests und entspricht der Vorgehensweise von Krafft/Albers/Lal (2004), S. 274. Die Analyse der fehlenden Werte zeigte unterhalb eines Beantwortungsanteils von 90 % der Fragen einen überproportionalen Anstieg des Anteils an fehlenden Werten. So lag der Anteil fehlender Werte bei den fünf eliminierten Fragebogen zwischen 26 % und 39 %. Fehlende Werte haben zur Konsequenz, dass die Ergebnisse verzerrt werden können. Vgl. Abschnitt 4.2.2.

systematischer Messfehler analysiert.

Nachdem die Vorgehensweise bei der Datenerhebung beschrieben wurde, werden im folgenden Abschnitt 4.2.2 detaillierte Informationen zur vorliegenden Datengrundlage gegeben.

4.2.2 Datengrundlage

In den folgenden Ausführungen zur Datengrundlage erfolgt sowohl eine Bewertung der Qualität der Datenbasis als auch eine Beschreibung charakteristischer Merkmale der Stichprobe.[636] Zur Bewertung der **Qualität der vorliegenden Stichprobe** können verschiedene Kriterien herangezogen werden. Erste Hinweise liefert die bereits oben erwähnte Netto-Rücklaufquote von 17,2 %, die in einem für diese Art von Studie angemessenen Bereich liegt.[637] Um zu prüfen, inwiefern die Stichprobe frei von Verzerrungen ist, werden im Folgenden drei mögliche Repräsentativitätsprobleme untersucht.

Die Aussagekraft und Generalisierbarkeit der Ergebnisse kann erstens eingeschränkt werden, wenn systematische Unterschiede zwischen Antwortenden und Nicht-Antwortenden existieren und damit ein sogenannter *Total Nonresponse Bias* vorliegt.[638] Zur Aufdeckung eines möglichen Total Nonresponse Bias ist zunächst die Übereinstimmung der Stichprobe mit der Grundgesamtheit in wesentlichen Strukturmerkmalen von Bedeutung,[639] wofür hier als Indikator die Branchenverteilung herangezogen wird. Ein Vergleich der Stichprobe mit den ursprünglich angeschriebenen 721 Unternehmen anhand eines χ^2-Homogenitätstests zeigt, dass mit einer Wahrscheinlichkeit von 95 % keine signifikanten Unterschiede in der Branchenverteilung bestehen, da der empirische χ^2-Wert mit 3,948 sehr deutlich unter dem theoretischen χ^2-Wert von 9,488 liegt[640] (vgl. Tabelle 11). Folglich ist die Stichprobe hinsichtlich des Strukturmerkmals Branche repräsentativ für die 721 identifizierten Unternehmen.

---

[636] Die folgenden Ausführungen zur Datengrundlage beziehen sich auf die 124 verwertbaren Fragebogen.

[637] Niedrige Rücklaufquoten erhöhen die Wahrscheinlichkeit einer nicht repräsentativen Stichprobe. Vgl. Lyness/Kropf (2007), S. 210. Inhaltlich und methodisch verwandte Studien weisen vergleichbare Rücklaufquoten auf, vgl. z. B. Cannon/Perreault (1999); Gatignon/Xuereb (1997); Homburg/Workman/Krohmer (1999) oder Menon/Bharadwaj/Howel (1996).

[638] Vgl. Blair/Zinkhan (2006), S. 4 f.; Kanuk/Berenson (1975), S. 449; Rogelberg/Stanton (2007), S. 195 f.

[639] Diese Methode zur Bestimmung des Nonresponse Bias wird auch *Archival Analysis* genannt. Vgl. Rogelberg/Stanton (2007), S. 199 f.; Werner/Praxedes/Kim (2007), S. 288.

[640] Vgl. Backhaus et al. (2008), S. 565.

Branche	Verteilung der Grundgesamtheit	Verteilung der Stichprobe	Empirischer χ^2-Wert	Freiheitsgrade	Theoretischer χ^2-Wert
Automobil	25,8 % (186)	20,2 % (25)			
Maschinenbau	21,2 % (153)	21,8 % (27)			
Nahrungsmittel	21,6 % (156)	26,6 % (33)	3,948	4	9,488
Medizintechnik	16,1 % (116)	12,9 % (16)			
Sonstige	15,3 % (110)	18,5 % (23)			
Summe	100,0 % (721)	100,0 % (124)			

Tabelle 11:   Repräsentativität der Stichprobe hinsichtlich der Branchenzugehörigkeit

Quelle: Eigene Darstellung.

Häufig wird zur Prüfung des Total Nonresponse Bias unterstellt, dass die späten Rückläufer den nicht Antwortenden ähnlicher sind als denjenigen, die früh antworten.[641] Deshalb wird das Antwortverhalten der früh antwortenden mit den Ergebnissen der spät antwortenden Teilnehmer verglichen.[642] Zur Aufdeckung eines potenziellen Total Nonresponse Bias wird die Stichprobe der vorliegenden Untersuchung anhand des Eingangsdatums in zwei Hälften geteilt, wobei die erste Hälfte die früh Antwortenden und die zweite Hälfte die spät Antwortenden repräsentiert. Beide Hälften werden sodann anhand eines Mann-Whitney-U-Tests[643] bezüglich aller Indikatoren verglichen. Es zeigt sich, dass bei 94,6 % aller untersuchten Indikatoren auf einem 5 %-Signifikanznivau keine signifikanten Unterschiede zwischen den beiden Gruppen vorliegen, so dass auch dieser Test indiziert, dass nicht von einem Total Nonresponse Bias auszugehen ist.[644]

---

[641]   Diese Methode zur Bestimmung des Nonresponse Bias wird auch *Wave Analysis* genannt. Vgl. Armstrong/Overton (1977), S. 397 f.; Rogelberg/Stanton (2007), S. 199 f.; Werner/Praxedes/Kim (2007), S. 288.

[642]   Vgl. Olson/Slater/Hult (2005), S. 55; Pflesser (1999), S. 125.

[643]   Da in der vorliegenden Untersuchung nach Maßgabe des Kolmogorov-Smirnov-Tests und der Analyse der Histogramme nicht von einer Normalverteilung der Daten ausgegangen werden kann, wurde der Mann-Whitney-U-Test anstelle des t-Tests zum Vergleich der unabhängigen Teilstichproben herangezogen.

[644]   Mit anderen Worten ist nur bei 4 Indikatoren ein Unterschied zwischen früh und spät Antwortenden zu verzeichnen. Dabei handelt es sich um die Indikatoren IO02, IO03, IO07 und WI4. Zur Bedeutung dieser Indikatoren vgl. Tabelle 14 in Abschnitt 4.3.1.2 sowie Tabelle 30 in Ab-

Zweitens kann durch eine nicht vollständige Beantwortung des Fragebogens ein *Partial Nonresponse Bias* entstehen. So führt eine hohe Anzahl fehlender Werte bei einzelnen Indikatoren möglicherweise zu Verzerrungen der Daten. Wie in Abschnitt 4.2.1 erläutert, wurden bereits im Vorfeld fünf Fragebogen aufgrund zu vieler fehlender Werte von der Analyse ausgeschlossen. In Tabelle 12 werden die verbleibenden 124 Fragebogen auf fehlende Werte überprüft. Wie aus der Tabelle ersichtlich wird, weisen 97,3 % aller 74 abgefragten Indikatoren nicht mehr als drei fehlende Werte auf.[645] Lediglich bei zwei Indikatoren werden fünf fehlende Werte beobachtet.[646] Insofern ist auch hinsichtlich dieses Kriteriums nicht von einem Repräsentativitätsproblem auszugehen.

Anzahl fehlender Werte	Anzahl Indikatoren	Indikatorenanteile	Kumulierte Indikatorenanteile
0	37	50,0 %	50,0 %
1	17	23,0 %	73,0 %
2	11	14,9 %	87,8 %
3	7	9,5 %	97,3 %
5	2	2,7 %	100,0 %
Summe	74	100,0 %	

Tabelle 12: Analyse des Partial Nonresponse Bias
Quelle: Eigene Darstellung.

Es besteht jedoch die Notwendigkeit, eine geeignete Vorgehensweise für die Behandlung dieser fehlenden Werte zu finden. Zur Behandlung fehlender Werte werden in der Literatur zahlreiche unterschiedliche Verfahren vorgestellt und verglichen.[647] Generell wird zwischen Eliminierungs- und Imputationsverfahren unterschieden. Bei den *Eliminierungsverfahren* gibt es zum einen die Möglichkeit, sämtliche Fragebogen, bei denen fehlende Werte zu finden sind, aus dem Datensatz zu löschen (Listwise Deletion). Diese Methode weist jedoch den Nachteil auf, dass bei einem hohen Anteil fehlender Werte der Stichprobenumfang erheblich reduziert wird und somit ein signi-

---

[645] schnitt 4.3.4.
Die Anzahl der für diese Untersuchung insgesamt abgefragten Indikatoren unterscheidet sich von der Anzahl der in Abschnitt 4.3 vorgestellten Indikatoren, da teilweise zusätzlich zu den Skalen auch Globalindikatoren erhoben wurden.

[646] Hierbei handelt es sich um zwei Indikatoren, die den Innovationserfolg bzw. den Unternehmenserfolg messen, also um sensitive Informationen.

[647] Vgl. z. B. Malhotra (1987) und die dort angegebene Literatur sowie Schnell (1986), S. 83-127. Vgl. Schwab (1991) für einen umfassenden Überblick zu Methoden der Behandlung fehlender Werte. Vgl. außerdem Backhaus et al. (2008), S. 378; Schafer/Graham (2002).

fikanter Informationsverlust entsteht.[648] Zum anderen können auch lediglich die Variablen eines Fragebogens, bei denen fehlende Werte auftreten, von der Datenanalyse ausgeschlossen werden (Pairwise Deletion). Problematisch sind in diesem Fall die Berechnung von Standardfehlern sowie die durch die Ungleichgewichtung aufgrund der verschiedenen Fallzahlen je Variable reduzierte Vergleichbarkeit der Ergebnisse.[649] Mit Hilfe von *Imputationsverfahren* werden dagegen fehlende Werte geschätzt und die Datenmatrix vervollständigt. In der Regel werden hierbei Mittelwerte entweder anhand der vorhandenen Daten des Fragebogens (Zeilenmittelwert) oder anhand der Daten der übrigen Fragebogen (Spaltenmittelwert) berechnet.[650] Imputationsverfahren führen jedoch zu einer Verringerung der Varianz der Daten.[651]

In der vorliegenden Untersuchung sollen in Abhängigkeit vom Messansatz beide Arten von Imputationsverfahren zum Einsatz kommen. Aufgrund der verhältnismäßig geringen Anzahl fehlender Werte wird die Varianzreduktion als unproblematisch angesehen. Im Falle eines reflektiv gemessenen Konstrukts ist eine hohe Korrelation zwischen den Indikatoren erforderlich, weshalb fehlende Werte auf Probandenebene ersetzt werden.[652] Bei formativ gemessenen Konstrukten und bei Konstrukten, bei denen die Messung nur anhand eines Indikators erfolgte, werden die fehlenden Werte auf Indikatorebene ersetzt.[653]

Ein drittes Repräsentativitätsproblem kann schließlich aus der Tatsache resultieren, dass der Fragebogen nicht durch die adressierten Key Informants, sondern durch andere Personen beantwortet wird.[654] Gründe für dieses sogenannte *Identitätsproblem* können z. B. in der hohen Arbeitsbelastung der Key Informants liegen.[655] Dieses Problem tritt in der vorliegenden Untersuchung nur bedingt auf, da 80,6 % der Befragten als Führungskräfte im Bereich Marketing oder als Mitglieder der Geschäftsführung zu den

---

[648] Vgl. Downey/King (1998), S. 176; Little/Rubin (2002), S. 41-53; Schafer/Graham (2002), S. 155.

[649] Vgl. Little/Rubin (2002), S. 53-55; Schafer/Graham (2002), S. 155; Wothke (1993), S. 266.

[650] Vgl. Downey/King (1998), S. 178-179.

[651] Vgl. Downey/King (1998), S. 175.

[652] Die fehlenden Werte wurden durch die Mittelwerte auf Konstruktebene ersetzt.

[653] Es wurde das arithmetische Mittel berechnet, indem die Summe der beobachteten Werte über alle Probanden durch die Anzahl der beobachteten Werte dividiert wurde.

[654] Vgl. Fritz (1995), S. 100.

[655] Vgl. Tomaskovic-Devey/Leiter/Thompson (1994), S. 453 f.

ursprünglichen Key Informants zählen (vgl. Tabelle 13).[656]

Position	Anzahl	Anteil	Kumulierter Anteil
Leitende Position Marketing	82	66,1 %	66,1 %
Mitglied der Geschäftsführung	18	14,5 %	80,6 %
Sonstiges	24	19,4 %	100,0 %

Tabelle 13: Positionen der Befragungsteilnehmer im Unternehmen
Quelle: Eigene Darstellung.

Zudem bekleiden die übrigen 19,4 % der Befragten überwiegend leitende Positionen in anderen Unternehmensbereichen oder gehören der Assistenz der Geschäftsführung bzw. der Marketing- oder Vertriebsleitung an. Folglich kann ihnen eine ausreichende Kompetenz zur Beantwortung des Fragebogens zugesprochen werden. Nach Analyse der drei Repräsentativitätsprobleme ist davon auszugehen, dass die vorliegende Stichprobe ein repräsentatives Abbild der Grundgesamtheit darstellt.

Insgesamt kann also festgehalten werden, dass die Stichprobe für eine reliable und aussagekräftige Datenanalyse geeignet erscheint. Im Vorfeld der Analyse wird jedoch an dieser Stelle ein kurzer Überblick über **charakteristische übergeordnete Merkmale der Datengrundlage** gegeben, um die späteren Befunde der Dependenzanalysen besser beurteilen zu können.[657] Bei der Betrachtung der Branchenverteilung im Rahmen der Analyse des Total Nonresponse Bias wurde bereits deutlich, dass dem Bereich Nahrungsmittel relativ zu den anderen betrachteten Branchen die höchste Zahl von Unternehmen angehört. Weiterhin zählen viele der Unternehmen aus der vorliegenden Datenbasis zu den Branchen Automobil und Maschinenbau.

Ferner ist die Unternehmensgröße eine berichtenswerte Kennzahl zur Beschreibung des Untersuchungssamples.[658] Sie lässt sich darstellen durch Input-Faktoren wie An-

---

[656] Vgl. Olson/Slater/Hult (2005), S. 55.
[657] Übergeordnet bedeutet in diesem Fall, dass die betrachteten Charakteristika keinen expliziten Modellbezug aufweisen. Deskriptive Ergebnisse zu den untersuchten Konstrukten des Bezugsrahmens werden in Abschnitt 5.1 und 5.2 an den Stellen vorgestellt, an denen sie zur Interpretation der Ergebnisse beitragen.
[658] Nach Krieger (2005) spiegelt die Unternehmensgröße die Ausstattung mit personellen und finanziellen Ressourcen, den Grad an möglicher Spezialisierung und die technische Leistungsfähigkeit wider. Sie ermöglicht außerdem Skaleneffekte und determiniert das Ansehen eines Unternehmens am Kapitalmarkt. Großunternehmen sind bei technischen Innovationen häufig kleineren Wettbewerbern überlegen. Weiterhin können größere Unternehmen auch bei der Vermarktung von Innovationen Vorteile realisieren, z. B. durch eine hohe Markenbekanntheit. An-

zahl der Mitarbeiter oder durch Output-Faktoren wie den Umsatz. Abbildung 21 gibt einen Überblick über die Beschäftigenzahl aller 124 befragten Unternehmen. Die Zahlen beziehen sich auf das Jahr 2007 (Jahr der Erhebung). Es zeigt sich, dass kleine, mittelständische und große Unternehmen in der Stichprobe ungefähr gleichermaßen vertreten sind.

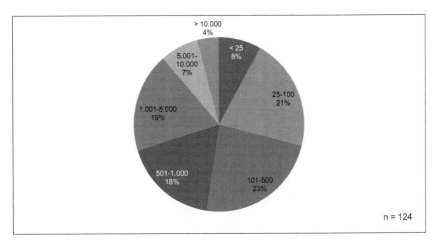

Abbildung 21:   Aufteilung der Stichprobe nach Beschäftigtenzahl
Quelle: Eigene Darstellung.

Eine weitere Messung der Unternehmensgröße erfolgte durch Abfrage des Umsatz-volumens, das vom Unternehmen im Vorjahr der Untersuchung, also im Jahr 2006, erzielt wurde (vgl. Abbildung 22). Gut ein Drittel aller Unternehmen ist den Gruppen mit einem Jahresumsatz von bis zu 50 Mio. € zugehörig, ein weiteres Drittel erzielt Jahresumsätze zwischen 51 und 250 Mio. €, während die verbleibenden Unternehmen einen Umsatz von mehr als 250 Mio. € verzeichnen. Aus den deskriptiven Analysen wird deutlich, dass im Rahmen dieser Untersuchung eine große Bandbreite von Unter-nehmen und Branchen berücksichtigt wird. Insofern kann davon ausgegangen werden, dass ein relativ umfassendes Bild der Innovationsorientierung von Unternehmen ver-mittelt wird.

---

dererseits kann die Unternehmensgröße auch innovationshemmend wirken, z. B. aufgrund büro-kratisierter Entscheidungsstrukturen und langer Kommunikationswege. Infolgedessen kann kei-ne eindeutige Richtung des Einflusses der Unternehmensgröße auf den Innovationserfolg abge-leitet werden. Vgl. Krieger (2005), S. 179.

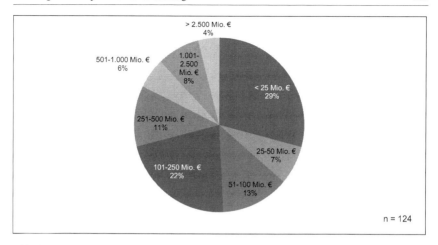

Abbildung 22:   Aufteilung der Stichprobe nach Umsatzvolumen
Quelle: Eigene Darstellung.

In diesem Abschnitt 4.2 wurde die für das weitere Verständnis der Arbeit notwendige Konzeption der empirischen Untersuchung dargestellt. Im Rahmen einer eigenen Datenerhebung wurden Marketingleiter aus vier Branchen zu den relevanten Konstrukten schriftlich befragt und insgesamt 124 verwertbare Fragebogen generiert. Die Datenbasis erscheint für die weitergehenden Analysen der vorliegenden Untersuchung geeignet. Zur Vorbereitung der Überprüfung des Bezugsrahmens dieser Arbeit werden im folgenden Abschnitt 4.3 zunächst die für die Untersuchung relevanten Konstrukte operationalisiert.

4.3 Operationalisierung der Konstrukte

In diesem Abschnitt steht die Operationalisierung der in Kapitel 3 konzeptualisierten Konstrukte des im Rahmen der Arbeit entwickelten Bezugsrahmens der Innovationsorientierung von Unternehmen im Mittelpunkt. Dabei soll gezeigt werden, wie die einzelnen Konstrukte des Bezugsrahmens jeweils gemessen wurden. Die Gliederung des Abschnitts orientiert sich an den vier Forschungsfragen aus Abschnitt 1.2 – daher wird zunächst das in dieser Arbeit zentrale Konstrukt Innovationsorientierung operationalisiert (Abschnitt 4.3.1). Dem folgt die Operationalisierung der Determinanten von Innovationsorientierung (Abschnitt 4.3.2). Danach wird die Messung der relevanten Erfolgskonstrukte vorgestellt (Abschnitt 4.3.3). Schlusspunkt des Abschnitts bildet die Operationalisierung der moderierenden Faktoren (Abschnitt 4.3.4).

4.3.1 Operationalisierung von Innovationsorientierung

Ein zentraler wissenschaftlicher Beitrag dieser Arbeit liegt in der Entwicklung und Validierung einer formativen Skala zur Messung der Innovationsorientierung von Unternehmen (Forschungsfrage 1). Im Mittelpunkt dieses Abschnitts steht die Skalenentwicklung.[659] Bevor jedoch die Entwicklung einer formativen Skala zur Operationalisierung von Innovationsorientierung erfolgt (Abschnitt 4.3.1.2), wird auf Basis der methodischen Grundlagen ausführlich diskutiert, warum ein formatives Messmodell als besonders geeignet erscheint, das latente Konstrukt „Innovationsorientierung" zu operationalisieren (Abschnitt 4.3.1.1).

4.3.1.1 Messung von Innovationsorientierung als formatives Konstrukt

Bei der Innovationsorientierung handelt es sich um ein multidimensionales Konstrukt, das nicht direkt beobachtet und gemessen werden kann.[660] Daraus folgt, dass die Messung mit Hilfe von beobachtbaren bzw. manifesten Indikatoren durchzuführen ist.[661] In Abschnitt 4.1.1 wurde bereits erläutert, dass sich latente Variablen mit Hilfe von zwei verschiedenen Ansätzen spezifizieren lassen, dem reflektiven und dem formativen Messmodell.[662] Betrachtet man die bisherigen Ansätze zur Messung von Innovationsorientierung (vgl. Abschnitt 2.4.1), so lässt sich feststellen, dass das Konstrukt überwiegend reflektiv operationalisiert wurde, ohne dass die Eignung dieses Messansatzes inhaltlich begründet bzw. hinterfragt wurde. Insbesondere reflektive Konstrukte sind jedoch häufig fehlspezifiziert,[663] was zu Verzerrungen der Schätzergebnisse führen kann.[664] Auch bei der reflektiven Skala von HURLEY und HULT wäre aus messtheoretischer Sicht eine formative Operationalisierung angebracht gewesen,

---

[659]   Die Skalenvalidierung erfolgt in Abschnitt 5.1.1. Vgl. hierzu auch Abschnitt 5.1.1.2.
[660]   Vgl. Homburg/Pflesser (2000b), S. 635 f.
[661]   Vgl. Backhaus et al. (2008), S. 513; Hammann/Erichson (1994), S. 76, Homburg/Giering (1996), S. 6.
[662]   Vgl. Bollen/Lennox (1991), S. 305 f.; Diamantopoulos/Winklhofer (2001), S. 269; Eberl (2004), S. 2-8; Law/Wong (1999), S. 144-146. Abbildung 18 in Abschnitt 4.1.1 verdeutlicht die Unterschiede formativer und reflektiver Messmodelle.
[663]   So kommen Jarvis/MacKenzie/Podsakoff (2003) bei der Analyse internationaler Marketingzeitschriften zu dem Ergebnis, dass rund ein Drittel der Messmodelle fehlspezifiziert sind. Zu einem ähnlichen Ergebnis kommt Fassott (2006) bei der Durchsicht betriebswirtschaftlicher Zeitschriften in Deutschland. Fehlspezifiziert bedeutet, dass ein falscher Ansatz zur Operationalisierung gewählt wurde.
[664]   Vgl. Jarvis/MacKenzie/Podsakoff (2003), S. 211.

da bspw. eine Veränderung der latenten Variable Innovationsorientierung nicht automatisch mit einer Veränderung des dort eingesetzten Indikators „Sanktionieren von Mitarbeitern bei misslungenen Innovationen" einhergeht. Dies ist aber bei reflektiven Konstruktmessungen zwingend erforderlich. Zudem ist eine Veränderung in der Ausprägung dieses Indikators nicht zwangsläufig verbunden mit gleichgerichteten Veränderungen der übrigen vier verwendeten Indikatoren. Gütekriterien wie z. B. Cronbachs Alpha[665] deuten allerdings darauf hin, dass die Ausprägung der Innovationsorientierung mit Hilfe der Skala von HURLEY und HULT in empirischen Studien reliabel gemessen wird, und das Messmodell somit für eine Kausalanalyse geeignet ist.[666] Demgegenüber führen sachlogische Überlegungen jedoch zu der Erkenntnis, dass unterschiedliche Facetten für die Bildung und Veränderung des Konstrukts Innovationsorientierung verantwortlich sind. Eine Veränderung der Innovationsorientierung impliziert keine Veränderung sämtlicher Indikatoren, die somit nicht zwingend korreliert sind. Hieraus lässt sich folgern, dass im Gegensatz zur gängigen Forschungspraxis zur Messung von Innovationsorientierung ein formatives Messmodell herangezogen werden sollte.

Bei einer solchen formativen Operationalisierung des Konstrukts werden reale Beobachtungen, wie z. B. das Verhalten der Unternehmensakteure, in ihrer Gesamtheit als Stellhebel der Innovationsorientierung gedeutet. Alle gemessenen Merkmale bedingen also zusammen die Ausprägung der Innovationsorientierung einer Unternehmung. Wie oben ausführlich diskutiert, impliziert die bisher häufig in der wissenschaftlichen Diskussion anzutreffende reflektive Operationalisierung, dass die Innovationsorientierung die Ausprägungen der gemessenen Merkmale verursacht. Die typischerweise in bisherigen Skalen herangezogenen Indikatoren – etwa die Risikofreude des Managements oder die bereitwillige Akzeptanz von Veränderungen durch die Mitarbeiter – sind jedoch keine alternativen Repräsentanten der Innovationsorientierung, sondern Bestimmungsfaktoren des Konstrukts. Zusammenfassend erscheint es daher adäquat zu sein, dass die latente Variable Innovationsorientierung als Aggregation ihrer Indikatoren zu interpretieren ist, die unterschiedlich hoch ausgeprägt sein können.

---

[665] Vgl. Cronbach (1947, 1951) und Abschnitt 5.1.2.1. Vgl. Tabelle 7 in Abschnitt 2.4.2 für Studien, die Innovationsorientierung anhand der Skala von Hurley/Hult (1998) messen. Die Alpha-Werte des Konstrukts Innovationsorientierung liegen in den Studien zwischen 0,71 und 0,89.

[666] Spielt das Messmodell selbst eine untergeordnete Rolle, da das vorrangige Ziel der Untersuchung darin besteht, Kausalzusammenhänge zu untersuchen, so ist eine reflektive Messung durchaus sinnvoll. Die Wahl des Messmodells hängt somit von den Forschungszielen ab.

Derartige formative Messmodelle haben den Vorteil, dass Treiber der latenten Variable identifiziert und priorisiert werden können.[667] Hieraus lassen sich in der Folge konsistente Empfehlungen für die unternehmerische Praxis in Hinblick auf deren Ausgestaltung ableiten. Im Gegensatz zu reflektiven Messmodellen erzielen formative Skalen somit praktisch nützliche Erkenntnisfortschritte anstatt nur explorative Leistungen zu erbringen. Mittels formativer Messmodelle können also potenzielle Ansatzpunkte für praktisches Handeln identifiziert werden, weswegen eine formative Operationalisierung des Konstrukts sinnvoll scheint. Zwei der im Literaturüberblick vorgestellten Ansätze zur Messung von Innovationsorientierung (vgl. Abschnitt 2.4.1) basieren bereits auf einem formatives Messmodell, allerdings bleiben bei diesen Ansätzen kulturelle Aspekte und das Verhalten der Mitarbeiter unberücksichtigt.[668] Bei einer formativen Messung sollten jedoch möglichst alle substanziellen Treiber integriert werden. Vor diesem Hintergrund soll im Folgenden ein umfassender formativer Ansatz zur Messung von Innovationsorientierung entwickelt werden.

4.3.1.2 Entwicklung einer formativen Skala zur Messung von Innovationsorientierung

Bei der Entwicklung und Validierung der Skala zur Messung von Innovationsorientierung orientiert sich diese Arbeit überwiegend an dem wissenschaftlich etablierten Vorgehen von DIAMANTOPOULOS und WINKLHOFER und geht dabei in folgenden fünf Schritten vor: Konzeptualisierung des Konstrukts, Generierung der Indikatoren, Prüfung auf Multikollinearität, Beurteilung der Indikatorgüte und Prüfung der externen Validität des Messmodells (vgl. Abbildung 23).[669] Dabei bilden die ersten beiden Schritte den Prozess der Skalenentwicklung, der nachstehend detailliert beschrieben wird. Anzumerken ist dabei, dass auf Grund der inhaltlichen Konsistenz der Arbeit einerseits und der Sicherstellung eines ganzheitlichen Verständnisses von Innovationsorientierung für den Leser andererseits das Konstrukt bereits im Rahmen der Entwicklung des Bezugsrahmens in Kapitel 3 ausführlich konzeptualisiert wurde.[670] Nach einer kurzen Zusammenfassung dieses ersten Schritts liegt daher der Fokus der folgenden

---

[667] Vgl. hier und im Folgenden Diller (2004), S. 177 und Diller (2006), S. 614.

[668] Bei den zwei Skalen handelt es sich um die rein konzeptionelle Skala von Homburg/Hoyer/Fassnacht (2002) sowie die Skala von Manu (1992).

[669] Vgl. Diamantopoulos/Winklhofer (2001). Es wird zusätzlich in Anlehnung an Helm (2005) der Prozessschritt „Beurteilung der Indikatorgüte" integriert. Die Vorgehensweise von Diamantopoulos/Winklhofer (2001) ist in der Wissenschaft weit verbreitet, vgl. z. B. Johnson/Sohi/Grewal (2004), S. 26; Reinartz/Krafft/Hoyer (2004), S. 298.

[670] Vgl. Abschnitt 3.1.

Ausführungen zur Skalenentwicklung auf dem zweiten Schritt der Generierung der Indikatoren. Die weiteren drei Schritte sind Teil der empirischen Validierung der Skala und werden deshalb in Abschnitt 5.1.1 behandelt.

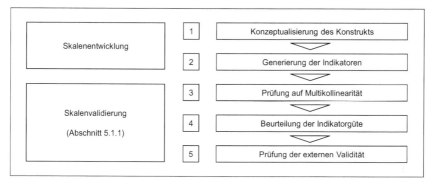

Abbildung 23: Vorgehensweise bei der Entwicklung und Validierung einer formativen Skala
Quelle: Eigene Darstellung.

Konzeptualisierung des Konstrukts

Bei formativen Konstrukten ist kein statistisches Gütemaß zur Bestimmung der Indikatorreliabilität vorhanden.[671] Aufgrund dieser statistischen „Unsicherheit" kommt der theoretischen Fundierung der Bestandteile des Konstrukts eine besondere Bedeutung zu.[672] So muss im ersten Schritt der Entwicklung einer formativen Skala das entsprechende Konstrukt zunächst inhaltlich abgegrenzt und definiert werden, um anschließend eine Konzeptualisierung vornehmen zu können. Um alle relevanten Facetten des Konstrukts zu erfassen, sollte die Definition so umfassend und gleichzeitig so präzise wie möglich erfolgen. Die Festlegung der konzeptionellen Breite sollte dabei auf Basis theoretischer Überlegungen und Erkenntnissen aus der Literatur erfolgen.

Der Forderung nach einer sorgfältigen Festlegung der konzeptionellen Breite des Konstrukts Innovationsorientierung wurde in dieser Arbeit bereits durch die Konzeptualisierung in Abschnitt 3.1 nachgekommen. Dort wurde Innovationsorientierung anhand des Verhaltens der Unternehmensakteure – also Management und Mitarbeiter – konzeptualisiert, wobei sich das Verhalten des Managements in die Facetten

---

[671] Vgl. hierzu Abschnitt 5.1.1.
[672] Vgl. hier und im Folgenden Diamantopoulos/Winklhofer (2001), S. 271.

strategischer Fokus, extrinsisches Anreizsystem und Kommunikation und das Verhalten der Mitarbeiter in die Facetten strategischer Fokus, extrinsisches Anreizsystem und betriebliches Vorschlagswesen unterteilen lässt. Wie in Abschnitt 3.1 ausführlich diskutiert wurde, erfolgt die Herleitung dieser Bestandteile der Innovationsorientierung auf Basis der wissenschaftlichen Literatur sowie organisationstheoretischer Ansätze.

Generierung der Indikatoren

Im zweiten Schritt der Skalenentwicklung sind die Indikatoren zu bestimmen, die zur Erfassung der latenten Variable beitragen.[673] Dabei werden die inhaltlichen Facetten des Konstrukts in messbare Indikatoren umgewandelt. Diese sollten die gesamte, im ersten Schritt umfassend definierte Breite des zu operationalisierenden Konstrukts abdecken.[674]

Dem in der Wissenschaft etablierten Vorgehen folgend, wurden in der vorliegenden Untersuchung die Indikatoren in drei Teilschritten generiert.[675] Im ersten Teilschritt erfolgte auf Grundlage einer Literaturanalyse die **Herleitung einer vorläufigen Skala** mit elf potenziellen Indikatoren (vgl. Anhang C). Dabei wurden für jede Facette der Innovationsorientierung geeignete Indikatoren entweder aus etablierten Skalen übernommen oder auf Basis von in empirischen Studien verwendeten Skalen bzw. erzielten Erkenntnissen abgeleitet.[676] Diese elf Indikatoren werden im Folgenden kurz vorgestellt. Im Bereich *Management* beziehen sich zwei Indikatoren auf den strategischen Fokus, nämlich das Verfolgen von risikobehafteten Innovationsprojekten und das Streben nach einer Pionierstellung auf Märkten.[677] Weiterhin bezieht sich ein Indikator auf monetäre extrinsische Anreize für das Management und ein weiterer auf die Kommunikation von Innovationen.[678] Im Bereich *Mitarbeiter* spielt das Hinzuziehen der F&E-Abteilung bei wichtigen Entscheidungen des Unternehmens eine Rolle für die Innovationorientierung.[679] Dieser Indikator kann dem strategischen Fokus zuge-

---

[673]   Vgl. Diamantopoulos/Winklhofer (2001), S. 271 f.
[674]   Vgl. Bollen/Lennox (1991), S. 308.
[675]   Vgl. Diamantopoulos/Winklhofer (2001), S. 272; Sauer (2005), S. 61-63.
[676]   Die Quellen, aus denen die Indikatoren entnommen wurden bzw. auf Basis derer sie formuliert wurden, sind im Folgenden jeweils detailliert vermerkt.
[677]   Vgl. Calantone/Cavusgil/Zhao (2002), S. 517-520; Capon et al. (1992), S. 159; Hurley/Hult (1998), S. 49; Manu (1992), S. 334.
[678]   Vgl. Becker (1991), S. 573-590; Homburg/Hoyer/Fassnacht (2002), S. 96; Hurley/Hult (1998), S. 49; Scott/Bruce (1994), S. 593.
[679]   Vgl. Becker (1991), S. 572.

ordnet werden. Weiterhin gibt es vier Indikatoren zum extrinsischen Anreizsystem, wovon einer monetär ist und drei nicht-monetär sind.[680] Somit werden in der Skala auch immaterielle Anreize berücksichtigt, die darin bestehen, dass Mitarbeiter Anerkennung für die Hervorbringung neuer Ideen erfahren und diese Ideen ernst genommen werden.[681] Ein weiterer Indikator erfasst, inwiefern Mitarbeiter, die sich mit Innovationen beschäftigen, Anerkennung erhalten.[682] Dieser Indikator ist besonders kritisch, da Mitarbeitern, die mit Innovationen beschäftigt sind, häufig Misstrauen entgegengebracht wird.[683] Diese negative Einstellung kann dazu führen, dass kreative Mitarbeiter abgeschreckt bzw. in ihrem Innovationsverhalten eingeschränkt werden. Zwei weitere Indikatoren beziehen sich auf das betriebliche Vorschlagswesen. Dabei wird mit Hilfe des ersten Indikators ermittelt, ob die Mitarbeiter die Möglichkeit haben, ihre Ideen ihren Vorgesetzten in einem geregelten Prozess mitzuteilen.[684] Ein zweiter Gesichtspunkt, der als Quelle von Innovationen gesehen wird und ebenfalls einen relevanten Indikator im Rahmen des Vorschlagswesens in einem Unternehmen darstellt, ist die intrinsische Motivation von Mitarbeitern, neue Ideen zu entwickeln.[685] Treiber einer intrinsischen Motivation können das Interesse, der Spaß, die Zufriedenheit oder die Herausforderung bei der Arbeit sein. Die intrinsische Motivation wird auch als der förderlichste Treiber der Kreativität von Mitarbeitern gesehen.

Im zweiten Teilschritt erfolgte daraufhin eine **Evaluierung der Skala durch Experten** im Rahmen der in Kapitel 3 bereits erwähnten neun Experteninterviews. Die Beurteilung der Skala durch Experten aus verschiedenen Branchen erschien notwendig, um erstens fehlende Facetten zu entdecken und damit eine inhaltlich geeignetere Skala zu gewährleisten und zweitens Praxisrelevanz sicherzustellen.[686] Durch die Auswahl der Experten aus verschiedenen Branchen und Funktionen wird eine ganzheitliche Konzeptualisierung von Innovationsorientierung, die auch Nutzen für die Unternehmenspraxis generiert, gewährleistet.[687] Die Experteninterviews wurden auf Basis eines Leitfadens durchgeführt. Die Bewertung der Skala erfolgte durch die Beur-

---

[680] Vgl. Chandler/Keller/Lyon (2000), S. 61; Scott/Bruce (1994), S. 593.
[681] Vgl. Becker (1991), S. 575; Chandler/Keller/Lyon (2000), S. 61; Greiling (1998), S. 135.
[682] Vgl. Scott/Bruce (1994), S. 593.
[683] Vgl. Becker (1991), S. 572.
[684] Vgl. Worren/Moore/Cardona (2002).
[685] Vgl. hier und im Folgenden Amabile (1997).
[686] Vgl. Diamantopoulos/Winklhofer (2001), S. 272.
[687] Eine Übersicht der Experten ist in Anhang B zu finden.

teilung der einzelnen Indikatoren auf einer fünfstufigen Rating-Skala (1 = „sehr geeignet" bis 5 = „überhaupt nicht geeignet").[688] Im Anhang C sind neben den elf ursprünglich hergeleiteten Indikatoren auch deren durchschnittlichen Bewertungen durch die Experten dargestellt. Die Bewertung durch die Experten war bei keinem einzelnen Indikator schlechter als durchschnittlich 2,38, sondern zu über 70 % besser als 2,00 (d. h. acht von elf Indikatoren wurden mit besser als „geeignet" bewertet). Aufgrund dieser positiven Ergebnisse wurde kein Indikator eliminiert. Vielmehr wurden durch die Anregungen der Experten vereinzelt Präzisierungen der Indikatoren vorgenommen. Drei Ergänzungen von Experten wurden zudem mit Hilfe zusätzlicher Indikatoren in die Skala integriert. Erstens wurde angemerkt, dass im Rahmen eines betrieblichen Vorschlagswesens nicht nur die Mitteilung von Ideen in einem geregelten Prozess notwendig ist, sondern auch ein nicht geregelter Prozess ein Indikator für eine innovative Unternehmenskultur sein kann. Zweitens wurde hinzugefügt, dass der Bereich der Kommunikation nach außen und innen zu trennen ist. Hierbei ist es zum einen von substanzieller Bedeutung, wie das Unternehmen nach außen in Bezug auf Innovationen dargestellt wird, und zum anderen unabdingbar, die innovative Ausrichtung des Unternehmens für jeden Mitarbeiter klar zu kommunizieren. Drittens kann sich ein strategischer Fokus auf Innovationen nach Meinung der Experten auch darin äußern, dass Innovationen eine höhere Priorität eingeräumt wird als anderen betrieblichen Vorgängen.

Zum Schluss erfolgte im dritten Teilschritt eine **Überprüfung der Skala im Rahmen einer Expertenrunde**. Ziel dieser Expertenrunde mit Teilnehmern aus Wissenschaft und Praxis war es, sowohl die Verständlichkeit der Skala zu überprüfen als auch weitere Indikatoren zu ergänzen. Im Gegensatz zu den jeweils einzeln geführten Experteninterviews aus dem zweiten Teilschritt wurden im Rahmen einer Gruppendiskussion verschiedene Meinungen zur Skala ausgetauscht und auf dieser Basis weitere Verbesserungen vorgenommen. So wurden einzelne Indikatoren präzisiert und zwei weitere Indikatoren hinzugefügt. Zum einen wurde als ein Bestandteil einer Innovationsorientierung die Existenz einer Person im Management gesehen, die sich besonders für Innovationen einsetzt bzw. dafür verantwortlich ist. Diese Person wird auch als Machtpromotor bezeichnet und fördert den strategischen Fokus auf Innovationen im

---

[688] Für die Verwendung einer fünfstufigen Skala spricht, dass diese im persönlichen Gespräch leicht zu beurteilen ist und gleichzeitig die Bewertung hinreichend differenziert vorgenommen wird.

Unternehmen.[689] Ein Machtpromotor im Promotorenmodell nach HAUSCHILDT ist eine Person, die die Innovationsprozesse im Unternehmen aktiv fördert.[690] Er entscheidet über den Einsatz der Ressourcen und verfügt in der Regel als Mitglied oder Vorsitzender der Geschäftsführung über ein hohes hierarchisches Potenzial. Zum anderen wurde die Ressource Zeit als ein weiterer Indikator hinzugefügt. Dieser Ressource wird eine zentrale Bedeutung im Rahmen der Generierung von Innovationen zugesprochen.[691] Wichtig ist hierbei, dass die Mitarbeiter eines Unternehmens genügend Zeit für die Entwicklung und Diskussion von Ideen oder zum Experimentieren besitzen. Es erscheint angemessen, dass der letztgenannte Indikator in den Bereich betriebliches Vorschlagswesen eingeordnet wird. Abschließend wurden die Hinweise aus dem zweiten und dritten Teilschritt zu einer Skala mit 16 Indikatoren zusammengefasst, die in Tabelle 14 detailliert dargestellt ist.[692]

Aus der Tabelle geht hervor, dass Innovationsorientierung einerseits sehr umfassend in den zentralen Facetten konzeptualisiert und andererseits unter Berücksichtigung der Hinweise der Experten sehr präzise operationalisiert wird. Insofern lässt sich festhalten, dass in Hinblick auf den Schritt der Skalenentwicklung dem etablierten Vorgehen von DIAMANTOPOULOS und WINKLHOFER[693] im Rahmen dieser Arbeit entsprochen wird.

---

[689]   Vgl. Hauschildt (1998), S. 5 f.
[690]   Vgl. hier und im Folgenden Hauschildt (1998), S. 5 f.
[691]   Vgl. Chandler/Keller/Lyon (2000), S. 62.
[692]   Aus Gründen der Strukturierung ist die Anordnung der Indikatoren in dieser Tabelle verschieden von der Anordnung, die im Fragebogen vorgenommen wurde.
[693]   Vgl. Diamantopoulos/Winklhofer (2001) sowie Helm (2005) für den Schritt „Beurteilung der Indikatorgüte".

Konstrukt: Innovationsorientierung		
Facette	**Notation**	**Indikator**
Inwieweit treffen folgende Aussagen zu? (1 = „gar nicht zutreffend" bis 7 = „voll zutreffend")		
Management		
Strategischer Fokus	IO01	Unser Management verfolgt sehr oft risikobehaftete Innovationsprojekte.
	IO02	Unser Unternehmen versucht, so oft wie möglich mit neuen Produkten oder Dienstleistungen als erster auf dem Markt zu sein.
	IO03	*In unserem Unternehmen werden Innovationen eine höhere Priorität einge-räumt als anderen betrieblichen Vorgängen.*
	IO04	*In unserem Top-Management gibt es mindestens eine Person, die sich stark für innovative Ideen einsetzt.*
Extrinsisches Anreizsystem	IO05	Unser Management wird explizit für erfolgreich durchgeführte Innovationen monetär belohnt.
Kommunikation	IO06	In unserem Unternehmen wird die innovative Ausrichtung des Unternehmens für jeden Mitarbeiter klar kommuniziert (z. B. durch Vision, Strategie oder Business Mission).
	IO07	*In unserem Unternehmen werden Innovationen aktiv nach außen dargestellt (z. B. im Rahmen der Unternehmenskommunikation).*
Mitarbeiter		
Strategischer Fokus	IO08	Mitarbeiter aus dem Bereich Forschung und Entwicklung werden bei strategi-schen Entscheidungen unseres Unternehmens zu Rat gezogen.
Extrinsisches Anreizsystem	IO09	Für die erfolgreiche Umsetzung ihrer Ideen werden unsere Mitarbeiter mone-tär belohnt.
	IO10	Für innovative Ideen erhalten unsere Mitarbeiter hohe Anerkennung.
	IO11	Neue Ideen unserer Mitarbeiter werden stets sehr ernst genommen.
	IO12	Mitarbeiter, die sich mit Innovationen beschäftigen, erhalten in unserem Un-ternehmen hohe Anerkennung.
Betriebliches Vorschlagswesen	IO13	Unsere Mitarbeiter haben die Möglichkeit, ihre Ideen ihren Vorgesetzten oder dem Management in einem geregelten Prozess mitzuteilen.
	IO14	*Unsere Mitarbeiter haben die Möglichkeit, ihre Ideen ihren Vorgesetzten oder dem Management informell mitzuteilen.*
	IO15	Unsere Mitarbeiter entwickeln selbstständig Vorschläge für neue Produkte, Dienstleistungen oder Arbeitsabläufe.
	IO16	*Unsere Mitarbeiter haben neben ihrer regulären Arbeit ausreichend Zeit, um sich mit Innovationen zu beschäftigen.*
Legende:		
kursiv: Indikatoren wurden im zweiten und dritten Teilschritt neu hinzugefügt		

Tabelle 14:   Operationalisierung des Konstrukts „Innovationsorientierung"

Quelle: Eigene Darstellung.

In Bezug auf die Operationalisierung von Innovationsorientierung ist letztlich an-zumerken, dass aufgrund der Aufteilung der Skala in die Bereiche Management und Mitarbeiter die Bildung eines mehrdimensionalen Konstrukts zweiter Ordnung nahe liegen würde.[694] Jedoch raten ALBERS und GÖTZ von der Verwendung mehrdimensionaler Messmodelle ab, da für die Schätzung eines Konstrukts zweiter Ordnung keine befriedigenden Methoden vorhanden sind und detaillierte Informationen über die Wirkung der einzelnen Indikatoren verloren gehen können.[695] Deshalb wird bei der vorliegenden Skala auf ein Konstrukt zweiter Ordnung verzichtet.

Zusammenfassend lässt sich festhalten, dass eine Skala zur Messung des zentralen Konstrukts Innovationsorientierung nach wissenschaftlichen Standards entwickelt wurde. Im folgenden Abschnitt wird erläutert, wie die Determinanten von Innovationsorientierung in der vorliegenden Studie operationalisiert wurden.

4.3.2 Operationalisierung der Determinanten von Innovationsorientierung

Im Folgenden sollen mit den relevanten Konstrukten aus den Bereichen Personalmanagement und Marktorientierung die Determinanten der Innovationsorientierung operationalisiert werden. Alle Determinanten von Innovationsorientierung wurden dabei mit Hilfe von Single-Items gemessen. Trotz der in Abschnitt 4.1.1 genannten Nachteile dieses Ansatzes zur Operationalisierung von Konstrukten war diese Vorgehensweise notwendig, um eine angemessene Rücklaufquote zu erreichen. Wären alle hier betrachteten Determinanten mit etablierten Skalen gemessen worden, hätte sich die Länge des Fragebogens ungefähr verdoppelt. Da der Fokus der Arbeit aufgrund der größeren Forschungslücken auf der Seite der Erfolgswirkungen liegt,[696] und empirische Studien zeigen, dass Single-Items ähnlich valide sein können wie Multiple-Items,[697] erscheint es gerechtfertigt, die Determinanten lediglich mit einzelnen Indikatoren zu messen. Die Untersuchung der Determinanten weist darüber hinaus einen eher explorativen Charakter auf, um erste Hinweise auf die relative Bedeutung der verschiedenen Determinanten und dadurch Implikationen für die zukünftige Forschung zu generieren. Im Folgenden werden zunächst die Konstrukte aus dem Bereich Personalmanagement operationalisiert. Im Anschluss daran folgt die Operationalisierung der Dimensionen der Marktorientierung. Anzumerken ist, dass die Single-Items jeweils

---

[694] Ein Konstrukt zweiter Ordnung ist ein Konstrukt, das aus mehreren Dimensionen (Konstrukte erster Ordnung) besteht. Vgl. Albers/Götz (2006). Da es sich bei den Indikatoren ausschließlich um formative Indikatoren handelt, würde sich in diesem Fall der sogenannte „Typ IV" anbieten, welcher formative Indikatoren für die latenten Variablen erster und zweiter Ordnung unterstellt.

[695] Vgl. Albers/Götz (2006), S. 675.

[696] Vgl. Abschnitt 1.2.

[697] Vgl. insbesondere Bergkvist/Rossiter (2007), S. 175 f.

aus etablierten Skalen abgeleitet wurden, um sicherzustellen, dass das entsprechende Konstrukt möglichst gut erfasst wird.

Die Operationalisierung des Konstrukts **Arbeitsüberlastung** wurde in Anlehnung an CHANDLER, KELLER und LYON vorgenommen.[698] Jedoch wurde in der vorliegenden Studie lediglich auf Basis eines eigens formulierten Globalindikators abgefragt, ob die Arbeitsüberlastung der Mitarbeiter im Unternehmen generell sehr hoch ist. Der Indikator zur Arbeitsüberlastung ist in Tabelle 15 dargestellt.

Konstrukt: Arbeitsüberlastung	
Notation	**Indikator**
Inwieweit treffen folgende Aussagen zu? (1 = „gar nicht zutreffend" bis 7 = „voll zutreffend")	
PMAU	In unserem Unternehmen gibt es sehr viele Mitarbeiter, die mit Arbeit überlastet sind.

Tabelle 15: Operationalisierung des Konstrukts „Arbeitsüberlastung"
Quelle: Eigene Darstellung.

Der Indikator zum Konstrukt **Personalentwicklung** ist angelehnt an Indikatoren der Skala von NGO et al., in der das Ausmaß der Weiterbildungs- und Entwicklungsmaßnahmen in einem Unternehmen abgebildet wird.[699] Der genaue Wortlaut der Frage findet sich in Tabelle 16.

Konstrukt: Personalentwicklung	
Notation	**Indikator**
Inwieweit treffen folgende Aussagen zu? (1 = „gar nicht zutreffend" bis 7 = „voll zutreffend")	
PMPE	In unserem Unternehmen werden insgesamt sehr viele Maßnahmen zur Entwicklung des Personals durchgeführt.

Tabelle 16: Operationalisierung des Konstrukts „Personalentwicklung"
Quelle: Eigene Darstellung.

Die Messung des Konstrukts **Unterstützung der Mitarbeiter durch das Management** erfolgte erneut in Anlehnung an CHANDLER, KELLER und LYON.[700] Hierzu wurde mit Hilfe eines Indikators abgefragt, ob die Mitarbeiter des Unternehmens eine hohe Unterstützung durch ihre Vorgesetzten erfahren.[701] Der verwendete Indikator ist in

---

[698] Vgl. Chandler/Keller/Lyon (2000), S. 65.
[699] Vgl. Ngo et al. (1998), S. 640 f.
[700] Vgl. Chandler/Keller/Lyon (2000), S. 65.
[701] Dieser Indikator weist in der Studie von Chandler/Keller/Lyon (2000) die höchste Faktorladung auf.

Tabelle 17 wiedergegeben.

Konstrukt: Unterstützung durch das Management	
Notation	Indikator
Inwieweit treffen folgende Aussagen zu? (1 = „gar nicht zutreffend" bis 7 = „voll zutreffend")	
PMUM	Insgesamt erfahren unsere Mitarbeiter durch die Vorgesetzten eine sehr hohe Unterstützung.

Tabelle 17:   Operationalisierung des Konstrukts „Unterstützung durch das Management"
Quelle: Eigene Darstellung.

Die Operationalisierung des Konstrukts **Mitarbeiterheterogenität** geht auf NGO et al. zurück.[702] Die dort verwendeten zwei Indikatoren zur Messung der Mitarbeiterheterogenität wurden für die vorliegende Untersuchung zu einem Globalindikator zusammengefasst, anhand dessen bestimmt wird, wie heterogen die Zusammensetzung der Mitarbeiter im Unternehmen ist (vgl. Tabelle 18).

Konstrukt: Mitarbeiterheterogenität	
Notation	Indikator
Inwieweit treffen folgende Aussagen zu? (1 = „gar nicht zutreffend" bis 7 = „voll zutreffend")	
PMMH	In unserem Unternehmen gibt es insgesamt eine sehr heterogene Zusammensetzung der Mitarbeiter.

Tabelle 18:   Operationalisierung des Konstrukts „Mitarbeiterheterogenität"
Quelle: Eigene Darstellung.

Zur Messung der **Mitarbeiterzufriedenheit** wurde ein Indikator verwendet, der erfasst, inwiefern die Mitarbeiter eines Unternehmens mit ihrer Arbeit zufrieden sind. Der Indikator basiert auf der Skala von HOMBURG und STOCK.[703] Der erste der dort verwendeten sechs Indikatoren misst die individuelle Zufriedenheit eines Mitarbeiters mit seiner Arbeit und wurde für die vorliegende Untersuchung so adaptiert, dass die Zufriedenheit aller Mitarbeiter im Unternehmen beurteilt wird (vgl. Tabelle 19).[704]

---

[702]   Vgl. Ngo et al. (1998), S. 640 f.
[703]   Vgl. Homburg/Stock (2004), S. 155.
[704]   Die anderen fünf Indikatoren stellen alternative reflektive Messungen des Konstrukts dar.

Konstrukt: Mitarbeiterzufriedenheit	
Notation	Indikator
Inwieweit treffen folgende Aussagen zu? (1 = „gar nicht zutreffend" bis 7 = „voll zutreffend")	
PMMZ	Insgesamt sind unsere Mitarbeiter mit ihrer Arbeit sehr zufrieden.

Tabelle 19: Operationalisierung des Konstrukts „Mitarbeiterzufriedenheit"

Quelle: Eigene Darstellung.

Die zur Marktorientierung gehörenden Konstrukte **Kundenorientierung, Wettbe-werbsorientierung und interfunktionale Koordination** wurden jeweils mit Hilfe eines einzelnen globalen Indikators gemessen, der auf Basis der Skalen von NARVER und SLATER formuliert wurde.[705] Da zu erwarten ist, dass die Wirkung der einzelnen Dimensionen der Marktorientierung unterschiedlich stark ausfällt (vgl. Abschnitt 3.2.2), wurde jede Dimension einzeln gemessen. Der genaue Wortlaut der Indikatoren lässt sich den Tabellen 20 bis 22 entnehmen.

Konstrukt: Kundenorientierung	
Notation	Indikator
Inwieweit treffen folgende Aussagen zu? (1 = „gar nicht zutreffend" bis 7 = „voll zutreffend")	
MOKO	Unser Unternehmen ist insgesamt sehr kundenorientiert.

Tabelle 20: Operationalisierung des Konstrukts „Kundenorientierung"

Quelle: Eigene Darstellung.

Konstrukt: Wettbewerbsorientierung	
Notation	Indikator
Inwieweit treffen folgende Aussagen zu? (1 = „gar nicht zutreffend" bis 7 = „voll zutreffend")	
MOWO	Unser Unternehmen ist insgesamt sehr wettbewerbsorientiert.

Tabelle 21: Operationalisierung des Konstrukts „Wettbewerbsorientierung"

Quelle: Eigene Darstellung.

Konstrukt: Interfunktionale Koordination	
Notation	Indikator
Inwieweit treffen folgende Aussagen zu? (1 = „gar nicht zutreffend" bis 7 = „voll zutreffend")	
MOIK	Unser Unternehmen besitzt insgesamt eine sehr ausgeprägte interfunktionale Koordination.

Tabelle 22: Operationalisierung des Konstrukts „Interfunktionale Koordination"

Quelle: Eigene Darstellung.

---

[705] Vgl. Narver/Slater (1990), S. 25.

Es lässt sich festhalten, dass alle Determinanten von Innovationsorientierung mit Hilfe von Single-Items gemessen wurden. Im folgenden Abschnitt 4.3.3 wird gezeigt, wie die Erfolgsvariablen des Modells operationalisiert wurden.

4.3.3 Operationalisierung des Erfolgs

Unter Berücksichtigung der Erkenntnisse aus Kapitel 3 ist in Hinblick auf den Erfolg eine Unterteilung in Innovationserfolg und Unternehmenserfolg vorzunehmen. Der Unternehmenserfolg wird dabei nochmals untergliedert in Markterfolg und Profitabilität. Wie in Abschnitt 3.3 ausführlich diskutiert wurde, ist es zudem aus theoretisch-konzeptioneller Sicht als gerechtfertigt anzusehen, dass Innovationsorientierung auch indirekt über die Gestaltung von Innovationsprozessen auf den Innovationserfolg wirkt. Aus diesem Grund wird die Messung der Qualität der Innovationsprozesse als mediierende Größe im Rahmen der Operationalisierung des Erfolgs mit betrachtet. Aufgrund der nachhaltigen Bedeutung der Erfolgswirkungen von Innovationsorientierung wurde im Gegensatz zu den Determinanten der Innovationsorientierung eine Multiple-Item-Messung vorgenommen. Hierdurch ist es möglich, eine umfassende Gütebeurteilung der Messmodelle vorzunehmen.[706]

Die Messung des Konstrukts **Innovationserfolg** erfolgte in enger Anlehnung an COOPER und KLEINSCHMIDT.[707] Dabei wird der Erfolg des Innovationsportfolios, das als die Gesamtheit aller von einem Unternehmen in den Markt eingeführten Innovationen der letzten drei Jahre definiert wird, betrachtet.[708] Aufgrund ihres Verantwortungsbereiches und ihrer leitenden Position im Unternehmen ist davon auszugehen, dass die befragten Marketing-Führungskräfte in der Lage sind, den Innovationserfolg adäquat zu bewerten.[709] Die sechs verwendeten Indikatoren der Skala sind in Tabelle 23 aufgeführt und beziehen sich auf den wirtschaftlichen Erfolg des Innovationsportfolios.[710] Damit finden in Bezug auf das Innovationsportfolio Umsatz- und Gewinnmaße ebenso Anwendung in der Untersuchung wie Indikatoren zur Messung der Erreichung gesetz-

---

[706] Vgl. zur Gütebeurteilung Abschnitt 5.1.

[707] Vgl. Cooper/Kleinschmidt (1995b), S. 378.

[708] Vgl. Cooper/Kleinschmidt (1995b), S. 378.

[709] Zur Validierung ihrer Angaben wurden im Anschluss an die eigentliche Datenerhebung zusätzlich objektive Erfolgskennzahlen erhoben. Die Auswertung dieser objektiven Daten erfolgt in Abschnitt 5.1.3.

[710] Diese Dimensionen des Innovationserfolgs wurden im Rahmen der Konzeptualisierung des Konstrukts in Abschnitt 3.3.1 ausgewählt.

ter Ziele. Der Innovationserfolg wird reflektiv operationalisiert, was impliziert, dass die Innovationserfolgsindikatoren potenziell hoch korrelieren. Zur Messung der Indikatoren wurden siebenstufige Rating-Skalen verwendet.

Konstrukt: Innovationserfolg	
Notation	**Indikatoren**
Wie bewerten Sie den Erfolg des Innovationsportfolios (Gesamtheit aller in den Markt eingeführten Innovationen der letzten 3 Jahre) Ihres Unternehmens / Ihrer Strategischen Geschäftseinheit in Bezug auf folgende Punkte? (IE1-4: 1 = „sehr schwach" bis 7 = „sehr stark", IE5+6: 1 = „weit unterschritten" bis 7 = „weit übertroffen")	
IE1	Einfluss des Innovationsportfolios auf den Gesamtumsatz
IE2	Einfluss des Innovationsportfolios auf den Gewinn
IE3	Ertrag des Innovationsportfolios im Verhältnis zum geleisteten Aufwand
IE4	Profitabilität des Innovationsportfolios im Vergleich zum Innovationsportfolio Ihrer wichtigsten Wettbewerber
IE5	In welchem Ausmaß wurden Umsatzziele für neue Produkte durch das Innovationsportfolio erfüllt?
IE6	In welchem Ausmaß wurden Gewinnziele für neue Produkte durch das Innovationsportfolio erfüllt?

Tabelle 23:   Operationalisierung des Konstrukts „Innovationserfolg"

Quelle: Eigene Darstellung.

Neben dem Innovationserfolg war weiterhin der **Markterfolg** von Unternehmen zu operationalisieren. Basierend auf der Studie von VORHIES und MORGAN wurde der Markterfolg durch die Größen Entwicklung des Marktanteils, Umsatzwachstum, Neukundengewinnung und Umsatzwachstum durch bestehende Kunden quantifiziert (vgl. Tabelle 24).[711] Die Beurteilung der Indikatoren erfolgte auf Basis eines Vergleichs zum Wettbewerb, wobei jeweils eine siebenstufige Rating-Skala verwendet wurde.[712] Diese subjektive Skala ermöglicht Vergleiche zwischen Unternehmen basierend auf deren individuellen Einschätzungen – unabhängig von Branche, Zeithorizont, finanzieller Ausgangsbasis und vorher gesetzten Zielen.[713] Darüber hinaus korrelieren subjektive Skalen relativ hoch mit objektiven Skalen, die den Erfolg exakt messen.[714] Das Konstrukt wird reflektiv operationalisiert, da eine starke Korrelation der einzelnen Indikatoren zu vermuten ist. So korreliert bspw. der Marktanteil mit dem Umsatzwachs-

---

[711]   Vgl. Vorhies/Morgan (2005), S. 92.
[712]   Vgl. Reinartz/Krafft/Hoyer (2004), S. 304.
[713]   Vgl. Song/Parry (1997b), S. 68.
[714]   Vgl. Song/Parry (1997b), S. 68.

tum.[715]

Konstrukt: Markterfolg	
Notation	**Indikatoren**
Wie schneidet Ihr Unternehmen / Ihre Strategische Geschäftseinheit im Verhältnis zu Ihren Wettbewerbern hinsichtlich folgender Punkte ab? (1 = „wesentlich schlechter" bis 7 = „wesentlich besser")	
ME1	Entwicklung des Marktanteils
ME2	Umsatzwachstum
ME3	Neukundengewinnung
ME4	Umsatzwachstum durch bestehende Kunden

Tabelle 24: Operationalisierung des Konstrukts „Markterfolg"
Quelle: Eigene Darstellung.

Auch die Messung der **Profitabilität** von Unternehmen erfolgte anhand einer Skala, die in der Studie von VORHIES und MORGAN eingesetzt wurde.[716] Dieses Konstrukt misst den finanziellen Erfolg eines Unternehmens in Relation zu seinen Wettbewerbern und wurde anhand der in Tabelle 25 aufgeführten vier Indikatoren operationalisiert. Ebenso wie die Skala zum Markterfolg ist auch die Operationalisierung der Profitabilität von Unternehmen gekennzeichnet durch eine reflektive Messung auf siebenstufigen Rating-Skalen.

Konstrukt: Profitabilität	
Notation	**Indikatoren**
Wie schneidet Ihr Unternehmen / Ihre Strategische Geschäftseinheit im Verhältnis zu Ihren Wettbewerbern hinsichtlich folgender Punkte ab? (1 = „wesentlich schlechter" bis 7 = „wesentlich besser")	
PR1	Profitabilität
PR2	Return on Investment (ROI)
PR3	Umsatzrentabilität
PR4	Erreichen finanzieller Ziele

Tabelle 25: Operationalisierung des Konstrukts „Profitabilität"
Quelle: Eigene Darstellung.

Wie zu Beginn dieses Abschnitts erläutert, wird auch die **Qualität der Innovati-**

---

[715] Die beiden Größen korrelieren wiederum stark mit der Neukundengewinnung und dem Umsatzwachstum durch bestehende Kunden, da hierdurch neue Umsätze generiert und der Marktanteil gesteigert werden kann. Innovationen können der Auslöser dafür sein, dass sowohl ein Umsatzwachstum durch bestehende Kunden als auch eine hohe Neukundengewinnung zu beobachten sind.

[716] Vgl. Vorhies/Morgan (2005), S. 92.

onsprozesse als moderierender Faktor zu den nachgelagerten Größen einer Innovationsorientierung gezählt. Die Operationalisierung dieses Konstrukts erfolgte basierend auf der Studie von SONG und PARRY.[717] Anhand von fünf Indikatoren wird die Qualität der Planung der Innovationsprozesse beurteilt.[718] Da sich die Qualität der Innovationsprozesse auch bei der Durchführung der Prozesse zeigt, wurden zwei neue Indikatoren hinzugefügt, anhand derer die Qualität der Durchführung der Innovationsprozesse gemessen wird.[719] Der Wortlaut der verwendeten Fragen ist in Tabelle 26 dargestellt, wobei zur Beurteilung der Indikatoren jeweils eine siebenstufige Rating-Skala verwendet wurde. Das Konstrukt wird reflektiv operationalisiert, da angenommen wird, dass eine hohe Prozessqualität zu einer hohen Ausprägung aller verwendeten Indikatoren führt.

Konstrukt: Qualität der Innovationsprozesse	
Notation	**Indikatoren**
Wie beurteilen Sie den Innovationsprozess in Ihrem Unternehmen bezüglich folgender Aspekte? (1 = „sehr schlecht" bis 7 = „sehr gut")	
IP1	Planung des Innovationsprozesses
IP2	Entwicklung eines Zeitplanes für die einzelnen Innovationsphasen
IP3	Festlegung der Verantwortungsbereiche für die involvierten Mitarbeiter
IP4	Festlegung von Meilensteinen zur Messung von Erfolg und Fortschritt von Innovationsprojekten
IP5	Abstimmung verschiedener Funktionsbereiche bei der Festlegung von Meilensteinen für Innovationsprojekte
IP6	*Durchführung von Innovationsprojekten*
IP7	*Einhaltung des Zeitplanes für die einzelnen Innovationsphasen*
Legende: *kursiv:* Indikatoren wurden neu hinzugefügt	

Tabelle 26:   Operationalisierung des Konstrukts „Qualität der Innovationsprozesse"
Quelle: Eigene Darstellung.

Die Ausführungen zeigen, dass alle Erfolgskonstrukte mit Hilfe etablierter Skalen gemessen wurden. Im folgenden Abschnitt wird die Operationalisierung der moderierenden Faktoren vorgestellt, die als Einflussgrößen der Beziehung zwischen Innovationsorientierung und Innovationserfolg angesehen werden.

---

[717]   Vgl. Song/Parry (1996).
[718]   Vgl. Song/Parry (1996), S. 430, die diese fünf Indikatoren unter dem Konstrukt „Proficiency of the Predevelopment Planning Process" zusammenfassen.
[719]   Vgl. Ernst (2002), S. 9; Song/Parry (1996), S. 430.

4.3.4 Operationalisierung der moderierenden Faktoren

Es wird, wie in Abschnitt 3.4 dargestellt, zwischen endogenen und exogenen moderierenden Faktoren unterschieden. Die Operationalisierung des **endogenen moderierenden Faktors** „Ressourcen" geht auf KRIEGER zurück.[720] Zur Messung dieses Konstrukts wurde in dieser Untersuchung jedoch lediglich ein Globalindikator herangezogen. Die Studie von BERGKVIST und ROSSITER indiziert, dass Single-Items ähnlich valide sind wie Multiple-Items, sofern sich das Konstrukt auf ein einzelnes konkretes Objekt und ein konkretes Attribut bezieht.[721] Da diese Bedingungen für das vorliegende Konstrukt Ressourcen zutreffen, wurde auf eine Multiple-Item-Messung verzichtet. Der genaue Wortlaut des verwendeten Indikators findet sich in Tabelle 27.

Konstrukt: Ressourcen	
Notation	**Indikator**
Inwieweit treffen folgende Aussagen zu? (1 = „gar nicht zutreffend" bis 7 = „voll zutreffend")	
RE	Insgesamt stehen genügend Ressourcen zur Verfügung, um die gesetzten Innovationsportfolio-Ziele zu erreichen.

Tabelle 27:   Operationalisierung des Konstrukts „Ressourcen"

Quelle: Eigene Darstellung.

Für die Operationalisierung der **exogenen moderierenden Faktoren** wurde im Rahmen dieser Untersuchung auf die Studie von JAWORSKI und KOHLI zurückgegriffen, die das externe Umfeld eines Unternehmens durch die Auswahl der Konstrukte Marktdynamik, technologische Dynamik und Wettbewerbsintensität abbildet.[722] Alle drei Skalen wurden hierbei reflektiv operationalisiert, da angenommen wird, dass z. B. ein intensiver Preiswettbewerb nicht zu einer hohen Wettbewerbsintensität führt, sondern eher als ein Abbild eines intensiven Wettbewerbs zu sehen ist. Die ausgewählten Indikatoren stellen demnach verschiedene, korrelierende Repräsentanten des jeweiligen Konstrukts dar. Der genaue Wortlaut der jeweils verwendeten Indikatoren ist in den Tabellen 28 bis 30 wiedergegeben.

---

[720] Vgl. Krieger (2005), S. 276.
[721] Vgl. Bergkvist/Rossiter (2007), S. 175 f.
[722] Vgl. Jaworski/Kohli (1993), S. 68 f.

Konstrukt: Marktdynamik	
Notation	Indikatoren
Inwieweit treffen folgende Aussagen zu? (1 = „gar nicht zutreffend" bis 7 = „voll zutreffend")	
MD1	In unserer Branche verändern sich die Kundenbedürfnisse sehr schnell.
MD2	Unsere Kunden tendieren dazu, ständig nach neuen Produkten oder Dienstleistungen zu suchen.
MD3	Unsere Kunden sind sehr preissensitiv.
MD4	Unsere Produkte oder Dienstleistungen werden auch von Kunden nachgefragt, die vorher noch nie ein Produkt oder eine Dienstleistung von uns gekauft haben (Neukunden).
MD5	Unsere Neukunden haben produkt- oder dienstleistungsbezogene Bedürfnisse, die sich von den Bedürfnissen unserer bestehenden Kunden unterscheiden.
MD6	Wir verkaufen unsere Produkte oder Dienstleistungen hauptsächlich an bestehende Kunden.

Tabelle 28: Operationalisierung des Konstrukts „Marktdynamik"
Quelle: Eigene Darstellung.

Konstrukt: Technologische Dynamik	
Notation	Indikatoren
Inwieweit treffen folgende Aussagen zu? (1 = „gar nicht zutreffend" bis 7 = „voll zutreffend")	
TD1	Die Technologie in unserer Branche ändert sich sehr schnell.
TD2	Technologische Veränderungen bieten erhebliche Chancen in unserer Branche.
TD3	Es ist sehr schwierig vorherzusagen, auf welchem Stand die Technologie in unserer Branche in den nächsten 3 Jahren sein wird.
TD4	Eine große Anzahl von neuen Produkt- und Dienstleistungsideen wurde in unserer Branche durch technologische Durchbrüche ermöglicht.
TD5	Technologische Entwicklungen spielen in unserer Branche eine große Rolle.

Tabelle 29: Operationalisierung des Konstrukts „Technologische Dynamik"
Quelle: Eigene Darstellung.

Konstrukt: Wettbewerbsintensität	
Notation	Indikatoren
Inwieweit treffen folgende Aussagen zu? (1 = „gar nicht zutreffend" bis 7 = „voll zutreffend")	
WI1	In unserer Branche herrscht ein harter Wettbewerb.
WI2	In unserer Branche finden häufig aggressive Marketingkampagnen statt.
WI3	In unserer Branche finden häufig aggressive Vertriebskampagnen statt.
WI4	Egal, welche Produkte oder Dienstleistungen ein Unternehmen anbietet – andere Wettbewerber können schnell Vergleichbares bieten.
WI5	Unsere Branche ist gekennzeichnet durch einen intensiven Preiswettbewerb.
WI6	In unserer Branche hört man fast täglich von neuen Aktionen der Wettbewerber.

Tabelle 30: Operationalisierung des Konstrukts „Wettbewerbsintensität"
Quelle: Eigene Darstellung.

In diesem Kapitel wurden die Grundlagen der empirischen Untersuchung vorgestellt. Zusammenfassend lässt sich festhalten, dass als methodisches Verfahren der PLS-Ansatz zur Analyse von Strukturgleichungsmodellen als adäquat eingeschätzt und im Weiteren verwendet wird. Zur empirischen Überprüfung des Bezugsrahmens wurde eine branchenübergreifende Befragung von Unternehmen durchgeführt. Nachdem die Messung der Konstrukte ausführlich vorgestellt wurde, befasst sich das folgende Kapitel 5 mit den Ergebnissen der empirischen Untersuchung, also der Beurteilung der Messmodelle und des Strukturmodells.

5 Ergebnisse der empirischen Untersuchung

In diesem Kapitel werden die Ergebnisse der empirischen Untersuchung vorgestellt und diskutiert. Abschnitt 5.1 befasst sich mit der Gütebeurteilung der entwickelten formativen Skala zur Messung von Innovationsorientierung und der weiteren betrachteten Messmodelle. Darüber hinaus werden die empirischen Daten auf systematische Messfehler überprüft. Die Beurteilung der Messmodelle ist notwendig, um anschließend die Überprüfung der Forschungshypothesen vornehmen zu können. In Abschnitt 5.2 erfolgt schließlich die Überprüfung des entwickelten Bezugsrahmens anhand eines Strukturmodells sowie eine ausführliche Diskussion und Interpretation der empirischen Ergebnisse.

5.1 Beurteilung der Messmodelle

In diesem Abschnitt 5.1 steht die Beurteilung der vorgestellten Messmodelle im Mittelpunkt der Ausführungen. Um zu überprüfen, inwieweit das Untersuchungsmodell geeignet ist, die Wirkungen zwischen den beobachtbaren Variablen zu beschreiben, müssen zunächst die verwendeten Messmodelle hinsichtlich ihrer Güte beurteilt werden.[723] Da sich die Vorgehensweise formativer und reflektiver Konstrukte substanziell unterscheidet, werden in den folgenden beiden Abschnitten die Gütebeurteilung für das formative Konstrukt Innovationsorientierung (Abschnitt 5.1.1) und für die reflektiven Konstrukte (Abschnitt 5.1.2) getrennt vorgestellt. Anzumerken ist dabei, dass zusätzlich zur reflektiven und formativen Operationalisierung im Rahmen der vorliegenden Arbeit die Messung der Determinanten von Innovationsorientierung und des Konstrukts „Ressourcen" anhand von Single-Items erfolgte. Eine Gütebeurteilung dieser Messmodelle analog zur Vorgehensweise bei formativen bzw. reflektiven Messmodellen ist nicht möglich. Lediglich die nomologische Validität[724] von Single-Item-Messungen kann anhand der Beziehung zu einem weiteren latenten Konstrukt geprüft werden. Ergeben sich im Rahmen der Hypothesenüberprüfung[725] signifikante Effekte der mit Einzelindikatoren gemessenen Konstrukte, bedeutet dies, dass

---

[723]   Vgl. Götz/Liehr-Gobbers (2004), S. 727.

[724]   Dabei wird die Validität anhand der Beziehung zu einem weiteren latenten Konstrukt geprüft, das mit dem betrachteten Konstrukt in einem theoretisch begründbaren Zusammenhang steht. Vgl. Abschnitt 5.1.1.1.

[725]   Vgl. Abschnitt 5.2.

nomologische Validität gegeben ist. Darüber hinaus erfolgt im weiteren Verlauf dieses Abschnitts eine Überprüfung der Daten auf systematische Messfehler (Abschnitt 5.1.3). Dabei sind die auf die Datenerhebungsmethode zurückzuführenden Messfehler Key Informant Bias und Common Method Bias von Relevanz.

5.1.1 Gütebeurteilung der formativen Skala zur Messung von Innovationsorientierung

Dieser Abschnitt befasst sich mit der Gütebeurteilung des formativen Messmodells zur Innovationsorientierung. In Abschnitt 5.1.1.1 wird zunächst das allgemeine Vorgehen bei der Beurteilung formativer Messmodelle vorgestellt, bevor in Abschnitt 5.1.1.2 die konkrete Beurteilung der neu entwickelten formativen Skala zur Messung von Innovationsorientierung erfolgt.

5.1.1.1 Vorgehensweise bei der Gütebeurteilung formativer Messmodelle

Nach der Konzeptualisierung des Konstrukts und der Generierung der Indikatoren, die zusammen den in der Wissenschaft etablierten Prozess der Skalenentwicklung nach DIAMANTOPOULOS und WINKLHOFER bilden (vgl. Abbildung 23 in Abschnitt 4.3.1.2), erfolgt die Validierung einer formativen Skala anhand folgender weiterer drei Schritte: Prüfung auf Multikollinearität, Beurteilung der Indikatorgüte und Prüfung der externen Validität.[726] Dabei werden mit den ersten beiden Gütekriterien ausschließlich die einzelnen Indikatoren beurteilt (Untersuchungsstufe A), während mit dem letzten Kriterium das gesamte Konstrukt betrachtet wird (Untersuchungsstufe B). Die einzelnen Gütekriterien sind in Abbildung 24 im Überblick dargestellt und werden im Folgenden näher erläutert.

---

[726]   Vgl. Diamantopoulos/Winklhofer (2001) sowie Helm (2005) für den Schritt „Beurteilung der Indikatorgüte".

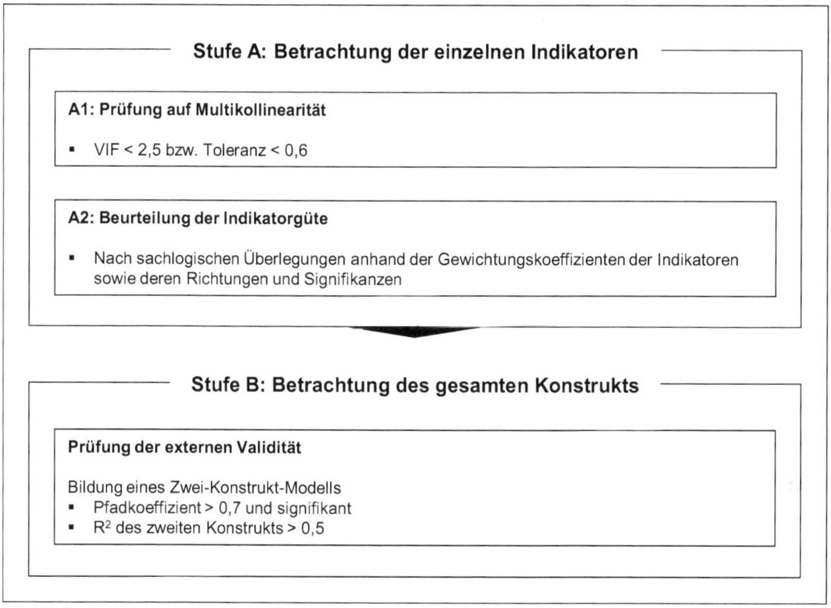

Stufe A: Betrachtung der einzelnen Indikatoren

A1: Prüfung auf Multikollinearität

- VIF < 2,5 bzw. Toleranz < 0,6

A2: Beurteilung der Indikatorgüte

- Nach sachlogischen Überlegungen anhand der Gewichtungskoeffizienten der Indikatoren sowie deren Richtungen und Signifikanzen

Stufe B: Betrachtung des gesamten Konstrukts

Prüfung der externen Validität

Bildung eines Zwei-Konstrukt-Modells
- Pfadkoeffizient > 0,7 und signifikant
- R^2 des zweiten Konstrukts > 0,5

Abbildung 24:   Vorgehensweise bei der Gütebeurteilung formativer Messmodelle

Quelle: Eigene Darstellung in Anlehnung an Diamantopoulos/Winklhofer (2001); Götz/Liehr-Gobbers (2004).

Untersuchungsstufe A: Betrachtung der einzelnen Indikatoren

Da formative Konstrukte auf Basis einer multiplen Regressionsanalyse berechnet werden, sollte keine Multikollinearität zwischen den Indikatoren herrschen.[727] Multikollinearität bezeichnet eine starke lineare Abhängigkeit zwischen zwei oder mehr Indikatoren[728] und führt zu Verzerrungen bei der Schätzung ihrer Gewichte.[729] Deshalb muss in Untersuchungsstufe A1 der Gütebeurteilung formativer Konstrukte eine **Prüfung auf Multikollinearität** erfolgen. Einen ersten Hinweis auf Multikollinearität liefert die Korrelationsmatrix der Indikatoren.[730] Korrelationskoeffizienten nahe |1| deuten auf eine hohe Multikollinearität zwischen den zwei betrachteten Indikatoren hin. Eine komprimiertere Form der Beurteilung von Multikollinearität

---

[727]   Vgl. Abschnitt 4.1.1.
[728]   Vgl. Backhaus et al. (2008), S. 87; Hair et al. (2006), S. 2.
[729]   Vgl. Diamantopoulos/Winklhofer (2001), S. 272.
[730]   Vgl. Götz/Liehr-Gobbers (2004), S. 729.

stellt die Toleranz bzw. der *Variance Inflation Factor (VIF)* der Indikatoren dar.[731] Zur Ermittlung dieser Größen ist eine Regression jeder unabhängigen Variable auf die übrigen unabhängigen Variablen durchzuführen. Die Toleranz ist hierbei der Anteil der Varianz einer Variable, der nicht durch die anderen unabhängigen Variablen erklärt wird:[732]

$$T_i = 1 - R_i^2$$

Dabei stellt R_i^2 das Bestimmtheitsmaß der i-ten unabhängigen Variable dar. Der VIF ergibt sich dann als Kehrwert der Toleranz einer jeden Variable:[733]

$$VIF = \frac{1}{1 - R_i^2}$$

In dieser Untersuchung wird zur Beurteilung der Multikollinearität auf den in der Forschung weit verbreiteten VIF zurückgegriffen. Eine Toleranz kleiner als 0,1 und dementsprechend ein VIF über 10 deuten nach vorherrschender Meinung auf hohe Multikollinearität hin.[734] REINARTZ, KRAFFT und HOYER fordern einen deutlich konservativeren Schwellenwert des VIF von 5.[735] Zur Gewährleistung stabiler Schätzergebnisse wird jedoch im Rahmen dieser Untersuchung ein noch strengerer Maximalwert von 2,5 angestrebt, was einer Toleranz von 0,4 entspricht. Dabei handelt es sich allerdings nicht um ein im statistischen Sinne strenges Maß, sondern vielmehr um eine heuristische Richtgröße.[736] Im Einzelfall sollte immer auf Basis inhaltlicher Überlegungen entschieden werden, ob ein Indikator zu eliminieren ist oder nicht.

Um diejenigen Indikatoren zu identifizieren, die am nachhaltigsten zur Bildung des Konstrukts beitragen, erfolgt in Untersuchungsstufe A2 eine **Beurteilung der Indikatorgüte**. Von Interesse sind hierbei insbesondere die Gewichte der formativen Indikatoren sowie deren Richtung und Signifikanz.[737] Für die Berechnung der Gewichte ist

---

[731] Vgl. Backhaus et al. (2008), S. 89; Hair et al. (2006), S. 227 f.
[732] Vgl. Hair et al. (2006), S. 227.
[733] Vgl. Backhaus et al. (2008), S. 89.
[734] Vgl. z. B. Diamantopoulos/Winklhofer (2001), S. 272; Joshi/Sharma (2004), S. 54; Mason/ Perreault (1991), S. 270.
[735] Vgl. Reinartz/Krafft/Hoyer (2004), S. 303.
[736] Vgl. Hoffmann (2008), S. 198.
[737] Vgl. Chin (1998b), S. 307; Chin/Marcolin/Newsted (2003), S. 190; Götz/Liehr-Gobbers (2004), S. 728; Helm (2005), S. 249.

es notwendig, das Konstrukt in ein Strukturgleichungsmodell einzubinden.[738] Gewichte fallen in der Regel geringer aus als die Ladungen reflektiver Indikatoren, da der PLS-Algorithmus die Varianz der abhängigen Variablen im Modell maximiert und dementsprechend die Gewichte anpasst.[739] Deshalb werden in der Literatur auch keine Schwellenwerte zur Eliminierung formativer Indikatoren aufgrund zu geringer Gewichte ausgewiesen. Relativ gering ausfallende Absolutwerte der Gewichte eines formativ gebildeten Konstrukts weisen demzufolge nicht unbedingt auf ein schlechtes Messmodell hin. Vielmehr steht ein Vergleich der Gewichte der unterschiedlichen Indikatoren im Vordergrund.[740]

Untersuchungsstufe B: Betrachtung des gesamten Konstrukts

In der abschließenden Untersuchungsstufe B erfolgt eine **Prüfung der externen Validität**. Wie schon im Rahmen der Ausführungen zur Indikatorgüte erwähnt, muss hierfür das Messmodell in ein Strukturgleichungsmodell eingebunden werden, wobei sich dafür vier verschiedene Möglichkeiten anbieten. Die erste Möglichkeit besteht darin, die Güte der formativen Skala durch ihre Wirkung auf einen einzigen Globalindikator zu messen, der alle inhaltlichen Facetten des Konstrukts in einer einzigen Aussage zu bündeln versucht.[741] Zweitens bietet sich ein „Multiple Indicators and Multiple Causes" (MIMIC)-Modell an, bei dem das formative Konstrukt gleichzeitig über formative und mindestens zwei reflektive Indikatoren operationalisiert wird.[742] Als dritte Möglichkeit kann ein Zwei-Konstrukt-Modell herangezogen werden, bei dem das formative Konstrukt auf ein zweites Konstrukt wirkt, das eine reflektive Operationalisierung des formativen Messmodells darstellt.[743] Die anhand der drei Methoden bestimmbare *Inhaltsvalidität* liegt vor, wenn der Pfadkoeffizient auf das zweite Konstrukt eine Stärke größer 0,7 bzw. das Bestimmtheitsmaß R^2 einen Wert größer 0,5 erreicht und eine positive sowie signifikante Wirkungsbeziehung (t-Wert größer

---

[738] Die Einbindung des Konstrukts in ein Strukturgleichungsmodell ist auch für den letzten Schritt der Skalenvalidierung, die Überprüfung der externen Validität, erforderlich. Bei der Interpretation der Gewichte ist das gewählte Strukturmodell nicht relevant, daher wird dieses erst an späterer Stelle näher erläutert.

[739] Vgl. hier und im Folgenden Götz/Liehr-Gobbers (2004), S. 729.

[740] Vgl. hierzu auch die Ausführungen in Abschnitt 5.1.1.2.

[741] Vgl. Diamantopoulos/Winklhofer (2001), S. 272.

[742] Vgl. Diamantopoulos/Winklhofer (2001), S. 272 f.; Hauser/Goldberger (1971), S. 81 f.; Jarvis/MacKenzie/Poksakoff (2003), S. 213; Jöreskog/Goldberger (1975).

[743] Vgl. Diamantopoulos/Winklhofer (2001), S. 273. Beim PLS-Ansatz entsprechen sich die zweite und die dritte Möglichkeit.

1,28 als Minimalforderung) zwischen den unterschiedlichen Operationalisierungen vorliegt.[744] Falls sich keine dieser drei Möglichkeiten realisieren lässt, kann die Validität viertens auch anhand der Beziehung zu einem weiteren latenten Konstrukt geprüft werden.[745] In diesem Fall wird jedoch nur die *nomologische Validität* nachgewiesen und nicht die Inhaltsvalidität. Mit der Prüfung der externen Validität ist die Gütebeurteilung formativer Messmodelle abgeschlossen. Im folgenden Abschnitt 5.1.1.2 wird nun die Validität der in Abschnitt 4.3.1.2 entwickelten Skala zur Messung der Innovationsorientierung von Unternehmen auf Basis der vorgestellten Gütekriterien empirisch überprüft.

5.1.1.2 Ergebnisse der Gütebeurteilung

Im Folgenden wird die formative Skala zur Messung von Innovationsorientierung anhand der im vorherigen Abschnitt beschriebenen Schritte validiert. Die Gütebeurteilung der Skala wird dabei sehr ausführlich dargestellt, da sie einen wesentlichen Teil zum Prozess der Skalenentwicklung und -validierung (vgl. Abbildung 23 in Abschnitt 4.3.1.2) und somit zur Beantwortung von Forschungsfrage 1 beiträgt. Insbesondere soll im Rahmen der Beurteilung der Indikatorgüte eine ausführliche Diskussion der Gewichtungskoeffizienten der Indikatoren erfolgen, da die Gewichte Auskunft darüber geben, wie stark ein Indikator zur Innovationsorientierung beiträgt.

Untersuchungsstufe A: Betrachtung der einzelnen Indikatoren

Im ersten Schritt (Untersuchungsstufe A1) wird die neu entwickelte Skala zur Messung von Innovationsorientierung einer **Prüfung auf Multikollinearität** unterzogen. Tabelle 31 zeigt die VIF-Werte der 16 Indikatoren, die zur Messung des Konstrukts Innovationsorientierung verwendet wurden.[746]

---

[744]   Das Bestimmtheitsmaß R^2 gibt die Höhe der erklärten Varianz einer Variable wieder und misst die Güte der Anpassung einer Regressionsfunktion an die empirisch gewonnenen Daten. Beträgt der Wert des Regressionskoeffizienten $> \sqrt{0{,}5}$, resultiert ein $R^2 > 0{,}5$, d. h. mehr als 50 % der Varianz einer Variable werden durch die unabhängigen Variablen erklärt. Vgl. Backhaus et al. (2008), S. 67-71 sowie Abschnitt 5.2.1.3.

[745]   Vgl. Diamantopoulos/Winklhofer (2001), S. 273 f. Es sollte dann aber eine Abhängigkeitsbeziehung zwischen dem betrachteten formativen Konstrukt und dem weiteren Konstrukt bestehen, die theoretisch hergeleitet werden kann. Daher werden zur Überprüfung der nomologischen Validität häufig Determinanten oder Konsequenzen des betrachteten Konstrukts gewählt.

[746]   Die VIF-Werte wurden mit dem Statistikprogramm SPSS 15.0 berechnet. Die Messung der Indikatoren erfolgte mit Hilfe von siebenstufigen Likert-Skalen von 1 = „gar nicht zutreffend" bis

Facette	Notation	Indikator	VIF
Management			
Strategischer Fokus	IO01	Risikofreude des Managements	1,507
	IO02	Anstreben einer Pionierstellung	2,132
	IO03	Innovationen als Priorität	2,831
	IO04	Macht-Promotor im Top-Management	1,746
Extrinsisches Anreizsystem	IO05	monetäre Belohnung des Managements	1,574
Kommunikation	IO06	interne Kommunikation von Innovationen	1,793
	IO07	externe Kommunikation von Innovationen	2,007
Mitarbeiter			
Strategischer Fokus	IO08	Einbezug von F&E-Mitarbeitern bei strategischen Entscheidungen	1,705
Extrinsisches Anreizsystem	IO09	monetäre Belohnung der Mitarbeiter	1,846
	IO10	Anerkennung von innovativen Ideen	3,070
	IO11	Respektierung von neuen Ideen	2,859
	IO12	Anerkennung von Mitarbeitern, die sich mit Innovationen beschäftigen	2,624
Betriebliches Vorschlags-wesen	IO13	geregeltes Vorschlagswesen	1,657
	IO14	informelles Vorschlagswesen	1,933
	IO15	intrinsische Motivation der Mitarbeiter	1,705
	IO16	Zeit für Innovationen	1,846

Tabelle 31:   VIF-Werte der Indikatoren des Konstrukts „Innovationsorientierung"
Quelle: Eigene Darstellung.

Im Bereich Management liegt der VIF des Indikators *Innovationen als Priorität* (IO03) bei 2,831, also über dem erforderlichen Schwellenwert von 2,5. Da der VIF jedoch nur eine heuristische Richtgröße darstellt, wird auf Basis inhaltlicher Überlegungen entschieden, ob dieser Indikator zu eliminieren ist oder nicht.[747] Anhand der Korrelationsmatrix der Indikatoren kann nachgewiesen werden, dass IO03 zu ca. 60 % mit den Indikatoren *Anstreben einer Pionierstellung* und *externe Kommunikation von Innovationen* korreliert. Folglich bedeutet dies, dass Unternehmen, die Innovationen eine höhere Priorität einräumen als anderen betrieblichen Vorgängen, in der Regel auch versuchen, so oft wie möglich mit neuen Produkten als erster auf dem Markt zu sein und Innovationen aktiv nach außen darzustellen. Schließlich äußert sich das Anstreben einer Pionierposition am Markt auch in den internen Prozessen, bei denen Innovationen dementsprechend an erste Stelle gesetzt werden. Innovationen im Unter-

7 = „voll zutreffend".
[747]   Vgl. Hoffmann (2008), S. 198.

nehmen eine hohe Priorität einzuräumen ohne eine Pionierstellung am Markt anzustreben, würde wenig Sinn machen. Auch nach Meinung von Experten aus Forschung und Praxis[748] wird der Indikator *Innovationen als Priorität* substanziell durch die anderen beiden Indikatoren erklärt bzw. abgedeckt. Auf Basis dieser inhaltlichen Überlegungen wird der Indikator IO03 eliminiert.

Der höchste VIF im Bereich Mitarbeiter liegt bei 3,070 und betrifft den Indikator *Anerkennung von innovativen Ideen* (IO10). Anhand der Korrelationsmatrix der Indikatoren kann gezeigt werden, dass dieser Wert vor allem mit den anderen nicht-monetären Indikatoren der Facette extrinsisches Anreizsystem, nämlich *Respektierung von neuen Ideen* (IO11) und *Anerkennung von Mitarbeitern, die sich mit Innovationen beschäftigen* (IO12), korreliert. Infolgedessen liegen auch die VIFs dieser Indikatoren bei 2,859 bzw. 2,624 und somit über dem festgelegten Schwellenwert von 2,5. Inhaltliche Überlegungen zeigen aber, dass die Indikatoren sich inhaltlich doch deutlich unterscheiden und nicht unbedingt gleich hoch ausgeprägt sein müssen. So kann es einerseits sein, dass neue Ideen in einem Unternehmen zwar grundsätzlich ernst genommen werden, die Mitarbeiter dafür aber nicht unbedingt eine immaterielle Anerkennung seitens ihres Vorgesetzten oder ihrer Kollegen erfahren. Andererseits könnte auch die Situation eintreten, dass eine neue Idee zwar anerkannt, aber nicht ernst genommen wird. In diesem Fall wird der Mitarbeiter bspw. von seinem Vorgesetzten für sein grundsätzliches Engagement gelobt, jedoch wird die Umsetzung der Idee für unrealistisch gehalten. Der Indikator *Anerkennung von Mitarbeitern, die sich mit Innovationen beschäftigen* bezieht sich im Gegensatz zu IO10 und IO11 auf das grundsätzliche Ansehen von Mitarbeitern, die sich mit Innovationen beschäftigen und unterscheidet sich daher inhaltlich von der Anerkennung und Respektierung einzelner Ideen. Dieser Aspekt trägt potenziell zur Innovationsorientierung bei, da Mitarbeitern, die sich mit Innovationen beschäftigen, in vielen Unternehmen keine Anerkennung und manchmal sogar Misstrauen entgegengebracht wird.[749] Auf Grundlage dieser inhaltlichen Argumente, die in den zusätzlich geführten Gesprächen mit Experten aus Forschung und Praxis bestätigt wurden, werden die drei betrachteten Indikatoren nicht eliminiert.[750]

---

[748] Die Ergebnisse der Gütebeurteilung wurden mit zwei Marketingprofessoren und zwei Experten aus der Praxis (einer Personalreferentin aus der Pharmabranche und einem Projektleiter Innovationsmanagement aus der Baubranche) ausführlich diskutiert.

[749] Vgl. Becker (1991), S. 572.

[750] Zudem wurde mit dem Kriterium VIF < 2,5 ein im Gegensatz zur gängigen Literatur sehr stren-

Zusammenfassend lässt sich in Bezug auf Untersuchungsstufe A1 festhalten, dass nach Elimination des Indikators IO03 keine weitere bedenkliche Multikollinearität vorliegt.

Im folgenden Schritt (Untersuchungsstufe A2) wird eine **Beurteilung der Indikatorgüte** vorgenommen. Für die Berechnung der Gewichte ist es erforderlich, das Konstrukt in ein Strukturgleichungsmodell einzubinden. In der vorliegenden Untersuchung wird hierfür ein Zwei-Konstrukt-Modell verwendet, bei dem die formative Skala auf ein zweites Konstrukt wirkt, das eine reflektive Operationalisierung der Innovationsorientierung darstellt.[751] Die genaue Vorgehensweise wird im Rahmen der Überprüfung der externen Validität (Untersuchungsstufe B) näher erläutert. Die sich aus dem Zwei-Konstrukt-Modell ergebenden Gewichte und jeweiligen Signifikanzen der Indikatoren zur Messung von Innovationsorientierung sind in Tabelle 32 aufgeführt.[752] Außerdem sind in der Tabelle auch die Mittelwerte und Standardabweichungen der Indikatoren angegeben, um diese bei der Interpretation der Gewichte hinzuziehen zu können.

---

[751] ger Schwellenwert ausgewählt. Vgl. Abschnitt 5.1.1.1.
Bei dem reflektiven Konstrukt handelt es sich um die etablierte Skala von Hurley/Hult (1998).

[752] Die Gewichte und Signifikanzen wurden mit der Statistiksoftware SmartPLS 2.0 M3 berechnet. Vgl. Ringle/Wende/Will (2005). Ein Signifikanzniveau von 10 % mit dem zugehörigen t-Wert von 1,283 wird als unterster Grenzwert („schwach signifikant") akzeptiert und mit einem * gekennzeichnet. Ein Signifikanzniveau von 5 % und ein entsprechender t-Wert von 1,648 wird als „signifikant" bezeichnet und mit ** bedacht. Ein Signifikanzniveau von 1 % und ein t-Wert von 2,334 wird als „hoch signifikant" bezeichnet und mit *** versehen. Vgl. Backhaus et al. (2008), S. 558. t-Werte werden in SmartPLS 2.0 M3 nicht standardmäßig generiert, sondern erfordern ein Bootstrapping. Hier wurden 500 Läufe mit einer Stichprobengröße von n = 124 gewählt. Zur t-Statistik vergleiche auch Abschnitt 5.2.1.3.

Facette	Nota-tion	Indikator	Gewicht	t-Wert	Mittel-wert (MW)	Standard-abweichung des MW
Management						
Strategischer Fokus	IO01	Risikofreude des Managements	0,201***	2,747	3,710	1,714
	IO02	Anstreben einer Pionierstellung	0,125*	1,431	4,992	1,689
	IO04	Macht-Promotor im Top-Management	0,301***	2,961	5,315	1,759
Extrinsisches Anreizsystem	IO05	monetäre Belohnung des Managements	0,013	0,172	3,301	1,729
Kommuni-kation	IO06	interne Kommunikation von Innovationen	0,099	1,156	4,581	1,678
	IO07	externe Kommunikation von Innovationen	0,015	0,205	5,129	1,692
Mitarbeiter						
Strategischer Fokus	IO08	Einbezug von F&E-Mitarbeitern bei strategischen Entscheidungen	0,234***	2,730	4,844	1,799
Extrinsisches Anreizsystem	IO09	monetäre Belohnung der Mitarbeiter	-0,139**	1,795	4,008	2,301
	IO10	Anerkennung von innovativen Ideen	0,193**	1,815	5,000	1,557
	IO11	Respektierung von neuen Ideen	0,184**	1,710	5,347	1,350
	IO12	Anerkennung von Mitarbeitern, die sich mit Innovationen beschäftigen	0,112	1,138	4,911	1,403
Betriebliches Vorschlags-wesen	IO13	geregeltes Vorschlagswesen	0,169**	1,999	5,187	1,800
	IO14	informelles Vorschlagswesen	0,016	0,203	6,008	1,278
	IO15	intrinsische Motivation der Mitarbeiter	0,125*	1,436	4,984	1,459
	IO16	Zeit für Innovationen	-0,096	1,025	3,637	1,527
Legende: * Signifikanzniveau von 10 % ** Signifikanzniveau von 5 % *** Signifikanzniveau von 1 %						

Tabelle 32:   Gewichte, Signifikanzen, Mittelwerte und Standardabweichungen der Indikatoren des Konstrukts „Innovationsorientierung"

Quelle: Eigene Darstellung.

Eine Betrachtung der aufgelisteten Gewichte zeigt, dass der Indikator zum *Macht-Promotor im Top-Management* (Gewicht 0,301) den höchsten Beitrag zur Bildung des Konstrukts Innovationsorientierung liefert. Es ist also essenziell, dass das Top-Management Innovationsorientierung vorlebt, indem es sich für innovative Ideen ein-setzt.[753] Ebenfalls hohe positive Gewichte weisen die Indikatoren *Einbezug von F&E-*

---

[753]   Vgl. de Jong/Den Hartog (2007).

Mitarbeitern bei strategischen Entscheidungen (0,234) und *Risikofreude des Managements* (0,201) auf. Eine Innovationsorientierung ist stärker ausgeprägt, wenn F&E-Mitarbeiter einen hohen Einfluss bei wichtigen Entscheidungen haben und die Führungskräfte häufig risikobehaftete Innovationsprojekte verfolgen. Es lässt sich festhalten, dass die Facette strategischer Fokus eine besonders wichtige Bedeutung für die Innovationsorientierung eines Unternehmens hat, da die drei Indikatoren mit den höchsten Gewichten dieser Facette angehören. Auch die Indikatoren *Anstreben einer Pionierstellung, Anerkennung von innovativen Ideen, Respektierung von neuen Ideen, Anerkennung von Mitarbeitern, die sich mit Innovationen beschäftigen, geregeltes Vorschlagswesen* und *intrinsische Motivation der Mitarbeiter* erreichen positive Gewichte zwischen 0,1 und 0,2 und begründen somit nachhaltig die Innovationsorientierung eines Unternehmens. Dies bedeutet, dass Motivation und Bestätigung der Mitarbeiter wesentliche Treiber zur Förderung von Innovationen sind. Neben diesen immateriellen extrinsischen Anreizen trägt auch das betriebliche Vorschlagswesen maßgeblich zu einer Innovationsorientierung bei.

Die Gewichte von fünf Indikatoren (*monetäre Belohnung des Managements, interne Kommunikation von Innovationen, externe Kommunikation von Innovationen, informelles Vorschlagswesen* und *Zeit für Innovationen*) liegen unter dem Wert von 0,1.[754] Zudem weist eines dieser Gewichte ein negatives Vorzeichen auf.[755] Bezüglich des Umgangs mit niedrigen Absolutwerten hat sich in der Literatur noch keine einheitliche Meinung durchsetzen können.[756] So bezeichnen manche Autoren Gewichte mit Absolutwerten kleiner 0,1 als „trivial"[757] und empfehlen die Entfernung derartiger Indikatoren.[758] Andere Forscher kritisieren eine solche Vorgehensweise, da bei der ex-post Eliminierung von Indikatoren die Gefahr besteht, dass theoretisch-konzeptionelle

---

[754] Zu den niedrig gewichteten Indikatoren ist anzumerken, dass diese nicht signifikant sind, also relativ geringe t-Werte aufweisen. Dies lässt sich dadurch erklären, dass die t-Statistik aus dem Quotienten des Gewichtungskoeffizienten dividiert durch die Standardabweichung vom Mittelwert der Gewichtungskoeffizienten aller Bootstrapping-Ziehungen errechnet wird und somit ein niedriger Gewichtungskoeffizient im Zuge des Resampling-Verfahrens häufig zu einem niedrigen t-Wert führt. Zur t-Statistik vergleiche auch Abschnitt 5.2.1.3.

[755] Auf die beiden Gewichte mit negativen Vorzeichen wird im nachfolgenden Absatz näher eingegangen.

[756] Vgl. Bollen/Lennox (1991), S. 305-308; Diamantopoulos/Winklhofer (2001), S. 272.

[757] Sie werden als "trivial" bezeichnet, da diese Variablen weniger als ein Prozent der Streuung ihrer latenten Variablen erklären (die erklärte Varianz wird als quadrierter Gewichtungskoeffizient bestimmt).

[758] Vgl. Jöreskog/Wold (1982), S. 270; Seltin/Keeves (1994), S. 4356.

Überlegungen ignoriert werden und die inhaltliche Breite des Konstrukts substanziell verkürzt wird.[759] So betonen DIAMANTOPOULOS und WINKLHOFER, dass eine Eliminierung von Indikatoren mit Vorsicht zu genießen ist, da dabei das Risiko besteht, das Konstrukt inhaltlich zu verfälschen.[760] Auch JARVIS, MACKENZIE und PODSAKOFF führen an, dass das Entfernen eines Indikators gravierende Konsequenzen haben kann, da der konzeptionelle Inhalt des operationalisierten Konstrukts verändert wird.[761] ROSSITER bezeichnet das Hinzufügen oder Eliminieren von Indikatoren sogar als „definitely not appropriate".[762] In der vorliegenden Untersuchung wird der Meinung der „Eliminationskritiker" gefolgt und somit keiner der gering gewichtigen Indikatoren entfernt. Dieses Vorgehen erscheint auch deshalb angemessen, da jeder einzelne der hier betrachteten fünf Indikatoren im Prozess der Skalenentwicklung entweder aus theoretisch-konzeptionellen Gründen oder aufgrund von Expertenmeinungen ausgewählt wurde und somit potenziell zur Innovationsorientierung von Unternehmen beiträgt. So wird bspw. insbesondere die interne Kommunikation von Innovationen sowohl in der Literatur als auch im Rahmen der ausgiebigen qualitativen Experteninterviews als zentrales Element der Innovationsorientierung von Unternehmen betrachtet.[763] Allerdings wird auch deutlich, dass der Bereich Kommunikation insgesamt weniger stark zum Konstrukt Innovationsorientierung beiträgt als bspw. die Facette strategischer Fokus. Weiterhin ist auffallend, dass der Gewichtungskoeffizient des Indikators *monetäre Belohnung des Managements* nur einen sehr niedrigen Wert von 0,013 aufweist. Eine Erklärung für die geringe Bedeutung dieses Indikators könnte der tendenziell niedrig ausgeprägte Mittelwert von 3,301 sein, der unter Berücksichtigung einer Standardabweichung von 1,729 vermuten lässt, dass nicht in allen befragten Unternehmen Führungskräfte explizit für erfolgreich durchgeführte Innovationen monetär belohnt werden. Vielmehr wird das Management häufig für den Gesamterfolg der strategischen Geschäftseinheit inzentiviert, was erfolgreiche Innovationen einschließt. Dieser Auffassung ist auch Experte 1: „Ich kann mir ein Unternehmen, das Boni an das Management für Innovationen ausspricht, schwer vorstellen. Hinterher vielleicht an die Mitarbeiter. Beim Management sind die Belohnungssysteme auf den gesamten

---

[759] Vgl. bspw. Albers/Hildebrandt (2006), S. 7; Bollen/Lennox (1991), S. 308; Götz/Liehr-Gobbers (2004), S. 729; Hinkel (2001), S. 291.
[760] Vgl. Diamantopoulos/Winklhofer (2001), S. 272 f.
[761] Vgl. Jarvis/MacKenzie/Podsakoff (2003), S. 201.
[762] Rossiter (2002), S. 513.
[763] Vgl. Abschnitt 3.1 sowie Abschnitt 4.3.1.2.

Unternehmenserfolg ausgerichtet. Das wäre, glaube ich, eine zu starke Einschränkung, wenn das Management für Innovationen belohnt würde. [...] Das Belohnungssystem sollte sich auf den gesamten Unternehmenserfolg beziehen oder auf den zuständigen Bereich, der dafür verantwortlich ist. Aber sicherlich nicht auf eine Innovation. Da würde man die strategische Ebene verlassen und sich auf taktischem Niveau bewegen, was nicht im Interesse des Gesamtunternehmens sein kann."[764]

Wie zu Beginn des vorherigen Absatzes erwähnt, ergibt sich bei einem Indikator (*Zeit für Innovationen*) ein schwach negatives Gewicht (-0,096). Zur Interpretation dieses Ergebnisses ist der verhältnismäßig gering ausgeprägte Mittelwert von 3,637 zu beachten, der darauf hindeutet, dass nicht alle Mitarbeiter der untersuchten Unternehmen neben ihrer regulären Arbeit ausreichend Zeit finden, um sich mit Innovationen zu beschäftigen. Häufig bedingt der Effizienzdruck, dass Mitarbeiter nur Zeit für ihre operativen Tagesaufgaben haben. Anscheinend wird aber gerade in Unternehmen, in denen Mitarbeiter nur wenig Freiraum zur Generierung neuer Ideen haben, dieser Druck als Herausforderung angesehen. Dies kann nach AMABILE et al. zu einer höheren Kreativität und somit zu einer höheren Innovationsorientierung führen.[765] Zudem weist der Indikator *monetäre Belohnung der Mitarbeiter* ein Gewicht von -0,139 und einen t-Wert von 1,795 auf. Da dieser Befund den Überlegungen der Prinzipal-Agenten-Theorie widerspricht, sollen im Folgenden mögliche Gründe für das negative Gewicht des Indikators diskutiert werden. Der Mittelwert dieses Indikators ist mit 4,008 zwar nicht so niedrig wie der Mittelwert des Indikators *monetäre Belohnung des Managements*, bestätigt aber die Meinung einiger Experten, dass monetäre Belohnungen für Innovationen häufig nicht implementiert werden. Zugleich scheint es nicht förderlich für die Innovationsorientierung zu sein, Mitarbeiter für die erfolgreiche Umsetzung ihrer Ideen monetär zu belohnen. Ein Grund hierfür ist darin zu sehen, dass eine derartig gestaltete Belohnung eher abschreckend bei Mitarbeitern wirkt, da sie die Umsetzung einer Idee in der Regel nicht direkt beeinflussen können. Vielmehr wird bis zur Markteinführung der gesamte Innovationsprozess durchlaufen (vgl. Abschnitt 2.2.3.2), im Zuge dessen viele Innovationen bspw. im Rahmen der Wirtschaftlichkeitsanalyse oder Produktentwicklung scheitern können. Darüber hinaus wurde in Abschnitt 1.1 bereits erwähnt, dass über 60 % aller Neuproduktentwicklungen nicht zur

---

[764] Experte 1 (Nahrungsmittel).
[765] Vgl. Amabile et al. (1996), S. 1161.

Marktreife geführt werden.[766] Die Implementierung einer Idee liegt somit nur bedingt im Entscheidungsbereich des Mitarbeiters, weshalb eine monetäre Belohnung in diesem Zusammenhang anscheinend keine Anreize bietet, innovationsorientiert zu agieren. Dieser Befund steht in Einklang mit den Überlegungen von OUCHI zu Kontrollmechanismen in Organisationen.[767] Der Autor kommt zu dem Ergebnis, dass sowohl eine Verhaltens- als auch eine Outputkontrolle bei kreativen Tätigkeiten wie z. B. der Neuproduktentwicklung schädlich sein können, da derartige Tätigkeiten nur bedingt planbar und der Output schwer messbar ist.[768] Vielmehr kommt der Betonung von Werten und Normen eine besondere Bedeutung zu.[769] Eine weitere Ursache für das negative Gewicht des Indikators ist darin zu sehen, dass die monetäre Belohnung zu einer Flut von neuen Ideen führen kann, die allein wegen der Belohnung vorgeschlagen werden, aber von vornherein eine sehr niedrige Erfolgswahrscheinlichkeit aufweisen.[770] In diesen Fällen liegt keine wirkliche Innovationsorientierung vor. Es lässt sich somit festhalten, dass immateriellen Anreizen im Zuge der Ideengenerierungsphase eine höhere Bedeutung zukommt als materiellen Anreizen.[771] Dies wird auch von Experte 7 bestätigt: „Monetäre Belohnung ja, aber ich halte die Anerkennung für wichtiger."[772] Da die negativen Gewichte der Indikatoren *Zeit für Innovationen* und *monetäre Belohnung der Mitarbeiter* unter Berücksichtigung der oben diskutierten inhaltlichen Argumente nachvollziehbar sind, werden beide Indikatoren nicht eliminiert.

Zusammenfassend lässt in Bezug auf Untersuchungsstufe A2 festhalten, dass ein im Unternehmen verankerter strategischer Fokus auf Innovationen der wohl wichtigste Bestandteil der Innovationsorientierung ist. Auch immaterielle extrinsische Anreize sowie das betriebliche Vorschlagswesen tragen maßgeblich zu einer ausgeprägten Innovationsorientierung bei. Der Facette Kommunikation kommt eher eine geringe Bedeutung zu, während materielle extrinsische Anreize sich z. T. sogar negativ auf eine Innovationsorientierung auswirken. Die empirischen Ergebnisse zeigen auch, dass eine innovationsorientierte Unternehmenskultur durch Management und Mitarbeiter glei-

---

[766] Vgl. Christensen/Raynor (2003), S. 73.
[767] Vgl. Ouchi (1979).
[768] Vgl. Ouchi (1979), S. 843 f.
[769] Vgl. Ouchi (1979), S. 844.
[770] Ein Experiment zur Ideengenerierung mit Konsumenten im Internet zeigt, dass die Gewährung eines monetären Anreizes einen negativen Effekt auf die Ideenqualität ausübt. Vgl. Soll (2006), S. 96-99.
[771] Vgl. Greiling (1998), S. 135.
[772] Experte 7 (Handel).

chermaßen gefördert wird, was in Einklang mit der in Abschnitt 2.1.2 hergeleiteten Definition des Begriffs Innovationsorientierung und dem ressourcenbasierten Ansatz steht.

Untersuchungsstufe B: Betrachtung des gesamten Konstrukts

Die **externe Validität** der neu entwickelten Skala wird in der vorliegenden Untersuchung anhand eines Zwei-Konstrukt-Modells überprüft. Hierfür wurde im Fragebogen auch die reflektive Skala von HURLEY und HULT zur Messung von Innovationsorientierung abgefragt, da diese häufig in empirischen Studien eingesetzt wurde und somit sehr etabliert ist.[773] Die Gütebeurteilung dieser reflektiv gemessenen Skala bestätigt eine valide Messung des Konstrukts (vgl. Anhang D), weshalb die Skala zur Überprüfung der Inhaltsvalidität des neuen Konstrukts herangezogen werden kann.[774] Dazu wird die Wirkung der formativen auf die reflektive Skala untersucht (vgl. Abbildung 25).[775] Das Kriterium der externen Validität ist in diesem Zusammenhang als erfüllt anzusehen, da der Pfadkoeffizient zwischen den beiden Konstrukten mit einem Gewicht von 0,835 und einem t-Wert von 35,714 stark positiv und hoch signifikant ist. Auch das Bestimmtheitsmaß des reflektiven Konstrukts erfüllt mit 69,7 % erklärter Varianz den Schwellenwert von 50 %.

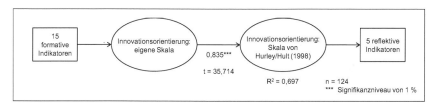

Abbildung 25: Externe Validität der entwickelten Skala zur Messung von Innovationsorientierung

Quelle: Eigene Darstellung.

Abschließend lässt sich somit festhalten, dass die Gütekriterien zur Beurteilung der externen Validität der neu entwickelten formativen Skala zur Innovationorientierung

---

[773] Die Skala wurde bspw. von Menguc/Auh (2006); Olson/Slater/Hult (2005); Tajeddini/Trueman/Larsen (2006) und Vásquez/Santos/Álvarez (2001) verwendet.

[774] Die Vorgehensweise bei der Gütebeurteilung reflektiv gemessener Konstrukte wird ausführlich in Abschnitt 5.1.2.1 beschrieben.

[775] Zur Schätzung des Modells wurde das PLS-Verfahren gewählt, da die Stichprobe eher klein ist und ein formatives Konstrukt analysiert wird. Vgl. Götz/Liehr-Gobbers (2004), S. 720 f.; Ringle/Wilson/Götz (2007).

als erfüllt angesehen werden. Die neue Skala misst Innovationsorientierung ähnlich valide wie die reflektive Skala von Hurley und Hult, hat aber aufgrund der formativen Operationalisierung den Vorteil, dass Treiber des Konstrukts identifiziert und priorisiert werden können.[776] Damit ist der in Abbildung 23 in Abschnitt 4.3.1.2 dargestellte Prozess der Entwicklung und Validierung einer formativen Skala nach DIAMANTOPOULOS und WINKLHOFER abgeschlossen,[777] was bedeutet, dass die entwickelte Skala zur Messung von Innovationsorientierung im Rahmen der Überprüfung des Hypothesensystems der vorliegenden Arbeit eingesetzt werden kann.[778] Vor diesem Hintergrund ist bereits jetzt festzuhalten, dass im Rahmen dieser Untersuchung mit der Entwicklung einer formativen Skala zur Messung von Innovationsorientierung ein substanzieller Beitrag zur wissenschaftlichen Forschung geleistet wurde. So erhält die unternehmerische Praxis erstmalig sowohl umfassende als auch handlungsorientierte Hinweise zur Steigerung der Innovationsorientierung in ihren Unternehmen. Die Forschungsfrage 1 wurde damit in zufriedenstellendem Umfang beantwortet. Im folgenden Abschnitt 5.1.2 wird überprüft, ob auch die Güte der reflektiv gemessenen Skalen gewährleistet ist.

5.1.2 Gütebeurteilung der reflektiven Messmodelle

Im Folgenden wird zunächst vorgestellt, wie bei der Gütebeurteilung reflektiver Messmodelle im Allgemeinen vorgegangen wird (Abschnitt 5.1.2.1). Anschließend erfolgt die Gütebeurteilung aller reflektiv operationalisierten Konstrukte der vorliegenden Untersuchung (Abschnitt 5.1.2.2). Reflektiv gemessen wurden in dieser Arbeit die Erfolgskonstrukte sowie die exogenen moderierenden Faktoren.[779]

5.1.2.1 Vorgehensweise bei der Gütebeurteilung reflektiver Messmodelle

Die Gütebeurteilung der reflektiven Messmodelle orientiert sich an den Empfehlungen von HOMBURG und GIERING und unterteilt sich in die in Abbildung 26 dargestell-

---

[776] Vgl. hier und im Folgenden Diller (2004), S. 177 und Diller (2006), S. 614.
[777] Vgl. Diamantopoulos/Winklhofer (2001); Helm (2005).
[778] An dieser Stelle ist anzumerken, dass bei der Schätzung des Strukturgleichungsmodells zur Überprüfung des Hypothesensystems (vgl. Abschnitt 5.2) fixierte Konstruktwerte zur Messung der Innovationsorientierung verwendet werden. Die fixierten Konstruktwerte stammen aus dem Zwei-Konstrukt-Modell, mit dessen Hilfe die in diesem Abschnitt vorgestellten Gewichte berechnet wurden.
[779] Vgl. Abschnitt 4.3.

ten zwei Prüfschritte.[780]

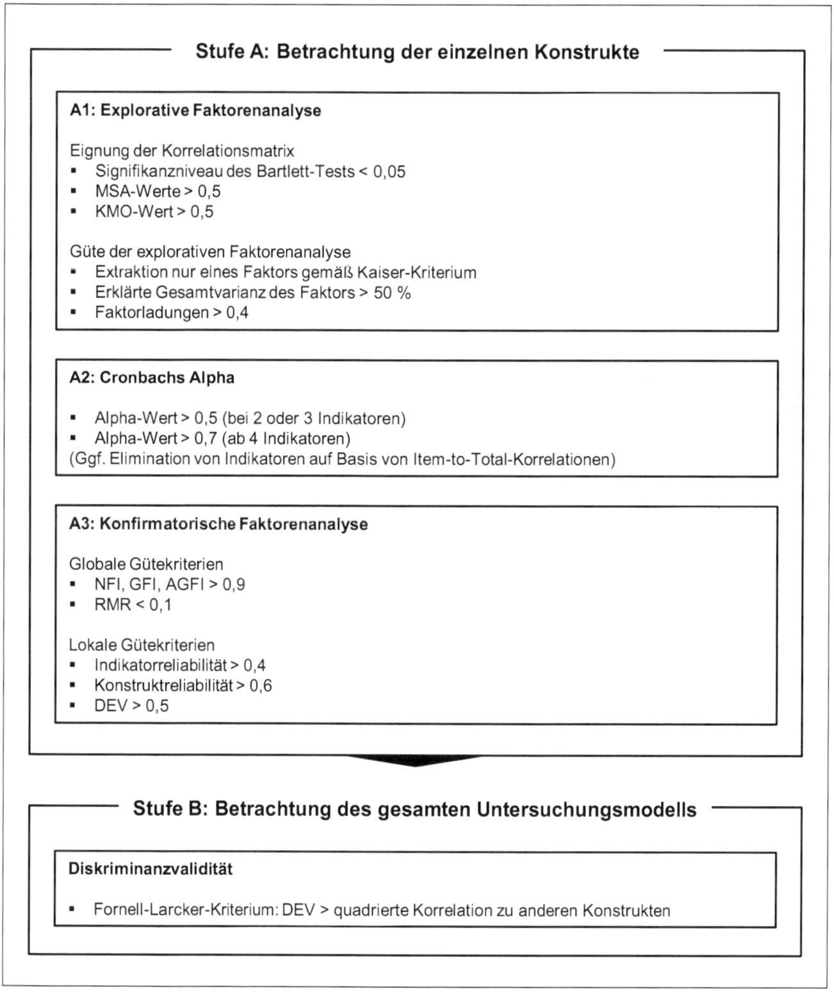

```
┌─────────────────────────────────────────────────────────────────────┐
│           Stufe A: Betrachtung der einzelnen Konstrukte               │
│   ┌───────────────────────────────────────────────────────────────┐  │
│   │  A1: Explorative Faktorenanalyse                              │  │
│   │                                                               │  │
│   │  Eignung der Korrelationsmatrix                               │  │
│   │  • Signifikanzniveau des Bartlett-Tests < 0,05               │  │
│   │  • MSA-Werte > 0,5                                            │  │
│   │  • KMO-Wert > 0,5                                             │  │
│   │                                                               │  │
│   │  Güte der explorativen Faktorenanalyse                        │  │
│   │  • Extraktion nur eines Faktors gemäß Kaiser-Kriterium       │  │
│   │  • Erklärte Gesamtvarianz des Faktors > 50 %                 │  │
│   │  • Faktorladungen > 0,4                                       │  │
│   └───────────────────────────────────────────────────────────────┘  │
│   ┌───────────────────────────────────────────────────────────────┐  │
│   │  A2: Cronbachs Alpha                                          │  │
│   │                                                               │  │
│   │  • Alpha-Wert > 0,5 (bei 2 oder 3 Indikatoren)               │  │
│   │  • Alpha-Wert > 0,7 (ab 4 Indikatoren)                       │  │
│   │  (Ggf. Elimination von Indikatoren auf Basis von             │  │
│   │  Item-to-Total-Korrelationen)                                 │  │
│   └───────────────────────────────────────────────────────────────┘  │
│   ┌───────────────────────────────────────────────────────────────┐  │
│   │  A3: Konfirmatorische Faktorenanalyse                         │  │
│   │                                                               │  │
│   │  Globale Gütekriterien                                        │  │
│   │  • NFI, GFI, AGFI > 0,9                                       │  │
│   │  • RMR < 0,1                                                  │  │
│   │                                                               │  │
│   │  Lokale Gütekriterien                                         │  │
│   │  • Indikatorreliabilität > 0,4                                │  │
│   │  • Konstruktreliabilität > 0,6                                │  │
│   │  • DEV > 0,5                                                  │  │
│   └───────────────────────────────────────────────────────────────┘  │
│                                                                       │
│           Stufe B: Betrachtung des gesamten Untersuchungsmodells      │
│   ┌───────────────────────────────────────────────────────────────┐  │
│   │  Diskriminanzvalidität                                        │  │
│   │                                                               │  │
│   │  • Fornell-Larcker-Kriterium: DEV > quadrierte Korrelation   │  │
│   │    zu anderen Konstrukten                                     │  │
│   └───────────────────────────────────────────────────────────────┘  │
└─────────────────────────────────────────────────────────────────────┘
```

Abbildung 26:   Vorgehensweise bei der Gütebeurteilung reflektiver Messmodelle

Quelle: Eigene Darstellung in Anlehnung an Homburg/Giering (1996).

In einem ersten Schritt werden alle reflektiven Konstrukte separat anhand verschie-

---

[780]   Vgl. Homburg/Giering (1996).

dener Gütekriterien beurteilt (Untersuchungsstufe A).[781] Im zweiten Schritt erfolgt die Gütebeurteilung auf Ebene des gesamten Untersuchungsmodells (Untersuchungsstufe B). Ergänzend sei angemerkt, dass bei Verletzung der Gütekriterien einer Untersuchungsstufe und einer hieraus resultierenden Elimination von Indikatoren ein erneutes Durchlaufen aller vorherigen Untersuchungsstufen notwendig ist. Im Folgenden werden die einzelnen Gütekriterien näher erläutert.

Untersuchungsstufe A: Betrachtung der einzelnen Konstrukte

Die **explorative Faktorenanalyse** (Untersuchungsstufe A1) ist ein Analyseinstrumentarium zur Aufdeckung der Faktorstruktur.[782] Dabei wird eine entsprechende Eignung der Ausgangsdaten vorausgesetzt, d. h. die Indikatoren eines Konstrukts müssen in Abhängigkeitsbeziehungen zueinander stehen.[783] Derartige Abhängigkeiten spiegeln sich in der Korrelationsmatrix der Indikatoren wider, die ein Maß für den Zusammenhang zwischen Variablen darstellt. Die Eignung der Korrelationsmatrix für faktoranalytische Auswertungen wird in dieser Arbeit anhand von drei verschiedenen Kriterien überprüft, die im folgenden Abschnitt näher beschrieben werden.

Der *Bartlett-Test* überprüft die Hypothese, dass die Stichprobe aus einer Grundgesamtheit stammt, in der die Variablen nicht miteinander korrelieren und somit alle Korrelationskoeffizienten einen Wert von 0 aufweisen.[784] Das Signifikanzniveau des Bartlett-Tests sollte einen Wert kleiner 0,05 aufweisen. Das *Measure of Sampling Adequacy (MSA)-Kriterium* ist eine Prüfgröße, die auf Basis der Anti-Image-

---

[781] Sofern die Operationalisierung der reflektiven Konstrukte nicht anhand etablierter Skalen erfolgt – was in dieser Untersuchung nicht der Fall ist, da keine neuen reflektiven Konstrukte entwickelt wurden –, ist vorab zu prüfen, ob die a priori vermuteten Zusammenhänge zwischen den einzelnen Indikatoren und den dahinterstehenden Konstrukten auch tatsächlich der empirischen Realität entsprechen. In diesem Fall wird empfohlen, vor Betrachtung der einzelnen Konstrukte eine explorative Faktorenanalyse auf übergeordneter Ebene als Methode der Konstruktbildung und somit zur Verdichtung der abgefragten Indikatoren zu Faktoren durchzuführen. Hierdurch kann eine Überprüfung und ggf. Korrektur der vermuteten Struktur vorgenommen werden. Vgl. zu einem derartigen Vorgehen bspw. Krafft (1995), S. 260-269.

[782] Vgl. Backhaus et al. (2008), S. 380 f.

[783] Vgl. hier und im Folgenden Backhaus et al. (2008), S. 330.

[784] Vgl. hier und im Folgenden Backhaus et al. (2008), S. 335. Die Autoren weisen darauf hin, dass der Bartlett-Test eine Normalverteilung der Variablen voraussetzt. Da in der vorliegenden Stichprobe jedoch eine Normalverteilung der Daten nicht uneingeschränkt vorliegt (vgl. Abschnitt 4.2), kommt dem Bartlett-Test zur Beurteilung der Eignung der Korrelationsmatrix nur eine eingeschränkte Aussagekraft zu.

Korrelationsmatrix berechnet wird.[785] Dieses Kriterium zeigt an, in welchem Umfang die Variablen zusammen gehören und gibt somit Auskunft darüber, ob eine Faktorenanalyse grundsätzlich sinnvoll erscheint oder nicht. Dabei wird angenommen, dass sich die Varianz einer Variable in zwei Bereiche unterteilen lässt, das Image und das Anti-Image. Das Image beschreibt den Anteil der Varianz, der durch die übrigen Variablen mit Hilfe einer multiplen Regressionsanalyse erklärt werden kann, während das Anti-Image den von den übrigen Variablen unabhängigen Teil darstellt. Nach KAISER und RICE sind Indikatoren, die einen MSA-Wert von unter 0,5 aufweisen, nicht für faktoranalytische Untersuchungen geeignet.[786] Das MSA-Kriterium kann auch zur ganzheitlichen Beurteilung der gesamten Korrelationsmatrix herangezogen werden. In diesem Fall spricht man häufig auch vom *Kaiser-Meyer-Olkin (KMO)-Kriterium*, dessen kritischer Wert ebenfalls bei 0,5 liegt.[787]

Erweisen sich die empirischen Daten als geeignet zur Durchführung einer Faktorenanalyse, wird diese vorgenommen und ist anschließend hinsichtlich ihrer Güte zu beurteilen.[788] Im Kontext der Operationalisierung von einzelnen Konstrukten wird mit Hilfe der explorativen Faktorenanalyse die Inhaltsvalidität des Konstrukts geprüft.[789] Die Inhaltsvalidität bezeichnet das Ausmaß, mit dem eine Variable dem inhaltlichen Bereich eines Konstrukts als zugehörig erklärt werden kann.[790] Dabei sollte nach dem *Kaiser-Kriterium* nur ein Faktor extrahiert werden.[791] Die *erklärte Gesamtvarianz des Faktors* sollte bei mindestens 50 % liegen, d. h. dass mindestens 50 % der Varianz der Indikatoren durch den extrahierten Faktor erklärt werden sollte.[792] Die *Ladungen* der latenten Variablen auf die Indikatorvariable sollten idealerweise größer als 0,7 sein, was bedeutet, dass mehr als 50 % der Varianz eines Indikators auf die latente Variable zurückzuführen ist.[793] Indikatoren werden jedoch nur aus den Messmodellen elimi-

---

[785] Vgl. Backhaus et al. (2008), S. 336.

[786] Vgl. Kaiser/Rice (1974), S. 112 f. Siehe auch Hair et al. (2006), S. 103.

[787] Vgl. Kaiser/Rice (1974), S. 112 f.

[788] Die explorative Faktorenanalyse wird unter Anwendung der Statistiksoftware SPSS 15.0 vorgenommen.

[789] Vgl. Götz/Liehr-Gobbers (2004), S. 727.

[790] Vgl. Bohrnstedt (1970), S. 27.

[791] Das Kaiser-Kriterium dient zur Bestimmung der Zahl der zu extrahierenden Faktoren. Gemäß Kaiser-Kriterium wird die Extraktion aller Faktoren mit einem Eigenwert größer 1 als sinnvoll erachtet. Vgl. Backhaus et al. (2008), S. 353. In dieser Untersuchung bezieht sich der Begriff Faktor auf ein Konstrukt.

[792] Vgl. Homburg/Giering (1996), S. 8.

[793] Dies bedeutet, dass mehr als 50 % der Varianz eines Indikators $(0,7^2)$ auf die latente Variable

niert, wenn deren Ladung geringer als 0,4 ist, da ein Wert zwischen 0,4 und 0,7 üblicherweise noch als akzeptabel interpretiert wird.[794]

Im Anschluss werden die reflektiven Messmodelle im Rahmen der Untersuchungsstufe A2 auf ihre Konstruktreliabilität hin überprüft. Wie aus dem Namen des Gütekriteriums hervorgeht, erfolgt in diesem Schritt eine Reliabilitätsprüfung auf Konstruktebene.[795] Die Konstruktreliabilität bezeichnet das Ausmaß, wie gut ein Konstrukt durch die ihm zugeordneten Indikatorvariablen gemessen wird.[796] Das Kriterium der Konstruktreliabilität fordert, dass Indikatoren, die einem gemeinsamen Konstrukt zugeordnet sind, eine starke Beziehung untereinander aufweisen.[797] Für diese Prüfung der internen Konsistenz der Konstrukte wird als Kriterium das Cronbachsche Alpha herangezogen.[798] **Cronbachs Alpha** (α) stellt den Mittelwert aller Korrelationen dar, die sich ergeben, wenn die dem Konstrukt zugeordneten Indikatoren auf alle möglichen Arten in zwei Hälften geteilt und die Summen der jeweils resultierenden Variablenhälften miteinander korreliert werden.[799] Anhand von Cronbachs Alpha wird die Reliabilität einer Gruppe von Indikatoren beurteilt, die in ihrer Gesamtheit das latente Konstrukt repräsentieren.[800] Cronbachs Alpha sollte einen Wert von mindestens 0,7 annehmen.[801] Da die Ausprägungshöhe des Kriteriums jedoch potenziell positiv von der Anzahl der berücksichtigten Indikatoren abhängt, können bei Konstrukten mit wenigen Indikatoren auch geringere Werte für Cronbachs Alpha toleriert werden.[802] Sofern in einer Gruppe von mehr als drei Indikatoren das Cronbachsche Alpha jedoch einen Wert von unter 0,7 aufweist, sollten auf der Basis der niedrigsten Item-to-Total-Korrelationen[803] weitere Indikatoren eliminiert werden, damit die interne Konsistenz des Messmodells gewährleistet ist.[804]

---

zurückzuführen ist.

[794] Vgl. Hulland (1999), S. 198.
[795] Vgl. Götz/Liehr-Gobbers (2004), S. 727.
[796] Vgl. Götz/Liehr-Gobbers (2004), S. 727.
[797] Vgl. Bagozzi/Phillips (1982), S. 468; Götz/Liehr-Gobbers (2004), S. 727.
[798] Vgl. Cronbach (1951), S. 331 f.
[799] Vgl. Carmines/Zeller (1979), S. 45; Homburg/Giering (1996), S. 8.
[800] Vgl. Nunnally/Bernstein (1994), S. 233-236. Cronbachs Alpha wird unter Verwendung der Statistiksoftware SPSS 15.0 berechnet.
[801] Vgl. Homburg/Giering (1996), S. 8; Nunnally/Bernstein (1994), S. 265 f.
[802] Vgl. Cortina (1993), S. 101.
[803] Zur Beschreibung der Item-to-Total-Korrelation vgl. ausführlich Nunnally/Bernstein (1994), S. 301-311 und S. 326.
[804] Vgl. Betz (2003), S. 93; Homburg/Giering (1996), S. 8 f.

Alle Konstrukte, welche die Gütekriterien der explorativen Faktorenanalyse erfüllen und zugleich den erforderlichen Mindestwert bei Cronbachs Alpha überschreiten, sind schließlich unter Anwendung der Statistiksoftware Amos 16.0 einer **konfirmatorischen Faktorenanalyse** (Untersuchungsstufe A3) zu unterziehen. Im Gegensatz zur explorativen Faktorenanalyse dient die konfirmatorische Faktorenanalyse der Überprüfung von Hypothesen, welche a priori hinsichtlich der vermuteten Faktorstruktur von Indikatoren aufgestellt werden.[805] Die Gütebeurteilung dieser Art von Faktorenanalyse erfolgt dabei sowohl auf globaler als auch auf lokaler Ebene.[806] Mit Hilfe globaler Gütemaße wird die Güte der Anpassung des gesamten Messmodells beurteilt, während sich lokale Gütemaße auf einzelne Teile des Modells beziehen.[807]

Die globale Gütebeurteilung wird anhand der folgenden vier Kriterien vorgenommen:[808] Der von BENTLER und BONNET entwickelte *Normed-Fit-Index (NFI)* vergleicht den Minimalwert der Diskrepanzfunktion[809] des relevanten Modells mit dem eines Basismodells.[810] Die Güte eines empirischen Modells liegt also immer zwischen dem schlechten Fit des Basismodells, das eine Anpassung von 0 aufweist, und dem Fit des saturierten Modells, das eine perfekte Anpassung von 1 aufweist.[811] Um von einer guten Modellanpassung zu sprechen, sollte der NFI einen Wert von über 0,9 aufweisen.[812] Der *Goodness-of-Fit-Index (GFI)* zeigt an, welcher Anteil der empirischen Va-

---

[805]   Vgl. Backhaus et al. (2008), S. 381.

[806]   Für eine Übersicht anwendbarer Gütekriterien vgl. Homburg/Baumgartner (1995).

[807]   Vgl. Homburg/Baumgartner (1995), S. 165.

[808]   Vgl. Betz (2003), S. 79-82. Diese Prüfkriterien der konfirmatorischen Faktorenanalyse können nur bei Konstrukten berechnet werden, die sich aus mindestens vier Indikatoren zusammensetzen.

[809]   Die Diskrepanzfunktion dient der Messung des Abstands zwischen der modelltheoretischen und empirischen Varianz-Kovarianz-Matrix und ist Grundlage aller Berechnungen der konfirmatorischen Faktorenanalyse. Zur ihrer Modellierung gibt es unterschiedliche Verfahren, z. B. die Maximum-Likelihood-Methode oder die Methode der ungewichteten kleinsten Quadrate. Die letztgenannte Methode hat den Vorteil, keine Normalverteilung der Indikatoren vorauszusetzen und wird deshalb im Rahmen der vorliegenden Arbeit zur Berechnung nahezu aller Prüfkriterien verwendet, da Häufigkeitsverteilungen zeigen, dass der überwiegende Teil der Indikatoren von einer Normalverteilung abweicht (vgl. Abschnitt 4.2). Vgl. Betz (2003), S. 77-79. Siehe auch Backhaus et al. (2006), S. 368-371; Backhaus/Blechschmidt/Eisenbeiß (2006), S. 714.

[810]   Vgl. Bentler/Bonett (1980). Das Basismodell weist eine schlechte Anpassung auf, da die Indikatoren dieses Modells als unkorreliert modelliert werden. Das relevante Modell ist das jeweilige Messmodell.

[811]   Vgl. Backhaus et al. (2006), S. 381.

[812]   Vgl. Bentler/Bonett (1980), S. 600.

rianz und Kovarianz durch ein Modell erklärt wird.[813] Der Wertebereich des GFI liegt zwischen 0 und 1, wobei Werte größer 0,9 auf einen guten Modellfit hindeuten. Der *Adjusted-Goodness-of-Fit-Index (AGFI)* ist ebenso ein Maß für die im Modell erklärte Varianz, berücksichtigt aber zusätzlich noch die Modellkomplexität in Form der Anzahl der Freiheitsgrade.[814] Indem Modelle mit vielen Parametern bestraft werden, kann durch die Aufnahme zusätzlicher Indikatoren nicht mehr die Modellgüte per se verbessert werden.[815] Die Werte des AGFI liegen auch zwischen 0 und 1, wobei Werte größer 0,9 als zufriedenstellend angenommen werden.[816] Die Kennzahl *Root-Mean-Residual (RMR)* misst die durchschnittliche Restvarianz der Anpassung der Varianz- und Kovarianzmatrizen und sollte daher möglichst kleine Werte annehmen.[817] Der Wertebereich liegt zwischen 0 und 1, wobei ein Wert von kleiner 0,1 gefordert wird.[818]

Auf lokaler Ebene werden zur Gütebeurteilung der konfirmatorischen Faktorenanalyse folgende drei Kriterien herangezogen:[819] Die *Indikatorreliabilität* beschreibt den Anteil, zu dem die Varianz einer manifesten Variable durch die zugehörige latente Variable erklärt wird.[820] Wie bei der explorativen Faktorenanalyse wird gefordert, dass mehr als 50 % der Varianz des Indikators auf die latente Variable zurückzuführen ist, weshalb für die Ladungen der Indikatoren auf die latente Variable ein Wert größer 0,7 angestrebt wird.[821] Wie bereits erläutert, werden Indikatoren allerdings nur eliminiert, wenn ihre Ladung geringer als 0,4 ist.[822] Die *Konstruktreliabilität* der latenten Variablen zeigt, wie gut das Konstrukt durch alle ihm zugeordneten Indikatoren gemeinsam gemessen wird.[823] Sie stellt ein Maß für die interne Konsistenz dar und weist einen Wertebereich zwischen 0 und 1 auf, wobei höhere Werte Ausdruck einer höheren Reliabilität sind. Im Rahmen dieser Arbeit werden für die Konstruktreliabilität Werte

---

[813]   Vgl. Backhaus et al. (2006), S. 380.
[814]   Vgl. Homburg/Giering (1996), S. 10.
[815]   Vgl. Homburg/Giering (1996), S. 10.
[816]   Vgl. Backhaus et al. (2006), S. 382.
[817]   Vgl. Homburg/Baumgartner (1995), S. 167.
[818]   Vgl. Fritz (1995), S. 126.
[819]   Da bei Konstrukten mit weniger als vier Indikatoren keine Freiheitsgrade ausgewiesen werden, ist die Berechnung dieser Gütekriterien nur bei Konstrukten möglich, die sich aus mindestens drei Indikatoren zusammensetzen. Vgl. Betz (2003), S. 82-84.
[820]   Vgl. Götz/Liehr-Gobbers (2004), S. 727.
[821]   Vgl. Götz/Liehr-Gobbers (2004), S. 727.
[822]   Vgl. Hulland (1999), S. 198.
[823]   Vgl. hier und im Folgenden Homburg/Giering (1996), S. 10 f.

größer 0,6 vorausgesetzt.[824] Die *durchschnittlich erfasste Varianz* (DEV) prüft wie die Konstruktreliabilität, wie gut das Konstrukt durch seine Indikatoren erfasst wird.[825] Sie kann Werte zwischen 0 und 1 annehmen, wobei Werte von größer als 0,5 gefordert werden.[826]

Obwohl sich die hier zu Grunde gelegten Schwellenwerte der globalen und lokalen Gütekriterien der konfirmatorischen Faktorenanalyse als Faustregeln in der empirischen Forschung etabliert haben, sind diese dennoch nicht als Falsifizierungskriterien zu verstehen.[827] Vielmehr gilt es, sich auf Grundlage der Gütebeurteilung ein Gesamtbild von der Modellanpassung zu machen.[828] Sofern die Gütebeurteilung der einzelnen Konstrukte zu einem positiven Ergebnis führt, kann die Betrachtung des Gesamtmodells erfolgen.

Untersuchungsstufe B: Betrachtung des gesamten Untersuchungsmodells

Auf der zweiten Stufe B erfolgt schließlich eine Betrachtung des gesamten Untersuchungsmodells. Dabei wird das gesamte Messmodell abschließend noch auf **Diskriminanzvalidität** geprüft. Die Diskriminanzvalidität stellt den Grad der Unterschiedlichkeit der Messungen verschiedener Konstrukte mit dem gleichen Messinstrument dar.[829] Dabei wird in der Regel auf das *Fornell-Larcker-Kriterium* zurückgegriffen, das dann als erfüllt anzusehen ist, wenn die durchschnittlich erfasste Varianz einer latenten Variablen größer ist als jede quadrierte Korrelation dieser latenten Variablen mit einem anderen Konstrukt aus dem Modell.[830] Mit der Überprüfung der Diskriminanzvalidität gilt die Gütebeurteilung des gesamten reflektiven Messmodells als abgeschlossen.

Im Folgenden werden alle reflektiven Messmodelle der Untersuchung anhand der vorgestellten Gütekriterien beurteilt, um zu überprüfen, ob sie für eine Strukturgleichungsanalyse einzeln und insgesamt geeignet sind.

---

[824]   Vgl. Bagozzi/Yi (1988), S. 82; Homburg/Giering (1996), S. 13. Zur Vorteilhaftigkeit dieses Prüfkriteriums gegenüber Cronbachs Alpha siehe auch Ringle et al. (2006), S. 87.
[825]   Vgl. Homburg/Giering (1996), S. 10 f.
[826]   Vgl. Ringle et al. (2006), S. 87.
[827]   Vgl. Betz (2003), S. 83; Hoffmann (2008), S. 179.
[828]   Vgl. Eberl/Zinnbauer (2005), S. 595.
[829]   Vgl. Bagozzi/Phillips (1982), S. 469.
[830]   Vgl. Fornell/Larcker (1981), S. 45 f.; Hulland (1999), S. 199. Die Berechnung der dafür benötigten Werte erfolgt mit Hilfe der Statistiksoftware SmartPLS 2.0 M3.

5.1.2.2 Ergebnisse der Gütebeurteilung

Die Gütebeurteilung der reflektiven Konstrukte basiert auf der in Abschnitt 5.1.2.1 erläuterten mehrstufigen Vorgehensweise. Somit werden in einem ersten Schritt alle reflektiven Konstrukte separat anhand der Gütekriterien der Untersuchungsstufe A beurteilt, bevor im Anschluss daran eine Überprüfung der Gesamtheit aller separaten Messmodelle auf Untersuchungsstufe B erfolgt.

Untersuchungsstufe A: Betrachtung der einzelnen Konstrukte

Aus Gründen der Übersichtlichkeit wird an dieser Stelle auf eine ausführliche Darstellung der einzelnen Teilstufen A1 bis A3 verzichtet. Einen Gesamtüberblick zu den abschließenden Ergebnissen der Gütebeurteilung der reflektiven Messmodelle (Untersuchungsstufe A) liefert Tabelle 33.[831] Die wesentlichen Ergebnisse der Gütebeurteilung werden im Folgenden für jedes Konstrukt nur kurz skizziert, da ausschließlich etablierte Skalen verwendet wurden.

Die Korrelationsmatrix der Indikatoren des Konstrukts **Innovationserfolg** ist für faktoranalytische Auswertungen gut geeignet. Diese führen gemäß Kaiser-Kriterium zur Extraktion nur eines Faktors, auf den sämtliche Indikatoren mit Werten größer 0,7 laden und dessen erklärte Gesamtvarianz 66,9 % beträgt. Cronbachs Alpha liegt mit einem Wert von 0,899 deutlich über dem geforderten Mindestwert. Auch die globalen und lokalen Gütekriterien der konfirmatorischen Faktorenanalyse sprechen für eine gute Anpassung des postulierten Messmodells an die empirischen Daten. Lediglich die Kennzahl RMR liegt mit 0,114 geringfügig über dem festgelegten Schwellenwert von 0,1.[832] Die Konstruktreliabilität ist mit einem Wert von größer 0,9 jedoch als sehr gut zu bezeichnen, weshalb von einer ausreichenden Güte des Messmodells ausgegangen wird.

---

[831] Alle weiteren Ergebnisse der Gütebeurteilung (die MSA-Werte und Ladungen der Indikatoren aus Untersuchungsstufe A1 sowie die Indikatorreliabilitäten aus Untersuchungsstufe A3) sind in Anhang E dargestellt.

[832] Dies lässt sich möglicherweise darauf zurückführen, dass der RMR u. a. von der Anzahl der Indikatoren abhängt. Vgl. Homburg/Baumgartner (1995), S. 167. Aus Tabelle 33 wird ersichtlich, dass der Schwellenwert des RMR nur bei Konstrukten mit mehr als vier Indikatoren leicht überschritten wird.

Untersu-chungsstufe	Güte-kriterium	Anfor-derung	Innovations-erfolg (IE1-6)	Markterfolg (ME1-4)	Profitabilität (PR1-4)	Innovations-prozesse (IP1-7)	Markt-dynamik (MD1+2+5)	Technologische Dynamik (TD1-5)	Wettbewerbs-intensität (W12+3+4+6)
A1: Explorative Faktoren-analyse	Bartlett-Test	< 0,05	0,000	0,000	0,000	0,000	0,000	0,000	0,000
	MSA-Werte	> 0,5	✓	✓	✓	✓	✓	✓	✓
	KMO-Wert	> 0,5	0,795	0,753	0,859	0,861	0,627	0,821	0,774
	Kaiser-Kriterium	1 Faktor	✓	✓	✓	✓	✓	✓	✓
	erklärte Gesamtvarianz	> 50 %	66,92 %	62,88 %	83,86 %	69,14 %	63,62 %	68,54 %	65,18 %
	Ladungen	> 0,4	✓	✓	✓	✓	✓	✓	✓
A2: Cronbachs Alpha	Alpha-Wert	> 0,5 bzw. > 0,7	0,899	0,798	0,936	0,924	0,700	0,882	0,819
	Globale Gütekriterien								
A3: Konfirma-torische Faktoren-analyse	NFI	> 0,9	0,986	0,995	1,000	0,990	-	0,983	0,994
	GFI	> 0,9	0,991	0,995	1,000	0,993	-	0,994	0,997
	AGFI	> 0,9	0,978	0,989	1,000	0,986	-	0,983	0,987
	RMR	< 0,1	0,114	0,029	0,008	0,118	-	0,136	0,083
	Lokale Gütekriterien								
	Indikator-reliabilität	> 0,4	✓	✓	✓	✓	✓	✓	✓
	Konstrukt-reliabilität	> 0,6	0,901	0,693	0,937	0,731	0,676	0,887	0,825
	DEV$_{ULS}$	> 0,5	0,604	0,520	0,787	0,645	0,488	0,618	0,545

Legende:
✓: Gütekriterium erfüllt

Tabelle 33: Ergebnisse der Gütebeurteilung der reflektiven Messmodelle (Untersuchungsstufe A)

Quelle: Eigene Darstellung.

Das Messmodell zum **Markterfolg** erfüllt alle erforderlichen Gütekriterien. Bei der Durchführung der explorativen Faktorenanalyse wird ein Faktor extrahiert, dessen erklärte Gesamtvarianz 62,9 % beträgt. Alle Faktorladungen sind größer 0,7 und der Wert von Cronbachs Alpha liegt bei 0,798. Weiterhin sind alle globalen und lokalen Gütekriterien der Untersuchungsstufe A3 erfüllt, so dass dieses Messmodell mit seinen vier Indikatoren insgesamt als valide eingeschätzt wird.

Auch die Skala zur Messung der **Profitabilität** kann im Rahmen der Gütebeurteilung als valide bestätigt werden. Die Gütekriterien deuten darauf hin, dass die Daten für eine Faktorenanalyse sehr gut geeignet sind. Bei der Durchführung der explorativen Faktorenanalyse zeigt sich, dass nach dem Kaiser-Kriterium lediglich ein Faktor extrahiert wird. Die erklärte Gesamtvarianz dieses Faktors beträgt 83,9 %, der Wert von Cronbachs Alpha 0,936. Insbesondere die globalen Gütekriterien deuten auf eine äußerst gute Anpassung des gesamten Messmodells hin, da NFI, GFI und AGFI sogar den optimalen Wert von 1 erreichen. Auch die Konstruktreliabilität ist mit 0,937 als sehr gut zu beurteilen.

Die Gütebeurteilung des Messmodells des Konstrukts **Innovationsprozesse** fällt ebenfalls positiv aus. Die Korrelationsmatrix der Indikatoren erweist sich als geeignet für eine faktoranalytische Auswertung. Bei der explorativen Faktorenanalyse wird ein Faktor extrahiert, dessen erklärte Gesamtvarianz 69,1 % beträgt.[833] Der Alpha-Wert des Messmodells liegt bei 0,924 und ist somit als sehr gut zu bewerten. Die ausgewiesenen Globalkriterien sprechen nur für eine akzeptable Anpassung des Messmodells an die empirischen Daten, da der Grenzwert des RMR von 0,1 geringfügig überschritten wird. Die Ausprägungen der lokalen Gütemaße deuten mit einer Konstruktreliabilität von 0,731 und einer DEV von 0,645 jedoch auf eine ausreichende Güte des Messmodells hin.

Bei dem Konstrukt **Marktdynamik** erfüllt der Indikator MD6 nicht das Kriterium des geforderten MSA-Wertes von 0,5 und wird daher eliminiert. Nach Ausschluss dieses Indikators weisen sämtliche Indikatoren einen MSA-Wert größer 0,5 auf. Auch der Bartlett-Test und das KMO-Kriterium bestätigen, dass die Indikatoren für eine Faktorenanalyse geeignet sind. Bei der Durchführung der explorativen Faktorenanalyse

---

[833]   Obwohl die Ladung des Indikators IP6 0,664 beträgt, wird dieser nicht aus dem Messmodell eliminiert, da der Wert als noch akzeptabel einzustufen ist.

werden zwei Faktoren extrahiert, weshalb der Indikator MD3 ebenfalls eliminiert wird. Danach laden die verbliebenen vier Indikatoren des Konstrukts auf einen einzigen Faktor, der mehr als 50 % der Varianz erklärt und einen Alpha-Wert von 0,845 aufweist. Die konfirmatorische Faktorenanalyse führt allerdings zu einem RMR-Wert von 0,144 und einer Reliabilität des Indikators MD 4 von 0,287. Es empfiehlt sich daher die zusätzliche Elimination dieses Indikators. Die Korrelationsmatrix der verbleibenden Indikatoren MD1, MD2 und MD5 ist zur Durchführung der explorativen Faktorenanalyse geeignet, die gemäß Kaiser-Kriterium zur Extraktion nur eines Faktors führt, auf den sämtliche Indikatoren mit Werten größer 0,7 laden. Die erklärte Gesamtvarianz liegt bei 63,6 %, während Cronbachs Alpha nur noch 0,700 beträgt, was auf die geringere Anzahl der Indikatoren zurückzuführen ist. Eine Berechnung der Globalkriterien der konfirmatorischen Faktorenanalyse ist bei drei Indikatoren nicht möglich, jedoch liegt die Konstruktreliabilität mit 0,676 im akzeptablen Bereich. Da die DEV des Messmodells den erforderlichen Mindestwert von 0,5 nur knapp unterschreitet, wird das Messmodell insgesamt als valide eingeschätzt.[834]

Das reflektive Messmodell zur **technologischen Dynamik** kann im Rahmen der Gütebeurteilung als valide bestätigt werden. Bei der Durchführung der explorativen Faktorenanalyse, für welche die Daten sehr gut geeignet zu sein scheinen, zeigt sich, dass nach Maßgabe des Kaiser-Kriteriums lediglich ein Faktor zu extrahieren ist. Die erklärte Gesamtvarianz dieses Faktors beträgt 68,5 %,[835] der Wert von Cronbachs Alpha 0,882. Die globalen Gütekriterien deuten nur auf eine akzeptable Anpassung des gesamten Messmodells hin, da der Grenzwert des RMR von 0,1 leicht überschritten wird. Dennoch wird das Messmodell aufgrund der hohen Konstruktreliabilität von 0,887 und der DEV von 0,618 als valide eingeschätzt.

Die Gütebeurteilung des Messmodells zur **Wettbewerbsintensität** belegt, dass die Indikatoren grundsätzlich für eine Faktorenanalyse geeignet sind. Da die Indikatoren sich aber im Rahmen der explorativen Faktorenanalyse nicht auf einen Faktor verdich-

---

[834] Obwohl lediglich drei Indikatoren im Messmodell verbleiben, misst das Konstrukt nach wie vor die Marktdynamik. Durch die Indikatoren wird erfasst, ob sich die Kundenbedürfnisse sehr schnell ändern (MD1), ob die Kunden ständig nach neuen Produkten suchen (MD2) und ob die Neukunden Bedürfnisse haben, die sich von den bestehenden Kunden unterscheiden (MD5).

[835] Obwohl die Ladung des Indikators TD3 nur 0,670 beträgt, wird dieser nicht aus dem Messmodell eliminiert, da die Ladung als noch akzeptabel zu bewerten ist.

ten lassen, werden die Indikatoren WI1 und WI5 eliminiert.[836] Es kann nun auf Basis der verbleibenden Indikatoren ein Faktor mit einer erklärten Gesamtvarianz von 65,2 % extrahiert werden. Cronbachs Alpha weist mit 0,819 einen ausreichend hohen Wert auf, und auch alle globalen und lokalen Gütekriterien der konfirmatorischen Faktorenanalyse sind erfüllt.

Insgesamt kann festgehalten werden, dass die Gütekriterien der Untersuchungsstufe A im Wesentlichen erfüllt sind, so dass im Folgenden im Rahmen der Untersuchungsstufe B eine Betrachtung des Gesamtmodells erfolgen kann.

Untersuchungsstufe B: Betrachtung des gesamten Untersuchungsmodells

Für die konstruktübergreifende Beurteilung der reflektiven Messmodelle müssen die Konstrukte in das relevante Strukturgleichungsmodell eingebunden werden. Die Prüfung der **Diskriminanzvalidität** erfolgt daher eigentlich im Zusammenhang mit der Schätzung des Wirkungsmodells, jedoch werden die Ergebnisse dieser finalen Untersuchungsstufe der Gütebeurteilung reflektiver Konstrukte aus Gründen der Vollständigkeit und Konsistenz der Ausführungen bereits an dieser Stelle vorgestellt. Wie aus Tabelle 34 ersichtlich wird, ist das Fornell-Larcker-Kriterium für die vorliegenden reflektiven Konstrukte in allen Fällen erfüllt. Sämtliche reflektiven Konstrukte können daher für die Analyse im Rahmen des Strukturgleichungsmodells als geeignet angesehen werden.

---

[836] Durch die Elimination dieser Indikatoren wird kein wesentlicher inhaltlicher Bereich des Konstrukts eliminiert. Die verbleibenden vier Indikatoren erfassen die Wettbewerbsintensität adäquat, da sie messen, ob häufig aggressive Marketing- (WI2) und Vertriebskampagnen (WI3) durchgeführt werden, ob Wettbewerber schnell vergleichbare Produkte anbieten (WI4) und ob es fast täglich neue Aktionen der Wettbewerber gibt (WI6).

Konstrukt	Wurzel (DEV_PLS)	1.	2.	3.	4.	5.	6.	7.	8.	9.	10.	11.	12.	13.	14.	15.	16.	17.
1. Arbeitsüberlastung		1,000																
2. Innovationserfolg	0,817	0,123	1,000															
3. Innovationsorientierung		0,029	0,551	1,000														
4. Innovationsprozesse	0,828	0,042	0,522	0,585	1,000													
5. Interfunktionale Koordination		-0,170	0,273	0,385	0,430	1,000												
6. Kundenorientierung		0,001	0,298	0,444	0,112	0,370	1,000											
7. Marktdynamik	0,790	0,010	0,162	0,132	0,243	0,130	0,018	1,000										
8. Markterfolg	0,793	0,160	0,330	0,279	0,163	0,123	0,158	0,094	1,000									
9. Mitarbeiterheterogenität		0,268	0,246	0,268	0,181	0,044	0,071	0,160	0,192	1,000								
10. Mitarbeiterzufriedenheit		-0,092	0,243	0,554	0,305	0,350	0,461	0,135	0,268	0,104	1,000							
11. Personalentwicklung		0,038	0,186	0,414	0,541	0,336	0,137	0,340	0,124	0,172	0,359	1,000						
12. Profitabilität	0,914	0,117	0,176	0,244	0,100	0,179	0,121	0,158	0,493	0,183	0,254	0,111	1,000					
13. Ressourcen		-0,211	0,297	0,282	0,314	0,370	0,093	0,216	0,181	-0,003	0,298	0,232	0,250	1,000				
14. Technologische Dynamik	0,826	0,049	0,430	0,414	0,331	0,290	0,251	0,442	0,108	0,073	0,260	0,301	0,144	0,247	1,000			
15. Unterstützung durch das Management		-0,099	0,332	0,537	0,322	0,376	0,487	0,177	0,154	0,153	0,725	0,332	0,126	0,415	0,308	1,000		
16. Wettbewerbsintensität	0,797	-0,026	0,271	0,194	0,287	0,110	0,191	0,256	0,092	0,181	0,029	0,183	0,012	0,041	0,139	0,140	1,000	
17. Wettbewerbsorientierung		0,015	0,189	0,188	0,146	0,492	0,405	-0,030	0,017	-0,032	0,169	0,114	-0,053	0,145	0,243	0,292	0,171	1,000

Tabelle 34: Korrelationstabelle und Prüfung der Diskriminanzvalidität (Untersuchungsstufe B)

Quelle: Eigene Darstellung.

Darüber hinaus sind aus Gründen der Vollständigkeit in der Tabelle 34 auch das formative Konstrukt Innovationsorientierung und die mit Einzelindikatoren gemessenen Konstrukte wiedergegeben, um alle **Korrelationen** zwischen den im Strukturmodell betrachteten Konstrukten abzubilden. Die Mehrzahl der Korrelationen nimmt Werte unter 0,6 an und ist unter Berücksichtigung der Ergebnisse zur Diskriminanzvalidität als unbedenklich zu beurteilen.[837] Lediglich die Korrelation zwischen den Konstrukten Mitarbeiterzufriedenheit und Unterstützung durch das Management liegt bei 0,725. Dieser Zusammenhang kann allerdings als plausibel erachtet werden. So wurde in Kapitel 3.2.1 bereits diskutiert, dass die Unterstützung der Mitarbeiter durch das Management vermutlich einen positiven Einfluss auf die Zufriedenheit der Mitarbeiter aufweisen könnte. Die beschriebenen Zusammenhänge zwischen den in dieser Arbeit betrachteten Dimensionen des Personalmanagements werden jedoch im Wirkungsmodell nicht abgebildet, da hier die singulären Einflüsse auf die Innovationsorientierung im Mittelpunkt stehen.

Vor diesem Hintergrund kann festgehalten werden, dass die Messmodelle zur Überprüfung des entwickelten Bezugsrahmens (vgl. Abschnitt 5.2) grundsätzlich herangezogen werden können. Insofern ist eine wesentliche Voraussetzung für eine valide Analyse und Interpretation der Innovationsorientierung von Unternehmen gegeben. Allerdings besteht die Möglichkeit, dass durch die Konzeption der empirischen Untersuchung eine Verzerrung der Ergebnisse auftreten kann. Im folgenden Abschnitt 5.1.3 wird daher ermittelt, ob die vorliegenden Daten möglicherweise einer Verzerrung durch systematische Messfehler unterliegen.

5.1.3 Überprüfung auf systematische Messfehler

Auch wenn die Messmodelle auf Basis der vorangegangenen Gütebeurteilung grundsätzlich als valide eingestuft werden können, besteht potenziell die Gefahr einer systematischen Verzerrung der Daten. In diesem Abschnitt werden die vorliegenden Daten deshalb auf systematische Messfehler überprüft. Dabei sind die auf die Datenerhebungsmethode zurückzuführenden Messfehler Key Informant Bias (Abschnitt 5.1.3.1) und Common Method Bias (Abschnitt 5.1.3.2) von Relevanz.

---

[837]   Vgl. Grewal/Cote/Baumgartner (2004), S. 526 f.; Menguc/Auh (2006), S. 69; Olson/Slater/Hult (2005), S. 57; Zhou et al. (2005), S. 1054.

5.1.3.1 Key Informant Bias

In diesem Abschnitt soll untersucht werden, ob aufgrund des Key Informant-Designs der Erhebung ein systematischer Messfehler vorliegt. In Abschnitt 4.2.1 wurde bereits der Begriff Key Informant Bias eingeführt. Dieser Begriff soll als Grundlage für die weitere Analyse an dieser Stelle noch einmal präzise definiert werden. In Anlehnung an ERNST wird im Folgenden von einem Key Informant Bias gesprochen, „[...] wenn die funktionale Zugehörigkeit und / oder die hierarchische Stellung von Informanten in ihren jeweiligen Organisationen einen verzerrenden Einfluss auf das Antwortverhalten ausüben."[838] Durch die subjektive Wahrnehmung des Befragten können objektive Tatbestände verzerrt wiedergegeben werden, was zu einer Einschränkung der Validität der Angaben führt.[839] Zur Überwindung des Key Informant Bias fordert ERNST u. a. die Befragung mehrerer Key Informants, um systematische Informationsverzerrungen zu identifizieren und bereinigen zu können.[840] Wie bereits in Abschnitt 4.2.1 erläutert, wurden zur Validierung der Angaben der Key Informants im Anschluss an die eigentliche Datenerhebung Mitarbeiter zu ausgewählten Inhalten der Untersuchung befragt.[841] Dabei wurden insgesamt 24 sogenannte Dyaden generiert, d. h. es liegen bei 24 Unternehmen neben den Antworten der Führungskräfte auch Befragungsdaten eines weiteren Mitarbeiters vor. In diesem Abschnitt soll nun untersucht werden, ob ein Key Informant Bias existiert. Dafür wird ermittelt, ob die zentralen Konstrukte der Untersuchung in Abhängigkeit von der hierarchischen Position der befragten Person unterschiedlich beurteilt werden.

Da nur für einen Teil der Stichprobe Mitarbeiterdaten vorliegen, muss zunächst festgestellt werden, ob die Mitarbeiterstichprobe repräsentatitiv für die Gesamtstichprobe ist. Dies ist der Fall, wenn weder ein Total oder Partial Nonresponse Bias noch ein Identitätsproblem vorliegt (vgl. Abschnitt 4.2.2). Zur Überprüfung eines möglichen Total Nonresponse Bias ist die Übereinstimmung der Stichprobe hinsichtlich des Strukturmerkmals Branche von Relevanz.[842] Ein Vergleich der Mitarbeiterstichprobe mit der Gesamtstichprobe anhand eines χ^2-Homogenitätstests zeigt, dass mit einer

---

[838] Vgl. Ernst (2001), S. 96.
[839] Vgl. Nicolai/Kieser (2004), S. 633.
[840] Vgl. Ernst (2001), S. 87-94; Ernst (2003b), S. 1251 f.
[841] Die Mitarbeiter wurden zu den zentralen Konstrukten Innovationsorientierung, Innovationserfolg, Markterfolg, Unternehmenserfolg und Innovationsprozesse befragt.
[842] Vgl. Rogelberg/Stanton (2007), S. 199 f.; Werner/Praxedes/Kim (2007), S. 288.

Wahrscheinlichkeit von 95 % keine signifikanten Unterschiede bestehen, da der empirische χ^2-Wert mit 1,172 sehr nachhaltig unter dem theoretischen χ^2-Wert von 9,488 liegt[843] (vgl. Anhang F). Folglich ist die Mitarbeiterstichprobe hinsichtlich des Strukturmerkmals Branche repräsentativ, was darauf hinweist, dass kein Total Nonresponse Bias vorliegt. Durch eine nicht vollständige Beantwortung des Fragebogens kann zudem ein Partial Nonresponse Bias entstehen.[844] Bei der Mitarbeiterstichprobe weisen aufgrund des verkürzten Fragebogens nur zwei Indikatoren einen fehlenden Wert und ein Indikator zwei fehlende Werte auf. Insofern kann auch hier nicht von einem Repräsentativitätsproblem ausgegangen werden. Fehlende Werte werden auf die gleiche Weise wie bei der Gesamtstichprobe ersetzt (vgl. Abschnitt 4.2). Ein Identitätsproblem tritt in der Mitarbeiterstichprobe ebenfalls nicht auf, da alle Fragebogen durch Mitarbeiter des jeweiligen Unternehmens beantwortet wurden. Somit lässt sich festhalten, dass die Mitarbeiterstichprobe repräsentativ für die Unternehmen der Gesamtstichprobe ist.

Zur Überprüfung der Validität der Daten werden die Führungskräfte- und Mitarbeiterstichproben anhand eines **Mann-Whitney-U-Tests** untersucht.[845] Hierfür werden die durchschnittlichen Werte der Indikatoren, die auch bei den Mitarbeitern abgefragt wurden (hierzu zählen die Innovationsorientierung sowie die Erfolgskonstrukte), mit den durchschnittlichen Indikatorwerten der zugehörigen Mitarbeiter verglichen. Die Ergebnisse zeigen, dass auf einem 5 %-Signifikanzniveau keine signifikanten Unterschiede im Antwortverhalten bestehen.

Die externe Validität der Innovationsorientierung und der Erfolgskonstrukte wird darüber hinaus anhand der **Korrelationen zwischen Führungskräfte- und Mitarbeiterdaten** überprüft, um festzustellen, ob die Konstrukte von den Führungskräften und den Mitarbeitern ähnlich beurteilt werden (vgl. Abbildung 27). Dabei wird für jedes Konstrukt ermittelt, ob ein starker und signifikanter Zusammenhang zwischen der Bewertung der Führungskraft und der Bewertung des Mitarbeiters vorliegt. Auf Grundlage der vorliegenden Dyaden lässt sich für alle fünf zentralen Konstrukte ein hoher Zusammenhang zwischen Führungskräftedaten und Mitarbeiterdaten feststellen. Insbesondere die Korrelationen der Konstrukte Innovationsorientierung und Innovationser-

---

[843]   Vgl. Backhaus et al. (2008), S. 565.
[844]   Vgl. Abschnitt 4.2.2.
[845]   Vgl. Abschnitt 4.2.2.

folg sind mit 0,717 und 0,812 stark ausgeprägt.

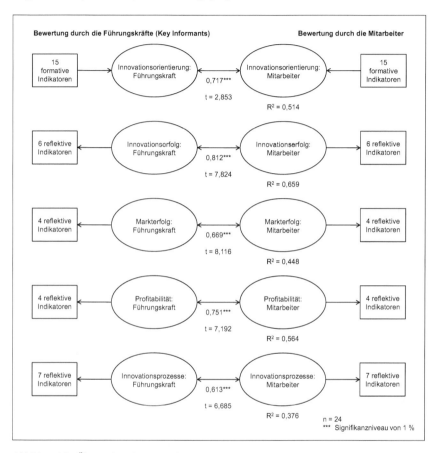

Abbildung 27: Überprüfung des Key Informant Bias mit Hilfe der Mitarbeiterbefragung
Quelle: Eigene Darstellung.

Die Ergebnisse der durchgeführten Tests indizieren, dass keine systematischen Informationsverzerrungen vorliegen. Jedoch ist an dieser Stelle anzumerken, dass die
Analyse des Key Informant Bias möglicherweise gewissen Einschränkungen unterliegt. Um die Erhebung zu vereinfachen, wurde bspw. der zweite Informant durch den
Key Informant bestimmt. Durch dieses Vorgehen war es dem Key Informant möglich,
einen Einfluss auf die Ergebnisse zu nehmen. So konnte der Key Informant bspw. die
Kontaktdaten eines Mitarbeiters angeben, der in der Regel eine ähnliche Meinung ver-

tritt wie er selbst. Zudem könnte es sein, dass die Führungskraft Druck auf den entsprechenden Mitarbeiter ausgeübt hat, damit dieser seine Meinung bestätigt. Eine weitere Einschränkung liegt darin, dass nur 24 Dyaden vorliegen und somit nur die Angaben von ca. 20 % der Key Informants überprüft werden konnten. Zuletzt ist darauf
hinzuweisen, dass 84 Führungskräfte keine Kontaktdaten eines Mitarbeiters angegeben
haben. Diese fehlende Bereitschaft könnte dadurch begründet sein, dass manche der
Führungskräfte bestimmte Tatbestände, wie z. B. die Mitarbeiterzufriedenheit oder die
Innovationsorientierung, zu positiv bewertet haben und vermeiden wollten, dass durch
die Befragung eines Mitarbeiters diese Verzerrungen entdeckt werden. Durch den
Hinweis im Fragebogen, dass alle Angaben streng vertraulich behandelt werden und
eine anonyme Auswertung der Daten erfolgt, ist allerdings davon auszugehen, dass die
beschriebenen Einschränkungen nur in einem geringen Ausmaß vorliegen. Die niedrige Anzahl an Mitarbeiterdaten ist vermutlich eher darauf zurückzuführen, dass viele
Key Informants sicherstellen wollten, dass keine weiteren zeitlichen Ressourcen für
die Befragung aufgewendet werden.

Vor diesem Hintergrund ist davon auszugehen, dass in der vorliegenden Untersuchung kein substanzieller Key Informant Bias vorliegt. Insofern induzieren die Ergebnisse eine fundierte und exakte Erhebung, die sich gleichzeitig als von subjektiven
Meinungen der befragten Führungskräfte unabhängig erweist. Ein mit dem Key In-
formant-Design eng verbundener weiterer systematischer Messfehler wird im folgenden Abschnitt 5.1.3.2 diskutiert.

5.1.3.2 Common Method Bias

Weiterhin könnte aufgrund der Konzeption der empirischen Untersuchung ein
Common Method Bias vorliegen. Nach PODSAKOFF et al. ist ein Common Method
Bias eine systematische Verzerrung der Zusammenhänge zwischen den exogenen und
den endogenen Konstrukten, die nicht auf den tatsächlichen Zusammenhang zwischen
diesen Konstrukten, sondern auf die Methodik der Erhebung zurückzuführen ist.[846]
Dieser systematische Messfehler kann auf vier verschiedene Ursachen zurückgeführt
werden. *Erstens* kann die Erhebung der abhängigen und der unabhängigen Konstrukte
von einer einzigen Datenquelle dazu führen, dass sich z. B. aufgrund von Konsistenz-

---

[846]   Vgl. hier und im Folgenden Podsakoff et al. (2003), S. 879-885. Zu exogenen und endogenen
            Konstrukten vgl. Abschnitt 4.1.2.

Motiven Scheinzusammenhänge zwischen den Konstrukten ergeben, die in der Realität entweder gar nicht oder nicht in dem angegebenen Ausmaß existieren. Verzerrungen können *zweitens* auch durch die Charakteristika der Indikatoren wie z. B. zweideutige Formulierungen, gleiche Skalenformate oder identische Skalen-Anker entstehen. *Drittens* spielt der Kontext, in dem die Indikatoren abgefragt werden, eine nicht zu unterschätzende Rolle.[847] So kann die Positionierung eines Indikators innerhalb des Fragebogens sowie die Gruppierung verschiedener Indikatoren zu verzerrenden Antworten führen. *Viertens* kann der Erhebungskontext, also die Erhebungszeit, der Erhebungsort und das Erhebungsinstrument, einen systematischen Einfluss darauf haben, wie bestimmte Fragen beantwortet werden. Alle aus diesen Fehlerquellen resultierenden Verzerrungen werden als Common Method Bias bezeichnet.[848]

Zur Überprüfung eines potenziellen Common Method Bias stehen verschiedene Möglichkeiten zur Verfügung. In dieser Untersuchung wird zunächst **Harmans Ein-Faktor-Test** durchgeführt. Dabei werden alle Indikatoren mit Hilfe einer explorativen Faktorenanalyse verdichtet.[849] Anhand der unrotierten Faktorlösung kann festgestellt werden, wie viele Faktoren zur Erfassung der Varianz der Indikatoren notwendig sind. Ein Common Method Bias liegt vor, wenn lediglich ein einziger Faktor extrahiert wird oder wenn ein Faktor einen Großteil der Kovarianz zwischen den Indikatoren erklärt.[850] Für die vorliegende Untersuchung werden bei der Verdichtung aller Indikatoren[851] 13 Faktoren mit einem Eigenwert größer 1 extrahiert, deren erklärte Gesamtvarianz bei insgesamt 72,55 % liegt. Ein Common Method Bias liegt somit auf Basis dieses Tests nicht vor, da mehrere Faktoren extrahiert werden, und der erste Faktor mit einer erklärten Gesamtvarianz von 22,90 % nicht die Mehrheit der Varianz erklärt.[852]

Eine weitere Möglichkeit zur Feststellung eines potenziellen Common Method Bias besteht in der Kombination verschiedener Datenquellen.[853] Grundsätzlich sollte zur Messung des unabhängigen Konstrukts eine andere Datenquelle verwendet werden als

---

[847] Vgl. hier und im Folgenden Söhnchen (2007), S. 139.
[848] Vgl. Podsakoff et al. (2003), S. 882.
[849] Vgl. Podsakoff et al. (2003), S. 889.
[850] Vgl. Podsakoff et al. (2003), S. 889.
[851] Es wurden dabei nur die nach der Gütebeurteilung verbliebenen 57 Indikatoren verwendet.
[852] Vgl. Reinartz/Krafft/Hoyer (2004), S. 301. Die Autoren schließen aus 10 extrahierten Faktoren und einer erklärten Gesamtvarianz des ersten Faktors von 76 %, dass ein Common Method Bias in ihrer Studie nicht vorliegt.
[853] Vgl. hier und im Folgenden Podsakoff et al. (2003), S. 887.

zur Messung des abhängigen Konstrukts, um den Befragten die Möglichkeit zu entziehen, die Beziehung zwischen diesen beiden Konstrukten systematisch zu verzerren. Deshalb wurden im Anschluss an die eigentliche Datenerhebung zusätzlich **objektive Erfolgskennzahlen** für die Unternehmen der Stichprobe erhoben. Mit Hilfe verschiedener Unternehmensdatenbanken und Geschäftsberichten konnte für 56,45 % der 124 befragten Unternehmen die Umsatzrendite ermittelt werden.[854] Aufgrund der geringen Fallzahl wird diese objektive Kennzahl zur Messung der Profitabilität allerdings nicht in das Strukturmodell integriert, sondern lediglich die Korrelation zwischen den objektiven und subjektiven Daten ermittelt. Das Konstrukt Profitabilität misst den finanziellen Erfolg eines Unternehmens in Relation zu seinen Wettbewerbern. Um Brancheneffekte auszuschließen, muss folglich auch bei der objektiven Erfolgskennzahl eine Normierung erfolgen.[855] Da im reflektiven Messmodell zur Profitabilität explizit ein Indikator zur Umsatzrendite enthalten ist, wird zunächst die Korrelation zwischen der objektiven und der subjektiven Umsatzrendite ermittelt. Dabei ergibt sich eine Korrelation von 0,588. Zusätzlich wird die Korrelation zwischen der objektiven Umsatzrendite und dem subjektiv gemessenen Konstrukt Profitabilität berechnet, die mit einem Wert von 0,587 ähnlich ausgeprägt ist.[856] Die Korrelationsmatrix und die entsprechenden Streudiagramme sind in Anhang G abgebildet. Unter Berücksichtigung der Tatsache, dass auch sekundäre Daten verfälscht, unvollständig oder fehlerhaft sein können, lassen sich die ermittelten Korrelationen als angemessen bewerten.[857]

Weiterhin wurden im Rahmen der eigentlichen Datenerhebung auch **quasi-objektive Kennzahlen** zum Innovationserfolg abgefragt. So wurden neben den sechs Indikatoren der in Abschnitt 4.3.3 vorgestellten Skala zum Innovationserfolg auch der Anteil erfolgreicher Innovationen[858] sowie der Umsatzanteil neuer Produkte ermittelt.[859] Diese Kennzahlen zur Messung des Erfolgs eines Innovationsportfolios werden als quasi-objektiv bezeichnet, da die Key Informants dabei Prozentzahlen anstatt der

---

[854] Die Umsatzrendite wurde dabei folgendermaßen berechnet: Umsatzrendite = Jahresüberschuss/ Umsatz*100.

[855] Dabei wird die Differenz zwischen Branchenmittelwert und Gesamtmittelwert der Umsatzrendite von der Umsatzrendite eines jeden Unternehmens subtrahiert.

[856] Die Profitabilität stellt dabei den Mittelwert der Indikatoren PR1, PR2, PR3 und PR4 dar.

[857] Vgl. Söhnchen (2007), S. 141. Der Jahresüberschuss spiegelt z. B. aufgrund bilanzpolitischer Zwecke nicht den tatsächlich erwirtschafteten Ertrag wider (z. B. durch den Aufbau stiller Reserven).

[858] Anteil erfolgreicher Innovationen = 1-Misserfolgsquote.

[859] Der genaue Wortlaut der Fragen findet sich in Anhang H.

überwiegend verwendeten Likert-Skala mit einer Bewertung von 1 bis 7 angeben mussten. Diese Vorgehensweise trägt der in der wissenschaftlichen Literatur geäußerten Forderung nach unterschiedlichen Antwortformaten Rechnung.[860] Allerdings kann hier aufgrund der beschränkten Stichprobe auch hier nur eine Korrelation ermittelt werden, um einen potenziellen Common Method Bias ausschließen zu können. Die Korrelation zwischen dem quasi-objektiven Innovationserfolg, der den Mittelwert zwischen den Kennzahlen Anteil erfolgreicher Innovationen und Umsatzanteil neuer Produkte darstellt, und dem subjektiv gemessenen Innovationserfolg beträgt 0,664 (vgl. Anhang H). Auf Basis dieser Ergebnisse ist davon auszugehen, dass ein Common Method Bias kein substanzielles Problem für diese Untersuchung darstellt. Dieser Befund kann zusätzlich bestätigt werden, wenn sich bei der Beurteilung des Strukturmodells (vgl. Abschnitt 5.2) signifikante moderierende Effekte ergeben, da diese in der Regel nicht von den Befragten erfasst werden können.

Zusammenfassend zeigen die in diesem Abschnitt 5.1 erzielten Ergebnisse, dass die verwendeten Messmodelle zur fundierten Erklärung der Innovationsorientierung von Unternehmen herangezogen werden können. Sowohl die Gütebeurteilung der Messmodelle als auch die Überprüfung nach der Existenz systematischer Verzerrungen bestätigen diesen Befund. Die Beurteilung des Strukturmodells ist Gegenstand des folgenden Abschnitts 5.2.

5.2 Beurteilung des Strukturmodells

Im Mittelpunkt der folgenden Ausführungen steht die Beurteilung des Strukturmodells zu den zentralen Determinanten und Erfolgswirkungen der Innovationsorientierung von Unternehmen. Das unterstellte Strukturmodell entspricht dem im Kapitel 3 theoretisch fundierten integrativen Bezugsrahmen. Ziele dieses Abschnitts 5.2 sind darin zu sehen, erstens eine Beurteilung des gesamten Strukturmodells vorzunehmen und zweitens die theoretisch-konzeptionell abgeleiteten Hypothesen zu den Wirkungen einzelner Konstrukte zu überprüfen. Auf diese Weise werden die aufgezeigten Forschungsfragen 2, 3 und 4 beantwortet, die identifizierten Forschungslücken geschlossen und insofern substanzielle Beiträge zur Marketingforschung und -praxis geleis-

---

[860]   Vgl. Podsakoff et al. (2003), S. 884.

tet.[861]

Dieser Abschnitt gliedert sich in zwei Teile. Zunächst wird in Abschnitt 5.2.1 die Vorgehensweise bei der empirischen Überprüfung des Bezugsrahmens vorgestellt. Dabei geht es insbesondere um die Schätzung des Strukturgleichungsmodells, die Berücksichtigung von Brancheneffekten und die Vorgehensweise bei der Beurteilung des Strukturmodells. Diesem Vorgehen folgend und in Übereinstimmung mit der Entwicklung des konzeptionellen Bezugsrahmens schließt sich in Abschnitt 5.2.2 die Darstellung und Diskussion der Ergebnisse des Strukturmodells an.[862] Dabei werden die Ergebnisse zu den Determinanten, Erfolgswirkungen und den Effekten der moderierenden Faktoren sukzessive erörtert.

5.2.1 Vorgehensweise bei der empirischen Überprüfung des Bezugsrahmens

In diesem Abschnitt wird die Vorgehensweise bei der empirischen Überprüfung des Bezugsrahmens beschrieben, die mit Hilfe eines Strukturmodells erfolgt.[863] In Abschnitt 5.2.1.1 wird zunächst die Vorgehensweise bei der Schätzung des vorliegenden Strukturgleichungsmodells erläutert. Im anschließenden Abschnitt 5.2.1.2 wird aufgezeigt, wie potenzielle Brancheneffekte im Modell berücksichtigt werden. Schließlich wird in Abschnitt 5.2.1.3 vorgestellt, wie in der vorliegenden Arbeit bei der Beurteilung des Strukturmodells vorgegangen wird.

5.2.1.1 Vorgehensweise bei der Schätzung des Strukturgleichungsmodells

Im Mittelpunkt dieses Abschnitts steht die spezifische Vorgehensweise dieser Arbeit bei der Schätzung des Strukturgleichungsmodells. Mit Hilfe des inneren Modells, dem Strukturmodell, soll der in Kapitel 3 hergeleitete Bezugsrahmen empirisch überprüft werden.[864] Wie bereits in Abschnitt 4.1.2 verdeutlicht, stehen die einzelnen latenten Konstrukte in einer mehrstufigen Beziehung zueinander. Diese mehrstufigen Strukturen haben zur Folge, dass z. B. die latente Variable Innovationserfolg nachgelagerter (z. B. in Bezug auf Innovationsorientierung) und vorgelagerter Natur (z. B. in Bezug auf Markterfolg) sein kann.[865] Wie in Abschnitt 4.1.2 aufgezeigt werden konnte, trägt

---

[861]   Forschungsfrage 1 wurde bereits in Abschnitt 5.1.1 beantwortet.
[862]   Aufgrund der ausführlichen Ableitung der Hypothesen in Kapitel 3 fokussiert sich dieser Teil der Arbeit schwerpunktmäßig auf deren empirische Überprüfung. Vgl. Abschnitt 1.3.
[863]   Vgl. Abschnitt 4.1.2.
[864]   Vgl. Abschnitt 4.1.2.
[865]   Vgl. zur Mehrstufigkeit Abbildung 16 in Abschnitt 3.5.

der PLS-Ansatz nachhaltig der aufgezeigten Mehrstufigkeit des Bezugsrahmens Rechnung und wird deshalb zur Schätzung des Strukturgleichungsmodells verwendet.[866] Das Ziel der Parameterschätzung besteht in einer maximalen Erklärung der Varianz bzw. Prognose der Zielvariablen, wobei die Gewichte bzw. Ladungen der latenten Variablen und die Pfadkoeffizienten in einem iterativen Prozess geschätzt werden.[867] Aufgrund der Mehrstufigkeit der postulierten Wirkungsbeziehungen und der Funktionsweise des PLS-Schätzalgorithmus wird das Modell dem in der wissenschaftlichen Forschung etablierten Vorgehen folgend ganzheitlich geschätzt.[868]

Dem im Kapitel 3 gewählten Vorgehen entsprechend erfolgt die Darstellung und Diskussion der Ergebnisse in Abschnitt 5.2.2 jedoch sukzessive anhand der diskutierten Modellkomponenten, beginnend bei den Determinanten, über die Erfolgswirkungen und den Einfluss der moderierenden Faktoren. Dieses Vorgehen ermöglicht die spezifische Beantwortung der in Kapitel 1 abgeleiteten Forschungsfragen 2, 3 und 4 und verbessert die Übersichtlichkeit der Ausführungen. Diese sukzessive Vorgehensweise bei der Darstellung und Interpretation der Ergebnisse verdeutlicht die folgende Abbildung 28. In der Abbildung sind die drei Teilmodelle des Bezugsrahmens dargestellt, die im folgenden Abschnitt jeweils im Mittelpunkt der Ausführungen stehen. Dabei ist erkennbar, dass die Innovationsorientierung das zentrale Konstrukt der Arbeit darstellt. Die Abbildung spiegelt demnach das in Abschnitt 1.2 definierte zentrale Ziel dieser Arbeit, die integrative Untersuchung der Innovationsorientierung von Unternehmen, wider.

---

[866]   Vgl. hierzu auch Abschnitt 4.1.2.
[867]   Vgl. Fornell/Cha (1994), S. 52; Götz/Liehr-Gobbers (2004), S. 722; Jöreskog/Wold (1982).
[868]   Vgl. Abschnitt 4.1.2.

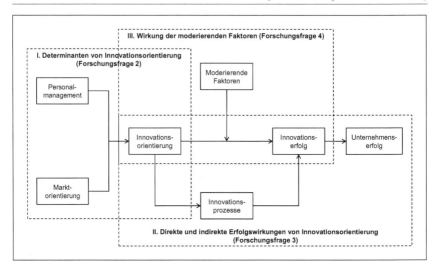

Abbildung 28:   Sukzessive Vorgehensweise bei der Darstellung und Diskussion der Ergebnisse

Quelle: Eigene Darstellung.

Es lässt sich festhalten, dass das Strukturgleichungsmodell ganzheitlich geschätzt wird, die Ergebnisse jedoch partiell berichtet und diskutiert werden. Im folgenden Abschnitt 5.2.1.2 werden zunächst deskriptive branchenspezifische Ergebnisse zu den zentralen Konstrukten vorgestellt. Anschließend wird erläutert, wie potenzielle Brancheneffekte bei der Schätzung des Strukturgleichungsmodells berücksichtigt werden.

5.2.1.2 Berücksichtigung von Brancheneffekten

Zur Beantwortung der Forschungsfragen wurde eine branchenübergreifende Querschnittsanalyse durchgeführt. Dies hat den Vorteil, dass umfassende und kontextunabhängige Ergebnisse generiert werden.[869] Allerdings besteht die Möglichkeit, dass z. B. die Innovationsorientierung in einer Branche systematisch höher oder niedriger eingeschätzt wird als in den anderen Branchen. Zur Überprüfung potenzieller Brancheneffekte werden die endogenen Konstrukte Innovationsorientierung, Innovationserfolg und Innovationsprozesse vor der Schätzung des Strukturgleichungsmodells einem branchenübergreifenden Mittelwertvergleich unterzogen (vgl. Tabellen 35 bis 37). Bei den weiteren endogenen Konstrukten Markterfolg und Profitabilität können Branchen-

---

[869]   Vgl. Abschnitt 4.2.

effekte grundsätzlich ausgeschlossen werden, da die Beurteilung der jeweiligen Indikatoren auf Basis eines Vergleichs zum Wettbewerb erfolgte.[870]

An den Mittelwerten nahe 5 und der relativ geringen Standardabweichung zeigt sich, dass die Innovationsorientierung der teilnehmenden Unternehmen grundsätzlich auf einem hohen Niveau liegt (vgl. Tabelle 35).[871] Dabei bestehen zwischen den Branchen nur geringe Differenzen bezüglich der Innovationsorientierung. Der niedrigste Mittelwert (4,741) ist in der Branche Maschinenbau zu verzeichnen, allerdings weist die überdurchschnittlich hohe Standardabweichung (1,230) darauf hin, dass die Ausprägung der Innovationsorientierung in dieser Branche auch am stärksten schwankt. Eine leicht überdurchschnittliche Innovationsorientierung ist in den Branchen Nahrungsmittel, Medizintechnik und in den sonstigen Branchen zu finden.

Konstrukt: Innovationsorientierung				
Branche	n	Mittelwert	Abweichung vom Gesamtmittelwert	Standardabweichung
Automobil	25	4,935	-0,030	0,978
Maschinenbau	27	4,741	-0,224	1,230
Nahrungsmittel	33	5,048	0,082	0,845
Medizintechnik	16	5,050	0,085	0,962
Sonstige	23	5,085	0,119	1,019
Alle Branchen	124	4,965	-	1,004

Tabelle 35: Deskriptive Statistik zur Innovationsorientierung nach Branchen
Quelle: Eigene Darstellung.

Der Innovationserfolg ist mit einem globalen Mittelwert von 4,443 in der Stichprobe weniger stark ausgeprägt als die Innovationsorientierung (vgl. Tabelle 36).[872] Auch hier lassen sich nur leicht unterschiedliche Niveaus zwischen den Branchen feststellen, vergleicht man bspw. den erhöhten Mittelwert aus dem Bereich Medizintechnik mit dem unterdurchschnittlich ausgeprägten Mittelwert im Bereich Maschinenbau oder Automobil. Die relativ niedrige Standardabweichung in der Branche Medizintechnik zeigt außerdem, dass in dieser Branche nur geringe Abweichungen bezüglich des Innovationserfolgs vorhanden sind.

---

[870] Vgl. Abschnitt 4.3.3.
[871] Da es sich bei der Innovationsorientierung um ein formatives Konstrukt handelt, wurden die Ausprägungen mit Hilfe der in Abschnitt 5.1.1.2 ermittelten Gewichte berechnet.
[872] Die Ausprägung des Innovationserfolgs wurde aus dem Mittelwert der zu diesem Konstrukt gehörenden Indikatoren ermittelt.

Konstrukt: Innovationserfolg				
Branche	n	Mittelwert	Abweichung vom Gesamtmittelwert	Standardabweichung
Automobil	25	4,267	-0,176	1,207
Maschinenbau	27	4,257	-0,186	1,240
Nahrungsmittel	33	4,583	0,140	0,980
Medizintechnik	16	4,792	0,349	0,883
Sonstige	23	4,409	-0,034	1,154
Alle Branchen	124	4,443	-	1,109

Tabelle 36:   Deskriptive Statistik zum Innovationserfolg nach Branchen
Quelle: Eigene Darstellung.

Tabelle 37 zeigt, dass die Qualität der Innovationsprozesse mit einem branchenübergreifenden Mittelwert von 4,478 ähnlich ausgeprägt ist wie der Innovationserfolg,
wobei zwischen den Branchen moderate Unterschiede bestehen.[873] Insbesondere die
Nahrungsmittelbranche zeichnet sich mit einem um 0,337 erhöhten Mittelwert durch
eine sehr gute und professionelle Planung der Innovationsprozesse aus. Hingegen lässt
sich in der Automobilbranche eine Abweichung vom branchenübergreifenden Mittelwert in Höhe von -0,276 feststellen. Die recht hoch ausfallenden Standardabweichungen weisen zudem darauf hin, dass auch innerhalb der einzelnen Branchen die Qualität
der Innovationsprozesse unterschiedlich stark ausgeprägt ist.

Konstrukt: Qualität der Innovationsprozesse				
Branche	n	Mittelwert	Abweichung vom Gesamtmittelwert	Standardabweichung
Automobil	25	4,202	-0,276	1,331
Maschinenbau	27	4,492	0,015	1,212
Nahrungsmittel	33	4,815	0,337	1,103
Medizintechnik	16	4,438	-0,040	1,168
Sonstige	23	4,304	-0,173	1,209
Alle Branchen	124	4,478	-	1,205

Tabelle 37:   Deskriptive Statistik zur Qualität der Innovationsprozesse nach Branchen
Quelle: Eigene Darstellung.

Aufgrund der geringen Anzahl von Fällen in jeder Branche wird im Rahmen der
Modellprüfung jedoch auch trotz der aufgezeigten geringfügigen branchenübergreifenden Unterschiede keine Unterteilung in Subgruppen vorgenommen, da hierzu grö-

---

[873]   Um die Ausprägung der Qualität der Innovationsprozesse zu ermitteln, wurde der Mittelwert der
          zu diesem Konstrukt gehörenden Indikatoren gebildet.

ßere Fallzahlen der jeweiligen Branchen nötig wären. Um dennoch den potenziellen Einfluss der Branchen auf die Konstrukte Innovationsorientierung, Innovationserfolg und Innovationsprozesse zu berücksichtigen, werden sogenannte Kontrollvariablen für die jeweiligen Branchen in das Strukturgleichungsmodell integriert. Die Kontrollvariablen werden zur Erklärung von Niveauunterschieden der drei genannten Variablen herangezogen, um den ausschließlich auf die vorgelagerten Konstrukte zurückzuführenden Erklärungsanteil zu isolieren. Gleichzeitig kann festgestellt werden, ob die in den obigen deskriptiven Analysen festgestellten Niveauunterschiede zwischen den Branchen zufälligen Ursprungs oder signifikant sind.[874]

Nachdem gezeigt wurde, wie potenzielle Brancheneffekte bei der Schätzung des Strukturgleichungsmodells berücksichtigt werden, steht im folgenden Abschnitt 5.2.1.3 nunmehr die Darlegung der Vorgehensweise bei der Beurteilung des Strukturmodells im Fokus.

5.2.1.3 Vorgehensweise bei der Beurteilung des Strukturmodells

Bevor der aufgestellte Bezugsrahmen mit Hilfe des Strukturmodells empirisch überprüft werden kann, steht in diesem Abschnitt zunächst die Erörterung der Vorgehensweise bei der Beurteilung des Strukturmodells im Vordergrund der Ausführungen. Im Gegensatz zu kovarianzbasierten Verfahren können beim PLS-Verfahren zur Beurteilung der Gesamtgüte des Untersuchungsmodells keine inferenzstatistischen Tests durchgeführt werden.[875] Der Grund dafür liegt in den weniger restriktiven Annahmen des PLS-Ansatzes.[876] Infolgedessen können ausschließlich nichtparametrische Tests zur Gütebeurteilung des Strukturmodells angewendet werden.[877] Hierbei werden die in Abbildung 29 dargestellten Gütekriterien angewendet, die im Folgenden näher erläu-

---

[874] Mit Kontrollvariablen werden jedoch keine branchenspezifischen Wirkungsunterschiede erfasst, sondern lediglich Niveauunterschiede. Die sehr ähnlichen und robusten Mittelwerte legen aber nahe, dass keine substanziellen Wirkungsunterschiede zwischen den einzelnen Branchen zu erwarten sind.

[875] Vgl. hier und im Folgenden Götz/Liehr-Gobbers (2004), S. 730. So sind im PLS-Verfahren bspw. keine Verteilungsannahmen der analysierten Variablen erforderlich.

[876] Zu den Annahmen des PLS-Ansatzes vgl. Abschnitt 4.1.2 sowie Götz/Liehr-Gobbers (2004).

[877] Parametrische bzw. nichtparametrische Modellierungsansätze unterscheiden sich in Hinblick auf die Unterstellung von Verteilungsannahmen. Demnach erfolgt bei parametrischen Ansätzen eine ex-ante Festlegung auf eine definierte Verteilung, während nicht-parametrische Ansätze keine Verteilungsannahmen voraussetzen. Vgl. Alfö/Trovato (2004), S. 451; Collet (2003).

tert werden.[878]

Beurteilung des Strukturmodells

Bestimmtheitsmaß

- R^2 der endogenen Konstrukte möglichst groß

Stone-Geisser-Test

- $Q^2 > 0$ für alle endogenen Konstrukte

Pfadkoeffizienten

Überprüfung der Signifikanz, Richtung und Stärke der Pfadkoeffizienten
- Hypothese bestätigt bei signifikantem Pfad (empirischer t-Wert > 1,283) mit a priori postuliertem Vorzeichen
- Andernfalls Hypothese abgelehnt

Effektgröße

Einfluss des exogenen Konstrukts auf das endogene Konstrukt
- $f^2 > 0,02$ → schwacher Einfluss
- $f^2 > 0,15$ → moderater Einfluss
- $f^2 > 0,35$ → substanzieller Einfluss

Abbildung 29:   Vorgehensweise bei der Beurteilung des Strukturmodells

Quelle: Eigene Darstellung in Anlehnung an Götz/Liehr-Gobbers (2004), S. 730 f.

Das **Bestimmtheitsmaß** R^2 gibt die Höhe der erklärten Varianz einer Variable an und quantifiziert die Güte der Anpassung einer Regressionsfunktion an die empirisch gewonnenen Daten.[879] Dabei kann das Bestimmtheitsmaß einen Wert zwischen 0 und 1 annehmen. Je höher der Wert ist, den das Bestimmtheitsmaß annimmt, desto besser ist die Anpassungsgüte des Strukturmodells.[880] Ein allgemein gültiges Kriterium, ab welcher Höhe ein bestimmter R^2-Wert als gut oder schlecht zu beurteilen ist, existiert jedoch nicht, da bei der Beurteilung stets die individuelle Problemstellung zu berück-

---

[878]   Alle diskutierten Gütekriterien können dem Output der Statistiksoftware SmartPLS 2.0 M3 entnommen bzw. auf Basis des Outputs manuell berechnet werden.

[879]   Vgl. Backhaus et al. (2008), S. 67-71.

[880]   Vgl. Hair et al. (2006), S. 185.

sichtigen ist.[881]

Die Güte des Strukturmodells kann zusätzlich anhand des **Stone-Geisser-Tests** festgestellt werden. Dieser nichtparametrische Test bestimmt die Prognoserelevanz des Modells mit Hilfe des Kriteriums Q^2, das analog zum Bestimmtheitsmaß in der Kleinstquadrateschätzmethode interpretiert wird.[882] Das Stone-Geisser-Testkriterium gibt an, wie gut die empirisch gewonnenen Daten mit Hilfe des Strukturmodells und der PLS-Parameter rekonstruiert werden können.[883] Bei der Berechnung wird die Blindfolding-Prozedur zugrunde gelegt, bei der systematisch Elemente der Rohdatenmatrix eliminiert und mittels der PLS-Schätzergebnisse rekonstruiert werden.[884] Formal wird das Kriterium wie folgt berechnet:

$$Q_j^2 = 1 - \frac{\sum_k E_{ji}}{\sum_k O_{ji}}$$

Dabei stellt E_{ji} die Quadratsumme der Prognosefehler und O_{ji} die Quadratsumme aus der Differenz von geschätztem Wert und Mittelwert der verbleibenden Daten aus der Blindfolding-Prozedur dar.[885] Der Index j steht für das zu betrachtende Messmodell, und i stellt den Laufindex über alle Indikatoren des Messmodells dar. Wenn Q^2 größer 0 ist, besitzt das Strukturmodell eine hinreichende Prognoserelevanz, andernfalls kann dem Modell eine Prognoserelevanz nicht zugesprochen werden.[886]

Darüber hinaus ist das geschätzte Strukturmodell anhand der **Pfadkoeffizienten** zu beurteilen. Dabei wird zum einen die Reliabilität eines jeden Pfadkoeffizienten überprüft. Die Stabilität der Schätzergebnisse lässt sich über Resampling-Methoden wie Bootstrapping ermitteln.[887] Dabei werden sehr viele Vergleichsdatensätze (z. B. 500) auf Basis der vorhandenen Daten generiert, wobei in der Regel jeweils eine dem Originaldatensatz entsprechende Zahl an Fällen zufällig aus dem Ursprungsdatensatz aus-

---

[881]   Vgl. Backhaus et al. (2008), S. 93 f. Da der Wert des Bestimmtheitsmaßes von der Anzahl der Variablen abhängt, ist bei Modellen mit wenigen (vielen) Variablen das Bestimmtheitsmaß zwangsläufig niedrig (hoch).

[882]   Vgl. Götz/Liehr-Gobbers (2004), S. 731.

[883]   Vgl. Fornell/Cha (1994), S. 72.

[884]   Vgl. Ringle et al. (2006), S. 86.

[885]   Vgl. Götz/Liehr-Gobbers (2004), S. 731.

[886]   Vgl. Fornell/Cha (1994), S. 73; Herrmann/Huber/Kressmann (2006), S. 61.

[887]   Vgl. Krafft/Götz/Liehr-Gobbers (2005), S. 83. Eine ausführliche Erläuterung des Bootstrapping liefern Efron/Tibshirani (1993).

gewählt wird.[888] Für jeden dieser Vergleichsdatensätze wird ein PLS-Modell geschätzt. Mit Hilfe dieser Vergleichsgrundlage ist ein t-Test möglich, der Aussagen über die statistische Signifikanz der mit Hilfe der PLS-Modelle geschätzten Pfadkoeffizienten zulässt.[889] Die t-Statistik wird aus dem Quotienten des Pfadkoeffizienten dividiert durch die Standardabweichung vom Mittelwert der Pfadkoeffizienten aller Bootstrapping-Ziehungen errechnet.[890] In der vorliegenden Untersuchung werden ausschließlich gerichtete Hypothesen überprüft, weshalb die Signifikanzniveaus für einseitige t-Tests herangezogen werden (vgl. Tabelle 38).[891]

Empirischer t-Wert	Signifikanzniveau
t < 1,283	Nicht signifikant (n. s.)
1,283 ≤ t <1,648	Signifikanzniveau von 10 % (*)
1,648 ≤ t <2,334	Signifikanzniveau von 5 % (**)
t ≥ 2,334	Signifikanzniveau von 1 % (***)

Tabelle 38:   Signifikanzniveau der t-Statistik bei einseitigen t-Tests

Quelle: Eigene Darstellung in Anlehnung an Backhaus et al. (2008), S. 558.

Zum anderen sind Richtung und Stärke der Pfadkoeffizienten zu überprüfen. Sofern das Vorzeichen des Pfadkoeffizienten der a priori postulierten Wirkungsrichtung entspricht *und* der Pfad signifikant ist, kann die zugehörige Hypothese als bestätigt angesehen werden, andernfalls ist sie abzulehnen.[892] Ein standardisierter Pfadkoeffizient nahe 0 weist dabei auf einen schwachen Erklärungsbeitrag eines Konstrukts auf ein anderes Konstrukt hin, wohingegen ein Wert nahe 1 einen starken Zusammenhang impliziert.

Weiterhin kann die **Effektgröße** f^2 zur Beurteilung des Strukturmodells herangezogen werden.[893] Diese gibt an, ob eine exogene latente Variable einen substanziellen

[888]   Hierbei wird die Methode „Ziehen mit Zurücklegen" verwendet, da bei „Ziehen ohne Zurücklegen" der Vergleichsdatensatz den Originaldaten entsprechen würde. Vgl. Ringle et al. (2006), S. 86.

[889]   Vgl. Ringle et al. (2006), S. 86.

[890]   Vgl. Henseler (2006), S. 115.

[891]   Zur Ermittlung der t-Werte wurden für den vorliegenden Datensatz 500 Vergleichsdatensätze gebildet, in denen jeweils 124 Fälle berücksichtigt wurden. Dementsprechend ergeben sich 499 Freiheitsgrade der t-Statistik und die zugehörigen Signifikanzniveaus. Anzumerken ist, dass für die Brancheneffekte die Signifikanzniveaus zweiseitiger t-Tests herangezogen werden. Die entsprechenden Signifikanzniveaus sind ebenfalls Backhaus et al. (2008), S. 558 zu entnehmen.

[892]   Vgl. Götz/Liehr-Gobbers (2004), S. 730.

[893]   Vgl. Götz/Liehr-Gobbers (2004), S. 730 f.

Einfluss auf die endogene latente Variable ausübt.[894] Die von Cohen entwickelte Effektgröße berechnet sich wie folgt:[895]

$$f^2 = \frac{R_{inkl}^2 - R_{exkl}^2}{1 - R_{inkl}^2}$$

Dabei wird das Bestimmtheitsmaß des endogenen Konstrukts einmal inklusive (R_{inkl}^2) und einmal exklusive (R_{exkl}^2) der betrachteten exogenen latenten Variable berechnet. Ab einem f^2-Wert von 0,02, 0,15 bzw. 0,35 kann von einem schwachen, moderaten bzw. substanziellen Einfluss der betreffenden exogenen auf die endogene Variable ausgegangen werden.[896] In dieser Arbeit wird die Effektgröße zur Beurteilung der Stärke des Einflusses der Determinanten auf die Innovationsorientierung verwendet. Der f^2-Wert wird allerdings nicht auf Ebene der einzelnen Konstrukte, sondern auf Ebene der Konstruktfamilien Personalmanagement und Marktorientierung untersucht. Dadurch soll eruiert werden, welcher Bereich stärker zur Erklärung der Innovationsorientierung beiträgt.

Im folgenden Abschnitt 5.2.2 wird nun das Strukturmodell auf Basis der vorgestellten Kriterien beurteilt. Dabei steht die Hypothesenprüfung mit Hilfe der Pfadkoeffizienten im Mittelpunkt der Diskussion.

5.2.2 Darstellung und Diskussion der Ergebnisse des Strukturmodells

In diesem Abschnitt werden die Ergebnisse des Strukturmodells vorgestellt und diskutiert. Wie bereits im vorherigen Abschnitt erwähnt, werden jeweils Ausschnitte des ganzheitlich geschätzten Modells berichtet und dabei das in Kapitel 3 aufgestellte Hypothesensystem überprüft. In Abschnitt 5.2.2.1 werden zunächst die Ergebnisse zu den Determinanten von Innovationsorientierung (Forschungsfrage 2) vorgestellt. Im Anschluss daran werden in Abschnitt 5.2.2.2 die Erfolgswirkungen von Innovationsorientierung (Forschungsfrage 3) erörtert. Die Wirkung der moderierenden Faktoren auf die Beziehung zwischen Innovationsorientierung und -erfolg (Forschungsfrage 4) wird in Abschnitt 5.2.2.3 untersucht. Die Ausführungen schließen mit einer zusammenfassenden Beurteilung des Strukturmodells in Abschnitt 5.2.2.4.

---

[894] Vgl. Abbildung 19 in Abschnitt 4.1.2.
[895] Vgl. Cohen (1988), S. 410-414.
[896] Vgl. Cohen (1988), S. 413 f. Die angegebenen Werte für einen schwachen, moderaten bzw. substanziellen Einfluss sind dabei lediglich als Richtwerte zu interpretieren.

5.2.2.1 Determinanten von Innovationsorientierung

Im Folgenden werden die Hypothesen zu den Determinanten von Innovationsorientierung (Forschungsfrage 2) empirisch überprüft.[897] Dabei wird ermittelt, ob und wie
stark die Innovationsorientierung eines Unternehmens mit Hilfe der im theoretisch-
konzeptionellen Teil dieser Arbeit diskutierten Determinanten Personalmanagement
und Marktorientierung beeinflusst werden kann. Die relevanten Ergebnisse des Strukturmodells sind in Abbildung 30 dargestellt und werden im Folgenden ausführlich diskutiert.[898]

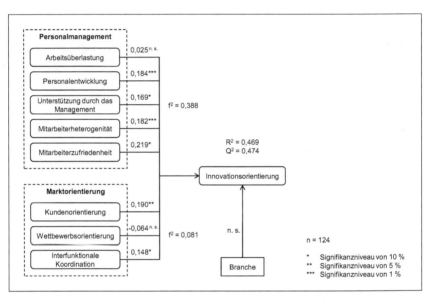

Abbildung 30:   Ergebnisse des Strukturmodells zu den Determinanten von Innovationsorientierung
Quelle: Eigene Darstellung.

Als erstes Kriterium zur Beurteilung des Strukturmodells wird das Bestimmtheitsmaß R^2 herangezogen. Die Innovationsorientierung kann zu 46,9 % durch die ausgewählten Determinanten erklärt werden. Damit wird ein relativ großer Anteil ihrer

---

[897]   Forschungsfrage 2 lautet: „Welche Determinanten in einem Unternehmen beeinflussen die In-
        novationsorientierung und wie ist der Einfluss dieser Determinanten jeweils zu beurteilen?" Vgl.
        Abschnitt 1.2.
[898]   Abbildung 30 stellt dabei einen Ausschnitt des ganzheitlich geschätzten Modells dar.

Streuung systematisch begründet.[899] Die nicht durch das Modell erklärte Streuung lässt sich bspw. auf Einflüsse zurückführen, die in der vorliegenden Arbeit aufgrund der Fokussierung auf die zentralen Determinanten Marktorientierung und Personalmanagement nicht untersucht wurden. So könnten bspw. die Organisationsstrukturen oder die Lernorientierung von Unternehmen einen Teil der Streuung erklären. Denkbar wäre auch ein Einfluss der Unternehmensstrategie. Eine weitere Ursache für die nicht erklärte Streuung könnte darin liegen, dass die Determinanten jeweils nur mit Hilfe eines einzelnen Indikators gemessen wurden. Als zweites Kriterium erfolgt die Prüfung der Güte des Modells zur Erklärung der Innovationsorientierung anhand des Stone-Geisser-Tests. Das Testkriterium Q^2 weist einen Wert von 0,474 auf und erfüllt damit deutlich das Mindestkriterium von $Q^2 > 0$. Insofern zeigt sich, dass das Modell Prognoserelevanz in Bezug auf das Konstrukt Innovationsorientierung besitzt.

Die Hypothesenprüfung zu den Determinanten von Innovationsorientierung erfolgt anhand der Pfadkoeffizienten und der zugehörigen t-Werte (vgl. Tabelle 39).

Hypothese		Wirkungszusammenhang	Pfadkoeffizient	t-Wert
Personalmanagement				
H_{1a} (-)	n. s.	Arbeitsüberlastung → Innovationsorientierung	0,025	0,354
H_{1b} (+)	✓	Personalentwicklung → Innovationsorientierung	0,184	2,379
H_{1c} (+)	✓	Unterstützung durch das Management → Innovationsorientierung	0,169	1,500
H_{1d} (+)	✓	Mitarbeiterheterogenität → Innovationsorientierung	0,182	2,533
H_{1e} (+)	✓	Mitarbeiterzufriedenheit → Innovationsorientierung	0,219	1,622
Marktorientierung				
H_{2a} (+)	✓	Kundenorientierung → Innovationsorientierung	0,190	1,761
H_{2b} (+)	n. s.	Wettbewerbsorientierung → Innovationsorientierung	-0,064	0,688
H_{2c} (+)	✓	Interfunktionale Koordination → Innovationsorientierung	0,148	1,584
Legende: ✓: Hypothese bestätigt n. s.: Befund nicht signifikant				

Tabelle 39: Ergebnisse der Hypothesenprüfung zu den Determinanten von Innovationsorientierung

Quelle: Eigene Darstellung.

---

[899] So können z. B. Vázquez/Santos/Álvarez (2001), die ausschließlich den Einfluss von Marktorientierung auf die Innovationsorientierung untersuchen, die Streuung der Innovationsorientierung nur zu 27 % erklären.

Im Bereich Personalmanagement kann der in Hypothese H_{1a} angenommene negative Effekt der Arbeitsüberlastung auf die Innovationsorientierung anhand der vorliegenden Befragungsdaten nicht bestätigt werden ($\gamma = 0,025$, n. s.). Das Konstrukt weist einen Mittelwert von 4,81 und eine verhältnismäßig hohe Standardabweichung von 1,458 auf, was bedeutet, dass zwar in vielen Unternehmen Mehrarbeit erforderlich ist, der nicht signifikante Befund sich jedoch nicht durch eine geringe Streuung der Daten erklären lässt.[900] Eine übermäßige Arbeitsüberlastung, insbesondere wahrgenommener Zeitdruck, wirkt sich grundsätzlich negativ auf die Kreativität der Mitarbeiter aus.[901] In sehr innovationsorientierten Unternehmen arbeiten allerdings Mitarbeiter bzw. sind Mitarbeiter für Innovationen zuständig, die eine hohe Belastbarkeit und sehr hohe Leistungsorientierung aufweisen.[902] Diese sehen Druck als Herausforderung an, wodurch sich ein positiver Zusammenhang zwischen Druck und Kreativität bzw. intrinsischer Motivation ergibt.[903] Insofern überlagern sich positive und negative Auswirkungen, die zu einem nicht signifikanten Ergebnis führen. Auch bei SCOTT und BRUCE zeigt sich, dass die Ressource Zeit keinen Einfluss auf die Innovationsorientierung hat.[904] Darüber hinaus steht der Befund in Einklang mit den Ergebnissen der Gütebeurteilung der formativen Skala zur Messung von Innovationsorientierung. Dort ergab sich bei dem Indikator *Zeit für Innovationen* ein schwach negatives Gewicht.[905] Es lässt sich somit festhalten, dass die Innovationsorientierung unabhängig von der Arbeitsüberlastung der Mitarbeiter ist.

Das Ausmaß an Personalentwicklungsmaßnahmen hat eine positive hoch signifikante Wirkung auf die Innovationsorientierung ($\gamma = 0,184$, $p \leq 0,01$). Demnach kann die in Hypothese H_{1b} postulierte positive Beziehung zwischen Personalentwicklung und Innovationsorientierung bestätigt werden. Insofern lässt sich festhalten, dass die Mitarbeiterentwicklung in Form von Mitarbeitertrainings und -weiterbildungen potenziell als Instrument zur Steigerung einer innovationsorientierten Unternehmenskultur eingesetzt werden kann. Hieraus resultieren direkte Gestaltungsmöglichkeiten und Hand-

---

[900]   Vgl. Anhang I.
[901]   Vgl. Amabile et al. (1996), S. 1161; Chandler/Keller/Lyon (2000), S. 62 sowie Abschnitt 3.2.1.
[902]   Diese Vermutung wird auch von Experte 9 (Dienstleistung) bestätigt: „Überlastet sind wir hier zum Glück immer. Ich denke, je kreativer man ist, auch als Persönlichkeit, desto eher sucht man sich natürlich auch solche Jobs aus, in denen man seine Kreativität ausleben kann."
[903]   Vgl. Amabile et al. (1996), S. 1161.
[904]   Vgl. Scott/Bruce (1994), S. 601.
[905]   Vgl. Abschnitt 5.1.1.2.

lungsoptionen für die unternehmerische Praxis.

Ebenfalls Bestätigung findet Hypothese H_{1c}, wonach sich die Unterstützung der Mitarbeiter durch das Management positiv auf die Innovationsorientierung eines Unternehmens auswirkt ($\gamma = 0{,}169$, p $\le$ 0,10), allerdings ist dieser Effekt nur schwach signifikant. Hierdurch zeigt sich, dass Mitarbeiter sich eher innovationsorientiert verhalten, wenn sie den Führungskräften Vertrauen entgegenbringen können und das Gefühl haben, dass sie gefördert und unterstützt werden.[906] Bei einer mangelnden Unterstützung von Seiten des Managements sind Mitarbeiter dagegen weniger bereit, die mit innovativen Ideen verbundenen Risiken einzugehen. Die Innovationsorientierung hängt somit auch vom Verhalten bzw. Führungsstil des Managements ab, was schon in früheren empirischen Studien gezeigt wurde.[907]

Der erstmals in dieser Arbeit untersuchte Zusammenhang zwischen Mitarbeiterheterogenität und Innovationsorientierung erweist sich als positiv und hoch signifikant ($\gamma = 0{,}182$, p $\le$ 0,01). Somit kann auch die auf Basis des ressourcenbasierten Ansatzes und der Expertengespräche hergeleitete Hypothese H_{1d} bestätigt werden. Das Ergebnis verdeutlicht, dass eine heterogene Mitarbeiterstruktur für die Innovationsorientierung des Unternehmens förderlich ist. Dies impliziert, dass bei der Einstellung von Mitarbeitern und bei der Zusammenstellung von Projektteams auf eine heterogene Zusammensetzung geachtet werden sollte, da diversifizierte Gruppen effektiver in der Identifizierung und Lösung von Problemen sowie in der Generierung neuer Ideen sind als homogene Gruppen.[908] Durch die unterschiedlichen Erfahrungen und Fähigkeiten werden die Kreativität und die Fähigkeit, neue Möglichkeiten zu erkennen, gefördert.

Eine weitere potenzielle Determinante, die wie die Mitarbeiterheterogenität noch nicht im Zusammenhang mit der Innovationsorientierung untersucht wurde, stellt die Mitarbeiterzufriedenheit dar. Dieser Aspekt erweist sich in der vorliegenden Untersuchung als nachhaltig relevant für eine innovationsorientierte Unternehmenskultur ($\gamma =$ 0,219, p $\le$ 0,10).[909] Demnach kann die in Hypothese H_{1e} angenommene positive Wir-

---

[906] Vgl. Chandler/Keller/Lyon (2000), S. 65.
[907] Vgl. Chandler/Keller/Lyon (2000); Hurley/Hult (1998); Scott/Bruce (1994).
[908] Vgl. Watson/Kumar/Michaelsen (1993).
[909] Der niedrige t-Wert von 1,622 deutet allerdings darauf hin, dass die Streuung der Pfadkoeffizienten der Bootstrapping-Ziehungen relativ hoch sein muss. Dies deutet möglicherweise auf eine Heterogenität der Daten hin.

kung der Mitarbeiterzufriedenheit auf die Innovationsorientierung tendenziell bestätigt werden. Aus Unternehmenssicht lässt sich hieraus schließen, dass Mitarbeiter insbesondere dann motiviert sind, innovative Ideen zu entwickeln, wenn sie mit ihren Aufgaben und ihrem Arbeitsumfeld zufrieden sind. Beim Vergleich der Stärke der Pfadkoeffizienten lässt sich festhalten, dass die Mitarbeiterzufriedenheit die wichtigste Determinante der Innovationsorientierung darstellt. Auch in den Experteninterviews zeigte sich, dass die aus der Zufriedenheit resultierende Motivation als das zentrale Element zur Generierung neuer Ideen eingestuft wird.

Weiterhin zeigt sich bei der Betrachtung der Determinante Marktorientierung, dass die Kundenorientierung einen substanziellen und signifikanten Effekt auf die Innovationsorientierung aufweist (γ = 0,190, p $\leq$ 0,05). Somit kann Hypothese H$_{2a}$ bestätigt werden. Wie in der empirischen Forschung bereits mehrfach nachgewiesen, sind Unternehmen, die sich Informationen über ihre Kunden beschaffen und diese Kenntnisse aktiv nutzen, besonders innovationsorientiert.[910] Die Innovationsorientierung resultiert dabei aus der Absicht, den Zielkunden überlegene Produkte zu offerieren, die besonders gut deren Wünsche befriedigen.[911] Anzumerken ist, dass die Unternehmen der Stichprobe mit einem Mittelwert von 5,84 (Standardabweichung von 1,327) eine sehr hohe Kundenorientierung aufweisen. Hieraus lässt sich ableiten, dass ein vergleichsweise hohes Maß an Kundenorientierung notwendig ist, um sich als Unternehmen überhaupt am Markt zu behaupten.

Die Hypothese H$_{2b}$ wird durch das Strukturmodell hingegen nicht bestätigt. Der Pfadkoeffizient zur Wirkung der Wettbewerbsorientierung auf die Innovationsorientierung ist nicht signifikant (γ = -0,064, n. s.). Dieser Befund könnte mit dem von den Kritikern der Marktorientierung genannten Argument begründet werden, nach dem sich marktorientierte Unternehmen darauf beschränken, vorhandene Produkte zu optimieren und Wettbewerber zu imitieren anstatt wirklich innovative Ideen zu verfolgen.[912] Da der Pfadkoeffizient jedoch nicht signifikant ist, scheinen manche Unternehmen aufgrund ihrer Wettbewerbsorientierung zu Innovationen angespornt zu werden, während andere wettbewerbsorientierte Unternehmen eine eher geringe Innovati-

---

[910] Vgl. Agarwal/Erramilli/Dev (2003), S. 69 sowie Tabelle 7 in Abschnitt 2.4.2.
[911] Vgl. Slater/Narver (1995).
[912] Vgl. Christensen/Bower (1996); Theoharakis/Hooley (2008), S. 71; Vázquez/Santos/Álvarez (2001), S. 72.

onsorientierung aufweisen. Dieses Ergebnis ist überwiegend konträr zu den bisherigen empirischen Befunden, allerdings können auch HAN, KIM und SRIVASTAVA keinen signifikanten Zusammenhang zwischen Wettbewerbsorientierung und Innovationsorientierung identifizieren.[913]

Mit einem Wirkungseffekt von $\gamma = 0,148$ (p $\leq 0,10$) lässt sich Hypothese H_{2c} tendenziell stützen, wonach die interfunktionale Koordination positiv die Innovationsorientierung determiniert. Infolgedessen sind neben der Kundenorientierung auch funktionsübergreifende Absprachen und der Austausch relevanter Marktinformationen zwischen verschiedenen Funktionsbereichen für eine Innovationsorientierung förderlich. In Bezug auf die Determinante Marktorientierung lässt sich somit festhalten, dass nur die Dimensionen Kundenorientierung und interfunktionale Koordination die Innovationsorientierung positiv beeinflussen, während die Wettbewerbsorientierung keinen signifikanten Einfluss ausübt.

Insgesamt können sechs der acht aufgestellten Hypothesen zu den Determinanten von Innovationsorientierung als statistisch signifikant bestätigt werden. Die Konstrukte Personalentwicklung, Unterstützung durch das Management, Mitarbeiterheterogenität, Mitarbeiterzufriedenheit, Kundenorientierung und interfunktionale Koordination stellen demnach wichtige Treiber der Innovationsorientierung von Unternehmen dar und können von Unternehmen aktiv und handlungsorientiert gestaltet werden. An dieser Stelle sei erneut darauf hingewiesen, dass die empirischen Ergebnisse aufgrund der Messung der Determinanten mit Single-Items lediglich erste Hinweise auf die relative Bedeutung der verschiedenen Determinanten geben und im Rahmen zukünftiger Forschungsprojekte überprüft werden sollten. Allerdings indizieren die signifikanten Effekte, dass für die Mehrzahl der Determinanten nomologische Validität gegeben ist.[914]

Um Forschungsfrage 2 vollständig beantworten zu können, ist zu ermitteln, welche Determinanten den größten Erklärungsbeitrag für die Innovationsorientierung liefern. Als zusätzliches Kriterium zur Beurteilung des Einflusses der Determinanten auf die Innovationsorientierung wird deshalb die Effektgröße herangezogen. In der vorliegenden Arbeit wird der f^2-Wert allerdings nicht auf Ebene der einzelnen Konstrukte, sondern auf Ebene der Bereiche Personalmanagement und Marktorientierung unter-

---

[913]   Vgl. Han/Kim/Srivastava (1998), S. 40.
[914]   Vgl. Abschnitt 5.1.

sucht. Dadurch kann ermittelt werden, welcher Bereich stärker zur Erklärung der Innovationsorientierung beiträgt. Werden alle Dimensionen des Personalmanagements eliminiert, sinkt das R^2 der Innovationsorientierung von 46,9 % auf 26,3 %. Bei Elimination der Dimensionen der Marktorientierung sinkt das R^2 lediglich auf 42,6 %. Die Effektgröße der Determinante Personalmanagement fällt folglich mit einem Wert von 0,388 wesentlich höher aus als die Effektgröße der Determinante Marktorientierung ($f^2 = 0,081$). Nach COHEN kann daher von einem substanziellen Einfluss des Personalmanagements auf die Innovationsorientierung aufgegangen werden.[915] Dieser starke Einfluss ist darauf zurückzuführen, dass Innovationsorientierung eine Dimension der Unternehmenskultur darstellt und die Unternehmenskultur von den Organisationsmitgliedern geprägt wird.[916] Dieser Befund bestätigt die Argumentation des ressourcenbasierten Ansatzes.[917] Die Effektgröße der Marktorientierung lässt hingegen lediglich auf einen schwachen Einfluss dieser Determinante schließen.[918]

Bei der Interpretation der Effektgrößen sollte allerdings beachtet werden, dass die Anzahl der untersuchten Konstrukte in den Bereichen Personalmanagement (5 Konstrukte) und Marktorientierung (3 Konstrukte) unterschiedlich hoch ausfällt, weshalb der starke Erklärungsbeitrag des Personalmanagements z. T. relativiert werden muss. Setzt man die Effektgrößen jedoch ins Verhältnis zur Anzahl der Konstrukte, fällt die Effektgröße der Marktorientierung immer noch deutlich niedriger aus.[919] Somit lässt sich in Bezug auf Forschungsfrage 2 festhalten, dass das Personalmanagement stärker zur Erklärung der Innovationsorientierung beiträgt als die Marktorientierung.

Des Weiteren lässt sich feststellen, dass es keine signifikanten Unterschiede in der Erklärung der Innovationsorientierung für die einzelnen Branchen gibt, weshalb die in Abschnitt 5.2.1.2 festgestellten leichten Niveauunterschiede zufälligen Ursprungs sein müssen bzw. durch die Determinanten bereits umfassend erklärt werden.[920] Somit las-

---

[915]   Vgl. Cohen (1988), S. 413 f.
[916]   Vgl. hierzu die in der Arbeit zugrunde gelegten Definition von Innovationsorientierung (Abschnitt 2.1.2) sowie die konzeptionellen Grundlagen zur Unternehmenskultur (Abschnitt 2.2.1).
[917]   Vgl. Abschnitt 2.3.3 sowie Abschnitt 3.2.1.
[918]   Vgl. Cohen (1988), S. 413 f.
[919]   Teilt man die Effektgröße des Personalmanagements durch die Anzahl der Konstrukte, ergibt sich ein Wert von 0,388/5 = 0,078. Bei der Marktorientierung ergibt sich nur ein Wert von 0,081/3 = 0,027. Somit liegt auch bei Berücksichtigung der Anzahl der Konstrukte der Erklärungsbeitrag des Personalmanagements über dem Erklärungsbeitrag der Marktorientierung.
[920]   Die Bezugsgröße bilden die Unternehmen, die der Branche „Sonstige" zugeordnet werden.

sen sich die diskutierten Ergebnisse für die untersuchten Branchen verallgemeinern.
Im folgenden Abschnitt 5.2.2.2 schließt sich die Diskussion der Ergebnisse zu den direkten und indirekten Erfolgswirkungen an.

5.2.2.2 Direkte und indirekte Erfolgswirkungen von Innovationsorientierung

In diesem Abschnitt werden die empirischen Ergebnisse zu den Erfolgswirkungen
von Innovationsorientierung (Forschungsfrage 3) vorgestellt.[921] Hierbei konzentriert
sich die Diskussion im Besonderen auf die direkten und indirekten Wirkungen von
Innovationsorientierung auf den Innovationserfolg. Dabei ist zu ermitteln, ob der Effekt hauptsächlich ein direkter oder ein indirekter Effekt über den Mediator Innovationsprozesse ist. Abbildung 31 zeigt die für die Beantwortung der dritten Forschungsfrage relevanten Ergebnisse des Strukturmodells.[922]

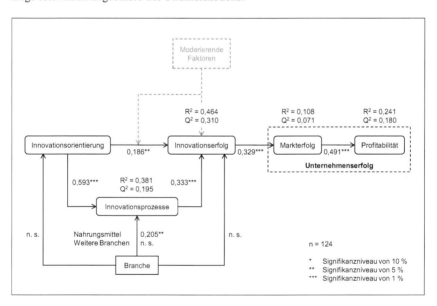

Abbildung 31: Ergebnisse des Strukturmodells zu den direkten und indirekten Erfolgswirkungen von
Innovationsorientierung

Quelle: Eigene Darstellung.

---

[921]   Forschungsfrage 3 lautet: „Welche direkten und indirekten Erfolgswirkungen lassen sich durch
eine Innovationsorientierung erzielen?" Vgl. Abschnitt 1.2.
[922]   In Abbildung 31 wird nur der für Forschungsfrage 3 relevante Ausschnitt des Strukturmodells
dargestellt.

Die ermittelten Bestimmtheitsmaße R^2 zeigen insgesamt eine gute Modellanpassung an die empirischen Daten. Die Qualität der Innovationsprozesse der Unternehmen der Stichprobe kann zu 38,1 % durch das Modell erklärt werden. Die erklärte Streuung dieses Konstrukts lässt sich insofern überwiegend auf die Innovationsorientierung zurückführen, allerdings wird auch ein kleiner Teil durch die Branchenzugehörigkeit erklärt.[923] Diese weist – konform zu den deskriptiven Ergebnissen in Abschnitt 5.2.1.2 – signifikante Niveauunterschiede in Bezug auf die Innovationsprozesse auf. So ist die Qualität der Innovationsprozesse in der Nahrungsmittelbranche signifikant höher als in der Bezugsbranche „Sonstige", was vermutlich daran liegt, dass im B2C-Kontext die Innovationsprozesse qualitativ besser, d. h. geregelter und strukturierter, ablaufen als in B2B-geprägten Branchen, in denen Innovationen häufig in enger Zusammenarbeit mit Kunden generiert werden.

Im vorliegenden Untersuchungsmodell beträgt das R^2 des Innovationserfolgs 46,4 %. Dies impliziert, dass die Streuung des Innovationserfolgs zu einem großen Teil auf die vorgelagerten Größen Innovationsorientierung und Innovationsprozesse zurückzuführen ist.[924] Die in Abschnitt 5.2.1.2 festgestellten geringfügigen branchenspezifischen Niveauunterschiede des Innovationserfolgs erweisen sich dabei als nicht signifikant. Da in der Innovationserfolgsforschung bereits zahlreiche andere Einflussfaktoren, wie z. B. die Innovationsstrategie oder die Integration von Kunden in den Innovationsprozess, identifiziert wurden, ist die generelle Erklärungsgüte sehr zufriedenstellend.[925] Des Weiteren werden 10,8 % des Markterfolgs durch den Innovationserfolg begründet. Unter Berücksichtigung der Tatsache, dass der Markterfolg prinzipiell durch eine Vielzahl von Faktoren erklärt werden kann (z. B. Markenloyalität, Kundenzufriedenheit), kann auch dieser Wert des Bestimmtheitsmaßes als zufriedenstellend hoch interpretiert werden. Die Profitabilität der Unternehmen der Stichprobe kann zu 24,1 % durch deren Markterfolg erklärt werden. Auch dieser Wert ist als gut zu bewerten, da die Profitabilität eines Unternehmens nicht nur durch den Markterfolg,

---

[923] Wird die Kontrollvariable „Branche" eliminiert, ergibt sich immer noch ein R^2 von 0,346, was bedeutet, dass sich die erklärte Varianz maßgeblich auf die Innovationsorientierung zurückführen lässt.

[924] Da das Modell ganzheitlich geschätzt wurde (vgl. Abschnitt 5.2.1.1), ist anzumerken, dass sich der Wert des Bestimmtheitsmaßes auch auf die Wirkung der moderierenden Faktoren zurückführen lässt. Werden diese moderierenden Faktoren aus dem Modell eliminiert, verringert sich das R^2 auf 37,8 %. Vgl. hierzu auch den folgenden Abschnitt 5.2.2.3.

[925] Vgl. Ernst (2002) zu den Erfolgsfaktoren der Neuproduktentwicklung.

sondern auch maßgeblich durch die vorhandenen Kostenstrukturen und insofern durch die erzielbaren Margen bestimmt wird. Insgesamt zeigt sich, dass in Bezug auf die Erfolgswirkungen von einer hinreichenden Güte des Modells auszugehen ist.

Anhand des Stone-Geisser-Tests wird die Güte des Modells zur Erklärung der endogenen Konstrukte geprüft. Das Testkriterium Q^2 nimmt Werte zwischen 0,071 und 0,310 an und liegt damit in allen Fällen über dem erforderlichen Wert von 0. Insofern zeigt sich, dass das Modell Vorhersagerelevanz in Bezug auf die abhängigen Konstrukte Innovationsprozesse, Innovationserfolg, Markterfolg und Profitabilität besitzt.

Tabelle 40 zeigt die Ergebnisse der Hypothesenprüfung zu den direkten und indirekten Erfolgswirkungen von Innovationsorientierung.

Hypothese	Wirkungszusammenhang		Pfadkoeffizient	t-Wert
Direkte Erfolgswirkungen				
H$_3$ (+)	✓	Innovationsorientierung → Innovationserfolg	0,186	1,883
H$_4$ (+)	✓	Innovationserfolg → Markterfolg	0,329	3,477
H$_5$ (+)	✓	Markterfolg → Profitabilität	0,491	6,665
Indirekte Erfolgswirkung				
H$_6$ (+)	✓	Innovationsorientierung → Qualität der Innovationsprozesse	0,593	10,855
H$_7$ (+)	✓	Qualität der Innovationsprozesse → Innovationserfolg	0,333	2,973
Legende: ✓: Hypothese bestätigt				

Tabelle 40:   Ergebnisse der Hypothesenprüfung zu den direkten und indirekten Erfolgswirkungen von Innovationsorientierung

Quelle: Eigene Darstellung.

Die empirischen Daten bestätigen die Hypothese H$_3$. Die Innovationsorientierung weist also eine direkte positive und signifikante Wirkung auf den Innovationserfolg auf ($\beta = 0,186$, p $\leq 0,05$). Innovationsorientierte Unternehmen sind folglich in der Lage, eine höhere Anzahl von Innovationen zu entwickeln und dadurch bspw. den Umsatzanteil neuer Produkte zu steigern. Bei der Gütebeurteilung der formativen Skala (vgl. Abschnitt 5.1.1.2) wurde deutlich, dass die Innovationsorientierung maßgeblich durch einen strategischen Fokus auf Innovationen, innovationsfördernde immaterielle Anreizsysteme sowie ein betriebliches Vorschlagswesen hervorgerufen wird. Eine starke Ausprägung dieser Facetten der Innovationsorientierung resultiert demnach in einer aktiven Verfolgung neuer Ideen. Erhalten Mitarbeiter bspw. für die Entwicklung neuer Ideen Anerkennung von ihrem Vorgesetzten, werden sie zu einer erhöhten Innovationsaktivität motiviert.[926] Darüber hinaus kann auch ein betriebliches Vorschlags-wesen bewirken, dass mehr innovative Ideen generiert und im Rahmen der Innovati-onsprozesse erfolgreich umgesetzt werden.

Anzumerken ist, dass das Modell einen linearen Zusammenhang zwischen Innovati-onsorientierung und Innovationserfolg impliziert. Aus Profitabilitätsgesichtspunkten ist jedoch zu vermuten, dass bei der Ausprägung der Innovationsorientierung ein Op-timum existiert und demnach eine quadratische Funktion vorliegt.[927] Deshalb wurde im Rahmen der Untersuchung ebenfalls ein solcher quadratischer Zusammenhang zwi-schen Innovationsorientierung und Innovationserfolg geprüft. Ein Vergleich der qua-dratischen mit der linearen Funktion zeigt, dass die quadratische Funktion nur zu einer marginalen Verbesserung der Modellgüte führt (vgl. Anhang P).[928] Der starke lineare Effekt und der Verlauf der quadratischen Funktion, der ebenfalls in Anhang P darge-stellt ist, deuten auf ein „Underspending" im Bereich Innovationsorientierung hin. Zu innovationsorientiert zu agieren, scheint demnach in der Unternehmenspraxis kein existierendes Problem zu sein. Aus diesem Grund wird an dem linearen Verlauf fest-gehalten.

Der Innovationserfolg hat eine positive und hoch signifikante Wirkung auf den Markterfolg (β = 0,329, p ≤ 0,01). Demnach kann die in Hypothese H_4 angenommene Beziehung zwischen dem Erfolg des Innovationsportfolios und dem Markterfolg be-stätigt werden. Erfolgreiche Innovationen werden sowohl von bestehenden Kunden als auch von neuen Kunden nachgefragt. Auch wenn im Falle bestehender Kunden eine Kannibalisierung möglich ist, d. h. die Stammkunden kaufen die Innovationen anstelle anderer etablierter Produkte des Unternehmens, zeigen die empirischen Daten, dass die dadurch neu generierten Umsätze die Kannibalisierungseffekte übersteigen. Durch die erfolgreiche Platzierung von Innovationen am Markt kann der Markterfolg eines Un-ternehmens folglich substanziell gesteigert werden. Des Weiteren kann eine starke po-sitive und hoch signifikante Wirkung des Markterfolgs auf die Profitabilität eines Un-ternehmens nachgewiesen werden (β = 0,491, p ≤ 0,01). Somit wird auch Hypothese H_5 durch die empirische Überprüfung des Strukturmodells bestätigt. Die mit einem hohen Marktanteil verbundenen Vorteile wie bspw. Skaleneffekte oder eine starke

---

[926]   Vgl. Chandler/Keller/Lyon (2000), S. 62.
[927]   Vgl. Homburg (1998), S. 175 f.
[928]   Das Bestimmtheitsmaß verbessert sich lediglich von 33,9 % auf 34,1 %.

Verhandlungsmacht gegenüber Kunden und Lieferanten führen demnach zu einer Steigerung des wirtschaftlichen Erfolgs der Unternehmen.[929]

In Bezug auf die direkten Erfolgswirkungen lässt sich festhalten, dass mit Hilfe der Innovationsorientierung der Innovationserfolg und infolgedessen auch der Unternehmenserfolg gesteigert werden kann. Zwar bestätigen zahlreiche Studien den positiven Effekt von Innovationsorientierung auf den Unternehmenserfolg,[930] jedoch gab es bisher kaum Untersuchungen zur intermediären Wirkung von Innovationsorientierung auf den Innovationserfolg.[931] Durch die differenzierte Betrachtung der Erfolgswirkungen wurde diese Forschungslücke nun teilweise geschlossen. Neben den direkten Erfolgswirkungen einer Innovationsorientierung wurde in der vorliegenden Arbeit ferner auch erstmalig die indirekte Wirkung der Innovationsorientierung auf den Innovationserfolg über den Mediator Innovationsprozesse untersucht. Im Folgenden werden zunächst die dazugehörigen Hypothesen H_6 und H_7 überprüft und anschließend ermittelt, ob ein mediierender Effekt vorliegt.

Der erstmals in dieser Arbeit untersuchte Zusammenhang zwischen der Innovationsorientierung und der Qualität der Innovationsprozesse erweist sich als stark positiv und hoch signifikant (β = 0,593, p ≤ 0,01). Somit kann die Hypothese H_6 bestätigt werden. Hieraus kann geschlossen werden, dass innovationsorientierte Unternehmen nicht nur eine höhere Anzahl von Innovationen hervorbringen, sondern auch in der Lage sind, ihre Innovationsprozesse professioneller zu planen und durchzuführen.[932] Ein starker strategischer Fokus auf Innovationen sowie extrinsische Anreizsysteme bewirken, dass Management und Mitarbeiter nachhaltig daran interessiert sind, beim Innovationsprozess Zeitpläne einzuhalten und festgelegte Meilensteine zu erreichen.

Ebenfalls Bestätigung findet Hypothese H_7, wonach sich die Qualität der Innovationsprozesse positiv auf den wirtschaftlichen Erfolg des Innovationsportfolios auswirkt

---

929 Vgl. Abschnitt 3.3.1.
930 Vgl. Agarwal/Erramilli/Dev (2003); Calantone/Cavusgil/Zhao (2002); Deshpandé/Farley/Webster (1993); Deshpandé/Farley/Webster (2000); Deshpandé/Farley (2004); Han/Kim/Srivastava (1998); Hult/Ketchen (2001); Hult/Hurley/Knight (2004); Luo/Sivakumar/Liu (2005); Matsuo (2006); Tajeddini/Trueman/Larsen (2006); Theoharakis/Hooley (2008).
931 Der direkte Zusammenhang dieser Konstrukte wurde bisher nur von Narver/Slater/MacLachlan (2004) betrachtet und bestätigt; Calantone/Garcia/Dröge (2003) untersuchen ihn nur indirekt.
932 Vgl. Abschnitt 3.3.2.

(β = 0,333, p $\leq$ 0,01).[933] Für den Erfolg einer Innovation ist es essenziell, als erster mit dem neuen Produkt auf dem Markt zu sein. Fest definierte Zeitpläne und Verantwortlichkeiten begünstigen offensichtlich, dass der Innovationsprozess effizient durchgeführt wird und das entwickelte Produkt rechtzeitig am Markt eingeführt werden kann. Dieser Befund steht in Einklang mit vielen bisherigen wissenschaftlichen Untersuchungen.[934]

Nachdem alle Hypothesen zu den Erfolgswirkungen bestätigt werden konnten, wird im Folgenden die Existenz eines mediierenden Effekts geprüft. Nach BARON und KENNY ist eine Variable ein Mediator, wenn die direkte Beziehung (hier H_3) nach Einführung des Mediators entweder verschwindet (vollständige Mediation) oder sich signifikant verringert (partielle Mediation).[935] Ferner müssen beide mediierenden Pfadkoeffizienten (hier H_6 und H_7) signifikant sein.[936] Letztere Bedingung wurde bereits bei der Hypothesenprüfung nachgewiesen. Zur ersten Bedingung muss ermittelt werden, wie stark die direkte Beziehung zwischen Innovationsorientierung und Innovationserfolg ohne den Mediator ausfällt. In diesem Fall ergibt sich dabei eine ungefähr doppelt so starke Wirkung (β = 0,367, p $\leq$ 0,01), womit eine partielle Mediation vorliegt.

Um festzustellen, ob der Effekt der Innovationsorientierung auf den Innovationserfolg hauptsächlich ein direkter oder ein indirekter Effekt über den Mediator Innovationsprozesse ist, werden die mediierenden Pfadkoeffizienten multipliziert und mit dem Pfadkoeffizienten des direkten Effekts verglichen.[937] Der Gesamteffekt der Innovationsorientierung auf den Innovationserfolg beträgt 0,383, wobei der direkte Effekt (0,186) ähnlich stark ausfällt wie der indirekte Effekt (0,593 x 0,333 = 0,197). Somit zeigt sich, dass von der Innovationsorientierung sowohl eine direkte Erfolgswirkung

---

[933]   Anzumerken ist, dass die Innovationsprozesse von den Key Informants hinsichtlich ihrer Qualität bewertet wurden. Dabei wurde zur Beurteilung der Prozessqualität eine siebenstufige Rating-Skala von 1 = „sehr schlecht" bis 7 = „sehr gut" verwendet. Ggf. führt diese Art der Messung zu tautologischen Befunden, da in der Antwort bereits eine Wertung enthalten ist. Allerdings wurden die Indikatoren auch in der Originalskala von Song/Parry (1996) auf diese Weise gemessen. Deshalb wurde auf diese empirisch bewährte Formulierung in der vorliegenden Arbeit zurückgegriffen. Vgl. Song/Parry (1996), S. 430.

[934]   Vgl. Ernst (2002), S. 3-14, der in seinem Beitrag die Literatur zum Innovationsprozess als Erfolgsfaktor der Neuproduktentwicklung tabellarisch darstellt und auswertet. Dabei wird gezeigt, dass die Qualität der Innovationsprozesse einen wesentlichen Einfluss auf den Innovationserfolg ausübt.

[935]   Vgl. Baron/Kenny (1986), S. 1176.

[936]   Vgl. Maydeu-Olivares/Lado (2003), S. 297.

[937]   Vgl. Eggert/Fassott/Helm (2006), S. 106.

ausgeht, die sich auf eine erhöhte Quantität erfolgreich neu generierter Ideen zurückführen lässt, als auch eine indirekte Erfolgswirkung, die durch eine höhere Qualität der
Innovationsprozesse begründbar ist. Nachhaltige Innovationserfolge sind demnach
durch eine ausgeprägte Innovationsorientierung und eine hochwertige Qualität der Innovationsprozesse sicherzustellen.

In diesem Abschnitt wurde empirisch nachgewiesen, dass sich die Innovationsorientierung eines Unternehmens nachhaltig positiv auf seinen Innovationserfolg auswirkt,
der wiederum eine positive Wirkung auf den Unternehmenserfolg aufweist. Neben
diesen direkten Erfolgswirkungen wurde auch die Rolle der Innovationsprozesse als
mediierendes Konstrukt der Beziehung zwischen Innovationsorientierung und -erfolg
untersucht. Hier zeigte sich ein partieller mediierender Effekt, bei dem die direkte und
indirekte Wirkung ähnlich stark ausfallen. Folglich kann auch Forschungsfrage 3 als
beantwortet bezeichnet werden. Die Ergebnisse zur Wirkung der moderierenden Faktoren werden im folgenden Abschnitt 5.2.2.3 erörtert.

5.2.2.3 Wirkung der moderierenden Faktoren

Im Folgenden werden die empirischen Ergebnisse zur vierten Forschungsfrage vorgestellt und diskutiert.[938] Ziel ist es, die Wirkung von moderierenden Faktoren auf die
direkte Erfolgswirkung von Innovationsorientierung zu erforschen. Dabei wird ermittelt, inwiefern endogene und exogene Faktoren zur Erklärung unterschiedlich starker
Beziehungen zwischen Innovationsorientierung und -erfolg herangezogen werden
können. Die relevanten Ergebnisse des Strukturmodells sind in Abbildung 32 dargestellt.[939]

---

[938]   Forschungsfrage 4 lautet: „Inwiefern können moderierende Faktoren zur Erklärung von unter-
        schiedlich starken Beziehungen zwischen Innovationsorientierung und Innovationserfolg heran-
        gezogen werden?" Vgl. Abschnitt 1.2.
[939]   Abbildung 32 zeigt einen Ausschnitt des ganzheitlich geschätzten Modells.

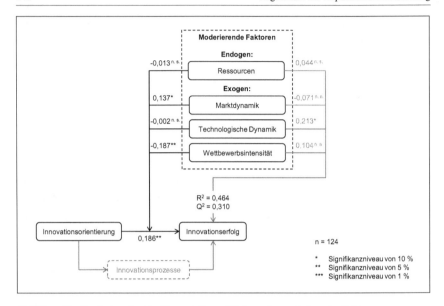

Abbildung 32:   Ergebnisse des Strukturmodells zur Wirkung der moderierenden Faktoren
Quelle: Eigene Darstellung.

Das Bestimmtheitsmaß und das Stone-Geisser-Testkriterium des Innovationserfolgs wurden aufgrund der inhaltlichen Konsistenz bereits im Rahmen der Erfolgswirkungen im vorherigen Abschnitt 5.2.2.2 beurteilt. Dabei zeigte sich mit einem R^2 von 46,4 % eine gute Modellanpassung an die empirischen Daten. Die Streuung des Innovationserfolgs ist maßgeblich auf die vorgelagerten Größen Innovationsorientierung und Innovationsprozesse zurückzuführen. Der Wert des Bestimmtheitsmaßes lässt sich allerdings zu einem gewissen Teil auch durch die Wirkung der moderierenden Faktoren erklären, da sich das R^2 des Innovationserfolgs bei Elimination dieser Faktoren auf 37,8 % verringern würde. Somit scheint die Berücksichtigung der moderierenden Faktoren gerechtfertigt. Anhand des Stone-Geisser-Tests zeigt sich weiterhin, dass das Modell inklusive der moderierenden Faktoren Prognoserelevanz in Bezug auf das Konstrukt Innovationserfolg besitzt.

Im Folgenden werden nun die Hypothesen zur Wirkung der moderierenden Faktoren anhand der Pfadkoeffizienten und zugehörigen t-Werte überprüft. Die nachfolgende Tabelle 41 zeigt die Ergebnisse der Hypothesenprüfung.

Hypothese		Wirkungszusammenhang	Pfadkoeffizient	t-Wert
H_8 (+)	n. s.	Moderator (Ressourcen x Innovationsorientierung) → Innovationserfolg	-0,013	0,130
H_9 (+)	✓	Moderator (Marktdynamik x Innovationsorientierung) → Innovationserfolg	0,137	1,604
H_{10} (+)	n. s.	Moderator (Technologische Dynamik x Innovationsorientierung) → Innovationserfolg	-0,002	0,020
H_{11} (-)	✓	Moderator (Wettbewerbsintensität x Innovationsorientierung) → Innovationserfolg	-0,187	1,815
Legende: ✓: Hypothese bestätigt n. s.: Befund nicht signifikant				

Tabelle 41:   Ergebnisse der Hypothesenprüfung zur Wirkung der moderierenden Faktoren

Quelle: Eigene Darstellung.

Zunächst steht die moderierende Wirkung des endogenen Faktors Ressourcen im Mittelpunkt. Der in Hypothese H_8 angenommene positive Effekt der Ressourcen auf die Beziehung zwischen Innovationsorientierung und -erfolg lässt sich nicht durch die empirischen Daten bestätigen. Der Pfadkoeffizient zur moderierenden Wirkung der Ressourcen ist nicht signifikant (γ = -0,013, n. s.). Dies lässt sich dadurch begründen, dass einerseits Produktentwicklung und -vermarktung hohe finanzielle, humane und zeitliche Ressourcen erfordern, und somit Unternehmen mit einer hohen Ressourcenausstattung eher in der Lage sind, die im Zuge der Innovationorientierung generierten Ideen auch umzusetzen.[940] Dadurch können Unternehmen, die reich an Ressourcen sind, potenziell einen besonders hohen Innovationserfolg erzielen. Andererseits kann ein Übermaß an Ressourcen auch zum Verlust der Zielorientierung führen, d. h. es werden ggf. (wahllos) sehr viele Innovationsprojekte verfolgt. Manche dieser Innovationen sind aber gar nicht sinnvoll und scheitern somit am Markt. Infolgedessen sinkt der Anteil erfolgreicher Innovationen am gesamten Innovationsportfolio.[941] Die Befunde der vorliegenden Untersuchung indizieren, dass sich diese positiven und negativen Effekte ausgleichen, so dass sich insgesamt keine signifikante moderierende Wirkung der Ressourcen feststellen lässt. Anzumerken ist, dass die Ressourcen auch keinen direkten Einfluss auf den Innovationserfolg ausüben (vgl. Abbildung 32). Dies bedeutet, dass auch kleine und mittelständische Unternehmen, die häufig nur eine niedrige Ressourcenausstattung aufweisen, mit Hilfe einer hohen Innovationsorientie-

---

[940]   Vgl. Madanmohan (2005), S. 489.

[941]   Dies lässt sich nach Leibenstein (1987) durch X-Ineffizienz begründen. X-Ineffizienz entsteht, wenn der tatsächlich erreichte Output niedriger ist als der theoretisch erreichbare Output.

rung erfolgreiche Innovationen hervorbringen können.[942]

Es folgt nunmehr eine Überprüfung der Hypothesen zur moderierenden Wirkung der exogenen Faktoren. Die Hypothese H_9, nach der die Marktdynamik die Beziehung zwischen Innovationsorientierung und -erfolg verstärkt, kann tendenziell bestätigt werden ($\gamma = 0,137$, p $\leq$ 0,10). Wie in Abbildung 32 erkennbar, ist der direkte Effekt von Marktdynamik auf Innovationserfolg nicht signifikant, weshalb die Marktdynamik nach SHARMA, DURAND und GUR-ARIE als „reiner" Moderator bezeichnet werden kann.[943] Somit ist es in einem Umfeld, in dem Kunden fortwährend neue Produkte nachfragen, besonders wichtig für Unternehmen, innovationsorientiert zu sein. Eine innovationsorientierte Unternehmenskultur beinhaltet bekanntlich die Fähigkeit, sich schnell an die hohe Marktdynamik anzupassen, wodurch anhaltende Wettbewerbsvorteile in Form erfolgreicher Innovationen generiert werden können. Unternehmen, die in Branchen mit einer relativ hohen Marktdynamik tätig sind, sollten also gezielt versuchen, ihre Innovationsorientierung mit Hilfe der in Abschnitt 5.2.3.1 identifizierten Determinanten zu steigern.[944]

Die vorliegende Untersuchung beleuchtet darüber hinaus die moderierende Wirkung der technologischen Dynamik auf die Beziehung zwischen Innovationsorientierung und Innovationserfolg. Die im Rahmen der Untersuchung postulierte Hypothese einer positiven Wirkung (H_{10}) kann dabei nicht bestätigt werden. Der Pfadkoeffizient zur Wirkung der technologischen Dynamik auf die Beziehung zwischen Innovationsorientierung und -erfolg ist nicht signifikant ($\gamma = -0,002$, n. s.). Dieser Befund lässt sich möglicherweise dadurch begründen, dass in Branchen mit einer hohen technologischen

---

[942]   Zu einem analogen Befund kommen Reinartz/Krafft/Hoyer (2004). Dieser Studie zufolge üben CRM-Technologien, die zu den technologischen Ressourcen eines Unternehmens zählen, bei der Kundenakquisition und -bindung eine negative bzw. nicht signifikante moderierende Wirkung auf die Beziehung zwischen CRM-Prozessen und dem Unternehmenserfolg aus. CRM-kompatible Organisationsstrukturen verstärken hingegen diese Beziehung vornehmlich. Somit kommen sie ebenfalls zu dem Ergebnis, dass die Fähigkeiten der Mitarbeiter wichtiger sind als die vorhandenen Ressourcen im Unternehmen. Vgl. Reinartz/Krafft/Hoyer (2004), S. 300.

[943]   Vgl. Sharma/Durand/Gur-Arie (1981), S. 292. Die Autoren unterscheiden je nach Existenz einer direkten Wirkung des Moderators auf die abhängige Variable zwischen "reinen" Moderatoren (moderierender Effekt, aber kein direkter Effekt des Moderators auf die abhängige Variable) und „Quasi"-Moderatoren (moderierender Effekt und direkter Effekt des Moderators auf die abhängige Variable).

[944]   Anzumerken ist, dass die Marktdynamik mit einem Mittelwert von 3,510 von den Unternehmen der Stichprobe niedriger eingeschätzt wird als die technologische Dynamik (Mittelwert von 4,320) und die Wettbewerbsintensität (Mittelwert von 4,532). Vgl. Anhang I.

Dynamik die Innovationsorientierung eine grundsätzliche Voraussetzung darstellt und damit per se wichtig ist. Ein Beispiel hierfür ist die Chip-Industrie. Unternehmen wie Intel oder AMD müssen stets innovationsorientiert handeln, um immer neue und bessere Prozessoren überhaupt entwickeln zu können. Die Innovationsorientierung ist bei diesen Unternehmen inhärent und daher kein besonders starker Treiber des Innovationserfolgs. Eine weitere Ursache könnte darin bestehen, dass innovationsorientierte Unternehmen zwar neue Produkte besonders schnell auf den Markt bringen, was bei einer hohen technologischen Dynamik von Vorteil ist, die dabei entstehenden Budgetüberschreitungen aber so erheblich sind, dass der Innovationserfolg nicht überdurchschnittlich stark ausfällt. Es lässt sich also festhalten, dass die technologische Dynamik keinen moderierenden Effekt auf die Wirkungsbeziehung zwischen Innovationsorientierung und -erfolg ausübt.

Mit einem Pfadkoeffizienten von $\gamma = -0{,}187$ (p $\leq$ 0,05) lässt sich hingegen Hypothese H_{11} stützen, wonach die Wettbewerbsintensität den Zusammenhang zwischen Innovationsorientierung und -erfolg negativ determiniert. Da der direkte Effekt von Wettbewerbsintensität auf Innovationserfolg nicht signifikant ist (vgl. Abbildung 32), kann auch die Wettbewerbsintensität als „reiner" Moderator charakterisiert werden.[945] Der Effekt der Innovationsorientierung auf den Innovationserfolg wird also mit zunehmender Wettbewerbsintensität signifikant abgeschwächt, da aufgrund des intensiven Wettbewerbs viele Unternehmen versuchen, mit Hilfe einer innovationsorientierten Unternehmenskultur kontinuierlich neue Produkte hervorzubringen. Der Innovationserfolg eines Unternehmens wird somit nicht mehr so stark durch die Innovationsorientierung beeinflusst, sondern vielmehr durch andere Erfolgsfaktoren wie bspw. den Einsatz von Kunden-Beziehungsmanagement im Innovationsprozess.[946]

Diese Ausführungen verdeutlichen, dass insgesamt nur zwei der vier in Kapitel 3 aufgestellten Hypothesen zur Wirkung der moderierenden Faktoren bestätigt werden können. Es zeigte sich, dass die internen Ressourcen und die technologische Dynamik keinen Einfluss auf die Beziehung zwischen Innovationsorientierung und Innovationserfolg ausüben. In Bezug auf Forschungsfrage 4 lässt sich somit lediglich festhalten, dass der Effekt zwischen Innovationsorientierung und -erfolg durch eine hohe Marktdynamik verstärkt und durch eine hohe Wettbewerbsintensität abgeschwächt wird.

---

[945] Vgl. Sharma/Durand/Gur-Arie (1981), S. 292.
[946] Vgl. Krieger (2005).

Diese signifikanten moderierenden Effekte weisen ferner tendenziell darauf hin, dass in der vorliegenden Untersuchung kein Common Method Bias vorliegt.[947] Damit werden die in Abschnitt 5.1.3.2 durchgeführten Analysen zur Überprüfung dieses systematischen Messfehlers bestätigt.

Wie in Abschnitt 5.2.1.1 erläutert, wurde das Strukturgleichungsmodell dem in der Wissenschaft etablierten Vorgehen folgend ganzheitlich geschätzt. Die Darstellung und Diskussion der Ergebnisse erfolgte allerdings aus Gründen der Übersichtlichkeit der Ausführungen in sequenzieller Form. Um der ganzheitlichen Vorgehensweise bei der Schätzung des Modells gerecht zu werden, werden die Ergebnisse im Folgenden noch einmal überblicksartig zusammenfassend dargestellt.

5.2.2.4 Zusammenfassende Beurteilung des Strukturmodells

Die nachfolgende Abbildung 33 fasst die zentralen Ergebnisse des Strukturmodells im Überblick zusammen. Auf Basis der Abbildung und der bisherigen Ausführungen des Abschnitts 5.2.2 lässt sich festhalten, dass insgesamt eine nachhaltige Bestätigung des in Kapitel 3 aufgestellten Bezugsrahmens zu attestieren ist. Die ermittelten Bestimmtheitsmaße der endogenen Konstrukte zeigen eine gute Modellanpassung an die empirischen Daten. Darüber hinaus ist von einer hinreichenden Prognoserelevanz des Modells auszugehen, da das Stone-Geisser-Testkriterium für alle endogenen Konstrukte einen Wert größer 0 aufweist. Somit lässt sich insgesamt eine gute Anpassung an die empirischen Daten festhalten.

In Hinblick auf die theoretisch-konzeptionell abgeleiteten Hypothesen können insgesamt 13 der 17 Hypothesen des Bezugsrahmens auf Basis der empirischen Daten bestätigt werden. In Bezug auf die Determinanten lässt sich festhalten, dass das Personalmanagement stärker zur Erklärung der Innovationsorientierung beiträgt als die Marktorientierung. Die Wirkung der Konstrukte Arbeitsüberlastung und Wettbewerbsorientierung auf die Innovationsorientierung ist dabei nicht signifikant. Von der Innovationsorientierung gehen substanzielle direkte und indirekte Erfolgswirkungen aus, wobei die direkte Wirkung der Innovationsorientierung auf den Innovationserfolg ebenso stark ist wie die indirekte Wirkung über den Mediator Innovationsprozesse.

---

[947]   Dabei wird die Annahme zugrunde gelegt, dass die relativ komplexen moderierenden Zusammenhänge nicht von den Befragten erfasst werden und damit auch keine Scheinzusammenhänge auftreten können.

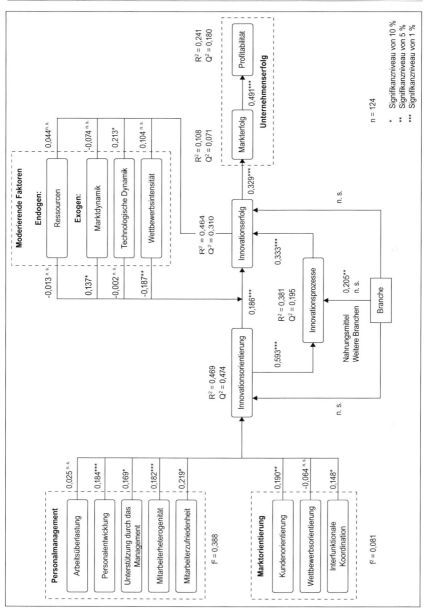

Abbildung 33: Zusammenfassende Darstellung der Ergebnisse des Strukturmodells

Quelle: Eigene Darstellung.

Bei der Wirkung der moderierenden Faktoren auf die Beziehung zwischen Innovationsorientierung und -erfolg konnte kein signifikanter Einfluss der Faktoren Ressourcen und technologische Dynamik festgestellt werden. Allerdings wird der Effekt der Innovationsorientierung auf den Innovationserfolg durch eine hohe Marktdynamik verstärkt und durch eine hohe Wettbewerbsintensität abgeschwächt.

Vor diesem Hintergrund lässt sich bereits an dieser Stelle konstatieren, dass die zu Beginn dieser Arbeit aufgeworfenen Forschungsfragen in zufriedenstellendem Umfang beantwortet werden konnten, und Innovationsorientierung eine wesentliche Voraussetzung für den Unternehmenserfolg darstellt. Mit der Beurteilung des Strukturmodells ist die empirische Untersuchung der Arbeit abgeschlossen. Im abschließenden Kapitel 6 werden die zentralen Befunde der Arbeit zusammengefasst und Handlungsempfehlungen für die Forschung und Praxis abgeleitet. Weiterhin werden auch Limitationen der Arbeit und der zukünftige Forschungsbedarf aufgezeigt.

6 Schlussbetrachtung und Ausblick

In der Marketingforschung und -praxis steht die Erforschung und Gestaltung der Erfolgsfaktoren von Innovationen seit längerer Zeit im Fokus konzeptioneller und empirischer Untersuchungen der wissenschaftlichen Forschung auf der einen Seite sowie des unternehmerischen Handelns auf der anderen Seite. In der vorliegenden Arbeit wurde mit der Innovationsorientierung eine Dimension der Unternehmenskultur untersucht, die maßgeblich zum Erfolg von Innovationen beiträgt. Im Folgenden werden zunächst die zentralen Ergebnisse der vorliegenden Arbeit zusammengefasst (Abschnitt 6.1). Auf dieser Basis werden anschließend Implikationen für die Forschung und Praxis abgeleitet (Abschnitt 6.2). Ausgehend von den dargestellten Befunden werden schließlich Limitationen der vorliegenden Arbeit und potenzielle Entwicklungslinien für die weitere Forschung aufgezeigt (Abschnitt 6.3).

6.1 Zusammenfassung der zentralen Befunde

Ausgangspunkt der vorliegenden Untersuchung war die Feststellung, dass Innovationen für den Erfolg eines Unternehmens eine hohe Bedeutung aufweisen. In diesem Zusammenhang kommt der Innovationsorientierung des Unternehmens potenziell eine wichtige Rolle zu. Insofern stellte die integrative Untersuchung der Innovationsorientierung von Unternehmen das **übergeordnete Untersuchungsziel** dieser Arbeit dar. Grundsätzlich lässt sich hierzu festhalten, dass durch diese Arbeit ein substanzieller Erkenntniszuwachs über die Innovationsorientierung für Forschung und Praxis geleistet wurde. Im Einzelnen ergaben sich aus dem übergeordneten Forschungsziel vier **zentrale Fragestellungen**, von denen diese Arbeit inhaltlich geleitet wurde:

1. Lässt sich Innovationsorientierung formativ messen?
2. Welche Determinanten in einem Unternehmen beeinflussen die Innovationsorientierung und wie ist der Einfluss dieser Determinanten jeweils zu beurteilen?
3. Welche direkten und indirekten Erfolgswirkungen lassen sich durch eine Innovationsorientierung erzielen?
4. Inwiefern können moderierende Faktoren zur Erklärung von unterschiedlich starken Beziehungen zwischen Innovationsorientierung und Innovationserfolg herangezogen werden?

Zur Beantwortung dieser vier Forschungsfragen wurden die in Abbildung 1 (Abschnitt 1.2) dargestellten Teilziele abgeleitet. Im Folgenden wird zunächst beschrieben, wie die einzelnen Teilziele in dieser Arbeit realisiert wurden. Darauf aufbauend werden die Erkenntnisse aus dieser Untersuchung in Hinblick auf die vier Forschungsfragen zusammenfassend dargestellt.

Ein Teilziel der Arbeit bestand zunächst in der Darstellung der theoretisch-konzeptionellen Grundlagen von Innovationsorientierung und der ausführlichen Aufarbeitung des bisherigen Stands der empirischen Forschung (Kapitel 2). Dazu wurde auf Basis der wissenschaftlichen Literatur eine eigene Definition von Innovationsorientierung hergeleitet, die zum Ausdruck bringt, dass Innovationsorientierung eine Dimension der Unternehmenskultur ist und erst durch die Einstellung und das daraus resultierende Verhalten des Managements und der Mitarbeiter eines Unternehmens entsteht. Innovationsorientierung stellt wie Markt- oder Kostenorientierung eine Verhaltensdimension der Unternehmenskultur dar und kann in verschiedenen Unternehmen unterschiedlich stark ausgeprägt sein. Mit der Prinzipal-Agenten-Theorie, dem ressourcenbasierten Ansatz und dem situativen Ansatz wurden drei organisationstheoretische Ansätze vorgestellt, die zur theoretische Fundierung des Konstrukts Innovationsorientierung sowie seiner Determinanten und Erfolgswirkungen beitragen.

Eine fundierte Analyse der wissenschaftlichen Ansätze zur Messung von Innovationsorientierung zeigte dabei, dass bestehende Skalen wichtige Facetten der Innovationsorientierung, wie z. B. das Verhalten der Mitarbeiter, vernachlässigen und das Konstrukt meist reflektiv operationalisieren. Eine formative Spezifikation von Innovationsorientierung ermöglicht es jedoch, die einzelnen Facetten des Konstrukts und somit potenzielle Ansatzpunkte für praktisches Handeln explizit zu identifizieren. Weiterhin mangelt es allen bisherigen Messansätzen an einer theoretischen Fundierung und Herleitung, die allerdings ein bedeutendes Kriterium bei der Beurteilung der Qualität einer Skala darstellt. Folglich waren substanzielle Forschungsdefizite in der Konzeptualisierung und Operationalisierung dieses Konstrukts in der Literatur festzustellen. Darüber hinaus zeigte eine detaillierte Untersuchung der veröffentlichten Studien zu Determinanten und Erfolgswirkungen von Innovationsorientierung, dass die beiden zentralen Bereiche von Determinanten, Personalmanagement und Marktorientierung, bisher zwar mehrfach untersucht wurden, aber niemals simultan in einer Studie. Ferner wurde bislang nur unzureichend erforscht, wie die Innovationsorientierung über den Innovationserfolg den Unternehmenserfolg beeinflusst. Ebenso wenig wurde untersucht, wie sich Innovationsorientierung auf zentrale Innovationsprozesse auswirkt und wie dieses Konstrukt der Innovationsprozesse die Beziehung zwischen Innovationsorientierung und -erfolg mediiert. Darüber hinaus wurde der Einfluss moderierender Faktoren auf die Wirkungsbeziehung zwischen Innovationsorientierung und -erfolg noch nicht in der wissenschaftlichen Forschung betrachtet. Somit konnten ebenfalls zahlreiche Forschungslücken in Bezug auf die Determinanten und Erfolgswirkungen von Innovationsorientierung aufgezeigt werden.

Unter Berücksichtigung dieser Erkenntnisse standen in den Kapiteln 3 bis 5 zwei weitere Teilziele der Arbeit im Fokus der Betrachtung. Zum einen wurde eine umfassende formative Skala zur Messung von Innovationsorientierung entwickelt und empirisch validiert. Dabei orientierte sich die vorliegende Arbeit an dem wissenschaftlich etablierten Vorgehen von DIAMANTOPOULOS und WINKLHOFER.[948] So wurde die Innovationsorientierung zunächst auf Grundlage bisheriger Studien sowie organisationstheoretischer Ansätze umfassend konzeptualisiert. Auf Basis theoretisch-konzeptioneller Überlegungen und der Befragung von Experten wurden anschließend Indikatoren identifiziert, die zur ganzheitlichen Messung von Innovationsorientierung geeignet schienen. Zum anderen wurde ein Bezugsrahmen zu den zentralen Determinanten und Erfolgswirkungen der Innovationsorientierung entwickelt und empirisch validiert. Die Forschungshypothesen zu den Determinanten, den Erfolgswirkungen und zu Effekten der moderierenden Faktoren wurden unter Rückgriff auf organisationstheoretische Ansätze, vorhandene Erkenntnisse aus empirischen Studien, Plausibilitätsüberlegungen und eigens durchgeführte Expertengespräche abgeleitet. Aus dem Hypothesensystem wurde sodann der in Abbildung 16 in Abschnitt 3.5 dargestellte integrative Bezugsrahmen hergeleitet. Die entwickelte Skala zur Messung von Innovationsorientierung und der aufgestellte Bezugsrahmen wurden anschließend anhand einer branchenübergreifenden Befragung von Marketing-Führungskräften aus 124 deutschen Unternehmen empirisch überprüft. Als statistische Analysemethode fand der Partial-Least-Squares-Ansatz Anwendung. Im Folgenden werden die Erkenntnisse aus dieser Untersuchung in Hinblick auf die vier Forschungsfragen zusammenfassend dargestellt.

In Bezug auf die **erste Forschungsfrage** konnte gezeigt werden, dass Innovations-

---

[948] Vgl. Diamantopoulos/Winklhofer (2001) sowie Abbildung 23 in Abschnitt 4.3.1.2. Es wurde zusätzlich in Anlehnung an Helm (2005) der Schritt „Beurteilung der Indikatorgüte" integriert.

orientierung durch das Verhalten der Unternehmensakteure – also Management und Mitarbeiter – hervorgerufen wird, wobei sich das Verhalten des Managements in die Facetten strategischer Fokus, extrinsisches Anreizsystem und Kommunikation und das Verhalten der Mitarbeiter in die Facetten strategischer Fokus, extrinsisches Anreizsystem und betriebliches Vorschlagswesen unterteilen lässt. Als wichtigste Indikatoren dieser Facetten wurden die *Existenz eines Macht-Promotors im Top-Management*, der *Einbezug von F&E-Mitarbeitern bei strategischen Entscheidungen* und die *Risikofreude des Managements* identifiziert (vgl. Abbildung 34). Somit stellt der strategische Fokus auf Innovationen die bedeutsamste Facette der Innovationsorientierung dar.

Abbildung 34:   Zentrale Indikatoren der Innovationsorientierung
Quelle: Eigene Darstellung.

   Auch die Indikatoren *Anstreben einer Pionierstellung, Anerkennung von innovativen Ideen, Respektierung von neuen Ideen, Anerkennung von Mitarbeitern, die sich mit Innovationen beschäftigen, geregeltes Vorschlagswesen* und *intrinsische Motivation der Mitarbeiter* bestimmen nachhaltig die Innovationsorientierung eines Unternehmens. Entgegen theoretischer Argumente lassen die erzielten Ergebnisse darauf schließen, dass sich materielle extrinsische Anreize für Mitarbeiter negativ auf die Innovationsorientierung auswirken. Insofern scheint es nicht förderlich für die Innovationsorientierung zu sein, Mitarbeiter für die erfolgreiche Umsetzung ihrer Ideen monetär zu belohnen. Eine alternative Erklärung für diesen Befund könnte darin begründet liegen, dass Unternehmen, die schon sehr innovationsorientiert sind, ihre Mitarbeiter nicht explizit für die erfolgreiche Umsetzung ihrer Ideen belohnen, da diese von sich aus motiviert sind, neue Ideen zu entwickeln und umzusetzen. Weniger innovationsorientierte Unternehmen hingegen setzen das Instrument möglicherweise als extrinsisches Anreizsystem ein, um ihre Innovationsorientierung zukünftig zu verbessern und somit die Ziele zwischen Management und Mitarbeiter im Sinne der Prinzipal-Agenten-Theorie zu harmonisieren. Die Überprüfung der externen Validität bestätigte eine sehr gute Eignung der Skala zur Messung von Innovationsorientierung. Somit lässt sich für die Forschungsfrage 1 festhalten, dass eine formative Messung von Innovationsorientierung mit Hilfe der in dieser Arbeit wissenschaftlich fundiert entwickelten Skala nicht nur möglich ist, sondern darüber hinaus auch Vorteile gegenüber einer reflektiven Messung bietet. So lassen sich neben der ganzheitlichen Spezifizierung der Innovationsorientierung auch direkte Handlungsempfehlungen und Stellhebel identifizieren und deren relative Einflüsse bestimmen.

Bevor die zentralen Ergebnisse der Forschungsfragen 2 bis 4 im Folgenden diskutiert werden, zeigt Abbildung 35 den eigens im Rahmen dieser Untersuchung entwickelten und empirisch überprüften Bezugsrahmen der Innovationsorientierung von Unternehmen. Die Abbildung beinhaltet sowohl die Hypothesen als auch die Befunde der empirischen Studie und ermöglicht somit ein besseres Verständnis der nachfolgenden Ausführungen.

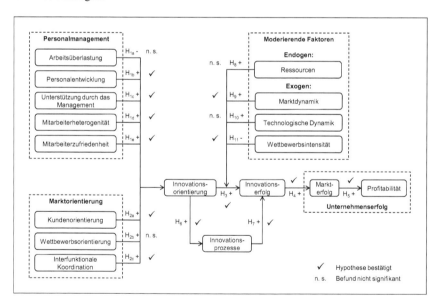

Abbildung 35: Zusammenfassende Darstellung der Hypothesen und empirischen Befunde
Quelle: Eigene Darstellung.

Zur Beantwortung der **zweiten Forschungsfrage** wurden als Determinanten der Innovationsorientierung in der vorliegenden Arbeit die Bereiche Personalmanagement und Marktorientierung untersucht. Dabei wurden für den Bereich Personalmanagement auf Basis bisheriger Studien und theoretisch-konzeptioneller Überlegungen die Dimensionen Arbeitsüberlastung, Personalentwicklung, Unterstützung durch das Management, Mitarbeiterheterogenität und Mitarbeiterzufriedenheit als potenziell relevante Determinanten der Innovationsorientierung identifiziert. Im Bereich Marktorientierung wurden in Einklang mit der bisherigen Forschung die Dimensionen Kundenorientierung, Wettbewerbsorientierung und interfunktionale Koordination betrachtet. Insgesamt konnten im Rahmen der empirischen Analyse sechs der acht aufgestellten Hypothesen zu den Determinanten von Innovationsorientierung als statistisch signifikant bestätigt werden. Im Bereich Personalmanagement erwies sich der vermutete negative Effekt der Arbeitsüberlastung als nicht signifikant. Die Konstrukte Personalentwicklung, Unterstützung durch das Management, Mitarbeiterheterogenität und Mitarbeiterzufriedenheit stellen jedoch wichtige Treiber der Innovationsorientierung von Unternehmen dar und können von Unternehmen aktiv und handlungsorientiert gestaltet werden. So bietet sich bspw. im Rahmen der Personalentwicklung an, gezielt das Know-how der Mitarbeiter zu steigern. In Bezug auf die Determinante Marktorientierung zeigte sich, dass nur die Dimensionen Kundenorientierung und interfunktionale Koordination die Innovationsorientierung positiv beeinflussen, während von der Wettbewerbsorientierung keine signifikante Wirkung ausgeht. Beim Vergleich der Stärke der Pfadkoeffizienten kann festgehalten werden, dass die Mitarbeiterzufriedenheit die insgesamt wichtigste Determinante der Innovationsorientierung darstellt. Darüber hinaus wurde auf Ebene der Bereiche Personalmanagement und Marktorientierung ermittelt, welche Determinante den größten Erklärungsbeitrag für die Innovationsorientierung liefert. Aufgrund der empirischen Ergebnisse lässt sich in Bezug auf Forschungsfrage 2 festhalten, dass Dimensionen des Personalmanagements signifikant stärker zur Erklärung der Innovationsorientierung beitragen als die Marktorientierung.

Die Erfolgswirkungen einer Innovationsorientierung, die Gegenstand der **dritten Forschungsfrage** waren, wurden in dieser Arbeit sehr differenziert betrachtet. Zum einen wurde postuliert, dass sich die Innovationsorientierung eines Unternehmens positiv auf dessen Innovationserfolg auswirkt, der wiederum eine positive Wirkung auf den Unternehmenserfolg aufweist. Neben diesen direkten Erfolgswirkungen wurde auch die Rolle der Innovationsprozesse als mediierendes Konstrukt der Beziehung zwischen Innovationsorientierung und -erfolg untersucht. Alle Hypothesen zu den Erfolgswirkungen einer Innovationsorientierung konnten durch die vorhandenen Daten bestätigt werden. So wurde in dieser Untersuchung erstmalig empirisch nachgewiesen, dass sich die Innovationsorientierung eines Unternehmens nachhaltig positiv auf seinen Innovationserfolg auswirkt, der wiederum eine positive Wirkung auf den Unternehmenserfolg aufweist. Ebenso konnte auch eine substanzielle indirekte Wirkung der Innovationsorientierung auf den Innovationserfolg über den Mediator Innovationsprozesse nachgewiesen werden. Dabei handelt es sich um einen partiellen mediierenden Effekt, bei dem die direkte und indirekte Wirkung ähnlich stark und signifikant ausfallen. Somit wurde in Bezug auf Forschungsfrage 3 in dieser Arbeit erstmalig gezeigt, dass von der Innovationsorientierung sowohl eine direkte Erfolgswirkung ausgeht, die sich auf eine erhöhte Quantität neu generierter erfolgreicher Ideen zurückführen lässt, als auch eine indirekte Erfolgswirkung, die durch eine höhere Qualität der Innovationsprozesse begründbar ist.

Ausgehend von Überlegungen des situativen Ansatzes und Erkenntnissen aus empirischen Studien zur Innovationsorientierung wurden in der vorliegenden Arbeit zur Beantwortung der **vierten Forschungsfrage** moderierende Faktoren bei der Analyse der Beziehung zwischen Innovationsorientierung und Innovationserfolg berücksichtigt. Insbesondere wurden erstmalig die moderierenden Einflüsse des endogenen Faktors Ressourcen und der exogenen Faktoren Marktdynamik, technologische Dynamik und Wettbewerbsintensität integriert. Im Rahmen der empirischen Untersuchung konnten insgesamt nur zwei der vier aufgestellten Hypothesen zur Wirkung der moderierenden Faktoren bestätigt werden. Es zeigte sich, dass die internen Ressourcen und die technologische Dynamik keinen signifikanten Einfluss auf die Beziehung zwischen Innovationsorientierung und -erfolg ausüben. Jedoch wird der signifikant positive Effekt von Innovationsorientierung auf Innovationserfolg durch eine hohe Marktdynamik verstärkt und durch eine hohe Wettbewerbsintensität abgeschwächt. In Bezug auf Forschungsfrage 4 lässt sich somit festhalten, dass die Wirkung der Innovationsorientierung auf den Innovationserfolg durch die exogenen Faktoren Marktdynamik und Wettbewerbsintensität nachhaltig und hypothesenkonform beeinflusst wird.

Zusammenfassend trägt die vorgestellte Untersuchung dazu bei, die Innovationsorientierung von Unternehmen besser zu verstehen. Die zu Beginn dieser Arbeit aufgeworfenen Forschungsfragen konnten umfassend beantwortet werden, und es konnte ein substanzieller Beitrag zur Marketingforschung und -praxis geleistet werden. Die Ableitung von Handlungsempfehlungen als letztes Teilziel der Untersuchung ist Gegenstand des nachfolgenden Abschnitts 6.2. Dabei erfolgt eine Integration der theoretischen und empirischen Erkenntnisse zur Ableitung forschungs- und managementrelevanter Implikationen.

6.2 Implikationen

Aus den Ergebnissen der vorliegenden Arbeit lassen sich eine Reihe von nachhaltigen Implikationen sowohl für die Forschung als auch für die Praxis ableiten. Um den verschiedenen Adressatenkreisen dieser Arbeit gerecht zu werden, werden die Implikationen der Untersuchung im Folgenden differenziert für die wissenschaftliche Forschung (Abschnitt 6.2.1) und die unternehmerische Praxis (Abschnitt 6.2.2) aufgezeigt.

6.2.1 Implikationen für die wissenschaftliche Forschung

In Hinblick auf die Implikationen für die Marketingforschung kann zwischen theoretisch-konzeptionellen, empirischen und methodischen Implikationen unterschieden werden. Aus wissenschaftlicher Sicht wird mit dieser Arbeit zunächst auf **theoretisch-konzeptioneller** Ebene ein wichtiger Beitrag für die Forschung erbracht. So konnte in dieser Arbeit erstmalig eine umfassende Definition zur Innovationsorientierung hergeleitet werden. Diese Begriffsabgrenzung bringt zum Ausdruck, dass Innovationsorientierung eine Dimension der Unternehmenskultur ist und erst durch die Einstellung *und* das daraus resultierende Verhalten des Managements und der Mitarbeiter eines Unternehmens entsteht. Auf Basis dieses Verständnisses von Innovationsorientierung ist zu erkennen, dass das Personal eines Unternehmens eine zentrale Rolle bei der Innovationsorientierung einnimmt und somit eine wichtige Ressource darstellt. Darüber hinaus wurde in dieser Arbeit eine umfangreiche Aufarbeitung des bisherigen Stands der empirischen Forschung vorgenommen. Die Bestandsaufnahme der Ansätze zur Messung von Innovationsorientierung sowie der Studien zu den Determinanten und Erfolgswirkungen von Innovationsorientierung kann als Grundlage für zukünftige Forschungsarbeiten dienen. Auf Basis der hieraus abgeleiteten Forschungsdefizite wurde ein umfassender Bezugsrahmen zur Innovationsorientierung von Unternehmen, ihren Determinanten und Erfolgswirkungen entwickelt. Bei der Ableitung der Hypothesen fanden nicht nur organisationstheoretische Ansätze, sondern auch die Erkenntnisse aus neun Experteninterviews Berücksichtigung. Durch diesen integrativen Bezugsrahmen, in dem erstmals die direkten und indirekten Erfolgswirkungen differenziert betrachtet sowie moderierende Faktoren berücksichtigt werden, wird in dieser Arbeit ebenfalls ein zentraler theoretisch-konzeptioneller Beitrag erbracht.

Die Überprüfung des Bezugsrahmens mit Hilfe einer branchenübergreifenden Befragung stellt den **empirischen** Beitrag zur Marketingforschung dar. Mit den vier Branchen Automobil, Maschinenbau, Nahrungsmittel und Medizintechnik wurden gesamtwirtschaftlich bedeutende Branchen betrachtet und dabei sowohl B2B- als auch B2C-Unternehmen berücksichtigt. Dadurch konnten umfassende und relativ kontextunabhängige Ergebnisse zu den Determinanten und Erfolgswirkungen von Innovationsorientierung generiert werden, die bereits im vorherigen Abschnitt 6.1 ausführlich dargestellt wurden und daher hier – um Redundanzen zu vermeiden – nicht nochmals diskutiert werden sollen. Die im Rahmen der empirischen Studie erzielten Ergebnisse tragen nachhaltig zu einem vertieften und differenzierten Verständnis der Innovationsorientierung in der Forschung bei. Hierbei erwiesen sich sowohl der ressourcenbasierte Ansatz als auch der situative Ansatz als aussagekräftig.

Aus **methodischer** Sicht stellt die neu entwickelte und empirisch validierte Skala zur Messung von Innovationsorientierung einen wesentlichen Beitrag dieser Untersuchung dar. Es konnte gezeigt werden, dass im Gegensatz zur gängigen Forschungspraxis die Messung von Innovationsorientierung mit Hilfe eines formativen Messmodells als vorteilhaft angesehen werden kann. Im Vergleich zu den bisherigen Ansätzen, denen es zumeist an einer theoretischen Fundierung und Herleitung mangelt, orientiert sich dieser Ansatz bei der Entwicklung und Validierung der Skala an dem wissenschaftlich etablierten Vorgehen von DIAMANTOPOULOS und WINKLHOFER.[949] Dabei wurde das Konstrukt zunächst umfassend anhand organisationstheoretischer Ansätze[950] und empirischer Befunde konzeptualisiert, um anschließend mit Hilfe von Experteninterviews geeignete Indikatoren zu generieren. Die Befunde der Skalenvalidierung, und dabei insbesondere die Ergebnisse zur externen Validität, belegen, dass das Messmodell sehr gut geeignet ist, die Innovationsorientierung von Unternehmen zu operationalisieren.[951] Vor diesem Hintergrund ist festzuhalten, dass im Rahmen dieser

---

[949] Vgl. Diamantopoulos/Winklhofer (2001). Es wurde zusätzlich in Anlehnung an Helm (2005) der Prozessschritt „Beurteilung der Indikatorgüte" integriert.

[950] Die Konzeptualisierung des Konstrukts wurde unter Berücksichtigung des ressourcenbasierten Ansatzes und der Prinzipal-Agenten-Theorie vorgenommen.

[951] Hierbei fand insbesondere der ressourcenbasierte Ansatz empirische Bestätigung, da eine innovationsorientierte Unternehmenskultur durch Management und Mitarbeiter gleichermaßen gefördert wird.

Untersuchung mit der Entwicklung einer umfassenden formativen Skala zur Messung von Innovationsorientierung ein substanzieller Beitrag zur wissenschaftlichen Forschung geleistet wurde. Insbesondere wurden hierdurch in der Forschung existierende Mängel der Messung (z. B. Fehlspezifikation der Messmodelle) behoben. Für zukünftige Forschungsarbeiten steht somit eine fundiert abgeleitete Skala zur Messung von Innovationsorientierung zur Verfügung, die gleichsam der empirischen Überprüfung standgehalten hat.

Diese Ausführungen zeigen, dass die vorliegende Untersuchung einen eigenständigen Beitrag zur Marketingforschung leistet, der sich in theoretisch-konzeptionelle, empirische und methodische Erkenntnisfortschritte untergliedern lässt. Ebenso liefert diese Arbeit wertvolle Implikationen für die unternehmerische Praxis. Diese Handlungsempfehlungen stehen im Mittelpunkt des folgenden Abschnitts 6.2.2.

6.2.2 Implikationen für die unternehmerische Praxis

Die theoretisch-konzeptionellen und empirischen Ergebnisse der vorliegenden Untersuchung beinhalten nachhaltige Implikationen für die Marketingpraxis. Die Darstellung der Implikationen erfolgt nach ihrer Bedeutung für die unternehmerische Praxis in drei Schritten. Ausgehend von den Erfolgswirkungen einer Innovationsorientierung werden anschließend aus dem entwickelten Ansatz zur Messung von Innovationsorientierung konkrete Stellhebel zur Steigerung der Innovationsorientierung abgeleitet. Danach wird gezeigt, wie Unternehmen ihre Innovationsorientierung durch die Faktoren Personalmanagement und Marktorientierung steigern können.

Aus den Ergebnissen der Arbeit lässt sich **erstens** ableiten, dass die Fähigkeit von Unternehmen, neue Produkte zu entwickeln und zu vermarkten, entscheidend für ihren langfristigen Erfolg ist. Somit ist es nicht ausreichend, sich zur Erreichung von Umsatz- und Gewinnzielen auf die bestehenden Produkte zu konzentrieren. Vielmehr müssen Unternehmen kontinuierlich neue Produkte hervorbringen, um erfolgreich zu sein. Um einen hohen Innovationserfolg zu erzielen, sollten Unternehmen insbesondere eine hohe Innovationsorientierung aufweisen. Mit Hilfe einer innovationsorientierten Unternehmenskultur werden zum einen mehr neue Ideen generiert, und zum anderen die Innovationsprozesse im Unternehmen professioneller geplant und durchgeführt, was ebenso entscheidend für den Erfolg des Innovationsportfolios ist. Anzumerken ist, dass auch kleine und mittelständische Unternehmen, die oftmals eine geringe Ressourcenausstattung aufweisen, mit Hilfe einer ausgeprägten Innovationsorientierung substanzielle Innovationserfolge erzielen können. Eine innovationsorientierte Unternehmenskultur ist insbesondere für Unternehmen in dynamischen Märkten empfehlenswert, da bei einer hohen Marktdynamik der Innovationserfolg besonders stark von der Innovationsorientierung determiniert wird.

Um eine hohe Innovationsorientierung zu erzielen, stehen **zweitens** verschiedene Stellhebel zur Verfügung, anhand derer die Innovationsorientierung unterschiedlich stark beeinflusst werden kann. Als priorisierte Handlungsempfehlung ist zunächst festzuhalten, dass sich eine Person im Top-Management besonders für Innovationen einsctzen sollte. Weiterhin sollte der F&E-Bereich an strategischen Entscheidungen teilhaben, da dessen Wissen für eine innovative Ausrichtung eines Unternehmens bedeutend ist. Das Management sollte zudem auch risikobehaftete Innovationsprojekte verfolgen und kontinuierlich bemüht sein, mit neuen Produkten als erster auf dem Markt zu sein. Mit anderen Worten stellt ein strategischer Fokus auf Innovationen einen wesentlichen Treiber der Innovationsorientierung dar. Zudem wird ersichtlich, dass es für Unternehmen wichtig ist, Mitarbeiter als zentralen Bestandteil der Innovationsorientierung zu begreifen und ihre Potenziale zur Schaffung von Innovationen anzuerkennen und zu nutzen. So ist es für Unternehmen erstrebenswert, Mitarbeiter zu rekrutieren, die ihre Arbeit hoch motiviert und interessiert ausführen. Die sich daraus ergebende intrinsische Motivation zur Entwicklung neuer Lösungsmöglichkeiten kann aber nur dann zum Vorteil für das Unternehmen genutzt werden, wenn es dem Unternehmen möglich ist, an diese Informationen zu gelangen. Dies erfordert die Implementierung eines geregelten Informationskanals im Rahmen eines betrieblichen Vorschlagswesens, durch den die Mitarbeiter die Möglichkeit besitzen, ihre Ideen zu kommunizieren.

Drittens können Unternehmen ihre Innovationsorientierung aktiv durch die im Folgenden dargestellten Faktoren beeinflussen. Vor allem sollte die Innovationsorientierung durch ein gezieltes Personalmanagement gesteigert werden. Die zentrale Bedeutung der Mitarbeiterzufriedenheit induziert, dass Manager in einem Unternehmen stets darauf achten sollten, dass eine positive Arbeitsatmosphäre vorzufinden ist. Ein Beispiel hierfür ist die Anmerkung eines Experten, regelmäßig außerbetriebliche Aktivitäten durchzuführen, um die Zufriedenheit der Mitarbeiter zu erhöhen. Darüber hinaus sollte die Personalentwicklung als Instrument zur Steigerung einer innovationsorientierten Unternehmenskultur eingesetzt werden. Eine ausgeprägte Innovationsorientierung wird zudem durch eine heterogene Zusammensetzung der Mitarbeiter sichergestellt. So kann erreicht werden, dass neue Möglichkeiten und Ideen aufgrund der nicht-redundanten Erfahrungen und Fähigkeiten der Mitarbeiter schneller und auch mit höherer Wahrscheinlichkeit entdeckt werden. Darüber hinaus sollten die Mitarbeiter von ihren Vorgesetzten unterstützt werden, damit sie verstärkt Sicherheit in ihrem Handeln erlangen und bereit sind, die mit Innovationen verbundenen Risiken einzugehen. Anzumerken ist dabei, dass Investitionen in bestimmte Aktivitäten des Personalmanagements sich jedoch nicht nur an ihrer festgestellten Wirkung auf die Innovationsorientierung orientieren sollten, sondern auch an den erforderlichen Kosten. Insofern sind bei der Priorisierung und Auswahl bestimmter Maßnahmen stets deren Kosten und Nutzen abzuwägen. Mittels der Ergebnisse der empirischen Studie können die Unternehmen aber entscheiden, welche Maßnahme relativ am wichtigsten ist. Neben dem Personalmanagement wird die Innovationsorientierung auch durch die Marktorientierung beeinflusst. Eine innovationsorientierte Ausrichtung eines Unternehmens ist vor allem eng mit einer ausgeprägten Kundenorientierung verbunden. Infolgedessen sollten Unternehmen ein Verständnis für die Wünsche ihrer Kunden entwickeln, sich Informationen über ihre Kunden beschaffen und diese Kenntnisse systematisch nutzen, um Ideen für neue Produkte zu generieren. Zudem erscheint es opportun, durch eng verbundene Funktionsbereiche in einem Unternehmen marktbezogene Informationen und Erkenntnisse auszutauschen. Eine stark ausgeprägte Orientierung am Verhalten der Wettbewerber ist jedoch nach den Ergebnissen dieser Untersuchung nicht förderlich für die Innovationsorientierung, da hierdurch bspw. die Gefahr entsteht, dass mehr imitiert als innoviert wird.

Diese Ausführungen verdeutlichen, dass die vorliegende Untersuchung sowohl für die wissenschaftliche Forschung als auch für die Unternehmenspraxis wertvolle Implikationen liefert und insofern die existierende Forschung substanziell erweitert. Gleichwohl sind mit der Arbeit einige Limitationen verbunden, die den Ausgangspunkt für weitere Forschungsarbeiten bilden können. Diese Limitationen und der daraus abgeleitete Forschungsbedarf sind Gegenstand des folgenden Abschnitts 6.3.

6.3 Limitationen und zukünftiger Forschungsbedarf

Auch wenn sich aus den Erkenntnissen der vorliegenden Arbeit zahlreiche interessante Implikationen ergeben, unterliegt die Untersuchung einigen inhaltlichen und methodischen Restriktionen, die zukünftigen Forschungsbedarf implizieren. Diese Limitationen und die damit einhergehenden Ansatzpunkte für die zukünftige Forschung werden im Folgenden diskutiert.

In Bezug auf die **inhaltliche** Aussagekraft der Befunde der empirischen Arbeit ist anzumerken, dass sich durch den notwendigerweise begrenzten Detaillierungsgrad der untersuchten Konstrukte Limitationen ergeben.[952] Insbesondere bei den Determinanten wurden zugunsten einer umfassenden Abdeckung zentraler Bereiche inhaltliche Einschränkungen bezüglich der Tiefe der untersuchten Konstrukte in Kauf genommen. In der Arbeit konnte gezeigt werden, dass die Mitarbeiterentwicklung in Form von Mitarbeitertraining und -weiterbildung grundsätzlich als Instrument zur Steigerung einer innovationsorientierten Unternehmenskultur eingesetzt werden kann. Da in dieser Untersuchung nicht zwischen Personalentwicklungsmaßnahmen am Arbeitsplatz (z. B. Job Rotation oder Trainee-Programme) und außerhalb des Arbeitsplatzes (z. B. Teilnahme an Vorträgen, Seminaren und Workshops) unterschieden wird, sollten zukünftige Forschungsarbeiten untersuchen, inwieweit ausgewählte, konkrete Personalentwicklungsmaßnahmen geeignet sind, ein innovationsorientiertes Verhalten des Personals zu fördern. Ebenso sollte das Konstrukt Mitarbeiterheterogenität, das eine positive Wirkung auf die Innovationsorientierung ausübt, differenzierter betrachtet werden. So könnte bspw. untersucht werden, wie sich das Ausmaß unterschiedlicher Erfahrungs- und Bildungsniveaus der Mitarbeiter auf die Innovationsorientierung auswirkt.

Ferner ist es durchaus möglich, dass neben den in der Studie identifizierten Determinanten der Innovationsorientierung noch andere Faktoren mit potenziellem Einfluss auf die Innovationsorientierung existieren. Insofern sind weitere Forschungsarbeiten erforderlich, um diese Determinanten ebenfalls zu identifizieren. Nachdem in dieser Arbeit ausschließlich die Innovationsorientierung als Erfolgsfaktor von Innovationen betrachtet wurde, würde auch ein Vergleich mit den wichtigsten bisher in der Forschung identifizierten Innovations-Erfolgsfaktoren neue Erkenntnisse für Wissenschaft und Praxis bringen. Dadurch könnte der relative Einfluss der Innovationsorientierung auf den Innovationserfolg im Vergleich zu anderen zentralen Erfolgsfaktoren ermittelt werden. Darüber hinaus sollten zukünftige empirische Studien untersuchen, ob weitere moderierende Faktoren einen Einfluss auf die Beziehung zwischen Innovationsorientierung und Innovationserfolg ausüben.

---

[952] So wurde bspw. bei der Beurteilung der Qualität der Innovationsprozesse nicht nach Phasen differenziert.

Zuletzt besteht eine weitere inhaltliche Einschränkung der Arbeit darin, dass der Bezugsrahmen ausschließlich auf Basis von organisationstheoretischen Ansätzen hergeleitet wurde. Aufgrund der Konzentration auf diese Forschungsansätze wurden andere Theoriezweige, wie z. B. die verhaltenswissenschaftlichen Theorien, außer Acht gelassen. Eine Betrachtung der Innovationsorientierung aus individueller Sicht könnte dazu beitragen, das Verhalten von Mitarbeitern und Management noch besser zu verstehen.

Die **methodischen** Grenzen der Untersuchung liegen zum einen in der Beschränkung der Untersuchungsperspektive auf das Management als Key Informants. Dyaden aus Management-Mitarbeiter-Daten wurden zwar zur externen Validierung der Angaben der Key Informants herangezogen, lagen allerdings nur für einen Teil der Gesamtstichprobe vor. Zukünftige Forschungsarbeiten sollten das vorliegende Modell und die Skala zur Messung von Innovationsorientierung mit Hilfe großzahliger Mitarbeiterbefragungen überprüfen.

Ebenso könnten die dieser Studie zu Grunde liegenden Daten einen potenziellen Common Method Bias aufweisen. Die in Abschnitt 5.1.3.2 durchgeführten Analysen zur Aufdeckung dieses Methodenfehlers lassen zwar vermuten, dass kein Common Method Bias vorliegt, allerdings sollte idealerweise zur Messung des unabhängigen Konstrukts eine andere Datenquelle verwendet werden als zur Messung des abhängigen Konstrukts. Diese Vorgehensweise war in dieser Studie aufgrund der bei weitem nicht vollständigen objektiven Daten nur bedingt möglich. Folglich sollten zukünftige Arbeiten sich darauf konzentrieren, eine weitestgehend vollständige objektive Datenbasis als Grundlage zu verwenden.

Eine weitere Einschränkung der Arbeit ist die limitierte Anzahl der Befragungsteilnehmer. Aufgrund der geringen Fallzahl war es nicht möglich, für die ausgewählten Branchen Automobil, Maschinenbau, Nahrungsmittel und Medizintechnik spezifische Subgruppenanalysen durchzuführen. So konnten im Rahmen der Arbeit nur Aussagen über branchenbezogene Niveauunterschiede der abhängigen Variablen getroffen werden. Insofern besteht Bedarf nach einer individuellen Analyse einzelner Branchen. Um die Allgemeingültigkeit des Modells zusätzlich zu überprüfen, wäre auch ein Vergleich zwischen einer B2B-geprägten Branche wie Maschinenbau und einer B2C-geprägten Branche wie Nahrungsmittel interessant, wobei aber für jede dieser Branchen deutlich umfangreichere Stichproben notwendig wären.

Weiterhin wurde bei einem Indikator der formativen Skala zur Messung von Innovationsorientierung entgegen theoretischer Überlegungen ein signifikantes negatives Gewicht identifiziert, das sich jedoch möglicherweise durch zeitliche Effekte erklären lässt. So könnte es sein, dass monetäre extrinsische Anreize für Mitarbeiter insbesondere bei weniger innovationsorientierten Unternehmen als Instrument zur Steigerung der Innovationsorientierung genutzt werden, die Anreizwirkung sich aber erst mittelfristig entfaltet. Infolgedessen besteht ein weiterer Forschungsbedarf darin, mittels Längsschnittanalysen die zeitliche Entwicklung der Einflussgrößen sowie die Verschiebung ihrer relativen Bedeutung zu identifizieren.

Abschließend bleibt festzuhalten, dass die vorliegende Untersuchung existierende zentrale Forschungsdefizite zu schließen vermag und vielfältige Implikationen für die Wissenschaft und Praxis abgeleitet werden konnten. Gleichwohl dient die hier erstmals durchgeführte integrative Untersuchung der Innovationsorientierung von Unternehmen hoffentlich dazu, dass weitere Forschungsaktivitäten, wie z. B. branchenspezifische Analysen, angeregt werden. Ein weiteres Ziel dieser Arbeit wäre erreicht, wenn auch die unternehmerische Praxis mit Hilfe einer stark ausgeprägten Innovationsorientierung ihren Innovationserfolg nachhaltig steigern kann. Insofern verbindet sich mit der vorliegenden Arbeit die Hoffnung, dass die in Bezug auf die Innovationsorientierung aufgezeigten Handlungsempfehlungen für die Praxis maßgeblich zur Verbesserung des Unternehmenserfolgs beitragen.

Anhang

Anhang A: Beispielhafter Drei-Phasen-Innovationsprozess

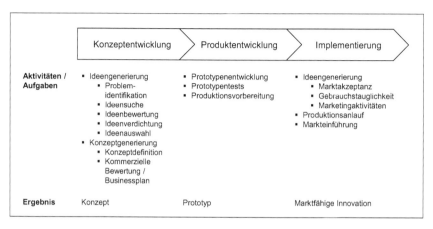

Abbildung A1: Charakteristika des Drei-Phasen-Innovationsprozesses

Quelle: Krieger (2005), S. 45.

Anhang B: Teilnehmer der Experteninterviews

Experte	Funktion	Branche
Experte 1	Chief of Staff to the President & CEO	Nahrungsmittel
Experte 2	Geschäftsführer Marketing und Warenwirtschaft	Nahrungsmittel
Experte 3	Prokurist und Leiter des Vertriebs	Nahrungsmittel
Experte 4	Head of Marketing Mass Markets	Mobilfunk
Experte 5	Manager Forschung und Entwicklung	Dienstleistung
Experte 6	International Marketing Manager	Konsumgüter
Experte / in 7[953]	Leiter Bereich neue Medien / Beraterin Konzernstrategie	Handel
Experte 8	Geschäftsführer	Dienstleistung
Experte 9	Projektmanager	Dienstleistung

Tabelle A1:   Teilnehmer der Experteninterviews

Quelle: Eigene Darstellung.

---

[953] Das siebte Experteninterview wurde im Dialog mit zwei Personen aus einem Unternehmen geführt.

Anhang C: Vorläufige Indikatoren zur Messung von Innovationsorientierung sowie deren Bewertung durch die interviewten Experten

Bereich	Indikator	Durchschnittliche Bewertung der Experten[954]
Management		
Strategischer Fokus	Unser Management verfolgt sehr oft risikobehaftete Innovationsprojekte.	2,13
	Unser Unternehmen versucht, so oft wie möglich mit neuen Produkten oder Dienstleistungen als erster auf dem Markt zu sein.	1,25
Extrinsisches Anreizsystem	Unser Management erhält bei erfolgreich durchgeführten Innovationen einen Bonus.	2,38
Kommunikation	In unserem Unternehmen werden Innovationen und Veränderung überdurchschnittlich hervorgehoben.	2,13
Mitarbeiter		
Strategischer Fokus	Mitarbeiter aus dem Bereich Forschung und Entwicklung werden bei strategischen Entscheidungen unseres Unternehmens zu Rat gezogen.	1,50
Extrinsisches Anreizsystem	Für die erfolgreiche Umsetzung ihrer Ideen werden unsere Mitarbeiter belohnt.	1,88
	Für innovative Ideen erhalten unsere Mitarbeiter Anerkennung.	1,50
	Neue Ideen unserer Mitarbeiter werden stets ernst genommen.	1,13
	Mitarbeiter, die sich mit Forschung und Entwicklung beschäftigen, erhalten in unserem Unternehmen hohe Anerkennung.	1,88
Betriebliches Vorschlagswesen	Unsere Mitarbeiter haben die Möglichkeit, ihre Ideen ihren Vorgesetzten oder dem Management in einem geregelten Prozess mitzuteilen.	1,38
	Unsere Mitarbeiter entwickeln selbstständig Vorschläge für neue Produkte, Dienstleistungen oder Arbeitsabläufe.	1,38

Tabelle A2: Vorläufige Indikatoren zur Messung von Innovationsorientierung

Quelle: Eigene Darstellung.

---

[954] Die Bewertung der Skala erfolgte durch die Beurteilung der einzelnen Indikatoren auf einer fünfstufigen Rating-Skala (1 = „sehr geeignet" bis 5 = „überhaupt nicht geeignet").

Anhang D: Ergebnisse der Gütebeurteilung der reflektiven Skala zur Messung von Innovationsorientierung

Konstrukt: Innovationsorientierung (reflektiv)	
Notation	**Indikatoren**
Inwieweit treffen folgende Aussagen zu? (1 = „gar nicht zutreffend" bis 7 = „voll zutreffend")	
IOR1	Innovationen, die auf Forschungsergebnissen basieren, werden bei uns bereitwillig angenommen.
IOR2	Unser Management sucht aktiv nach innovativen Ideen.
IOR3	Innovationen werden im Programm- und Projektmanagement bereitwillig angenommen.
IOR4	Für die erfolgreiche Entwicklung und Umsetzung von Innovationen werden Mitarbeiter in unserem Unternehmen inzentiviert.
IOR5	Innovationen werden in unserem Unternehmen als Chance wahrgenommen.

Tabelle A3:   Reflektive Operationalisierung des Konstrukts „Innovationsorientierung"

Quelle: Hurley/Hult (1998).

Untersuchungsstufe	Gütekriterium	Anforderung	Innovationsorientierung (reflektiv) (IOR1-5)
A1: Explorative Faktorenanalyse	Bartlett-Test	< 0,05	✓
	MSA-Werte	> 0,5	✓
	KMO-Wert	> 0,5	0,850
	Kaiser-Kriterium	1 Faktor	✓
	erklärte Gesamtvarianz	> 50 %	64,98 %
	Ladungen	> 0,4	✓
A2: Cronbachs Alpha	Alpha-Wert	> 0,5 bzw. > 0,7	0,853
A3: Konfirmatorische Faktorenanalyse	Globale Gütekriterien		
	NFI	> 0,9	0,997
	GFI	> 0,9	0,999
	AGFI	> 0,9	0,996
	RMR	< 0,1	0,053
	Lokale Gütekriterien		
	Indikatorreliabilität	> 0,4	✓
	Konstruktreliabilität	> 0,6	0,868
	DEV_{ULS}	> 0,5	0,574
Legende: ✓: Gütekriterium erfüllt			

Tabelle A4:   Ergebnisse der Gütebeurteilung der reflektiven Skala zur Messung von Innovationsorientierung (Untersuchungsstufe A)

Quelle: Eigene Darstellung.

Konstrukt	Indikator	Untersuchungsstufe A1		Untersuchungsstufe A3
		MSA-Wert	Ladung	Indikatorreliabilität
Innovationsorientierung (reflektiv)	IOR1	0,899	0,774	0,697
	IOR2	0,802	0,878	0,858
	IOR3	0,855	0,863	0,836
	IOR4	0,895	0,631	0,516
	IOR5	0,842	0,858	0,827

Tabelle A5:   Detaillierte Ergebnisse der Gütebeurteilung der reflektiven Skala zur Messung von Innovationsorientierung (Untersuchungsstufe A)

Quelle: Eigene Darstellung.

In **Untersuchungsstufe B** zeigt sich, dass die DEV_{PLS} der reflektiven Skala mit einem Wert von 0,646 kleiner ist als die quadrierte Korrelation der reflektiven mit der formativen Skala, die 0,697 beträgt. In Anbetracht der Tatsache, dass beide Skalen mit der Innovationsorientierung das gleiche Konstrukt messen, muss das Kriterium der Diskriminanzvalidität in diesem Fall nicht erfüllt sein.

Anhang E: Detaillierte Ergebnisse der Gütebeurteilung der reflektiven Messmodelle (Untersuchungsstufe A)

Konstrukt	Indikator	Untersuchungsstufe A1		Untersuchungsstufe A3
		MSA-Wert	Ladung	Indikatorreliabilität
Innovationserfolg	IE1	0,810	0,816	0,792
	IE2	0,804	0,883	0,890
	IE3	0,863	0,832	0,801
	IE4	0,853	0,724	0,658
	IE5	0,732	0,810	0,731
Markterfolg	ME1	0,790	0,800	0,704
	ME2	0,697	0,883	0,908
	ME3	0,800	0,758	0,638
	ME4	0,760	0,721	0,594
Profitabilität	PR1	0,851	0,932	0,916
	PR2	0,844	0,930	0,912
	PR3	0,834	0,933	0,919
	PR4	0,925	0,865	0,796
Innovationsprozesse	IP1	0,864	0,823	0,785
	IP2	0,851	0,900	0,894
	IP3	0,910	0,904	0,896
	IP4	0,795	0,837	0,808
	IP5	0,847	0,886	0,878
	IP6	0,889	0,664	0,594
	IP7	0,892	0,780	0,722
Marktdynamik	MD1	0,589	0,864	0,889
	MD2	0,622	0,805	0,647
	MD5	0,716	0,716	0,505
Technologische Dynamik	TD1	0,858	0,796	0,715
	TD2	0,861	0,873	0,846
	TD3	0,861	0,670	0,568
	TD4	0,800	0,873	0,844
	TD5	0,765	0,905	0,909
Wettbewerbsintensität	WI2	0,776	0,777	0,673
	WI3	0,749	0,868	0,839
	WI4	0,805	0,722	0,603
	WI6	0,778	0,853	0,812

Tabelle A6:   Detaillierte Ergebnisse der Gütebeurteilung der reflektiven Messmodelle (Untersuchungsstufe A)

Quelle: Eigene Darstellung.

Anhang F: Repräsentativität der Mitarbeiterstichprobe hinsichtlich der Branchenzugehörigkeit

Branche	Verteilung der Gesamtstichprobe	Verteilung der Mitarbeiterstichprobe	Empirischer χ^2-Wert	Freiheitsgrade	Theoretischer χ^2-Wert
Automobil	20,2 % (25)	25,0 % (6)			
Maschinenbau	21,8 % (27)	25,0 % (6)			
Nahrungsmittel	26,6 % (33)	16,7 % (4)	1,172	4	9,488
Medizintechnik	12,9 % (16)	12,5 % (3)			
Sonstige	18,5 % (23)	20,8 % (5)			
Summe	100,0 % (124)	100,0 % (24)			

Tabelle A7:   Repräsentativität der Mitarbeiterstichprobe hinsichtlich der Branchenzugehörigkeit

Quelle: Eigene Darstellung.

Anhang G: Überprüfung des Common Method Bias mit Hilfe objektiver Daten zur Profitabilität

Korrelationen

		PR3	PR	PR3obj
PR3	Korrelation nach Pearson	1	,932**	,588**
	Signifikanz (2-seitig)		,000	,000
	N	129	129	70
PR	Korrelation nach Pearson	,932**	1	,587**
	Signifikanz (2-seitig)	,000		,000
	N	129	129	70
PR3obj	Korrelation nach Pearson	,588**	,587**	1
	Signifikanz (2-seitig)	,000	,000	
	N	70	70	70

. Die Korrelation ist auf dem Niveau von 0,01 (2-seitig) signifikant.

Tabelle A8: Korrelationen zwischen objektiv und subjektiv gemessener Profitabilität[955]

Quelle: Eigene Darstellung.

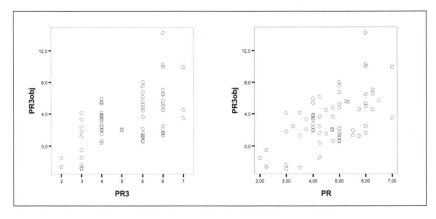

Abbildung A2: Streudiagramme zur Beziehung zwischen objektiv und subjektiv gemessener Profitabilität

Quelle: Eigene Darstellung.

---

[955] Die Variable PR stellt den Mittelwert der Indikatoren PR1 bis PR4 dar, die Variable PR3obj die objektiv gemessene Umsatzrendite.

Anhang H: Überprüfung des Common Method Bias mit Hilfe quasi-objektiver Daten zum Innovationserfolg

Quasi-objektiver Innovationserfolg (IEobj)	
Notation	**Indikatoren**
Wie bewerten Sie den Erfolg des Innovationsportfolios (Gesamtheit aller in den Markt eingeführten Innovationen der letzten 3 Jahre) Ihres Unternehmens / Ihrer Strategischen Geschäftseinheit in Bezug auf folgende Punkte? (in %)	
IE7	Wie hoch ist der Anteil neuer Produkte am Innovationsportfolio, die – insgesamt betrachtet – als wirtschaftlich erfolgreich einzustufen sind?
IE8	Wie hoch ist der Umsatzanteil des Innovationsportfolios am Gesamtumsatz?

Tabelle A9:   Indikatoren zur quasi-objektiven Messung des Innovationserfolgs

Quelle: Eigene Darstellung.

Korrelationen

		IE	IEobj
IE	Korrelation nach Pearson	1	,664**
	Signifikanz (2-seitig)		,000
	N	129	89
IEobj	Korrelation nach Pearson	,664**	1
	Signifikanz (2-seitig)	,000	
	N	89	89

**. Die Korrelation ist auf dem Niveau von 0,01 (2-seitig) signifikant.

Tabelle A10:   Korrelationen zwischen quasi-objektiv und subjektiv gemessenem Innovationserfolg[956]

Quelle: Eigene Darstellung.

---

[956]   Die Variable IE stellt den Mittelwert der Indikatoren IE1 bis IE6 dar, die Variable IEobj den Mittelwert der Indikatoren IE7 und IE8.

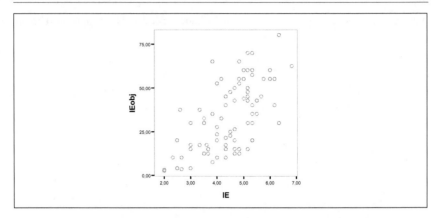

Abbildung A3: Streudiagramm zur Beziehung zwischen quasi-objektiv und subjektiv gemessenem
Innovationserfolg

Quelle: Eigene Darstellung.

Anhang I: Deskriptive Statistiken zu den Konstrukten des Strukturmodells

Deskriptive Statistik

	N	Mittelwert	Standardab weichung
MOKO	124	5,84	1,327
MOWO	124	5,15	1,409
MOIK	124	4,74	1,254
PMPE	124	4,33	1,458
PMAU	124	4,81	1,458
PMMH	124	4,74	1,287
PMMZ	124	4,85	1,117
PMUM	124	4,94	1,153
Gültige Werte (Listenweise)	124		

Tabelle A11: Deskriptive Statistik zu den Determinanten von Innovationsorientierung

Quelle: Eigene Darstellung.

Deskriptive Statistik

	N	Mittelwert	Standardab weichung
ME	124	4,6919	,81240
PR	124	4,7445	1,06839
Gültige Werte (Listenweise)	124		

Tabelle A12: Deskriptive Statistik zum Markterfolg und zur Profitabilität[957]

Quelle: Eigene Darstellung.

---

[957] Deskriptive Statistiken zu den Konstrukten Innovationsorientierung, Innovationserfolg und Innovationsprozesse sind in Abschnitt 5.2.1.2 zu finden. Die Variable ME stellt den Mittelwert der Indikatoren ME1 bis ME4 dar, die Variable PR den Mittelwert der Indikatoren PR1 bis PR4.

Deskriptive Statistik

	N	Mittelwert	Standardab weichung
RE	124	4,11	1,390
MD	124	3,5103	1,21273
TD	124	4,3194	1,39171
WI	124	4,5323	1,30702
Gültige Werte (Listenweise)	124		

Tabelle A13:   Deskriptive Statistik zu den moderierenden Faktoren[958]

Quelle: Eigene Darstellung.

---

[958]   Die Variable MD stellt den Mittelwert der Indikatoren MD1, MD2 und MD5 dar, die Variable TD den Mittelwert der Indikatoren TD1 bis TD5 und die Variable WI den Mittelwert der Indikatoren WI2, WI3, WI4 und WI6.

Anhang J: Quadratische Regressionsfunktion zur Beschreibung der Beziehung zwischen Innovationsorientierung und Innovationserfolg

Modellzusammenfassung und Parameterschätzer

Abhängige Variable: IE

		Modellzusammenfassung				Parameterschätzer		
Gleichung	R-Quadrat	F	Freiheitsg rade 1	Freiheitsg rade 2	Sig.	Konstante	b1	b2
Linear	,339	63,620	1	124	,000	1,318	,628	
Quadratisch	,341	31,796	2	123	,000	,731	,903	-,030

Die unabhängige Variable ist IO.

Tabelle A14: Lineare und quadratische Regressionsfunktion zur Beschreibung der Beziehung zwischen Innovationsorientierung und Innovationserfolg[959]

Quelle: Eigene Darstellung.

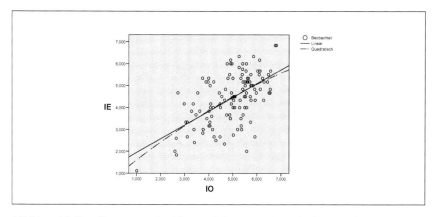

Abbildung A4: Streudiagramm zur Beziehung zwischen Innovationsorientierung und Innovationserfolg

Quelle: Eigene Darstellung.

---

[959] Da es sich bei der Innovationsorientierung um ein formatives Konstrukt handelt, wurden die Ausprägungen (IO) mit Hilfe der in Abschnitt 5.1.1.2 ermittelten Gewichte berechnet. Die Ausprägungen des Innovationserfolgs (IE) wurden aus dem Mittelwert der zu diesem Konstrukt gehörenden Indikatoren IE1 bis IE6 ermittelt.

Literaturverzeichnis

Agarwal, S.; Erramilli, M. K.; Dev, C. S. (2003): Market Orientation and Performance in Service Firms: The Role of Innovation, Journal of Services Marketing, Vol. 17, S. 68-82.

Ajzen, I. (1991): The Theory of Planned Behavior, Organizational Behavior and Human Decision Processes, Vol. 50, S. 179-211.

Akerlof, G. A. (1970): The Market for Lemons: Quality Uncertainty and the Market Mechanism, Quarterly Journal of Economics, Vol. 89, S. 488-500.

Albers, S.; Eggers, S. (1991): Organisatorische Gestaltungen von Produktinnovations-Prozessen – Führt der Wechsel des Organisationsgrades zu Innovationserfolg?, Zeitschrift für betriebswirtschaftliche Forschung, 43. Jg., S. 44-64.

Albers, S.; Götz, O. (2006): Messmodelle mit Konstrukten zweiter Ordnung in der betriebswirtschaftlichen Forschung, Die Betriebswirtschaft, 66. Jg., S. 669-677.

Albers, S.; Hildebrandt, L. (2006): Methodische Probleme bei der Erfolgsfaktorenforschung – Messfehler, formative versus reflektive Indikatoren und die Wahl des Strukturgleichungs-Modells, Zeitschrift für betriebswirtschaftliche Forschung, 58. Jg., S. 2-33.

Albers, S.; Krafft, M. (1996): Zur relativen Aussagekraft und Eignung von Ansätzen der Neuen Institutionenlehre für die Absatzformwahl sowie die Entlohnung von Verkaufsaußendienstmitarbeitern, Zeitschrift für Betriebswirtschaft, 66. Jg., S. 1383-1407.

Alfò, M.; Trovato, G. (2004): Semiparametric Mixture Models for Multivariate Count Data, with Application, Econometrics Journal, Vol. 7, S. 426-454.

Allaire, Y.; Firsirotu, M. E. (1984): Theories of Organizational Culture, Organization Studies, Vol. 5, S. 193-226.

Allaire, Y.; Firsirotu, M. E. (1985): How to Implement Radical Strategies in Large Organizations, Sloan Management Review, Vol. 26 (3), S. 19-34.

Alwin, D. F.; Krosnick, J. A. (1991): The Reliability of Survey Attitude Measurement, Sociological Methods & Research, Vol. 20, S. 139-181.

Amabile, T. M. (1997): Motivating Creativity in Organizations: On Doing What You Love and Loving What You Do, California Management Review, Vol. 40 (1), S. 39-58.

Amabile, T. M.; Conti, R.; Coo, H.; Lazenby, J.; Herron, M. (1996): Assessing the Work Environment for Creativity, Academy of Management Journal, Vol. 39, S. 1154-1184.

Amit, R.; Schoemaker, P. J. H. (1993): Strategic Assets and Organizational Rent, Strategic Management Journal, Vol. 14, S. 33-46.

Anderson, C. R.; Zeithaml, C. P. (1984): Stage of the Product Life Cycle, Business Strategy, and Business Performance, Academy of Management Journal, Vol. 27, S. 5-24.

Anderson, P.; Tushman, M. L. (1990): Technological Discontinuities and Dominant Designs: A Cyclical Model of Technological Change, Administrative Science Quarterly, Vol. 35, S. 604-633.

Armstrong, J. S.; Overton, T. S. (1977): Estimating Nonresponse Bias in Mail Surveys, Journal of Marketing Research, Vol. 14, S. 396-402.

Atuahene-Gima, K.; Ko, A. (2001): An Empirical Investigation of the Effect of Market Orientation and Entrepreneurship Orientation Alignment on Product Innovation, Organization Science, Vol. 12, S. 54-74.

Auh, S.; Menguc, B. (2005): Top Management Team Diversity and Innovativeness: The Moderating Role of Interfunctional Coordination, Industrial Marketing Management, Vol. 34, S. 249-261.

Avlonitis, G. J.; Papastathopoulou, P. G.; Gounaris, S. P. (2001): An Empirically-Based Typology of Product Innovativeness for New Financial Services: Success and Failure Scenarios, Journal of Product Innovation Management, Vol. 18, S. 324-342.

Backhaus, K.; Blechschmidt, B.; Eisenbeiß, M. (2006): Der Stichprobeneinfluss bei Kausalanalysen, Die Betriebswirtschaft, 66. Jg., S. 711-726.

Backhaus, K.; Erichson, B.; Plinke, W.; Weiber, R. (2006): Multivariate Analysemethoden, 11. Aufl., Springer, Berlin, Heidelberg, New York.

Backhaus, K.; Erichson, B.; Plinke, W.; Weiber, R. (2008): Multivariate Analysemethoden, 12. Aufl., Springer, Berlin, Heidelberg.

Bagozzi, R. P.; Baumgartner, H. (1996): The Evaluation of Structural Equation Models and Hypothesis Testing, in: Bagozzi, R. P. (ed.): Principles of Marketing Research, Blackwell, Cambridge, Oxford, S. 386-422.

Bagozzi, R. P.; Phillips, L. W. (1982): Representing and Testing Organizational Theories: A Holistic Construal, Administrative Science Quarterly, Vol. 27, S. 459-489.

Bagozzi, R. P.; Yi, Y. (1988): On the Evaluation of Structural Equation Models, Journal of the Academy of Marketing Science, Vol. 16, S. 74-94.

Bagozzi, R. P.; Yi, Y.; Phillips, L. W. (1991): Assessing Construct Validity in Organizational Research, Administrative Science Quarterly, Vol. 36, S. 421-458.

Barney, J. (1991): Firm Resources and Sustained Competitive Advantage, Journal of Management, Vol. 17 (1), S. 99-120.

Baron, R. M.; Kenny, D. A. (1986): The Moderator-Mediator Variable Distinction in Social Psychological Research: Conceptual, Strategic, and Statistical Considerations, Journal of Personality and Social Psychology, Vol. 51, S. 1173-1182.

Bart, C. K. (1998): A Comparison of Mission Statements and Their Rationales in Innovative and Non-Innovative Firms, International Journal of Technology Management, Vol. 16, S. 64-77.

Bass, F. M. (1969): A New Product Growth Model for Consumer Durables, Management Science, Vol. 15, S. 215-227.

Baumgartner, H.; Homburg, C. (1996): Applications of Structural Equation Modeling in Marketing and Consumer Research: A Review, International Journal of Research in Marketing, Vol. 13, S. 139-161.

Becker, B.; Gerhart, B. (1996): The Impact of Human Resource Management on Organizational Performance: Progress and Prospects, Academy of Management Journal, Vol. 39, S. 779-801.

Becker, F. G. (1991): Innovationsfördernde Anreizsysteme, in: Schanz, G. (Hrsg.): Handbuch Anreizsysteme, Poeschel, Stuttgart, S. 567-593.

Becker, J. (1999): Marktorientierte Unternehmensführung, Deutscher Universitäts-Verlag, Wiesbaden.

Bentler, P. M.; Bonett, D. G. (1980): Significance Tests and Goodness of Fit in the Analysis von Covariance Structures, Psychological Bulletin, Vol. 88, S. 588-606.

Bergen, M.; Dutta, S.; Walker, O. C. (1992): Agency Relationships in Marketing: A Review of the Implications and Applications of Agency and Related Theories, Journal of Marketing, Vol. 56 (3), S. 1-24.

Bergkvist, L.; Rossiter, J. R. (2007): The Predictive Validity of Multiple-Item Versus Single-Item Measures of the Same Constructs, Journal of Marketing Research, Vol. 44, S. 175-184.

Berthon, P.; Hulbert, J. M.; Pitt, L. F. (1999): To Serve or Create? Strategic Orientations Toward Customers and Innovation, California Management Review, Vol. 42 (1), S. 37-58.

Berthon, P.; Hulbert, J. M.; Pitt, L. F. (2004): Innovation or Customer Orientation? An Empirical Investigation, European Journal of Marketing, Vol. 38, S. 1065-1090.

Betz, J. (2003): Die Akzeptanz des E-Commerce in der Automobilwirtschaft, Deutscher Universitäts-Verlag, Wiesbaden.

Betzin, J.; Henseler, J. (2005): Einführung in die Funktionsweise des PLS-Algorithmus, in: Bliemel, F.; Eggert, A.; Fassott, G.; Henseler, J. (Hrsg.): Handbuch PLS-Pfadmodellierung, Schäffer-Poeschel, Stuttgart, S. 49-69.

Bhardwaj, P. (2001): Delegating Pricing Decisions, Marketing Science, Vol. 20, S. 143-169.

Blair, E.; Zinkhan, G. M. (2006): Nonresponse and Generalizability in Academic Research, Journal of the Academy of Marketing Science, Vol. 34, S. 4-7.

Blickle-Liebersbach, M. (1990): Agency-Theorie: Rahmenbedingungen und Entlohnung, Dissertation, Universität Ulm, Ulm.

Bliemel, F.; Eggert, A.; Fassott, G.; Henseler, J. (2005): Die PLS-Pfadmodellierung: Mehr als eine Alternative zur Kovarianzstrukturanalyse, in: Bliemel, F.; Eggert, A.; Fassott, G.; Henseler, J. (Hrsg.): Handbuch PLS-Pfadmodellierung, Schäffer-Poeschel, Stuttgart, S. 9-16.

Bohrnstedt, G. W. (1970): Reliability and Validity Assessment in Attitude Measurement, in: Summers, G. F. (ed.): Attitude Measurement, Kershaw, London, S. 80-99.

Bollen, K.; Lennox, R. (1991): Conventional Wisdom on Measurement: A Structural Equation Perspective, Psychological Bulletin, Vol. 110, S. 305-314.

Bontis, N. (1998): Intellectual Capital: An Exploratory Study That Develops Measures and Models, Management Decision, Vol. 36, S. 63-76.

Bourgeois, L. J.; Eisenhardt, K. M: (1988): Strategic Decision Processes in High Velocity Environments: Four Cases in the Microcomputer Industry, Management Science, Vol. 34, S. 816-835.

Breiman, L. (2001): Statistical Modeling: The Two Cultures, Statistical Science, Vol. 16, S. 199-231.

Brockhoff, K. (1999): Produktpolitik, 4. Aufl., Lucius & Lucius, Stuttgart.

Brockhoff, K. (2005): Durchsetzung von Innovationen, in: Hungenberg, H.; Meffert, J. (Hrsg.): Handbuch Strategisches Management, 2. Aufl., Gabler, Wiesbaden, S. 621-636.

Brose, P. (1984): Konzeption, Varianten und Perspektiven der Kontingenztheorie, Journal für Betriebswirtschaft, 34. Jg., S. 230-243.

Bühner, R. (2005): Personalmanagement, 3. Aufl., Oldenbourg, München, Wien.

Burns, T.; Stalker, G. M. (1977): The Management of Innovation, Tavistock Publications, London.

Buzzell, R. D.; Gale, B. T. (1987): The PIMS Principles, The Free Press, New York.

Cadogan, J. W.; Diamantopoulos, A. (1995): Narver and Slater, Kohli and Jaworski and the Market Orientation Construct: Integration and Internationalization, Journal of Strategic Marketing, Vol. 3, S. 41-60.

Calantone, R. J.; Cavusgil, S. T.; Zhao, Y. (2002): Learning Orientation, Firm Innovation Capability, and Firm Performance, Industrial Marketing Management, Vol. 31, S. 515-524.

Calantone, R. J.; Chan, K.; Cui, A. S. (2006): Decomposing Product Innovativeness and Its Effects on New Product Success, Journal of Product Innovation Management, Vol. 23, S. 408-421.

Calantone, R. J.; Garcia, R.; Dröge, C. (2003): The Effects of Environmental Turbulence on New Product Development Strategy Planning, Journal of Product Innovation Management, Vol. 20, S. 90-103.

Calori, R.; Sarnin, P. (1991): Corporate Culture and Economic Performance: A French Study, Organization Studies, Vol. 12, S. 49-74.

Cameron, K. S.; Freeman, S. J. (1991): Cultural Congruence, Strength, and Type: Relationships to Effectiveness, Research in Organizational Change and Development, Vol. 5, S. 23-58.

Cannon, J. P.; Perreault, W. D. (1999): Buyer-Seller Relationships in Business Markets, Journal of Marketing Research, Vol. 36, S. 439-460.

Capon, N.; Farley, J. U.; Hulbert, J. M. (1988): Corporate Strategic Planning, Columbia University Press, New York.

Capon, N.; Farley, J. U.; Lehmann, D. R.; Hulbert, J. M. (1992): Profiles of Product Innovators Among Large U.S. Manufacturers, Management Science, Vol. 38, S. 157-169.

Carmines, E. G.; Zeller, R. A. (1979): Reliabilty and Validity Assessment, Sage Publications, Beverly Hills, London.

Ceci, F.; Prencipe, A. (2008): Configuring Capabilities for Integrated Solutions: Evidence from the IT Sector, Industry and Innovation, Vol. 15, S. 277-296.

Chandler, G. N.; Keller, C.; Lyon, D. W. (2000): Unraveling the Determinants and Consequences of an Innovation-Supportive Organizational Culture, Entrepreneurship: Theory and Practice, Vol. 25, S. 59-75.

Chandy, R. K.; Tellis, G. J. (1998): Organizing for Radical Product Innovation: The Overlooked Role of Willingness to Cannibalize, Journal of Marketing Research, Vol. 35, S. 474-487.

Chatman, J. A.; Jehn, K. A. (1994): Assessing the Relationship Between Industry Characteristics and Organizational Culture: How Different Can You Be?, Academy of Management Journal, Vol. 37, S. 522-553.

Childers, T. L.; Ferrell, O. C. (1979): Response Rates and Perceived Questionnaire Length in Mail Surveys, Journal of Marketing Research, Vol. 16, S. 429-431.

Chin, W. W. (1998a): Issues and Opinion on Structural Equation Modeling, MIS Quarterly, Vol. 22, S. 7-16.

Chin, W. W. (1998b): The Partial Least Squares Approach to Structural Equation Modeling, in: Marcoulides, G. A. (ed.): Modern Methods for Business Research, Erlbaum, Mahwah, S. 295-336.

Chin, W. W.; Marcolin, B. L.; Newsted P. R. (2003): A Partial Least Squares Latent Variable Modeling Approach for Measuring Interaction Effects: Results from a Monte Carlo Simulation Study and an Electronic-Mail Emotion / Adoption Study, Information Systems Research, Vol. 14, S. 189-217.

Christensen, C. M.; Bower, J. L. (1996): Customer Power, Strategic Investment, and the Failure of Leading Firms, Strategic Management Journal, Vol. 17, S. 197-218.

Christensen, C. M.; Raynor, M. E. (2003): The Innovator's Solution, Harvard Business School Press, Boston.

Churchill, G. A. (1979): A Paradigm for Developing Better Measures of Marketing Constructs, Journal of Marketing Research, Vol. 16, S. 64-73.

Churchill, G. A.; Ford, N. M.; Walker, O. C. (1974): Measuring the Job Satisfaction of Industrial Salesmen, Journal of Marketing Research, Vol. 11, S. 254-260.

Clement, M.; Litfin, T.; Vanini, S. (1998): Ist die Pionierrolle ein Erfolgsfaktor? Eine kritische Analyse der empirischen Forschungsergebnisse, Zeitschrift für Betriebswirtschaft, 68. Jg., S. 205-226.

Cohen, J. (1988): Statistical Power Analysis for the Behavioral Sciences, 2nd ed., Erlbaum, Hillsdale et al.

Collet, D. (2003): Modelling Survival Data in Medical Research, 2nd ed., Chapman & Hall, New York.

Cooper, R. G.; Kleinschmidt, E. J. (1986): An Investigation into the New Product Process: Steps, Deficiencies, and Impact, Journal of Product Innovation Management, Vol. 3, S. 71-85.

Cooper, R. G.; Kleinschmidt, E. J. (1987): New Products: What Separates Winners from Losers?, Journal of Product Innovation Management, Vol. 4, S. 169-184.

Cooper, R. G.; Kleinschmidt, E. J. (1991): New Product Processes at Leading Industrial Firms, Industrial Marketing Management, Vol. 20, S. 137-147.

Cooper, R. G.; Kleinschmidt, E. J. (1995a): Performance Typologies of New Product Projects, Industrial Marketing Management, Vol. 24, S. 439-456.

Cooper, R. G.; Kleinschmidt, E. J. (1995b): Benchmarking the Firm's Critical Success Factors in New Product Development, Journal of Product Innovation Management, Vol. 12, S. 374-391.

Cortina, J. M. (1993): What is Coefficient Alpha? An Examination of Theory and Applications, Journal of Applied Psychology, Vol. 78, S. 98-104.

Cronbach, L. J. (1947): Test "Reliability": Its Meaning and Determination, Psychometrika, Vol. 12, S. 1-16.

Cronbach, L. J. (1951): Coefficient Alpha and the Internal Structure of Tests, Psychometrika, Vol. 16, S. 297-334.

Damanpour, F.; Evan, W. M. (1984): Organizational Innovation and Performance: The Problem of „Organizational Lag", Administrative Science Quarterly, Vol. 29, S. 392-409.

Danneels, E.; Kleinschmidt, E. J. (2001): Product Innovativeness from the Firm's Perspective: Its Dimensions and Their Relation with Project Selection and Performance, Journal of Product Innovation Management, Vol. 18, S. 357-373.

Dant, R. P. (2008): A Futuristic Research Agenda for the Field of Franchising, Journal of Small Business Management, Vol. 46, S. 91-98.

Day, G. S.; Wensley, R. (1988): Assessing Advantage: A Framework for Diagnosing Competitive Superiority, Journal of Marketing, Vol. 52 (2), S. 1-20.

Dean, M. A.; Roth, P. L.; Bobko, P. (2008): Ethnic and Gender Subgroup Differences in Assessment Center Ratings: A Meta-Analysis, Journal of Applied Psychology, Vol. 93, S. 685-691.

De Jong, J. P. J.; Den Hartog, D. N. (2007): How Leaders Influence Employees' Innovative Behavior, European Journal of Innovation Management, Vol. 10, S. 41-64.

Dekimpe, M. G.; Parker, P. M.; Sarvary, M. (2000): Multimarket and Global Diffusion, in: Mahajan, V.; Muller, E.; Wind, Y. (eds.): New-Product Diffusion Models, Kluwer Academic Publishers, Norwell, S. 58-73.

Deshpandé, R.; Farley, J. U. (1998): Measuring Market Orientation; Generalization and Synthesis, Journal of Market Focused Management, Vol. 2, S. 213-232.

Deshpandé, R.; Farley, J. U. (2004): Organizational Culture, Market Orientation, Innovativeness, and Firm Performance: An International Research Odyssey, International Journal of Research in Marketing, Vol. 21, S. 3-22.

Deshpandé, R.; Farley, J. U.; Webster, F. E. (1993): Corporate Culture, Customer Orientation, and Innovativeness in Japanese Firms: A Quadrad Analysis, Journal of Marketing, Vol. 57, S. 23-37.

Deshpandé, R.; Farley, J. U.; Webster, F. E. (2000): Triad Lessons: Generalizing Results on High Performance Firms in Five Business-to-Business Markets, International Journal of Research in Marketing, Vol. 17, S. 353–362.

Deshpandé, R.; Webster, F. E. (1989): Organizational Culture and Marketing: Defining the Research Agenda, Journal of Marketing, Vol. 53 (1), S. 3-15.

Dess, G. G.; Beard, D. W. (1984): Dimensions of Organizational Task Environments, Administrative Science Quarterly, Vol. 29, S. 52-73.

Diamantopoulos, A. (1999): Export Performance Measurement: Reflective Versus Formative Indicators, International Marketing Review, Vol. 16, S. 444-457.

Diamantopoulos, A. (2006): The Error Term in Formative Measurement Models: Interpretation and Modeling Implications, Journal of Modelling in Management, Vol. 1, S. 7-17.

Diamantopoulos, A; Winklhofer, H. M. (2001): Index Construction with Formative Indicators: An Alternative to Scale Development, Journal of Marketing Research, Vol. 38, S. 269-277.

Diller, H. (2004): Das süße Gift der Kausalanalyse, Marketing Zeitschrift für Forschung und Praxis, 26. Jg., S. 177.

Diller, H. (2006): Probleme der Handhabung von Strukturgleichungsmodellen in der betriebswirtschaftlichen Forschung, Die Betriebswirtschaft, 66. Jg., S. 611-617.

Dobni, C. B. (2006): Developing an Innovation Orientation in Financial Services Organisations, Journal of Financial Services Marketing, Vol. 11, S. 166-179.

Downey, R. G.; King, C. V. (1998): Missing Data in Likert Ratings: A Comparison of Replacement Methods, Journal of General Psychology, Vol. 125, S. 175-191.

Drazin, R.; Van de Ven, A. H. (1985): Alternative Forms of Fit in Contingency Theory, Administrative Science Quarterly, Vol. 30, S. 514-539.

Drolet, A. L.; Morrison, D. G. (2001): Do We Really Need Multiple-Item Measures in Service Research?, Journal of Service Research, Vol. 3, S. 196-204.

Drucker, P. F. (1954): The Practice of Management, Harper & Row, New York, Evanston.

Eagly, A. H.; Chaiken, S. (1993): The Psychology of Attitudes, Harcourt Brace Jovanovich, Fort Worth.

Eberl, M. (2004): Formative und reflektive Indikatoren im Forschungsprozess: Entscheidungsregeln und die Dominanz des reflektiven Modells, Schriften zur Empirischen Forschung und Quantitativen Unternehmensplanung, Heft 19, Ludwig-Maximilians-Universität München, München.

Eberl, M.; Zinnbauer, N. (2005): Strukturgleichungsmodelle in der Anwendung, Wirtschaftswissenschaftliches Studium, 34. Jg, S. 591-596.

Ebers, M.; Gotsch, W. (2006): Institutionenökonomische Theorien der Organisation, in: Kieser, A.; Ebers, M. (Hrsg.): Organisationstheorien, 6. Aufl., Kohlhammer, Stuttgart, S. 247-308.

Edwards, J. R.; Bagozzi, R. P. (2000): On the Nature and Direction of Relationships Between Constructs and Measures, Psychological Methods, Vol. 5, S. 155-174.

Efron, B.; Tibshirani, R. (1993): An Introduction to the Bootstrap, Chapman & Hall, New York et al.

Eggert, A.; Fassott, G.; Helm, S. (2006): Identifizierung und Quantifizierung mediierender und moderierender Effekte in komplexen Kausalstrukturen, in: Bliemel, F.; Eggert, A.; Fassott, G.; Henseler, J. (Hrsg.): Handbuch PLS-Pfadmodellierung, Schäffer-Poeschel, Stuttgart, S. 101-116.

Eisenhardt, K. M. (1989): Agency Theory: An Assessment and Review, Academy of Management Review, Vol. 14, S. 57-74.

Erlei, M.; Leschke, M.; Sauerland, D. (2007): Neue Institutionenökonomik, 2. Aufl., Schäffer-Poeschel, Stuttgart.

Ernst, H. (2001): Erfolgsfaktoren neuer Produkte, Deutscher Universitäts-Verlag, Wiesbaden.

Ernst, H. (2002): Success Factors of New Product Development: A Review of the Empirical Literature, International Journal of Management Reviews, Vol. 4, S. 1-40.

Ernst, H. (2003a): Unternehmenskultur und Innovationserfolg – Eine empirische Analyse, Zeitschrift für betriebswirtschaftliche Forschung, 55. Jg., S. 23-43.

Ernst, H. (2003b): Ursachen eines Informant Bias und dessen Auswirkung auf die Validität empirischer betriebswirtschaftlicher Forschung, Zeitschrift für Betriebswirtschaft, 73. Jg., S. 1249-1275.

Ettlie, J. E.; Bridges, W. P., O'Keefe, R. D. (1984): Organization Strategy and Structural Differences for Radical Versus Incremental Innovation, Management Science, Vol. 30, S. 682-695.

Fagerberg, J. (2004): Innovation – A Guide to the Literature, in: Fagerberg, J.; Mowery, D. C.; Nelson, R. R. (eds.): The Oxford Handbook of Innovation, Oxford University Press, Oxford, S. 1-26.

Fairbank, J. F.; Williams, S. D. (2001): Motivating Creativity and Enhancing Innovation through Employee Suggestion System Technology, Creativity and Innovation Management, Vol. 10 (2), S. 68-74.

Fassott, G. (2006): Operationalisierung latenter Variablen in Strukturgleichungsmodellen: Eine Standortbestimmung, Zeitschrift für betriebswirtschaftliche Forschung, 58. Jg., S. 67-88.

Fassott, G.; Eggert, A. (2005): Zur Verwendung formativer und reflektiver Indikatoren in Strukturgleichungsmodellen: Bestandsaufnahme und Anwendungsempfehlungen, in: Bliemel, F.; Eggert, A.; Fassott, G.; Henseler, J. (Hrsg.): Handbuch PLS-Pfadmodellierung, Schäffer-Poeschel, Stuttgart, S. 31-47.

Feyerabend, P. K. (1965): Problems of Empricism, in: Colodny, R. G. (ed.): Beyond the Edge of Certainty, Prentice-Hall, Englewood Cliffs, S. 145-260.

Fischer, L.; Wiswede, G. (1997): Grundlagen der Sozialpsychologie, Oldenbourg, München, Wien.

Fishbein, M. (1973): The Prediction of Behaviors from Attitudinal Variables, in: Mortensen, C. D.; Sereno, K. K. (eds.): Advances in Communication Research, Harper & Row, New York, S. 3-38.

Fornell, C.; Bookstein, F. L. (1982): Two Structural Equation Models: LISREL and PLS Applied to Consumer Exit-Voice Theory, Journal of Marketing Research, Vol. 19, S. 440-452.

Fornell, C.; Cha, J. (1994): Partial Least Squares, in: Bagozzi, R. P. (ed.): Advanced Methods of Marketing Research, Blackwell, Cambridge, Oxford, S. 52-78.

Fornell, C.; Larcker, D. F. (1981): Evaluating Structural Equation Models with Unobservable Variables and Measurement Errors, Journal of Marketing Research, Vol. 18, S. 39-50.

Förster, F.; Fritz, W.; Silberer, G.; Raffée, H. (1984): Der LISREL-Ansatz der Kausalanalyse und seine Bedeutung für die Marketing-Forschung, Zeitschrift für Betriebswirtschaft, 54. Jg., S. 346-367.

Friedrichs, J. (1990): Methoden empirischer Sozialforschung, 14. Aufl., Westdeutscher Verlag, Obladen.

Fritz, W. (1984): Die Idee des theoretischen Pluralismus und ihre Verwirklichung im Rahmen empirischer betriebswirtschaftlicher Forschung, Arbeitspapier der Forschungsgruppe Konsumenteninformationen, Universität Mannheim, Mannheim.

Fritz, W. (1995): Marketing-Management und Unternehmenserfolg, 2. Aufl., Schäffer-Poeschel, Stuttgart.

Garcia, R.; Calantone, R. (2002): A Critical Look at Technological Innovation Typology and Innovativeness Terminology: A Literature Review, Journal of Product Innovation Management, Vol. 19, S. 110-132.

Gardner, D. G.; Cummings, L. L.; Dunham, R. B.; Pierce, J. L. (1998): Single-Item Versus Multiple-Item Measurement Scales: An Empirical Comparison, Educational and Psychological Measurement, Vol. 58, S. 898-915.

Gatignon, H.; Xuereb, J.-M. (1997): Strategic Orientation of the Firm and New Product Performance, Journal of Marketing Research, Vol. 34, S. 77-90.

Gefen, D.; Straub, D. W.; Boudreau, M.-C. (2000): Structural Equation Modeling and Regression: Guidelines for Research Practice, Communications of the Association for Information Systems, Vol. 4, Article 7, S. 1-77.

Gemünden, H. G.; Ritter, T.; Heydebreck, P. (1996): Network Configuration and Innovation Success: An Empirical Analysis in German High-Tech Industries, International Journal of Research in Marketing, Vol. 13, S. 449-462.

Gemünden, H. G.; Salomo, S. (2004): Innovationsmanagement, in: Schreyögg, G.; von Werder, A. (Hrsg.): Handwörterbuch Unternehmensführung und Organisation, 4. Aufl., Schäffer-Poeschel, Stuttgart, S. 505-514.

Göbel, E. (2002): Neue Institutionenökonomik, Lucius & Lucius, Stuttgart.

Götz, O.; Liehr-Gobbers, K. (2004): Analyse von Strukturgleichungsmodellen mit Hilfe der Partial-Least-Squares(PLS)-Methode, Die Betriebswirtschaft, 64. Jg., S. 714-738.

Greiling, M. (1998): Das Innovationssystem, Peter Lang, Frankfurt am Main.

Grewal, R.; Cote, J. A.; Baumgartner, H. (2004): Multicollinearity and Measurement Error in Structural Equation Models: Implications for Theory Testing, Marketing Science, Vol. 23, S. 519-529.

Griffin, A. (1997): PDMA Research on New Product Development Practices: Updating Trends and Benchmarking Best Practices, Journal of Product Innovation Management, Vol. 14, S. 429-458.

Griffin, A.; Page, A. L. (1993): An Interim Report on Measuring Product Development Success and Failure, Journal of Product Innovation Management, Vol. 10, S. 291-308.

Griffin, A.; Page, A. L. (1996): PDMA Success Measurement Project: Recommended Measures for Product Development Success and Failure, Journal of Product Innovation Management, Vol. 13, S. 478-496.

Grinstein, A. (2008): The Effect of Market Orientation and Its Components on Innovation Consequences: A Meta-Analysis, Journal of the Academy of Marketing Science, Vol. 36, S. 166-173.

Gruner, K. E.; Homburg, C. (2000): Does Customer Interaction Enhance New Product Success?, Journal of Business Research, Vol. 49, S. 1-14.

Hadjimanolis, A. (2000): A Resource-based View of Innovativeness in Small Firms, Technology Analysis & Strategic Management, Vol. 12, S. 263-281.

Haedrich, G.; Tomczak, T. (1996): Produktpolitik, Kohlhammer, Stuttgart, Berlin, Köln.

Hair, J. F.; Black, W. C.; Babin, B. J.; Anderson, R. E.; Tatham, R. L. (2006): Multivariate Data Analysis, 6th ed., Pearson Education, Upper Saddle River.

Hall, R. H. (1963): The Concept of Bureaucracy: An Empirical Assessment, American Journal of Sociology, Vol. 69, S. 32-40.

Hammann, P.; Erichson, B. (1994): Marktforschung, 3. Aufl., Gustav Fischer Verlag, Stuttgart, Jena, New York.

Han, J. K.; Kim, N.; Srivastava, R. K. (1998): Market Orientation and Organizational Performance: Is Innovation a Missing Link?, Journal of Marketing, Vol. 62 (4), S. 30 45.

Hauschildt, J. (1997): Innovationsmanagement, 2. Aufl., Vahlen, München.

Hauschildt, J. (1998): Promotoren – Antriebskräfte der Innovation, Arbeitspapier, Institut für Wirtschaftswissenschaften, Universität Klagenfurt, Klagenfurt.

Hauschildt, J.; Salomo, S. (2007): Innovationsmanagement, 4. Aufl., Vahlen, München.

Hauser, R. M.; Goldberger, A. S. (1971): The Treatment of Unobservable Variables in Path Analysis, in: Costner, H. L. (ed.): Sociological Methodology, Jessey-Bass, San Francisco, S. 81-117.

Helm, S. (2005): Entwicklung eines formativen Messmodells für das Konstrukt Unternehmensreputation, in: Bliemel, F.; Eggert, A.; Fassott, G.; Henseler, J. (Hrsg.): Handbuch PLS-Pfadmodellierung, Schäffer-Poeschel, Stuttgart, S. 241-254.

Henard, D. H.; Szymanski, D. M. (2001): Why Some New Products Are More Successful Than Others, Journal of Marketing Research, Vol. 38, S. 362-375.

Henkel KGaA (2008): Geschäftsbericht 2007, Düsseldorf, www.henkel.de.

Hennig-Thurau, T.; Henning, V.; Sattler, H. (2007): Consumer File Sharing of Motion Pictures, Journal of Marketing, Vol. 71 (4), S. 1-18.

Henseler, J. (2006): Das Wechselverhalten von Konsumenten im Strommarkt, Deutscher Universitäts-Verlag, Wiesbaden.

Hentze, J.; Graf, A. (2005): Personalwirtschaftslehre 2, 7. Aufl., UTB, Bern, Stuttgart, Wien.

Hentze, J.; Kammel, A. (2001): Personalwirtschaftslehre 1, 7. Aufl., UTB, Bern, Stuttgart, Wien.

Herrmann, A.; Huber, F.; Kressmann, F. (2006): Varianz- und kovarianzbasierte Strukturgleichungsmodelle – Ein Leitfaden zu deren Spezifikation, Schätzung und Beurteilung, Zeitschrift für betriebswirtschaftliche Forschung, 58. Jg., S. 34-66.

Herstatt, C. (1991): Anwender als Quellen für die Produktinnovation, ADAG, Zürich.

Hildebrandt, L.; Temme, D. (2006): Probleme der Validierung mit Strukturgleichungsmodellen, Die Betriebswirtschaft, 66. Jg., S. 618-639.

Hinkel, K. (2001): Erfolgsfaktoren von Frühphasenfinanzierungen durch Wagniskapitalgesellschaften, Deutscher Universitäts-Verlag, Kiel.

Hippler, H.-J. (1988): Methodische Aspekte schriftlicher Befragungen: Probleme und Forschungsperspektiven, Planung und Analyse, 15. Jg. (6), S. 244-248.

Hoffmann, A. (2008): Die Akzeptanz kartenbasierter Kundenbindungsprogramme aus Konsumentensicht, Gabler, Wiesbaden.

Hofstede, G. (1998): Identifying Organizational Subcultures: An Empirical Approach, Journal of Management Studies, Vol. 35, S. 1-12.

Hofstede, G.; Neuijen, B.; Ohayv, D. D.; Sanders, G. (1990): Measuring Organizational Cultures: A Qualitative and Quantitative Study Across Twenty Cases, Administrative Science Quarterly, Vol. 35, S. 286-316.

Hollenstein, H. (1996): A Composite Indicator of a Firm's Innovativeness, Research Policy, Vol. 25, S. 633-645.

Holtbrügge, D. (2007): Personalmanagement, 3. Aufl., Springer, Berlin, Heidelberg, New York.

Homburg, C. (1998): Kundennähe von Industriegüterunternehmen, 2. Aufl., Gabler, Wiesbaden.

Homburg, C.; Baumgartner, H. (1995): Beurteilung von Kausalmodellen: Bestandsaufnahme und Handlungsempfehlungen, Marketing Zeitschrift für Forschung und Praxis, 17. Jg., S. 162-176.

Homburg, C.; Giering, A. (1996): Konzeptualisierung und Operationalisierung komplexer Konstrukte, Marketing Zeitschrift für Forschung und Praxis, 18. Jg., S. 5-24.

Homburg, C.; Hoyer, W. D.; Fassnacht, M. (2002): Service Orientation of a Retailer's Business Strategy: Dimensions, Antecedents, and Performance Outcomes, Journal of Marketing, Vol. 66 (4), S. 86-101.

Homburg, C.; Krohmer, H. (2006): Marketingmanagement, 2. Aufl., Gabler, Wiesbaden.

Homburg, C.; Pflesser, C. (2000a): A Multiple-Layer Model of Market-Oriented Organizational Culture: Measurement Issues and Performance Outcomes, Journal of Marketing Research, Vol. 37, S. 449-462.

Homburg, C.; Pflesser, C. (2000b): Strukturgleichungsmodelle mit latenten Variablen: Kausalanalyse, in: Herrmann, A.; Homburg, C.; Klarmann, M. (Hrsg.): Marktforschung – Methoden, Anwendungen, Praxisbeispiele, Gabler, Wiesbaden, S. 633-659.

Homburg, C.; Stock, R. M. (2004): The Link Between Salespeople's Job Satisfaction and Customer Satisfaction in a Business-to-Business Context: A Dyadic Analysis, Journal of the Academy of Marketing Science, Vol. 32, S. 144-158.

Homburg, C.; Workman, J. P.; Krohmer, H. (1999): Marketing's Influence Within the Firm, Journal of Marketing, Vol. 62 (2), S. 1-17.

Hsieh, A; Chao, H. (2004): A Reassessment of the Relationship Between Job Specialization, Job Rotation and Job Burnout: Example of Taiwan's High-Technology Industry, International Journal of Human Resource Management, Vol. 15, S. 1108-1123.

Hulland, J. (1999): Use of Partial Least Squares (PLS) in Strategic Management Research: A Review of Four Recent Studies, Strategic Management Journal, Vol. 20, S. 195-204.

Hult, G. T. M.; Hurley, R. F.; Knight, G. A. (2004): Innovativeness: Its Antecedents and Impact on Business Performance, Industrial Marketing Management, Vol. 33, S. 429-438.

Hult, G. T. M.; Ketchen, D. J. (2001): Does Market Orientation Matter?: A Test of the Relationship Between Positional Advantage and Performance, Strategic Management Journal, Vol. 22, S. 899-906.

Hultink, E. J.; Griffin, A.; Robben, H. S. J.; Hart, S. (1998): In Search of Generic Launch Strategies for New Products, International Journal of Research in Marketing, Vol. 15, S. 269-285.

Hurley, R. F. (1995): Group Culture and Its Effect on Innovative Productivity, Journal of Engineering and Technology Management, Vol. 12, S. 57-75.

Hurley, R. F.; Hult, G. T. M. (1998): Innovation, Market Orientation, and Organizational Learning: An Integration and Empirical Examination, Journal of Marketing, Vol. 62 (3), S. 42-54.

Hurt, H. T.; Joseph, K.; Cook, C. D. (1977): Scales for the Measurement of Innovativeness, Human Communication Research, Vol. 4, S. 58-65.

Hurt, H. T.; Teigen, C. W. (1977): The Development of a Measure of Perceived Organizational Innovativeness, in: Ruben, B. (ed.): Communication Yearbook 1, Transaction-International Communication Association, New Brunswick, S. 377-385.

Huselid, M. A. (1995): The Impact of Human Resource Management Practices on Turnover, Productivity, and Corporate Financial Performance, Academy of Management Journal, Vol. 38, S. 635-672.

Itami, H.; Roehl, T. W. (1987): Mobilizing Invisible Assets, Harvard University Press, Cambridge.

Jacob, F. (1995): Produktindividualisierung als spezielle Form des Dienstleistungsmarketing im Business-to-Business-Bereich, in: Kleinaltenkamp, M. (Hrsg.): Dienstleistungsmarketing, Deutscher Universitäts-Verlag, Wiesbaden, S. 193-223.

Jacobs, R. L.; Washington, C. (2003): Employee Development and Organizational Performance: A Review of Literature and Directions for Future Research, Human Resource Development International, Vol. 6, S. 343-354.

Jarvis, C. B.; MacKenzie, S. B.; Podsakoff, P. M. (2003): A Critical Review of Construct Indicators and Measurement Misspecification in Marketing and Consumer Research, Journal of Consumer Research, Vol. 30, S. 199-218.

Jaworski, B. J.; Kohli, A. K. (1993): Market Orientation: Antecedents and Consequences, Journal of Marketing, Vol. 57 (3), S. 53-70.

Jensen, M. C.; Meckling, W. H. (1976): Theory of the Firm: Managerial Behavior, Agency Costs and Ownership Structure, Journal of Financial Economics, Vol. 3, S. 305-360.

Jermias, J. (2006): Competitive Intensity as a Quasi-Moderator of the Relationship Between Innovative Efforts and Performance, Gadjah Mada International Journal of Business, Vol. 8, S. 281-299.

Johnson, J. L.; Sohi, R. S.; Grewal, R. (2004): The Role of Relational Knowledge Stores in Interfirm Partnering, Journal of Marketing, Vol. 68 (3), S. 21-36.

Jordan, G.; Segelod, E. (2006): Software Innovativeness: Outcomes on Project Performance, Knowledge Enhancement, and External Linkages, R&D Management, Vol. 36, S. 127-142.

Jöreskog, K. G. (1973): A General Method for Estimating a Linear Structural Equation System, in: Goldberger, A. S.; Duncan, O. D. (eds.): Structural Equation Models in the Social Sciences, Seminar Press, New York, London, S. 85-112.

Jöreskog, K. G.; Goldberger, A. S. (1975): Estimation of a Model with Multiple Indicators and Multiple Causes of a Single Latent Variable, Journal of the American Statistical Association, Vol. 70, S. 631-639.

Jöreskog, K. G.; Wold, H. (1982): The ML and PLS Technique for Modeling with Latent Variables, in: Jöreskog, K. G.; Wold, H. (eds.): Systems under Indirect Observation, North Holland, Amsterdam et al., S. 263-270.

Joseph, K. (2001): On the Optimality of Delegating Pricing Authority to the Sales Force, Journal of Marketing, Vol. 65 (1), S. 62-70.

Joshi, A. W.; Sharma, S. (2004): Customer Knowledge Development: Antecedents and Impact on New Product Performance, Journal of Marketing, Vol. 68 (4), S. 47-59.

Judge, T. A.; Thoresen, C. J.; Bono, J. E.; Patton, G. K. (2001): The Job Satisfaction-Job Performance Relationship: A Qualitative and Quantitative Review, Psychological Bulletin, Vol. 127, S. 376-407.

Jung, H. (2006): Personalwirtschaft, 7. Aufl., Oldenbourg, München, Wien.

Kaiser, H. F.; Rice, J. (1974): Little Jiffy, Mark IV, Educational and Psychological Measurement, Vol. 34, S. 111-117.

Kanuk, L.; Berenson, C. (1975): Mail Surveys and Response Rates: A Literature Review, Journal of Marketing Research, Vol. 12, S. 440-453.

Katzensteiner, T.; Leendertse, J. (2003): Best Innovator: Blick in die Glaskugel, Wirtschaftswoche, 18. Jg. (27), S. 60-65.

Keaveney, S. M. (1995): Customer Switching Behavior in Services Industries: An Exploratory Study, Journal of Marketing, Vol. 59 (2), S. 71-82.

Kerin, R. A.; Varadarajan, P. R.; Peterson, R. A. (1992): First-Mover Advantage: A Synthesis, Conceptual Framework, and Research Propositions, Journal of Marketing, Vol. 56 (4), S. 33-52.

Kieser, A. (2002): Organisationstheorien, 5. Aufl., Kohlhammer, Stuttgart.

Kieser, A. (2006): Der Situative Ansatz, in: Kieser, A.; Ebers, M. (Hrsg.): Organisationstheorien, 6. Aufl., Kohlhammer, Stuttgart, S. 215-245.

Kieser, A.; Walgenbach, P. (2003): Organisation, 4. Aufl., Schäffer-Poeschel, Stuttgart.

Kitchell, S. (1995): Corporate Culture, Environmental Adaptation, and Innovation Adoption: A Qualitative / Quantitative Approach, Journal of the Academy of Marketing Science, Vol. 23, S. 195-205.

Kivimäki, M.; Länsisalmi, H.; Elovainio, M.; Heikkilä, A.; Lindström, K.; Harisalo, R.; Sipilä, K.; Puolimatka, L. (2000): Communication as a Determinant of Organizational Innovation, R&D Management, Vol. 30, S. 33-42.

Kleinschmidt, E. J.; Cooper, R. G. (1991): The Impact of Product Innovativeness on Performance, Journal of Product Innovation Management, Vol. 8, S. 240-251.

Kleinschmidt, E. J.; Geschka, H.; Cooper, R. G. (1996): Erfolgsfaktor Markt, Springer, Berlin et al.

Kock, A. (2007): Innovativeness and Innovation Success – A Meta-Analysis, Zeitschrift für Betriebswirtschaft, Special Issue (2), S. 1-21.

Kohli, A. K.; Jaworski, B. J. (1990): Market Orientation: The Construct, Research Propositions, and Managerial Implications, Journal of Marketing, Vol. 54 (2), S. 1-18.

Krafft, M. (1995): Außendienstentlohnung im Licht der Neuen Institutionenlehre, Gabler, Wiesbaden.

Krafft, M. (1996): Neue Einsichten in ein klassisches Wahlproblem? – Eine Überprüfung von Hypothesen der Neuen Institutionenlehre zur Frage „Handelsvertreter oder Reisende", Die Betriebswirtschaft, 56. Jg., S. 759-776.

Krafft, M. (1999): An Empirical Investigation of the Antecedents of Sales Force Control Systems, Journal of Marketing, Vol. 63 (3), S. 120-134.

Krafft, M. (2007): Kundenbindung und Kundenwert, 2. Aufl., Physika, Wiesbaden.

Krafft, M.; Albers, S.; Lal, R. (2004): Relative Explanatory Power of Agency Theory and Transaction Cost Analysis in German Salesforces, International Journal of Research in Marketing, Vol. 21, S. 265-283.

Krafft, M.; Götz, O.; Liehr-Gobbers, K. (2005): Die Validierung von Strukturgleichungsmodellen mit Hilfe des Partial-Least-Squares (PLS)-Ansatzes, in: Bliemel, F.; Eggert, A.; Fassott, G.; Henseler, J. (Hrsg.): Handbuch PLS-Pfadmodellierung, Schaeffer-Poeschel, Stuttgart, S. 71-86.

Krieger, K. (2005): Customer Relationship Management und Innovationserfolg, Deutscher Universitäts-Verlag, Wiesbaden.

Kroeber-Riel, W.; Weinberg, P. (2003): Konsumentenverhalten, 8. Aufl., Vahlen, München.

Krohmer, H. (1999): Marktorientierte Unternehmenskultur als Erfolgsfaktor der Strategieimplementierung, Gabler, Wiesbaden.

Kumar, N.; Stern, L. W.; Anderson, J. C. (1993): Conducting Interorganizational Research Using Key Informants, Academy of Management Journal, Vol. 36, S. 1633-1651.

Kumar, K.; Subramanian, R.; Yauger, C. (1998): Examining the Market Orientation-Performance Relationship: A Context-Specific Study, Journal of Management, Vol. 24, S. 201-233.

Kumar, V. (2003): Global Diffusion Models: Back to the Future, in: Jain, S. C. (ed.): Handbook of Research in International Marketing, Edward Elgar Publishing, Northampton, S. 379-401.

Kundu, S. K.; Katz, J. A. (2003): Born-International SMEs: BI-Level Impacts of Resources and Intentions, Small Business Economics, Vol. 20, S. 25-47.

Lafferty, B. A.; Hult, G. T. M. (2001): A Synthesis of Contemporary Market Orientation Perspectives, European Journal of Marketing, Vol. 35, S. 99-109.

Langerak, F.; Hultink, E. J.; Robben, H. S. J. (2004): The Impact of Market Orientation, Product Advantage, and Launch Proficiency on New Product Performance and Organizational Performance, Journal of Product Innovation Management, Vol. 21, S. 79-94.

Law, K. S.; Wong, C.-S. (1999): Multidimensional Constructs in Structural Equation Analysis: An Illustration Using the Job Perception and Job Satisfaction Constructs, Journal of Management, Vol. 25, S. 143-160.

Leibenstein, H. (1987): Inside the Firm: The Inefficiencies of Hierarchy, Harvard University Press, Cambridge.

Li, H.; Atuahene-Gima, K. (2001): Product Innovation Strategy and the Performance of New Technology Ventures in China, Academy of Management Journal, Vol. 44, S. 1123-1134.

Little, R. J. A.; Rubin, D. B. (2002): Statistical Analysis with Missing Data, 2nd ed., Wiley, New Jersey.

Lohmöller, J.-B. (1989): Latent Variable Path Modeling with Partial Least Squares, Physika, Heidelberg.

Lumpkin, G. T.; Dess, G. G. (1996): Clarifying the Entrepreneurial Orientation Construct and Linking It to Performance, Academy of Management Review, Vol. 21, S. 135-172.

Luo, X.; Sivakumar, K.; Liu, S. S. (2005): Globalization, Marketing Resources, and Performance: Evidence From China, Journal of the Academy of Marketing Science, Vol. 33, S. 50-65.

Lyness, K. S.; Kropf, M. B. (2007): Cultural Values and Potential Nonresponse Bias, Organizational Research Methods, Vol. 10, S. 210-224.

Madanmohan, T. R. (2005): Incremental Technical Innovations and Their Determinants, International Journal of Innovation Management, Vol. 9, S. 481-510.

Mahajan, V.; Muller, E.; Bass, F. M. (1990): New Product Diffusion Models in Marketing: A Review and Directions for Research, Journal of Marketing, Vol. 54 (1), S. 1-26.

Mahoney, J. T.; Pandian, J. R. (1992): The Resource-Based View Within the Conversation of Strategic Management, Strategic Management Journal, Vol. 13, S. 363-380.

Malhotra, N. K. (1987): Analyzing Market Research Data with Incomplete Information on the Dependent Variable, Journal of Marketing Research, Vol. 24, S. 74-84.

Manu, F. A. (1992): Innovation Orientation, Environment and Performance: A Comparison of U.S. and European Markets, Journal of International Business Studies, Vol. 23, S. 333-359.

Manu, F. A.; Sriram, V. (1996): Innovation, Marketing Strategy, Environment, and Performance, Journal of Business Research, Vol. 35, S. 79-91.

Mason, C. H.; Perreault, W. D. (1991): Collinearity, Power, and Interpretation of Multiple Regression Analysis, Journal of Marketing Research, Vol. 28, S. 268-280.

Matsuo, M. (2006): Customer Orientation, Conflict, and Innovativeness in Japanese Sales Departments, Journal of Business Research, Vol. 59, S. 242-250.

Maydeu-Olivares, A.; Lado, N. (2003): Market Orientation and Business Economic Performance, International Journal of Service Industry Management, Vol. 14, S. 284-309.

McMahan, G. C.; Bell, M. P.; Virick, M. (1998): Strategic Human Resource Management: Employee Involvement, Diversity, and International Issues, Human Resource Management Review, Vol. 8, S. 193-214.

Meffert, H. (1992): Marketingforschung und Käuferverhalten, 2. Aufl., Gabler, Wiesbaden.

Meffert, H. (1999): Marketingstrategien in stagnierenden und schrumpfenden Märkten, in: Meffert, H. (Hrsg.): Marktorientierte Unternehmensführung im Wandel, Gabler, Wiesbaden, S. 203-245.

Menguc, B.; Auh, S. (2006): Creating a Firm-Level Dynamic Capability through Capitalizing on Market Orientation and Innovativeness, Journal of the Academy of Marketing Science, Vol. 34, S. 63-73.

Menon, A.; Bharadwaj, S. G.; Howel, R. (1996): The Quality and Effectiveness of Marketing Strategy: Effects of Functional and Dysfunctional Conflict in Intraorganizational Relationships, Journal of the Academy of Marketing Science, Vol. 24, S. 299-313.

Miller, D.; Friesen, P. H. (1983): Strategy-Making and Environment: The Third Link, Strategic Management Journal, Vol. 4, S. 221-235.

Mishra, B. K.; Prasad, A. (2004): Centralized Pricing Versus Delegating Pricing to the Salesforce Under Information Asymmetry, Marketing Science, Vol. 23, S. 21-27.

Mishra, B. K.; Prasad, A. (2005): Delegating Pricing Decisions in Competitive Markets with Symmetric and Asymmetric Information, Marketing Science, Vol. 24, S. 490-497.

Nagy, M. S. (2002): Using a Single-Item Approach to Measure Facet Job Satisfaction, Journal of Occupational and Organizational Psychology, Vol. 75, S. 77-86.

Nakata, C.; Sivakumar, K. (2001): Instituting the Marketing Concept in a Multinational Setting: The Role of National Culture, Journal of the Academy of Marketing Science, Vol. 29, S. 255-276.

Naman, J. L.; Slevin, D. P. (1993): Entrepreneurship and the Concept of Fit: A Model and Empirical Tests, Strategic Management Journal, Vol. 14, S. 137-153.

Narver, J. C.; Slater, S. F. (1990): The Effect of a Market Orientation on Business Profitability, Journal of Marketing, Vol. 54 (4), S. 20-35.

Narver, J. C.; Slater, S. F.; MacLachlan, D. L. (2004): Responsive and Proactive Market Orientation and New-Product Success, Journal of Product Innovation Management, Vol. 21, S. 334-347.

Ngo, H.-Y.; Turban, D.; Lau, C.-M.; Lui, S.-Y. (1998): Human Resource Practices and Firm Performance of Multinational Corporations: Influences of Country Origin, International Journal of Human Resource Management, Vol. 9, S. 632-652.

Nicolai, A; Kieser, A. (2004), Von Konsensgenerierungsmaschinen, Nebelkerzen und „the Operation Called ‚verstehen'", Die Betriebswirtschaft, 64. Jg., S. 631-635.

Nieschlag, R.; Dichtl, E.; Hörschgen, H. (2002): Marketing, 19. Aufl., Duncker & Humblot, Berlin.

Nunnally, J. C.; Bernstein, I. H. (1994): Psychometric Theory, 3rd ed., McGraw-Hill, New York et al.

Oechsler, W. A. (2006): Personal und Arbeit, 8. Aufl., Oldenbourg, München, Wien.

Oesterle, M.-J. (2004): Führungskräfte, in: Gaugler, E.; Weber, W. (Hrsg.): Handwörterbuch der Personalwesens, 3. Aufl., Schäffer-Poeschel, Stuttgart, S. 790-801.

Olfert, K. (2006): Personalwirtschaft, 12. Aufl., Kiehl, Ludwigshafen.

Olson, E. M.; Slater, S. F.; Hult, T. M. (2005): The Performance Implications of Fit Among Business Strategy, Marketing Organization Structure, and Strategic Behavior, Journal of Marketing, Vol. 69 (3), S. 49-65.

Ouchi, W. G. (1979): A Conceptual Framework for the Design of Organizational Control Mechanisms, Management Science, Vol. 25, S. 833-848.

Oshagbemi, T. (1999): Overall Job Satisfaction: How Good Are Single Versus Multiple-Item Measures?, Journal of Managerial Psychology, Vol. 14, S. 388-403.

Özsomer, A.; Calantone, R. J.; Di Benedetto, A. (1997): What Makes Firms More Innovative? A Look at Organizational and Environmental Factors, Journal of Business & Industrial Marketing, Vol. 12, S. 400-416.

Page, A. L. (1993): Assessing New Product Development Practices and Performance: Establishing Crucial Norms, Journal of Product Innovation Management, Vol. 10, S. 273-290.

Pennings, J. M.; Harianto, F. (1992): Technological Networking and Innovation Implementation, Organization Science, Vol. 3, S. 356-382.

Penrose, E. T. (1959): The Theory of the Growth of the Firm, Blackwell, Oxford.

Perridon, L.; Steiner, M. (2007): Finanzwirtschaft der Unternehmung, 14. Aufl., Vahlen, München.

Peter, S. I. (1999): Kundenbindung als Marketingziel: Identifikation und Analyse zentraler Determinanten, 2. Aufl., Gabler, Wiesbaden.

Pflesser, C. (1999): Marktorientierte Unternehmenskultur, Gabler, Wiesbaden.

Phillips, L. W. (1981): Assessing Measurement Error in Key Informant Reports: A Methodological Note on Organizational Analysis in Marketing, Journal of Marketing Research, Vol. 18, S. 395-415.

Picot, A.; Dietl, H.; Franck, E. (2008): Organisation, 5. Aufl., Schäffer-Poeschel, Stuttgart.

Podsakoff, P. M.; MacKenzie, S. B.; Lee, J.-Y., Podsakoff, N. P. (2003): Common Method Biases in Behavioral Research: A Critical Review of the Literature and Recommended Remedies, Journal of Applied Psychology, Vol. 88, S. 879-903.

Porter, M. (1980): Competitive Strategy – Techniques for Analyzing Industries and Competitors, 1st ed., The Free Press, New York.

Porter, M. (1985): Competitive Advantage – Creating and Sustaining Superior Performance, 1st ed., The Free Press, New York et al.

Prahalad, C. K.; Hamel, G. (1990): The Core Competence of the Corporation, Harvard Business Review, Vol. 68 (3), S. 79-91.

Quinn, J. P. (1990): Outsourcing Innovation: The New Engine of Growth, Sloan Management Review, Vol. 41 (4), S. 13-28.

Quinn, R. E. (1988): Beyond Rational Management – Mastering the Paradoxes and Competing Demands of High Performance, Jossey-Bass, San Francisco, London.

Rasche, C.; Wolfrum, B. (1994): Ressourcenorientierte Unternehmensführung, Die Betriebswirtschaft, 54. Jg., S. 501-517.

Reinartz, W.; Krafft, M.; Hoyer, W. D. (2004): The Customer Relationship Management Process: Its Measurement and Impact on Performance, Journal of Marketing Research, Vol. 41, S. 293-305.

Rickards, T. (1985): Stimulating Innovation, Frances Pinter, London.

Ringle, C. M.; Boysen, N.; Wende, S.; Will, A. (2006): Messung von Kausalmodellen mit dem Partial-Least-Squares-Verfahren, Das Wirtschaftsstudium, 35. Jg., S. 81-88.

Ringle, C. M.; Wende, S.; Will, A. (2005): SmartPLS 2.0 (M3) Beta, Hamburg, www.smartpls.de.

Ringle, C. M.; Wilson, B.; Götz, O. (2007): A Monte Carlo Robustness Study on Formative Measurement Model Specification in CBSEM and PLS, in: Martens, H.; Næs, T. (eds.): Causalities Explored by Indirect Observations: Proceedings of the PLS'07 International Symposium, Aas, S. 108-111.

Ripperger, T. (2003): Ökonomik des Vertrauens, 2. Aufl., Mohr Siebeck, Tübingen.

Roberts, J. S.; Laughlin, J. E.; Wedell, D. H. (1999): Validity Issues in the Likert and Thurstone Approaches to Attitude Measurement, Educational and Psychological Measurement, Vol. 59, S. 211-233.

Rogelberg, S. G.; Luong, A. (1998): Nonresponse to Mailed Surveys: A Review and Guide, Current Directions in Psychological Science, Vol. 7, S. 60-65.

Rogelberg, S. G.; Stanton, J. M. (2007): Understanding and Dealing with Organizational Survey Nonresponse, Organizational Research Methods, Vol. 10, S. 195-209.

Rosner, M. M. (1968): Economic Determinants of Organizational Innovation, Administrative Science Quarterly, Vol. 12, S. 614-625.

Ross, S. (1973): The Economic Theory of Agency: The Principal's Problem, American Economic Review, Vol. 63, S. 134-139.

Rossiter, J. R. (2002): The C-OAR-SE Procedure for Scale Development in Marketing, International Journal of Research in Marketing, Vol. 19, S. 305-335.

Ruekert, R. W. (1992): Developing a Market Orientation: An Organizational Strategy Perspective, International Journal of Research in Marketing, Vol. 9, S. 225-245.

Rust, R. T.; Moorman, C.; Dickson, P. R. (2002): Getting Return on Quality: Revenue Expansion, Cost Reduction, or Both?, Journal of Marketing, Vol. 66 (4), S. 7-24.

Salomo, S. (2003): Konzept und Messung des Innovationsgrades – Ergebnisse einer empirischen Studie zu innovativen Entwicklungsvorhaben, in: Schwaiger, M.; Harhoff, D. (Hrsg.): Empirie und Betriebswirtschaft, Schäffer-Poeschel, Stuttgart, S. 399-427.

Sauer, N. (2005): Entwicklung und Validierung einer Skala zur Messung von Consumer Sophistication, Marketing Zeitschrift für Forschung und Praxis, 27. Jg., S. 55-70.

Schafer, J. L.; Graham, J. W. (2002): Missing Data: Our View of the State of the Art, Psychological Methods, Vol. 7, S. 147-177.

Schein, E. H. (1984): Coming to a New Awareness of Organizational Culture, Sloan Management Review, Vol. 25 (2), S. 3-16.

Schein, E. H. (1992): Organizational Culture and Leadership, 2nd ed., Jossey-Bass, San Francisco.

Scherer, A. G. (2006): Kritik der Organisation oder Organisation der Kritik? – Wissenschaftstheoretische Bemerkungen zum kritischen Umgang mit Organisationstheorien, in: Kieser, A.; Ebers, M. (Hrsg.): Organisationstheorien, 6. Aufl., Kohlhammer, Stuttgart, S. 19-61.

Schlaak, T. M. (1999): Der Innovationsgrad als Schlüsselvariable, Deutscher Universitäts-Verlag, Wiesbaden.

Schmidt, J. B.; Calantone, R. J. (1998): Are Really New Product Development Projects Harder to Shut Down?, Journal of Product Innovation Management, Vol. 15, S. 111-123.

Schmidt, S. (2008): Delegation von Preiskompetenz an den Verkaufsaußendienst, Gabler, Wiesbaden.

Schnell, R. (1986): Missing-Data-Probleme in der empirischen Sozialforschung, Dissertation, Abteilung für Sozialwissenschaft, Ruhr-Universität Bochum, Bochum.

Scholz, C. (2000): Personalmanagement, 5. Aufl., Vahlen, München.

Schoonhoven, C. B. (1981): Problems with Contingency Theory: Testing Assumptions Hidden Within the Language of Contigency "Theory", Administrative Science Quarterly, Vol. 26, S. 349-377.

Schreyögg, G. (1978): Umwelt, Technologie und Organisationsstruktur, Haupt, Bern, Stuttgart.

Schreyögg, G. (2003): Organisation, 4. Aufl., Gabler, Wiesbaden.

Schröder, H.-H.; Jetter, A. J. M. (2003): Integrating Market and Technological Knowledge in the Fuzzy Front End: A FCM-Based Action Support System, International Journal of Technology Management, Vol. 26, S. 517-539.

Schumpeter, J. A. (1939): Business Cycles 1, McGraw-Hill, New York, London.

Schumpeter, J. A. (1947): The Creative Response in Economic History, Journal of Economic History, Vol. 7, S. 149-159.

Schurz, G. (1998): Koexistenzweisen rivalisierender Paradigmen, in: Schurz, G.; Weingartner, P. (Hrsg.): Koexistenz rivalisierender Paradigmen, Westdeutscher Verlag, Opladen, Wiesbaden, S. 1-51.

Schwab, G. (1991): Fehlende Werte in der angewandten Statistik, Deutscher Universitäts-Verlag, Wiesbaden.

Schwarz, G. (1989): Unternehmenskultur als Element des Strategischen Managements, Duncker & Humblot, Berlin.

Scott, S. G.; Bruce, R. A. (1994): Determinants of Innovative Behavior: A Path Model of Individual Innovation in the Workplace, Academy of Management Journal, Vol. 37, S. 580-607.

Scott, W. R. (2003): Organizations: Rational, Natural, and Open Systems, 5th ed., Pearson Education International, Upper Saddle River.

Seltin, N.; Keeves, J. P. (1994): Path Analysis with Latent Variables, in: Husen, T.; Postlethwaite, T. N. (Hrsg.): International Encyclopedia of Education, 2nd ed., Pergamon, Oxford, S. 4352-4359.

Sharma, A. (1994): Organizational Culture and Adoption of High-Technology Products, Journal of Marketing Management, Vol. 10, S. 513-526.

Sharma, S.; Durand, R. M.; Gur-Arie, O. (1981): Identification and Analysis of Moderator Variables, Journal of Marketing Research, Vol. 18, S. 291-300.

Siguaw, J. A.; Simpson, P. M.; Enz, C. A. (2006): Conceptualizing Innovation Orientation: A Framework for Study and Integration Research, Journal of Product Innovation Management, Vol. 23, S. 556-574.

Simonson, I. (1990): The Effect of Purchase Quantity and Timing on Variety-Seeking Behavior, Journal of Marketing Research, Vol. 27, S. 150-162.

Slater, S. F.; Narver, J. C. (1995): Market Orientation and the Learning Organization, Journal of Marketing, Vol. 59 (3), S. 63-74.

Slater, S. F.; Narver, J. C. (1998): Customer-Led and Market-Oriented: Let's Not Confuse the Two, Strategic Management Journal, Vol. 19, S. 1001-1006.

Smircich, L. (1983): Concepts of Culture and Organizational Analysis, Administrative Science Quarterly, Vol. 28, S. 339-358.

Söhnchen, F. (2007): Common Method Variance and Single Source Bias, in: Albers, S.; Klapper, D.; Konradt, U.; Walter, A.; Wolf, J. (Hrsg.): Methodik der empirischen Forschung, 2. Aufl., Gabler, Wiesbaden, S. 135-150.

Soll, J. H. (2006): Ideengenerierung mit Konsumenten im Internet, Deutscher Universitäts-Verlag, Wiesbaden.

Söllner, A. (2008): Einführung in das Internationale Management – Eine institutionenökonomische Perspektive, Gabler, Wiesbaden.

Song, X. M.; Parry, M. E. (1996): What Separates Japanese New Product Winners from Losers, Journal of Product Innovation Management, Vol. 13, S. 422-439.

Song, X. M.; Parry, M. E. (1997a): A Cross-National Comparative Study of New Product Development Processes: Japan and the United States, Journal of Marketing, Vol. 61 (2), S. 1-18.

Song, X. M.; Parry, M. E. (1997b): The Determinants of Japanese New Product Successes, Journal of Marketing Research, Vol. 34, S. 64-76.

Sorescu, A. B.; Chandy, R. K.; Prabhu, J. C. (2003): Sources and Financial Consequences of Radical Innovation: Insights from Pharmaceuticals, Journal of Marketing, Vol. 67 (4), S. 82-102.

Sorescu, A. B.; Spanjol, J. (2008): Innovation's Effect on Firm Value and Risk: Insights from Consumer Packaged Goods, Journal of Marketing, Vol. 72 (2), S. 114-132.

Specht, G.; Beckmann, C.; Amelingmeyer, J. (2002): F&E-Management: Kompetenz im Innovationsmanagement, 2. Aufl., Schäffer-Poeschel, Stuttgart.

Steinmann, H.; Schreyögg, G. (1990): Management, Gabler, Wiesbaden.

Stock, R. (2002): Kundenorientierung auf individueller Ebene: Das Einstellungs-Verhaltens-Modell, Die Betriebswirtschaft, 62. Jg., S. 59-76.

Storey, C.; Easingwood, C. J. (1999): Types of New Product Performance: Evidence from the Consumer Financial Services Sector, Journal of Business Research, Vol. 46, S. 193-203.

Szymanski, D. M.; Troy, L. C.; Bharadwaj, S. G. (1995): Order of Entry and Business Performance: An Empirical Synthesis and Reexamination, Journal of Marketing, Vol. 59 (4), S. 17-33.

Tajeddini, K.; Trueman, M.; Larsen, G. (2006): Examining the Effect of Market Orientation on Innovativeness, Journal of Marketing Management, Vol. 22, S. 529-551.

Talke, K. (2007): How a Corporate Mindset Drives Product Innovativeness, Zeitschrift für Betriebswirtschaftslehre, Special Issue (2), S. 47-70.

Tecklenburg, T. (2008): Churn-Management im B2B-Kontext, Gabler, Wiesbaden.

Theoharakis, V.; Hooley, G. (2008): Customer Orientation and Innovativeness: Differing Roles in New and Old Europe, International Journal of Research in Marketing, Vol. 25, S. 69-79.

Theurl, T. (2001): Ökonomische Theorie der Bankenregulierung, in: Theurl, T. (Hrsg.): Regulierung und Management von Risiken – Unentdeckte Chancen für den Mittelstand, Shaker, Aachen, S. 9-26.

Thompson, V. A. (1965): Bureaucracy and Innovation, Administrative Science Quarterly, Vol. 10, S. 1-20.

Tidd, J.; Bodley, K. (2002): The Influence of Project Novelty on the New Product Development Process, R&D Management, Vol. 32, S. 127-138.

Tomaskovic-Devey, D.; Leiter, J.; Thompson, S. (1994): Organizational Survey Nonresponse, Administrative Science Quarterly, Vol. 39, S. 439-457.

Tosi, H. L.; Slocum, J. W. (1984): Contingency Theory: Some Suggested Directions, Journal of Management, Vol. 10, S. 9-26.

Trice, H. M.; Beyer, J. M. (1993): The Cultures of Work Organizations, Prentice-Hall, Englewood Cliffs.

Trommsdorff, V. (1991): Innovationsmarketing – Querfunktion der Unternehmensführung, Marketing Zeitschrift für Forschung und Praxis, 13. Jg., S. 178-185.

Udy, S. H. (1959): „Bureaucracy" and „Rationality" in Weber's Organization Theory: An Empirical Study, American Sociological Review, Vol. 24, S. 791-795.

Urban, G. L.; Hauser, J. R. (1993): Design and Marketing of New Products, 2nd ed., Prentice-Hall, Englewood Cliffs.

Vahs, D.; Burmester, R. (2005): Innovationsmanagement, 3. Aufl., Schäffer-Poeschel, Stuttgart.

Vásquez, R.; Santos, M. L.; Álvarez, L. I. (2001): Market Orientation, Innovation and Competitive Strategies in Industrial Firms, Journal of Strategic Marketing, Vol. 9, S. 69-90.

Verworn, B.; Herstatt, C. (2000): Modelle des Innovationsprozesses, Arbeitspapier, Institut für Technologie- und Innovationsmanagement, Technische Universität Hamburg-Harburg, Hamburg.

Verworn, B.; Herstatt, C. (2007): Bedeutung und Charakteristika der frühen Phasen des Innovationsprozesses, in: Herstatt, C.; Verworn, B. (Hrsg.): Management der frühen Innovationsphasen, 2. Aufl., Gabler, Wiesbaden, S. 3-19.

Von Hippel, E. (1978): Successful Industrial Products from Customer Ideas, Journal of Marketing, Vol. 42 (1), S. 39-49.

Von Hippel, E. (1988): The Sources of Innovation, Oxford University Press, New York, Oxford.

Vorhies, D. W.; Morgan, N. A. (2005): Benchmarking Marketing Capabilities for Sustainable Competitive Advantage, Journal of Marketing, Vol. 69 (1), S. 80-94.

Wanous, J. P.; Reichers, A. E. (1996): Estimating the Reliability of a Single-Item Measure, Psychological Reports, Vol. 78, S. 631-634.

Wanous, J. P.; Reichers, A. E.; Hudy, M. J. (1997): Overall Job Satisfaction: How Good Are Single-Item Measures?, Journal of Applied Psychology, Vol. 82, S. 247-252.

Watson, W. E.; Kumar, K.; Michaelsen, L. K. (1993): Cultural Diversity's Impact on Interaction Process and Performance: Comparing Heterogeneous and Diverse Task Groups, Academy of Management Journal, Vol. 36, S. 590-602.

Weiber, R.; Kollmann, T.; Pohl, A. (2006): Das Management technologischer Innovationen, in: Kleinaltenkamp, M.; Plinke, W.; Jacob, F.; Söllner, A. (Hrsg.): Markt- und Produktmanagement, 2. Aufl., Gabler, Wiesbaden, S. 83-207.

Weik, E. (1998): Innovation, aber wie? Einige Gedanken zur Verwendung des Begriffes in der BWL, in: Heideloff, F.; Radel, T. (Hrsg.): Organisation von Innovation, 2. Aufl., Hampp, München, Mering, S. 41-50.

Werner, S.; Praxedes, M.; Kim, H.-G. (2007): The Reporting of Nonresponse Analyses in Survey Research, Organizational Research Methods, Vol. 10, S. 287-295.

Wernerfelt, B. (1984): A Resource-based View of the Firm, Strategic Management Journal, Vol. 5, S. 171-180.

West, M. A. (1987): Role Innovation in the World of Work, British Journal of Social Psychology, Vol. 26, S. 305-315.

White, J. C.; Varadarajan, P. R.; Dacin, P. A. (2003): Market Situation Interpretation and Response: The Role of Cognitive Style, Organizational Culture, and Information Use, Journal of Marketing, Vol. 67 (3), S. 63-79.

Williamson, O. E. (2000): The New Institutional Economics: Taking Stock, Looking Ahead, Journal of Economic Literature, Vol. 38, S. 595-613.

Wold, H. O. A. (1960): A Generalization of Causal Chain Models, Econometrica, Vol. 28, S. 443-463.

Wolf, J. (2008): Organisation, Management, Unternehmensführung, 3. Aufl., Gabler, Wiesbaden.

Wood, S. J.; Wall, T. D. (2007): Work Enrichment and Employee Voice in Human Resource Management – Performance Studies, International Journal of Human Resource Management, Vol. 18, S. 1135-1372.

Worren, N.; Moore, K.; Cardona, P. (2002): Modularity, Strategic Flexibility, and Firm Performance: A Study of the Home Appliance Industry, Strategic Management Journal, Vol. 23, S. 1123-1140.

Wothke, W. (1993): Nonpositive Definite Matrices in Structural Modeling, in: Bollen, K. A.; Long, J. S. (eds.): Testing Structural Equation Models, Sage Publications, Newbury Park, London, New Delhi, S. 256-293.

Wright, P. M.; McMahan, G. C.; McWilliams, A. (1994): Human Resources and Sustained Competitive Advantage: A Resource-Based Perspective, International Journal of Human Resource Management, Vol. 5, S. 301-326.

Zaltman, G.; Duncan, R.; Holbek, J. (1973): Innovations and Organizations, Wiley, New York et al.

Zeithaml, V. A.; Varadarajan, P. R.; Zeithaml, C. P. (1988): The Contingency Approach: Its Foundation and Relevance to Theory Building and Research in Marketing, European Journal of Marketing, Vol. 22 (7), S. 34-64.

Zhou, K. Z.; Gao, G. Y.; Yang, Z.; Zhou, N. (2005): Developing Strategic Orientation in China: Antecedents and Consequences of Market and Innovation Orientations, Journal of Business Research, Vol. 58, S. 1049-1058.

Zhou, K. Z.; Yim, C. K.; Tse, D. K. (2005): The Effects of Strategic Orientations on Technology- and Market-Based Breakthrough Innovations, Journal of Marketing, Vol. 69 (2), S. 42-60.